面向 21 世纪电子商务专业核心课程系列教材

全国高等院校电子商务联编教材

网络营销与管理（第 2 版）

Cybermarketing and Management 2nd Edition

钱旭潮　韩翔　袁海波　编著

北 京 大 学 出 版 社

· 北　京 ·

内 容 简 介

互联网既是一种全新的、更强大的商务活动方式，也是一种全新的营销平台，互联网既构成了对传统营销的挑战，也为营销开拓了更为广阔的发展空间。本书的出发点有两个，一是传统企业如何利用互联网开展市场营销活动，二是互联网企业如何利用市场营销方法规划并发展自己的业务。本书从网络营销特征、网络营销环境、网民、顾客网络购买、网络调研、网站、网络营销工具、成本与顾客利益、渠道策略、网络沟通、网络营销管理等方面讨论网络与营销的整合，探讨了营销在互联网基础上的新发展、新特点和新工具，形成网络营销体系。

本书可作为大学电子商务专业本专科教材，也适用于研究生、对电子商务和网络营销进行研究的人员，以及企事业管理人员。

图书在版编目(CIP)数据

网络营销与管理（第2版）/钱旭潮，韩翔，袁海波编著. —北京：北京大学出版社，2005.6
（面向21世纪电子商务专业核心课程系列教材）
ISBN 978-7-301-05020-0

I. 网… II. ①钱… ②韩… ③袁… III. 电子商务—市场营销学—高等学校—教材 IV. F713.36

中国版本图书馆CIP数据核字(2001)第039943号

书　　名：网络营销与管理（第2版）
著作责任者：钱旭潮　韩　翔　袁海波　编著
责 任 编 辑：温丹丹
标 准 书 号：ISBN 978-7-301-05020-0/TP・0528
出　版　者：北京大学出版社
地　　　址：北京市海淀区成府路205号　100871
电　　　话：邮购部62752015　发行部62750672　编辑部62765126
网　　　址：http://www.pup.cn
电 子 信 箱：zyjy@pup.cn
印　刷　者：三河市博文印刷有限公司
发　行　者：北京大学出版社
经　销　者：新华书店
787毫米×1092毫米　16开本　18印张　429千字
2002年1月第1版　2005年6月第2版　2016年9月第9次印刷
定　　　价：38.00元

再版前言

现在，互联网对社会、经济生活各个领域的渗透更加广泛了，网络营销也已经成为大多数商业机构乃至非商业机构进行市场推广活动的必选。与此相应的是，今天您打开一个网站，迎面而来的很可能是一个网络广告，在浏览网页过程中，会发现不时地有各种宣传窗口跳出并在网页上游荡，令人不胜其烦。所谓友情链接、标题链接等营销要素占据着网页相当比例的篇幅，BBS、聊天室中也不时遭遇商业信息的侵扰，不期而至的商业邮件、预料之外的搜索排名等。这一切表明，网络营销已不再像以前那样是互联网企业的专利，而被很多企业频繁运用。这种现象也说明，企业对网络营销的运用还缺乏有效的指导。

今天，我们已很难找到还没有建立自己互联网网站的企业，但同时也看到，能够有效利用网站进行消费者教育、顾客服务，使网站成为企业和客户间有效沟通纽带的企业还少之又少。这说明，企业对营销的理解仍然存在偏差，对网络营销的特征把握还不够，还没有充分挖掘网络营销的潜力。

本书再版时，编者注意到了以上问题，在进一步完善网络营销体系的基础上，力图在一定程度上对这些问题加以探讨和解决。为此引用了大量网页说明网络营销的实际应用状况，专门增加一章讨论互联网提供的新营销工具，其他章节也都更加注意实用性，使全书更具应用性和体现网络营销的最新发展。

本书由钱旭潮、韩翔、袁海波主编，肖煜、王胜云、肖美丽、王龙、朱荣、方文丽、费长清、王震、王绪纲参加了全书某些章节的资料收集和撰写工作。

由于编者水平有限，书中定有不妥之处，望读者批评指正。

编　者

2004 年 7 月

目　　录

第 1 章　从传统营销到网络营销

互联网是一个虚拟世界，一个双向交流和通信的工具，一个典型的信息场所，一个没有时间和地区限制的信息世界。在这个世界中，有顾客、商家、产品、服务，形成了一个名副其实的虚拟市场。这个市场也是一个必然的买方市场，预示着营销在其中的重要性不可低估。

互联网正在以惊人的速度发展着，成为影响人们生活面最广的新科技。对于公司来说，互联网成了知识经济时代新的竞争市场，社会的方方面面都对它投以关注的目光。公司要想在越来越激烈的市场中寻求立足与发展，不可避免地要把网络营销作为其工作的重点之一。本章从传统营销谈起，对网络营销的内涵、特点、模式等进行介绍，让读者对网络营销有一个全面、概要性的认识。

1.1　营销及其发展

网络营销是个新兴的学科，也可以看作是营销的一个分支，对网络营销的理解必须建立在对营销知识理解的基础之上。鉴于此，我们先对营销的基础知识进行简单的回顾，然后从网络的发展给出发展网络营销的必然性。

1.1.1　营销的实质

营销是个热门的话题，但到底什么是营销，许多人对此都存在很大的误解。有人把它看作是促销、推销甚至只是广告，完全背离了营销的真实内涵。营销可以定义为，个人或群体通过创新以不断提升人类生活质量和促进自身不断发展的一种社会活动和管理活动。营销的主体是个人或者群体，它的本质是不断创造并传递新的需求，它是一种社会活动，同时也是一种管理过程。

把握需求、产品、效用、费用、满足、市场、买方市场等核心概念是理解营销的基础。需求是营销的起点，也是其核心内容。需求是指人们对满足的感受，当人们觉得不满足时，需求就产生了，研究需求也就是研究人们还有哪些不满足，营销的任务就是找出这些不满足，然后设法填补它。如图 1.1 所示，营销者不断挖掘人们潜在中的不满足感，由这些不满足感来创造出新的需求，找到并提供满足这些不满足感的最佳产品，通过各种沟通手段向市场推广，激发顾客的消费欲望，从而达到在市场进行交易的目的。一个阶段完成之后，营销者就进入下一阶段的循环之中。

需求的满足需要一定的载体来实现，这种载体可以是实物、服务或体验，可以是有形的或无形的，这些用于满足需求的东西统称为产品。当然需求和产品之间不是一一对应的关系，一种需求可以通过多种产品的使用或消费得到满足，一种产品也可以满足多种需求。需要注意的是，需求才是营销的核心，而不是产品，产品只是实现需求的手段，因此，营销更应关注和明确自己满足哪种需求，这种需求都有哪些产品可以满足。

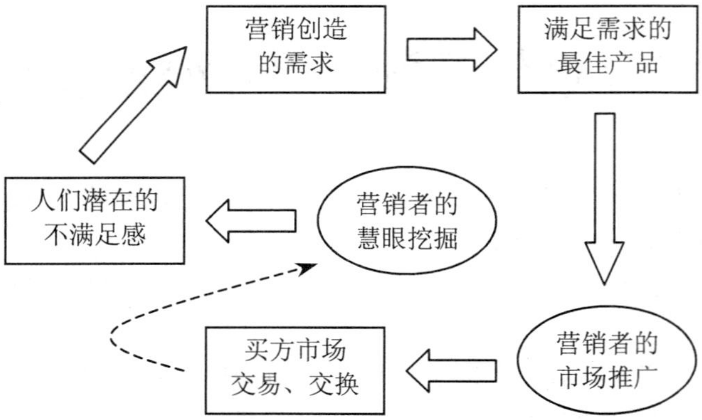

图 1.1　营销的核心是创造需求

当然，需求的满足不是没有代价的，顾客能否付得起，或认为值得付出这个代价也是营销需要注意的一个问题。可以用两个指标来进行比较和分析，即效用和费用。效用是顾客对产品满足其需求程度的评价，费用是顾客为得到该产品的所有付出，包括精力、时间和金钱。当然，这两个指标的衡量有一定的主观性，但其平均值基本能反应出该产品接近理想产品的程度。产品的效用越大，费用越小，就越接近理想产品。

管理学大师彼得·杜拉克（Peter F. Drucker）的一段话很能说明营销的本质，他说："人们总是认为某种推销还是必要的，但营销的目的却是使推销成为不必要。营销的目的在于很好了解顾客，使产品或服务适合顾客需要而能自行销售。理想的情况是，市场营销应能促使顾客乐于购买，然后要做的就是使产品或服务就近可以买到。"

1.1.2　营销的主要内容

由营销的本质可以发现营销真正重点关注的是以下几个方面的内容。

首先，营销研究人们需要什么。这使得研究人们需求产生的规律和变化成为营销的基础。需求的研究其实并不只是对经验的总结，而且由于需求的影响因素很多，因此它包括对社会经济环境、社会结构，人类心理活动、行为，需求的创造、传递的研究。营销研究人们的需求时，不应是被动的、适应性的，而是主动的、创造性的。

其次，营销要研究如何比竞争对手更好地满足顾客需求，这是顾客有太多选择的结果。经济的发展给顾客的选择带来了更广泛的余地，顾客首先要在众多的需求中选择最迫切要满足的需求，然后从多种产品中选择最能满足需求的那种产品，最后才是决定选择具体哪家公司生产的产品。选择的标准只能是谁能更好地满足顾客的需求。

最后，营销要让顾客知道你的产品定位，即要通过信息的传递，让顾客了解产品的优势、购买的方便程度、售后的服务等。通过合适的途径和方式与目标顾客进行沟通成了营销的另一个重要工作。沟通是营销中和顾客直接发生联系的部分，这也是为什么有人将营销和沟通等同的原因。

当然，营销在关注上述方面时，还需要结合公司现有的要素和公司的目标。因为产品的优势来源于公司相对于目标市场的资源优势，满足顾客的需求同时需要考虑实现的可能性。只有当公司的优势和顾客的需求得到完美的结合时，才能建立起相对的竞争优势，营销才能达到最理想的效果。

1.1.3　顾客满意与维系

由此可见，营销的工作重点是获得顾客满意。满意是人的一种感觉状态，它取决于一件产品的功能与顾客期望的接近程度。顾客满意是顾客和企业的共同追求，所以顾客满意度已成为营销追求的目标和执行指标。顾客是否满意取决于四个方面：顾客对产品的认知程度、顾客关系、对顾客的承诺和满意度比较。

顾客对产品的认知程度是指顾客对产品满足需求程度的判断，产品在性能、价格和形象等方面对顾客需求的满足程度越高，顾客就越满意。

顾客关系是指通过买卖，企业与顾客之间所建立起来的关系。这种关系越是亲密融洽，顾客的满意度越高，反之买卖过后两者毫无关系，顾客满意度就低。在组织市场，买卖双方通常都对此给予相当的重视，而在消费者市场，由于消费者人多面广，零售商不太重视与顾客的关系，这是零售活动中顾客交叉状态（指老顾客不断离去，新顾客不断进入）高的重要原因。

对顾客的承诺是指企业对所提供的产品或服务的一种保证，保证对顾客在今后使用过程中可能遇到的可预见及不可预见风险予以及时的解决，它包括对产品或服务质量、安装、维修、退货、换货和培训等各个售后环节的承诺。这种承诺越具体，越切合实际，越可见可证，顾客的满意度就越高。但是，当这种承诺不能获得真正实现时，即使你的产品优于竞争对手的产品，顾客满意度也仍将下降。提高期望以吸引顾客和达到顾客满意通常是一对矛盾体。

满意度比较是指顾客对不同品牌的满意度的比较，处于较高满意度的品牌，满意度会获得进一步的上升，相反则会下降。

顾客可分为老顾客和新顾客，老顾客是指第二次或更多次购买本品牌产品的顾客，新顾客是指第一次购买本品牌产品的顾客。老顾客不断离去，新顾客不断到来，也就是说，企业总是在接待新顾客，这种情况称为顾客交叉状态，顾客交叉越高，企业经营的不稳定性越高。企业只有保持老顾客，同时不断地吸引新顾客，才能获得稳定持续的发展，维系老顾客对企业具有重大意义。

从营销成本看，通常吸引新顾客的成本是保持现有顾客成本的 5 倍，进攻性营销明显地比防守性营销成本高得多。为吸引新顾客，企业必须完成使顾客从不了解到了解、不信任到信任、不熟悉到熟悉和无偏好到有偏好等的整个营销过程，而维系老顾客所要做的只是经常性的提醒，加深品牌在顾客心中的印象，两者相比，成本高低是显而易见的。所以重要的不再是把尽量多的产品卖给尽量多的客户（市场占有率模式），而是说服一个已有的客户更多地或者只购买某一个公司的产品。

老顾客的不断离去说明顾客对产品不满意，这种不满意可能来自产品本身的缺陷或不合适，也可能来自对产品的误解。在不知道顾客为何离去或根本没有做出什么改变的条件下，很难相信新的顾客会成为老顾客，作为一种资源，顾客是稀缺的，寻找新顾客的过程只能越来越困难。另外，不满意通过口碑途径传播，阻止部分目标顾客成为现实顾客。两种趋势如不能得到有效遏止，初始效应并不明显，但经过一段时间后，目标顾客将急剧减少，企业在此目标市场上将不能为继。

据美国技术协助研究项目的结果显示，高品质产品或服务对于顾客忠诚度非常关键。然而，通过良好的顾客服务解决问题同样重要。在某些行业，那些问题解决了的顾客要比从未碰到过问题的顾客更忠诚。如在高科技领域，那些设备出现过问题但又得到满意解决的顾客中会有高达90%的顾客再次从同一厂家采购，比未曾遇到过问题的83%顾客的忠诚度还要高。其原因在于顾客常常将你的服务和质量宣言看作是宣传口号，如果你能兑现所言，他们就会印象更深。

大多数不满意的顾客会无言地离去，根本不给你解决问题的机会以留住他们的忠诚。因此，所有顾客服务的一个主要目标就是让顾客更加容易地投诉。

维系顾客的关键在于培养顾客对品牌和公司的忠诚度，以下几点是达到这一目标的主要途径。

第一，理解顾客的需求和期望。需求得到充分满足的顾客具有最高的忠诚度，而要做到这一点，首先就是理解顾客的需求和期望，透过顾客的眼睛来看自己的公司和产品是理解顾客需求和期望的有效途径。首先由市场部门设计一份调查表，然后由公司其他部门的员工以顾客的身份填写，通过填写分析调查表设计的是否合理。如调查表有没有给顾客留出地方写下他们的意见，调查表是否有诱导性等。还可以经常召开顾客会议，请顾客在会议上发言。听听来自顾客的好话和坏话要比营销人员展示图表更有效。听听顾客对杰出品质的期望，即不仅要满足期望值需求，还要满足潜在需求。提供一个独特的、让人记得住的服务或产品。这一办法并非仅对组织市场有效，对消费者市场同样有效。

韦尔豪瑟是美国的一家木材公司，该公司要求其员工花一周时间去为顾客工作。运输经理们在码头装卸货物，会计人员则充当零售中心的顾客服务代表。他们的目的就是倾听、了解和获取有关如何改进本公司工作方面的深入资讯。这无疑是一种创造性的调查方法。

第二、建立高效的转换关系。以各种途径在顾客与企业间建立一种伙伴关系，使企业和顾客在更多的方面、环节上相互依赖，如组织市场上的库存、配送服务、消费者市场上的顾客数据库等。

第三，建立人人为顾客服务的观念和机制。经理人首先要身体力行，时刻想着顾客，每隔一段时间和顾客进行面对面的接触，负责处理顾客投诉的地方应当是顾客最容易找到的地方而不是相反，可以检查一下是否一个 8 岁的顾客也能找到总经理的办公室。在人流密集处设立投诉点所能带来的顾客安全、忠诚和效益，可能远远大于在这一地点设立畅销品柜台。要建立顾客对企业的忠诚，首先要建立企业对顾客的忠诚，从经理到员工都应当建立这样一种认识，如果出现了什么问题，他们应先假定差错出在公司自身，而不是想如何推到顾客身上。要处处为顾客的方便着想，不要把应当内部协调的事推给顾客，如顾客的投诉电话打到了财务部，财务部说我们不管这事，请找技术服务中心，这并不是一种协调的做法，对顾客的任何推托都是不合适的。

第四，有效响应顾客的问题和要求，达到顾客康复。并不是客客气气地对待顾客，但对问题不予解决就可以了，那是一种在彬彬有礼掩盖下的对顾客的淡漠，是一种对顾客的最大伤害。正确的方法是不仅要听取问题，更要解决问题，今后避免类似问题的发生。第一步要对顾客所经历的不便事实进行道歉和承认；第二步是倾听、移情、问一些开导性的问题；第三步要针对问题提出一种公平的化解方案；第四步要针对带来的不便或造成的伤害给予顾客一些具有附加价值的补偿；第五步要遵守诺言；第六步要有跟进行动。当销售代表或顾客服务代表采取跟进行动以保证公司的响应落实时，顾客对此举就会有更深的印象，跟进行动还可以给予公司第二次机会以避免第一次康复行动不能让顾客满意。另外，跟进对公司内部也很重要，它可以确保康复工作正常进行。

第五，传递高度的顾客满意。顾客满意应当在顾客及公司员工中得到传递，同事、邻里、朋友的意见是相互印证的，要采取各种措施使顾客满意在顾客中得到传递。顾客满意在公司员工中的感受和传递可以使员工看到自己努力的结果，可以加强员工对顾客满意的认识，这样能更好地激发员工的工作热情。

营销观并非完美，顾客的要求并非总是正确，但这并不能成为不尊重顾客的理由，尊重顾客、让顾客满意和顾客永远正确是两回事，纠正顾客的错误使其达到正确的满足，才能实现顾客满意。

1.1.4　营销的发展

营销的发展可以从营销观念的变化以及营销理论的发展两个方面来说明。

营销观念是指营销者对市场活动的基本态度，它指导和贯穿整个营销活动。随着社会经济的发展，营销观念经历了从生产观、产品观、推销观、营销观到社会营销观的转变，这些营销观念的产生和发展与市场状况紧密联系在一起，尤其是与市场供需关系的演变密切相关。营销观念的变化过程及每种观念的核心思想如图 1.2 所示。

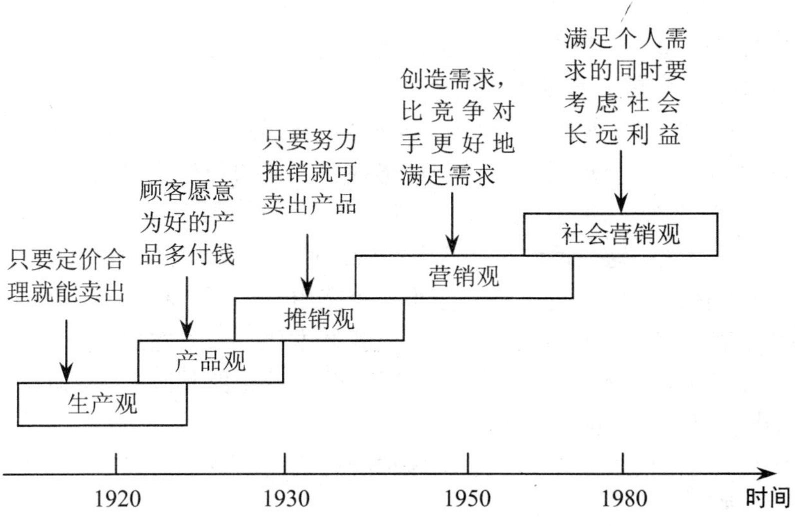

图 1.2　营销观念的变化过程

生产观是一种古老的市场观念，它的基本观点是定价合理的产品无须努力推销即可卖出。这种观点产生的经济基础是市场上产品供小于求，这里的需求是指一种欲望或潜在需求，而不是指有货币购买力的需求，于是市场上产品相对过剩。在这种观念的指导下，公司的中心工作是通过降低产品成本来降低产品的价格，使价格降到在人们的支付能力之内，以此增加产品的销售。

产品观的核心思想是顾客会更喜欢质量高、性能好、特点多的产品，并愿意多付钱。为此公司不顾一切地提高产品质量，增加产品功能，从而产生过高的质量和多余的功能，并不一定真正满足顾客的需求。

推销观点建立在两个假设上，一是顾客会被花言巧语的劝诱和吸引购买产品，并会喜欢它，就算不喜欢也不会转告别人或投诉；二是顾客可能忘记上当的教训而再次购买。显然，这些假设是不可靠的，而且由于推销观只注重与顾客的沟通作用，忽视了产品本身对销售的作用，因此推销观是危险的。

营销观的核心观点是以顾客为中心，即一切围绕满足顾客的需求，达到顾客满意。公司首先要选择目标市场，而不是将所有的顾客都作为自己的顾客，因为满足所有顾客的需求是不现实的。其次公司必须准确理解和把握目标顾客的真实需求，并向目标顾客提供比竞争对手能更好地满足他们需求的产品，即比竞争对手做得更好，以特色抓住特定的顾客。随后是做好公司内部组织协调工作，营销不仅仅是营销部门的事，更是整个公司的事，整个公司应当一起努力，以顾客为中心，共同做好营销工作。通过这些努力最终要达到的目标是公司的盈利，营销不仅要让顾客满足，也要让公司获得利润，否则没有公司长远的发展，对顾客的满足也只是短暂的。

营销观中创造需求的核心在一些企业中被扭曲，它们创造的是不合理的、不适当的需求，制造流行，人为地加快产品被淘汰的速度，导致环境恶化、社会资源浪费严重，影响社会的可持续发展。在这种背景下，人们提出了社会营销观，它强调要将企业利润、顾客需要和社会长远利益统一起来，企业对顾客需求的满足，不仅要体现顾客的当前愿望，更要顾及顾客和整个社会的长远利益。

营销理论的发展比起营销观念的变化更是错综复杂，变化多端。自营销理论与实践在20世纪产生于美国后，它就一直处于不断创新与发展的状态下。目前占据主流的营销理论是4P营销理论，即产品（Product）、价格（Price）、地点（Place）和促销（Promotion）。

随着竞争的更趋激烈和全球化，营销领域出现了大量的新理论和新方法，除了广为人们熟知的4P营销理论之外，还出现了4C营销理论、4R营销理论、7P营销理论、绿色营销理论、直复营销理论等。这些理论在一些专门的营销书中都有介绍，本书就不再重复。

不论营销理论发展的如何完善，营销作为一个实用性很强的科学，需要不断地创新。现代营销要求在营销过程中体现出营销的科学化和艺术化，一方面要以适当的营销理论作为解决问题的思想和方法指导；另一方面要在理解营销理论的基础上大胆创新和发展，针对具体问题创造出具有艺术性的解决方法。

当前，随着电子网络的发展，为了适应虚拟经济规则的要求，又应运而生了新的营销理论——网络营销理论。

1.2 网络营销

网络的发展使传统市场营销转向基于互联网的营销成为可能，也就是人们常说的网络营销。究竟什么是网络营销？目前对它有很多的解释，理解的角度不同，对其所下的定义也不同，这里我们将给出本书对网络营销的理解，并对网络营销特点进行总结。

1.2.1 互联网

营销作为企业经营活动的一部分早已深入到企业的方方面面，成为企业所有活动的有机组成部分。网络营销是营销建立在互联网基础上的一种新方式或者说新理论，没有互联网的发展，就没有网络营销的发展，因此，这里我们想特别给出网络营销发展的基础——网络发展的普遍性，从网络发展的角度给出网络营销形成及发展的原因。

1. 无所不在的网络

网络至今已经发展到了无所不在的阶段，这与网络发展的速度有很大的关系。回顾互联网的发展历史可以看到，它是一个非常新兴的生命，从 20 世纪 60 年代末 70 年代初，第一个网络——ARPAnet（阿帕网）被建立后，至今只有三十几岁。然而它的成长速度却是异常迅速的。

由于在初期，网络仅被用于军事、科研学术领域，发展得还不是很快，但到 1991 年，General Atomics、Performance Systems International、UUnet Technologies 三家公司组成了商用因特网交易协会（Commercial Internet Exchange Association），宣布用户可以把它们的因特网子网用于任何的商业用途，使得互联网被应用到了商界，这大大促进了互联网的发展。互联网发展的迅速性主要体现在网络用户的数量和普遍性方面。

网络用户的数量几乎呈几何级数增长，且不论国外互联网发展的状况，单看我国近几年网络用户数量的变化就可以看出互联网用户在数量增长上的迅速性。中国互联网络信息中心（CNNIC）在 1997 年 10 月第 1 次的互联网发展状况调查报告中显示互联网用户只有 62 万人，而 2004 年 1 月的第 13 次调查报告中显示用户已发展到 7950 万，短短的六年多时间我国网络用户的数量增加了 128 倍。由此可见网络用户的数量增加是多么迅速了。

不仅网络用户的数量在急剧增加，互联网的触角也在不断地向社会的各个角落延伸，互联网已成为一个普遍存在的事物。全世界各地都有互联网的影子，我国各个省市自治区也都有网民在活动。从 CNNIC 第 13 次调查的结果来看，我国 35 个省、直辖市、自治区都或多或少地存在着网络用户，贵州省网络用户的比例最少，但也达到本省总人口的 2.2%，西藏网络用户总数最少，但也有 8.3 万人，在那个地广人稀的地方，也占了总人口的 3.2%。

随着我国社会、经济的发展，互联网将渐渐成为人们生活、工作与学习必不可少的组成部分，其发展也将会更快、更强大。CNNIC 2004 年 1 月的第 13 次调查显示，在以后的一年内准备上网的非网民达到了非网民总数的 7.4%，这个比例虽然不大，但从目前只占我国总人口的 6.2%的 7950 万网民数来看，7.4%的非网民在一年内上网将会带来网民数量的巨大增长。作为企业进行网络营销的目标对象之一，这样一个飞速增长的网民群体是企业的重要资源，是不可忽视的。

2. 威力强大的网络

网络之所以能如此迅速地发展，与其强大的威力是分不开的，这些威力主要体现在以下三个方面。

第一，网络提供了迅速、方便、低成本的沟通渠道。通过网络进行信息交流与沟通是目前所有沟通工具中最为迅速、方便和便宜的，尤其随着网络可视电话、网上视频会议等系统的发展，利用网络进行信息交流与沟通最为接近面对面的沟通，因而也是一种最有效、最充分的沟通工具。网络可以以电子速度传递文字、图像、声音等沟通信息，提供了电子邮件、即时信息、网络电话、视频会议系统等沟通工具，除了不能传递实物外，几乎可以承担所有的信息沟通的功能。通过网络进行沟通的费用与电话、邮寄、面对面交流等传统的沟通方式相比是最低的，而且是最为方便的。表1.1是目前各种沟通方式的资费比较。表1.2是几种通信方式信件到达时间比较。

表1.1 各种沟通方式资费比较

电话沟通方式	固定电话		移动电话		网络电话	
	市话	长途	市话	长途	市话	长途
通信资费（元/分）	0.1	0.7	0.6	1.3	0.07×2	0.07×2
通信方式	平信		速递		电子邮件	
	市内	市外	市内	市外	任何地方	
通信资费（元/件）	0.6	0.8	22	22	0.21	

注：这里移动电话以移动公司电话资费为例，假设对方以固定电话接电话；因为网络电话要求双方同时在线，因此上网费用乘2；假设收发一封电子邮件共计需要半小时；信件假设都为不超重的信件；所有资费以江苏省南京市为例，上网费用以电话上网为例，宽带上网还要便宜很多。资料来源：江苏省南京市电信局、江苏省南京市移动公司。

表1.2 各种通信方式信件到达时间比较

通信方式	平信			速递			电子邮件
	市内	国内	国外	市内	国内	国外	全世界各地
天数	2	4	10	1	2	7	几乎是同时

注：这里的平信及速递时间是指最短时间，交通便利程度及距离的远近对到达时间有很大的影响。

第二，网络是大量、丰富信息的提供场所。互联网上用户不计其数，提供了大量丰富的信息，很多信息在现实生活中是无法找到的。现代社会是信息化的社会，信息在人们的工作、学习和生活中有着重要的作用，谁掌握的信息最新、最多，谁的机会就会越大，这对于企业而言更是非常重要和明显的。因此对信息的掌握成为企业获取竞争优势的重要方面。网络作为大量信息的提供场所，谁能有效地利用它，谁就会获得重要的市场信息，在竞争中占据优势地位。

第三，网络具有方便性的信息检索功能。网络的信息量很大，要从海量的信息中找出对自己有用的信息是一件费时费力的事，如果像传统现实社会中那样通过翻阅资料的方式来查找信息，可想而知是多么困难。如果网络没有强大、方便的信息检索功能，其发展决不会像现在这么迅速。事实上，网络提供了非常方便的信息检索工具，如搜索引擎、使用者查询（Finger）、阿奇系统（Archie）、资源检索（Wais）等信息检索工具。这些工具可以帮助用户查找其感兴趣的信息，如网站信息、网络使用者信息、文件信息、市场信息等重要的信息。这些功能强大的检索工具可以帮助用户在海量的信息中寻找有用的信息，既省时又省力。

3. 不同规则的网络

网络中的规则与现实社会中的规则有着很大的区别，很多在现实社会中不可能实现的童话在网络中都实现了。这主要体现在以下几个方面。

- 网络的高度透明性。网络与传统暗箱操作相比具有一定的透明性，这使得网络中竞争的公平性增加了。
- 网络市场的高度集中。在传统市场中，由于各种实际存在的障碍，如地理隔离、信息不充分等，往往从大公司到小公司都可以找到自己的发展空间，而网络的无国界性和无时间性把所有的企业都直接推向了国际市场，大大增强了市场的集中度，任何一个领域都只允许存在几个处于领先地位的公司，大多数中小企业的生存环境被压缩到了极限。
- 网络中的免费诱惑。免费，这个天上掉下的馅饼对任何人都有着极大的诱惑力，在传统市场上这是不现实的，但在网络中，却成为竞争的焦点，各大网站纷纷通过提供各种免费的服务来吸引用户，吸引注意力（见图 1.3）。

图 1.3　网上到处充斥着免费诱惑

例如 163 网站，就以提供免费邮箱成为目前国内最大的门户网站之一。免费看似不现实，不能给网上企业带来收益，事实上，这只是收益观念与传统市场不同而已。网上免费服务的提供在本服务上是亏损的，但却可以通过免费服务吸引注意力，从而获得其他方面的收益补偿。

再如雅虎公司通过免费建设门户站点，经过 4 年的亏损经营后通过广告收入等间接收益扭亏为盈，但在前 4 年的亏损经营中，公司却得到了飞速的增长，主要得力于股票市场对公司的认可和支持，因为股票市场看好其未来的增长潜力，而雅虎的免费策略恰好是占领了未来市场，具有很大的市场竞争优势和巨大的市场盈利潜力。

- 网络经济规则不同。传统市场的供需决定价格变成在网络中的沟通决定价格。网络中，谁能更好地与用户进行沟通，吸引到用户的关注，就可以获得价格的确定权，当然这并不是说价格可以无限地定高，但至少可以获得较大的主动权。
- 网络竞争规律不同。网络市场与传统市场中竞争所需要的优势不同，网络以迅速为先，质量反而退后；而传统市场竞争主要以价格和质量为主。

1.2.2 网络营销的概念

1. 网络营销的定义

本书给网络营销（Cybermarketing，Onlinemarketing）下的定义为：通过有效地利用计算机网络这一现代技术，最大程度地满足顾客需求，以达到开拓市场，增加盈利能力，实现企业市场目标的过程。这一定义包括以下几方面的含义。

第一，这一过程不是网上销售，它不涉及送货和支付。和传统营销一样，营销和销售是两个既互相联系又互相区别的概念。销售是营销的结果，营销服务于销售；销售更多地只是一种标准操作过程，是营销的实现，而营销则是一种艺术过程，一种吸引顾客注意力的艺术。网上销售过程会比传统的销售过程更加标准化，在互联网上吸引顾客显得更加艺术化也更加实用化。

第二，网络营销并非仅仅是在互联网上做广告。就像广告只是营销最显眼、最初步但未必是最重要的一部分一样，网络广告也只是网络营销最显眼、最初步但不是最重要的一部分，当然更不是营销的全部。除了网络广告，网络营销还包括网上调查、目标市场选择、网络公关、网络宣传、网站策划（见图 1.4）、网络分销等许多内容。

第三，网络营销的实质是顾客需求管理，即利用互联网对售前、售中、售后各个环节进行跟踪并满足顾客的需求。即在生产商、分销商和顾客之间建立一种高效的互动关系，使这三者更紧密地结合在一起。

第四，网络营销是直接市场营销的新的有效形式，这里有三层含义：一是企业通过报刊、邮件、电话、广播、电视等传统媒体与顾客进行的沟通是间接的，而通过互联网与顾客进行的沟通基本上是直接的；二是虽然网络营销和网络交易（销售）是两个概念，但二者之间的界限很模糊，顾客从接受企业的营销一直到下订单，都可以不再经过任何转换；

三是生产者和最终用户之间的直接销售比重将会进一步上升，参与产品的所有权转移的中间层次会减少。

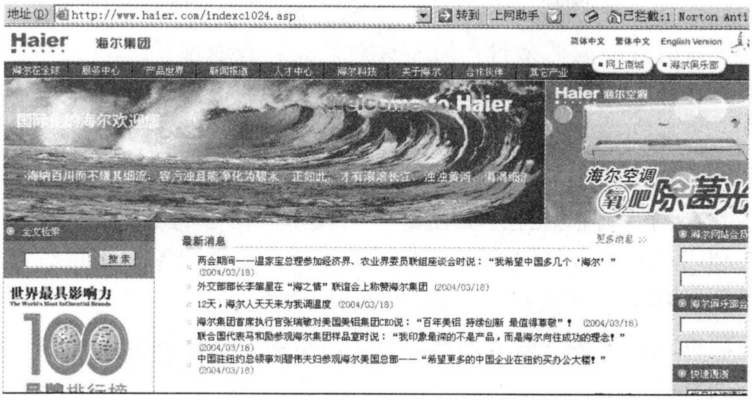

图 1.4　设计美观的网站也是网络营销的内容之一

第五，由网络所带来的电子商务与传统的商务形式有巨大差别，即交易内容不同、信息流动方式不同、交易的场景不同、交易的基础设施不同。在这个信息化的空间内，消费者了解企业和产品的方式、购买和发货的方式也随之发生改变，甚至消费者分配自己忠诚度的方式也有所不同。"内容"不一定就是产品，"分销"未必就是批发商，消费者将会更加理性地进行选择，"品牌"效应不再如此巨大。

因此，网络营销首先必须创造性地将内容、场景和基础设施结合起来。在网络空间里，企业必须仔细考虑自己提供的是什么、如何提供，然后再决定哪种策略有利于实现自己的目标，也就是如何把顾客对自己品牌的忠诚度转移到网络上来。而转换的关键就是破解顾客忠诚的基础，是内容、场景、基础设施，还是三个因素都起作用？其次要动态地去观察网络市场，了解哪些行业领域正向网络挺进，谁在网络上销售产品和服务？竞争对手是如何通过网络营销增加其产品附加价值的？最后要确立好自己产品的网络营销策略是以创造具有特殊吸引力的内容取胜，还是发展一种新的市场交易场景取胜。

2. 网络营销与电子商务

现实生活中，许多人把网络营销和电子商务混为一谈。其实电子商务和网络营销是两个既有联系又有区别的不同概念。

电子商务是指利用互联网进行的各种商务活动，是一个较广泛的概念。全程性的电子商务必须解决与电子支付技术相关的技术、安全和法律等问题，同时还要有高效、低成本的物流配送系统为支撑。而网络营销的开展并不要求这些问题全部得到解决，它完全可以仅仅把互联网作为一种新的、高效的传媒，一旦时机成熟再和电子商务融为一体。

电子商务包含网络营销，没有网络营销就没有顾客，没有顾客就不会有交易，也就没有了电子商务，所以网络营销是电子商务的重要组成部分。从这一点说，并不是只有商务网站需要网络营销，任何利用网络从事某种活动都需要网络营销，通过网络营销提高网站知名度和美誉度。另一方面，网络营销并不排斥传统营销方式，通过传统营销手段，把顾客吸引到自己的网站上来，是许多网站的重要营销策略。

此外，传统商务也可以利用网络作为一种新的营销手段，使顾客更好地了解企业，提高顾客对企业的认知度、偏好和忠诚度。作为一种新的营销工具，网络较之传统营销手段有明显优势，主要表现为互动性，顾客可以主动点播广告、与企业技术人员或营销人员进行直接沟通，既有及时性又有时效性，既有针对性又有普遍性。

从上面可以看出，网络营销是指如何有效地利用网络这一现代信息工具，达到企业经营目标的各种活动，它既应用于电子商务也应用于传统商务。目前的网络可资利用的营销工具有：网络市场调查、网络广告、企业网站、网络论坛、电子公告板、超级链接、E-mail、搜索引擎等。当然，网络营销还刚刚处于起步阶段，网络都有哪些工具可作为网络营销的手段，如何组合利用这些手段等问题，都有待于理论界和企业界的共同努力。

因此，网络营销和电子商务是互相联系着的两个不同概念、方法和活动，网络营销既服务于电子商务，也服务于传统商务，网络营销既依赖于电子商务，又独立于电子商务。

3. 网络营销与网站

企业网站是企业通向互联网的门户，从开展电子商务的角度看，网站是其必备条件，但从网络营销的角度看，企业是否拥有自己的网站并不是开展网络营销的必要条件，就像企业不办报、杂志、电台同样能开展营销活动，这是一样的道理。

但是，办一张报纸与建立一个电台、一个网站毕竟不可同日而语。第一，网站的建立不但维护成本低廉、功能强大、受到的限制少，而且在自己的网站上发布信息甚至可以说是无费用的。同时，没有自己的网站，而仅仅依赖其他网站开展网络营销，企业信息发布就会受到极大的限制，沟通的互动性、跨越时空等特征就会大打折扣，变得与在传统媒体上发布信息没有本质的区别。因此，虽然建立自己的网站不是开展网络营销的必要条件，但却是一种必要的支撑，通过各种链接、广告等进行的网络营销活动最终都应当回到企业网站，在这里完成。可以说没有自己网站的网络营销是不完整的。

第二，既然网站的建立并不是一件困难的事，它本身又极具重要性，今后就不会存在没有自己网站的企业。在互联网时代，一个顾客无法从网上寻觅到踪迹的企业是不可想像的。而且就目前阶段来说，网络营销还是企业上网恰当的目标定位，企业上网并不等于就是网上开店、网上直销，就是简单地做个网页，有个形象而已。

第三，网站本身既是一种营销工具，也是营销的对象。就像一个产品，如果生产出来后，任其放在仓库里等待顾客前来购买，可能十年也卖不出去。网站建立起来了，不去推广和发布，就不会有访问量，也就成了没有读者的报纸或是没有观众的电视台。报纸、电视台和杂志需要营销来把握读者、进行目标市场选择和定位、采取正确的营销策略，网站也一样，网站作用的发挥同样需要营销。

因此，从网络营销的策略看，虽然建立企业自身的网站不是开展网络营销的必要条件，却是企业网络营销成功的必要条件，企业网站以及网站本身的推广极其重要，只有以企业网站的成功为前提，才会有企业网络营销的成功。从这个意义上说，企业网站是企业网络营销的必要条件。

最后需要指出的是，企业网站不是企业网络营销的全部活动平台或手段，而仅仅只是其中之一，除了利用自身网站开展网络营销外，企业还应利用互联网提供的其他一切手段或工具开展网络营销。

1.2.3　网络营销的特点

网络营销虽然是在市场营销的基础上发展起来的，但它与传统营销却有着很大的区别。网络营销和传统营销都是企业的一种经营活动，两者都把满足顾客需求作为一切活动的出发点和归宿，都需要通过各种手段的组合去达到企业的经营目标，这是它们的共同点。不同点体现在以下几个方面。

1. 网络营销的虚拟性

网络营销的环境与市场营销不同，它是建立在虚拟社区基础之上的营销活动，它的顾客是网络用户。网络营销可以说是一种看不见的营销，企业看不见他的顾客，顾客也接触不到企业，大家都通过互联网进行沟通，进行交易，没有面对面的接触。大多数顾客在网上所见的产品并不是实物，而是商家对该产品的描述，虽然这种描述远比电视、报纸、广播的描述更为真切、详细，但毕竟仍然只是一些技术参数、实物图片、文字说明、动画、解说等，顾客只能通过商家的描述来判断该产品对自己的适用性。促使顾客做出购买决定的主要因素是商家对其产品的描述能否打动顾客、其售后服务等能否赢得顾客，成交与否在很大程度上决定于该商家的信誉。

在传统的市场中，顾客可以通过各种感觉器官，通过看、听、触摸、闻等手段对产品形成一个直觉印象，甚至通过试验来确定产品的适用性，从而决定是否购买该产品，以及购买哪一个品牌。例如，在线销售电脑的商家即使在网页上放上精美的图片，甚至是动画，再加上各种技术资料的调阅，顾客仍然不可能真实地感受到一台电脑的各种功能，包括其处理速度、视觉、听觉效果，除了外观，顾客几乎无法切实分辨处理器 386、486、奔腾、奔腾Ⅱ等的区别。正是因为互联网所造就的市场具有“虚”的性质，因此，顾客无法通过自己的感官系统，甚至不能通过技术手段做出正确判断。

互联网市场这种虚拟特征决定了它不可能独立于现实市场而存在，它不是市场的全部，只是市场的一部分，社会分工的一部分。事实上，在产业市场的交易活动中，除了一些标准化程度很高的产品，如有色金属、汽油、化工原料以外，其他如机电设备的采购供应，交易活动也不可能完全在互联网所提供的虚拟市场上完成。

2. 网络营销的超时空性

网络没有时间的限制，一年 365 天，一天 24 个小时，随时都可以到网络中去购物、发布信息、交流和沟通。网络上更没有地理的限制，在世界的任一角落的用户都可以到任何想去的网站去获得有用的信息（见图 1.5）。网络营销的对象不再是以地域进行区分，而更多的是以兴趣、爱好来区别。有着同样兴趣的人会从世界各地聚结在同一个网站发表观点，会浏览相同的网站，会对同一个网络广告产生兴趣。

超越时空的营销带来的另一个网络营销特性是营销活动的一致性。传统的营销活动必须由人去执行，在不同地点、不同时间、由不同的人执行同一套营销方案，事实上很难保持营销活动的一致性，全球同时推广实际上也是做不到的。而互联网上的信息是可以实时更新的，因此利用互联网配合时效性很强的营销活动相对于传统营销有很大的优势，可以为了配合整体营销计划而随时对网站及整个互联网上的信息做出及时的、相应的调整，同一个营销方案无论在哪一个网站上推出，顾客看到的都是绝对一样的，并不会因执行者不同而导致差别，同时在全球发布也不再是空想。

图 1.5 国内用户也可以随时去微软公司“参观”

3. 网络营销的透明性

网络营销的市场环境是高度透明的，任何消息都能迅速地在网络中传播，企业所做的任何事情都会很快地被顾客通过网络进行交流和评价。图 1.6 是搜狐汽车频道中的汽车评论，顾客也可以在这类地方发表自己的观点，或了解别人的观点。网络营销市场的高度透明还表现在顾客所需信息的获得途径上，顾客可以通过不同的途径、渠道获得有用的信息。比如当顾客要购买某一产品时，可以通过比较不同的网站的价格，选择最低的价格买入产品。

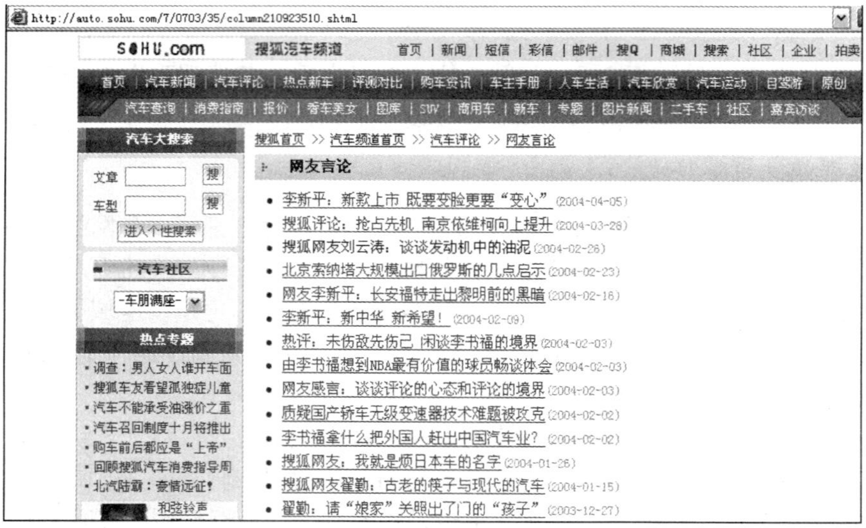

图 1.6 搜狐汽车频道网友言论

网络信息不仅丰富，而且搜索方便，面对大量的信息，顾客可以借助于网络提供的搜索工具，迅速地搜索到自己想要的信息。

4. 网络营销工具的多样性

网络营销的工具可谓是五花八门。用于网络调查的工具有在线表单、数据仓库等，用于网络沟通的工具有 BBS、聊天室、E-mail 等，用于网络服务支持的工具有常见问题解答（FAQ）、呼叫中心、新闻组等，用于引导信息查询的工具有搜索引擎、链接等。关于网络营销工具我们将在第 7 章专门介绍，这里就不再重复了。图 1.7 是网友 BBS 加油站中关于网上商务主题的版面，这是网友们交流经验，分享信息的场所。

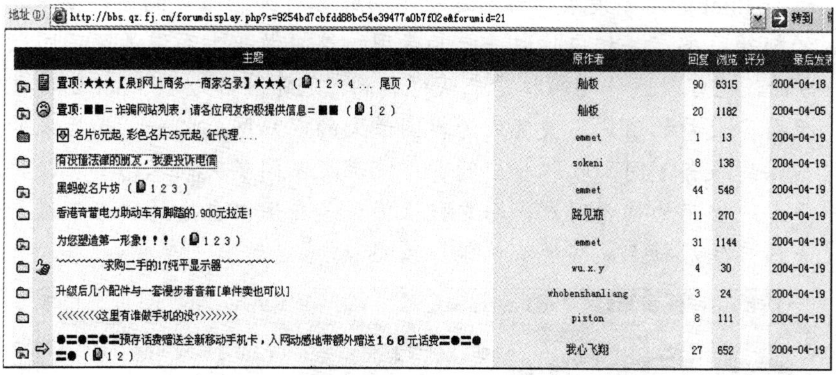

图 1.7　网友 BBS 加油站的网页

5. 网络市场细分的彻底性

在网络营销下，市场将更加趋于多样化，不同系统、不同企业、不同产品将千方百计地在网上创造自己与众不同的营销模式以吸引顾客。由于互联网的信息具有双向流动和实时性，这里的市场机会就更显出个性化和实时化。

随着市场环境和运作方式的发展变化，目前的市场经历了从同质市场到市场细分，从大量营销、差异化营销到目标市场营销的过程。目前市场营销变化主要体现在市场的划分越来越细，越来越重视满足消费者的个性化需求。但是在传统环境下，这种发展是有极限的，其最终结果只能是针对某一特定的消费群体，不可能做到彻底的个性化。在互联网条件下，运用网络营销手段才有可能把这种个性化进一步推向极至，演变成针对每一个消费者的一对一营销。

6. 网络分销的直接性

在网络环境下，传统中间商的地位受到挑战，生产商和最终用户可以在更大范围内通过互联网直接进行交易。这种交易避开了某些传统的商业流通环节，因而更加直接、“面”对“面”和自由化，原先那些承担着层层批转功能的中间商的作用将逐渐淡化。可以预见，大量的中小型中间商将逐步退出分销过程。与此同时，网络营销将更加重视对分销过程中的辅助商（提供物流、广告创意、会计、法律、公证等服务的机构）的作用的发挥和整合，在这些领域，专业机构仍然可以保持自己的优势，从而在网络营销中占有一席之地。

7. 网络营销策略时代性

随着网络营销的发展，网络营销所使用的策略也在不断变化着，当然不管网络营销策略如何变化，都是以能更好地接近顾客、吸引顾客为中心内容。就价格这一要素而言，在网络营销的初期，企业一般使用免费策略来吸引顾客的注意，随着企业的发展，新的营销策略出现了，如竞价策略、折扣策略、绑定销售价格策略等一一成为不同产品、不同时期企业所使用的价格策略。

图 1.8 是 163.net 网站的邮箱收费情况。早在 163.net 开始之初，所有的邮箱都是免费的，但随着 163.net 的不断发展，为了适应不同顾客对邮箱服务的不同要求，因此推出了不同等级的邮箱服务，并相应收取一定的费用。这样做一方面满足了不同顾客的不同要求，另一方面，也可以通过邮箱收费来获得利润。免费策略为 163.net 创建之初立下了汗马功劳，吸引了大量的用户，使其成为我国最大的门户网站之一。而后来的分级收费策略又通过提供的服务不同，收取相应的费用，满足不同层次顾客的要求，将原有的一些免费用户平滑地转变为收费用户，而这种收费又是在用户自愿的情况下进行的，因此可以在不流失用户的基础上，实现有价服务策略。

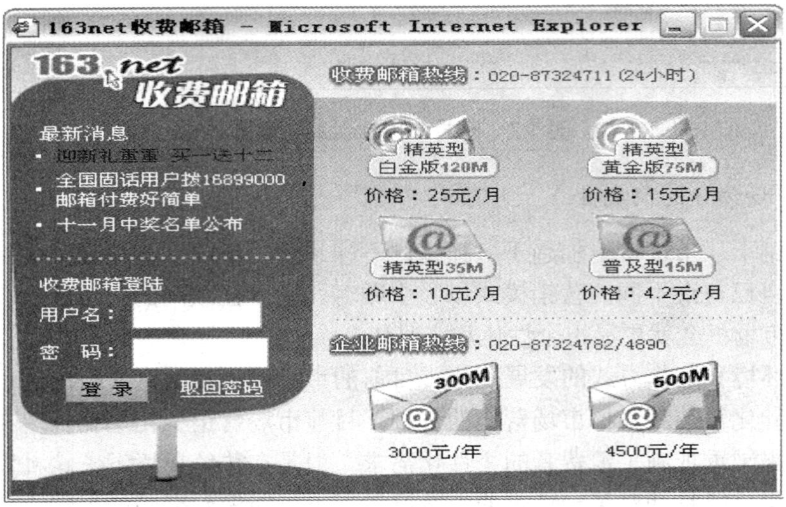

图 1.8 163.net 收费邮箱

1.3 网络营销模型

营销作为一种企业与顾客沟通的思想和方法，在互联网条件下有其不同的途径和方式，而且在互联网条件下形成营销特有的管理模型，则是网络营销活动的重要基础。我们给出 6 种典型的网络营销模型，作为企业进行网络营销的参考。

1.3.1　顾客服务：寻找和创造顾客需求

这一模型的核心思想是通过顾客服务，增强与顾客的关系，达到留住顾客、增加销售的目的。现代营销学认为留住一个顾客相当于争取 5 个新顾客，互联网的双向互动、海量信息且可以有选择地阅读、成本低、联系方便等特点决定了它是一种优越于其他媒体的为顾客服务的工具。因此，通过网络营销可以达到更好地服务顾客的目的，增强与顾客的关系，建立顾客忠诚，永远留住顾客，使顾客总是乐意购买本企业的产品，这样便自然而然地提高了企业的产品销售量。

联想公司通过建立网上服务主页给顾客提供各种服务，以建立良好的顾客关系。联想公司的顾客服务主要有以下几个方面，如图 1.9 所示。

图 1.9　联想公司服务主页

联想公司给顾客提供了电脑一码通服务，这是联想网站为联想顾客提供的一种智能型网络查询服务。其主要功能是通过顾客购买的联想电脑产品（包括家用台式电脑、商用台式电脑、笔记本电脑、服务器等）的主机序列号查询到自己所购买产品的装箱单信息和驱动/升级程序。

联想公司提供了常见问题解答（FAQ），从中可以找到顾客最感兴趣的问题的解答。还提供了 24 小时 E-mail 服务支持，顾客可以通过向联想服务中心发电子邮件来获得一对一的服务帮助。除了这些主要的服务外，联想公司的服务主页上还有很多其他的服务，为顾客方便、准确、安全地使用联想的产品提供了保障。

1.3.2　信息刺激：激发和传递顾客需求

这一模型的基本观点是通过提供有用信息刺激消费者，达到增加购买的目的。尤其适用于通过零售渠道销售产品的企业，它们可以通过互联网向顾客连续提供有用信息，包括新产品信息、产品的新用途等，而且可根据情况变化适时调整，保持互联网上信息的新鲜感和吸引力。

上海通用汽车有限公司的别克汽车未下生产线，公司创建的全新网站 http://www.21sjzg.com/buick 就提供了相关信息，促进与潜在顾客的沟通和交流（见图 1.10）。通过这一新网址，上海通用汽车有限公司不仅能够向顾客及时地传递公司和别克产品的最新进展，而且可以获得各类顾客的反馈信息。网站上发布的新产品信息和定制产品很好地激发和传递了顾客的需求。

图 1.10 别克车的需求激发和传递

1.3.3 成本降低：用最低的费用满足顾客需求

这一模型的核心思想是向顾客提供购买方便、各种折扣、加强管理、减少中间环节达到降低价格，让顾客获得更多的让渡价值。这一营销思想来自直复营销理论，通过网络直复营销简化渠道，降低销售成本，减少管理费用，提高企业效益。

国内最大的邮购商麦考林公司于 2001 年 4 月开通了购物网站麦网（http://www.m18.com），这家公司人数最多的部门便是客户服务部，工作人员的职能主要是通过电话、信件及在线等方式回答客户的咨询和投诉，以及完成订单输入、跟单及退换货等事宜，其中很多工作是与库存管理部门相联系的，这就形成了一套复杂的库存查询、订单、跟单、退换货等物流管理流程，也增加了企业的管理成本。

Hot Hot Hot 是美国的一家出售辛辣调料的网上零售商，如果该公司按传统方式印制彩色产品目录，而不是在网上展示产品，预计其促销成本会从目前网上成本的每月 100 美元提高到不可想像的每月 5 万美元。

8848 是我国最大的网上零售商店之一（见图 1.11），在网上展示商品，网上购物，减少了店面成本，减少了中间环节，产品的售价也相对较低，即以较低的成本和费用来满足顾客的需求。

图 1.11　8848 网上商城

1.3.4　顾客参与：让顾客主动参与

这一模型的要点在于通过娱乐、讨论等活动促进顾客参与企业活动、加深对企业的了解进而促成购买。许多网站包括企业网站都已有一些成功运用此模型的例子。他们允许顾客根据自己的兴趣在自己的网站建立各种网络论坛、BBS、聊天室等，在这里顾客们可以自由地交流、咨询，企业可以以网友的身份介入讨论，这比传统的顾客意见反馈效率更高，解决问题更彻底，更能与顾客建立起良好的关系，赢得顾客忠诚。

电影、电视片的制作商们成功地利用此模型来提高影片或电视剧的收视率。他们通过网站向观众提供一些所谓“内幕”，如剧情的构思、角色的背景、演员、导演、制片人的背影资料、兴趣爱好等，制作商甚至可以让观众参与到情节讨论、演绎，制作手段的设计等等活动中来。这些信息与活动对影迷们很有吸引力，因为这样能使他们有一种内行的良好感觉，这种感觉促使他们反复观看评头论足、乐此不疲。同时他们还会与朋友们一起讨论这部片子，告诉他们自己的评价，劝说他的朋友们也去看一看。

图 1.12 是佳洁士网站中的健康学校主页，顾客不仅从中可以学到很多有关口腔的健康知识，而且还能体会到学习的乐趣。

图 1.13 是葆婴公司的摇蓝网，提供了宝宝主页这一栏目，让父母在给自己的宝宝制作主页的同时，了解关于宝宝养育过程中的知识，交流育儿经验，同时也成为葆婴产品的主要消费者。葆婴公司通过让顾客参与建立宝宝主页来促进销售，也是一个非常有特色的网络营销策略。

图 1.12 顾客参加健康学校可以体验到增长知识的乐趣

图 1.13 葆婴公司的摇蓝网主页

1.3.5 品牌建树：在顾客中建立美誉度

这一模型的基本思想是利用互联网提高企业品牌的知名度，获取顾客忠诚。

将品牌作为管理重点的企业，可以通过精美的网页设计来增强整个企业的品牌形象。在传统媒体上，顾客都只能看到企业品牌形象的某一个侧面，很难全方位地透视企业品牌形象的内涵和全景，互联网作为一种双向互动的多媒体工具，企业可以全景式地向顾客展示企业品牌形象的各个方面。这使得品牌形象不再是完全抽象的，而是有具体内容支撑的。这一模型还有利于规范市场秩序，因为它使得一些仅仅想利用广告尤其是虚假广告来树立品牌形象的企业失去了生存条件。

宝洁 72 个高度细分的网站几乎涵盖了宝洁旗下 300 多个产品，其中包括汰渍（Tide）、佳洁士（Crest）、玉兰油（Oil of Olay）、潘婷（Pantene）等知名品牌。用户可以在 Tide.com

上查询洗衣的技巧，在 Crest.com（见图 1.14）上看到牙医用电子明信片发来的牙齿保健指南，还可以在 Pantene.com 上看到个性化的美发介绍。

图 1.14　佳洁士网站首页

宝洁从这 72 个网站中得到的好处决不能用简单的美元来衡量。这些网站可以从顾客那里获得相当有价值的信息，很好地树立了品牌形象。宝洁公司在互联网上的尝试也是在不断完善的，公司希望将所有的品牌都拿到互联网上，通过互联网来树立品牌形象，而以前这些都是依托强大的电视广告来完成的。

1.3.6　便利提供：向顾客提供随时随地的满足

互联网是建立庞大、精确的营销数据库的理想工具。因为互联网具有即时、互动的特性，所以可以对营销数据库实现动态的修改和添加。拥有一个即时追踪市场状况的营销数据库，是企业管理层做出动态、理性决策的基础。传统营销学中一些仅停留在理论阶段的梦想，通过互联网建立的营销数据库完全可以实现，例如目标市场的精确细分、产品线的即时调整、价格水平的即时变化等。

许多零售网站都没有仔细分析和选择自己的目标市场，而是凭着一股热情和对互联网的期望，再加一点鲁莽就做起了网上零售。零售商品五花八门，服务条件真的能让顾客找到上帝的感觉吗？不尽然，结果就有了这样的故事：

一位网上零售商店的经理在经历了几个月的几近是零的销售后，终于有一天也想尝一尝网上购物是什么滋味，过一回上帝瘾。于是他在午夜十一点向另外一家网上零售商店订购了一个面包和一包方便面，并要求对方在一小时内送到……凌晨，经理在梦中惊醒，原来面包和方便面真的送来了。和对方一谈方知对方和他一样，也是一家网上零售商店的经理，对方打的转了大半个城市才找到他，结果还是迟了……

这样的目标市场，这样的“一对一”便利提供有可能成功吗？所以说向顾客提供随时随地的满足不是盲目的，而是需要经过理性的思考进行的。

思考题

1. 什么是网络营销，它与电子商务有什么关系？
2. 网络营销与传统营销有哪些区别？
3. 网络营销有哪些基本的模型？

第 2 章　网络营销环境

按照菲利普·科特勒（Philip Kotler）的观点，营销环境可以划分为微观环境和宏观环境两类：微观环境包括公司自身、营销中介机构、客户及竞争者等因素；宏观环境包括人口、经济、政治、文化、科学技术及自然环境。

微观环境在受制于宏观环境的情况下直接影响和制约着公司的具体活动，宏观环境是公司必须监测和适应的不可控制的力量，通过微观环境作用于公司。公司不得不在营销环境带来的机遇和威胁中不断变化和适应着，公司经营的成败越来越取决于其对环境的适应能力。当然这并不意味着公司只能消极地改变自己以适应环境，其实它也可以运用影响力、公共关系等方式积极地适应环境甚至改变环境以创造机会。

互联网以其没有时间及地域限制、公平性和开放性等特点深入并改变着人们的生活，也改变着公司的营销环境。网络营销环境与传统营销环境有很大不同，比如，公司要面对这样一种局面，即其所在行业的传统中间商作用下降，而能有力地支持网上业务的中间商还没有成熟。再如，互联网既使客户关系管理成为可能，又使得客户的忠诚度的下降从而导致客户关系更为错综复杂。

互联网使公司的营销面临许多与过去不同的微观和宏观环境。互联网既提供一种有别于传统的虚拟环境，同时也对传统和现实的环境产生重大的影响。就网络营销而言，互联网本身是一种直接环境，受互联网影响而变化了的现实社会、经济系统则是一种间接环境，这两种环境都对网络营销构成影响。

2.1　网络营销的技术基础

网络营销与传统营销的不同主要不在于营销活动的目的不同，而在于活动手段和活动基础的不同，即网络营销是建立在互联网基础上的营销，正是互联网这一现代计算机网络技术，大大丰富了营销手段，使营销者可以更加贴近顾客、更好地服务于顾客。因此营销者必须不断地熟悉和掌握互联网技术，以更好地利用这一技术，满足顾客的需求，实现公司的营销目标。

2.1.1　与网络营销有关的技术名词

1. 网络

将有独立功能的物理上分散的计算机连接起来就可以形成一个网络。构成网络需要网络通信协议（一般是 TCP/IP）、硬件设备，以及连接介质。形成网络的目的是为了共享软件、硬件和信息等资源。

> 网络的基本作用主要有以下三点。

硬件资源共享：联入网络后，用户可以享用联入网络的所有设备，如大型或巨型计算机、输入/输出设备、存储设备等。

软件资源共享：在网络中的用户可以从网上调用或下载各类网络中存在的软件，如系统软件、工具软件和数据文件。

信息交流：联网的计算机用户可以通过网络相互交流信息。

按照网络范围可以将网络分为局域网（Local Area Network，LAN）和广域网（Wide Area Network，WAN）。局域网一般由范围在 10 km 内由同一个单位或系统组建，例如一个学校的校园网。广域网是由很多局域网构成的网络，涉及范围很大，从几十公里到几万公里，采用远程通信技术把局域网连接起来，例如一个城市、国家或洲际网络。Internet 是最有代表性的广域网，也是世界最大的广域网。

2. Internet

Internet，通常又称为因特网、国际互联网，它不是一个单独的网络，而是由无数的局域网互联而成的世界上最大的广域网，公司各个部门的局域网，可以组成公司范围的局域网，一个城市内各单位的局域网形成广域网，最后构成 Internet。

对 Internet 的发展起重要支撑作用的技术主要有 Web、超文本标记语言（HTML）、超文本传输协议（HTTP）、传输控制协议/网际协议（TCP/IP）等。其中 TCI/IP 协议尤其重要，它是将各种网络连接在一起的标准和协议。

3. Intranet

Intranet，又称为公司网或者内部网，是建立在 Internet 基础上的有别于一般内部网络的网络，它是采用 Internet 技术和基础设施建立的公司内的网络。

一些大型的公司都拥有自己的 Intranet 网络，它们的内联网可能会有多达数百个服务器及数千个联网计算机。这些服务器有的与机构组织的全局信息及应用有关，有的仅与某个具体部门有关。Intranet 可以提供内部电子邮件、内部信息共享、内部资源共享等服务。例如，出差到纽约的员工通过 Internet 可以登录总部在上海的公司的 Intranet，了解公司最新情况以及和同事交流。

从顺序上讲，公司首先应用 Internet，然后利用 Internet 的技术和协议建立自己的 Intranet，为了实现公司与外部的联接，Intranet 必须与 Internet 连接。由于 Intranet 采用标准的 Internet 协议，内部信息可以随时方便地发布到 Internet 上。

Internet 和 Intranet 最主要的区别是，二者之间存在防火墙使 Intranet 内的信息受到保护。防火墙的功能由一台计算机或者是一台路由器结合相应的防火墙软件完成。防火墙用来监视与控制 Intranet 和外界的信息沟通，防火墙内的使用者可以较自由地从 Intranet 进入到 Internet 进行各种操作，但 Intranet 外部的使用者必须要经过授权，否则不能随意进入。如图 2.1 表示了一个城市金融机构与 Internet 连接的示意图。

4. Extranet

Extranet，即外部网，是相对 Intranet 提出的概念，是指在公司的防火墙之外的网络。

如果说 Intranet 是电子商务、网络营销的基础，那么 Extranet 则是网络营销的实现环境。

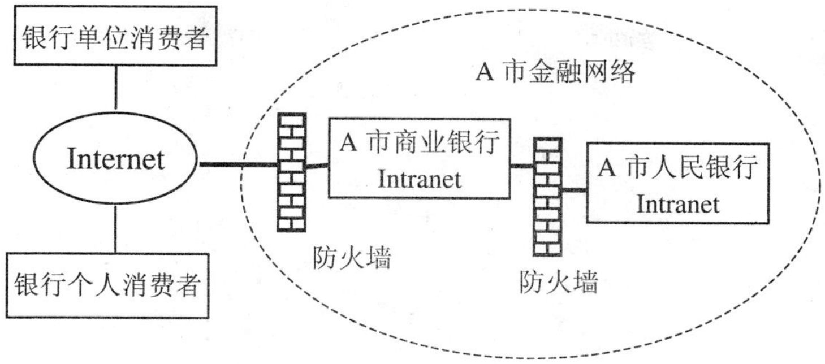

图 2.1　A 市金融机构 Intranet 与 Internet 的连接

2.1.2　互联网和电子商务的发展现状

1. 全球互联网发展现状

Internet 是在美国的 ARPANet 基础上发展变化而来的。ARPANet 的目的是为了提供一个通信网络，这个网络即使部分出现故障，整个网络仍能正常工作，这样在战争中不至于因为一个军事指挥中心被摧毁而导致军事指挥系统的瘫痪。20 世纪 90 年代后，ARPANet 的使用范围不再局限于军事领域，而是向全社会开放，应用到了商业领域。商业界一进入 Internet 就发现它在通信、资料检索等方面的巨大潜力，这些潜力吸引了无数的公司和个人涌入。商业化使得 Internet 飞速发展成为真正意义的国际互联网。

和经济现状在不同国家和地区存在着显著差别一样，互联网的普及和应用也存在着明显的地域差别。互联网用户在经济发达国家和地区以令人难以置信的速度增加，在发展中国家和地区的发展则相对缓慢。这一现象可以从表 2.1 中看出。

表 2.1　全球 Internet 的用户数量　（单位：万）

加拿大和美国	18123	拉美	2533	中东	465
欧洲	17135	亚太	15749	非洲	415
全世界			54420		

注：资料源于 NUA Internet Surveys，2002 年 3 月 19 日。

2. 我国互联网发展现状

我国的互联网发展与世界大多数国家相似，也是由于学术界的需求而提出和推动的。从 1995 年我国出现商用互联网服务至今有将近 10 年的时间，形成了覆盖全国 200 多个城市，包括国家公用网络、国家专用网络和公司网络三大类别的网络系统。根据 CNNIC 的《第十三次中国互联网络发展状况调查》的报告，截止到 2003 年 12 月 31 日我国上网用户总数为 7950 万人，是第一次 CNNIC 的调查数字 62 万人的 128.2 倍。图 2.2 给出了 CNNIC 历次调查的上网人数变化情况。

我国网民总数的快速增长已被世界所瞩目，但 7950 万网民在我国将近 13 亿的总人口中还仅占 6.2%，而加拿大、美国、英国的网络用户普及率早已达到了 30%以上。这说明尽管我国的互联网用户总数很大，增长速度很快，但互联网络的普及程度目前还很低，发展空间仍非常大。

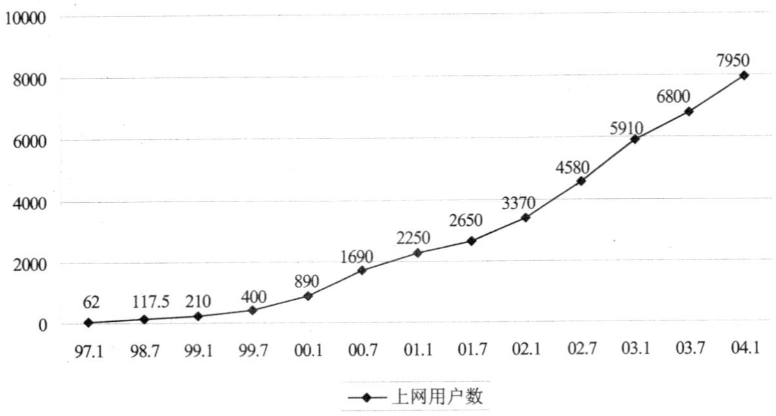

图 2.2　CNNIC 历次调查上网用户总数（万人）。资料来源：《第十三次中国互联网络发展状况调查》

我国政府一直在努力推进信息化，促进信息透明和共享，以提高社会整体效率。如 1999 年 1 月启动的“政府上网工程”促使政府办公向“开展电子政务，提供便民服务”转化；2000 年 7 月“公司上网工程”的启动推动了公司信息化和新经济的发展和电子商务的应用。

和世界发达国家相比，中国的网络规模还有很大的发展空间，随着基础设施增加，宽带技术推广，移动互联网的应用，加入 WTO 后计算机价格降低，会有更多的个人和公司用户接入互联网，网络将获得更大的发展。

3. 电子商务发展现状

网络用户的增加促进了电子商务的发展，电子商务的发展与互联网的普及现状都和当地的经济状况息息相关。尽管过去几年全球经济不景气，但电子商务依然蓬勃发展，美国、西欧和日本在这两方面都处于领先的地位，见图 2.3。

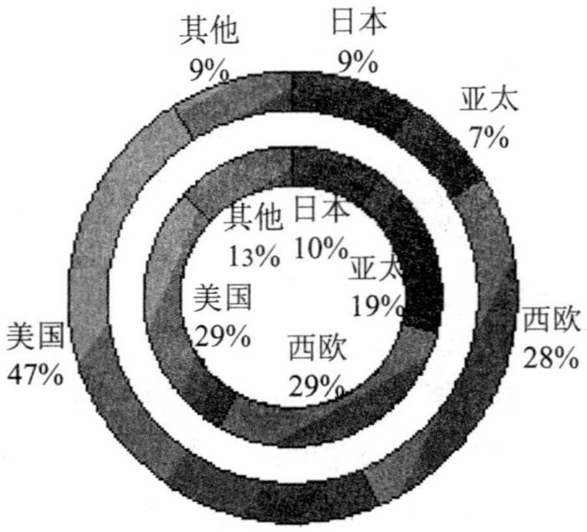

注：图中内环为全球 Internet 用户数量比例，总量为 49770 万人；外环为全球电子商务收入比例，总量为 6153 亿美元。

图 2.3　2001 年全球 Internet 用户数量和电子商务收入比例。

资料来源：IDC（国际数据公司），2002 年 7 月 3 日

国际组织和各国政府也通过发展政府上网和鼓励公司上网来积极推进网络的普及。联合国经济社会理事会（Economic and Social Council，ESC）从 1999 年开始，连续两年都把通过信息化改进发展中国家的政府组织、重组公共管理、最终实现信息资源的共享作为其工作重点。政府网站提供的服务，无论是在范围方面还是在质量方面都得到了极大的丰富与提高，从简单的申请个人身份证到比较复杂的公司成立注册等，都可以全部或者部分在互联网上处理。

2.1.3　网络营销系统

公司在自己建立 Intranet 网络时，根据需要配以相应的支持网络营销的应用软件，如果需要在网上进行结算，还要安装电子支付的软件，这样一种由相应的硬件和软件构成的系统就称为网络营销系统。

由于网络营销的层次不同，网络营销系统所包含的功能也不同，例如，有的公司可能只是利用互联网发布网络广告和 BBS 信息，而一些网络营销层次深的公司则可能建立自己的网站并且在网站上完成实质的交易和结算。总的来说，网络营销系统及功能如图 2.4 所示。不同网络营销层次的公司实现的网络营销系统功能不一样，有的只实现其中一个功能，有的可以实现其中所有的功能。网络营销系统的主要功能说明如下。

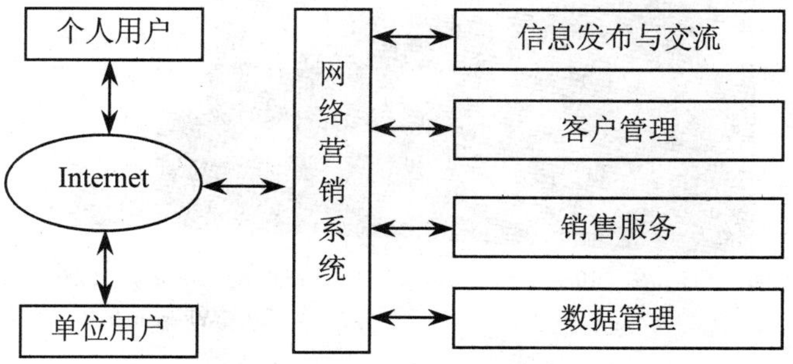

图 2.4　网络营销系统及功能

- 信息发布与交流。包括在网上发布文字或图形广告、注册搜索引擎、建立公司网上黄页以提供公司及产品信息和服务项目，通过 BBS、E-mail 等与顾客进行交流。信息发布与交流是网络营销的初级层次，功能有限但是费用低廉，是中小公司开始网络营销的起点。
- 客户管理。公司在网络前台服务的基础上加强后台的处理，依据数据库资料中提供的有关客户的情况对其进行长期的跟踪服务，力图实现“一对一”的客户管理，这种“一对一”的客户管理在营销中可以看作是对完全细分的目标市场的管理。当然由于这样的客户管理方式工作量巨大，且对应的单个客户的需求有限，尤其对于提供消费品的公司来说，真正的“一对一”客户管理是不现实的，这种管理方式的内涵演变为重视单个客户的反应和感受，以建立稳定的客户关系。
- 销售服务。大多数销售环节都可以在网络中进行，如交易的咨询洽谈、网上订单、网上结算、售后服务支持等，这些功能在网络上实现，通常会使客户感到更方便、周到、及时。

- 数据管理。公司网上客户数量到达一定程度后，需要有专门的人员来管理客户提供的资料档案。数据管理包括对这些数据进行统计分析、预测市场和客户的变化、对客户的反应做出回应等，这些工作将使客户感到被重视和信任，并愿意通过网络建立良好的关系。除客户信息外，公司在网络中的产品信息也要专人进行管理，公司需要建立有关产品的数据库以方便客户查询和内部管理。

网络营销系统是通过软件和软件间的结合来实现的，这些软件如数据库管理系统、电子商务服务器应用软件等。购买通用软件系统和自己组织力量开发软件系统是两种常用的方法。图 2.5 显示了 2002 年中国管理软件产品销售的构成比例。2002 年的管理软件产品销售总额达到了 86.5 亿元人民币，但其中专用营销软件比例仅占 5.20%。这是因为，一方面，网络营销的一些功能可以通过其他软件实现，并不完全局限于营销软件；另一方面，网络营销并不只是网络技术的应用，更多地是通过网络技术来实现营销的功能。

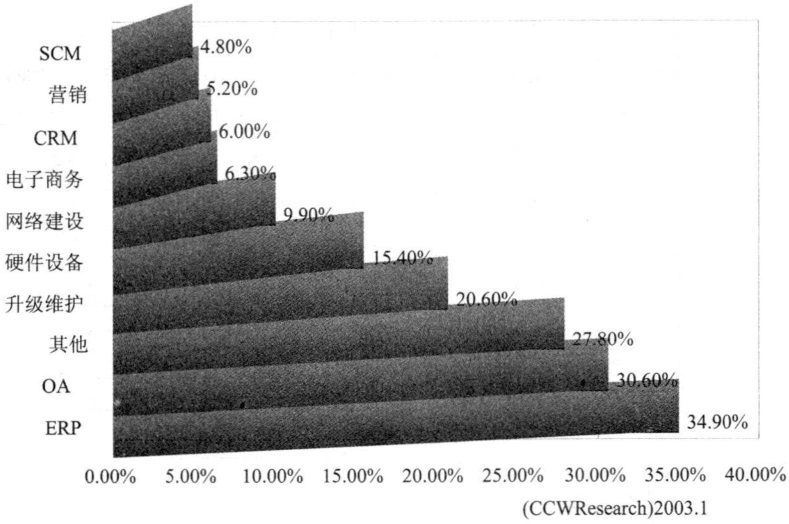

图 2.5　2002 年管理软件投资选择（图中分类有重复，因此比例之和不等于 100）。资料来源：计算机世界资讯

2.1.4　网络危险和网络安全

1. 网络危险

网络给人们带来方便的同时也带来了危险。在互联网普遍使用之前，个人计算机很少受到安全的威胁。现在，由于联入互联网的计算机很多，计算机病毒的传播因此而异常迅速。此外，互联网的用户中还有很多是非法截取数据的高手，他们的存在也威胁着正常的用户。总之，联入互联网后，系统使用的软件越多、系统功能越丰富，系统的安全漏洞也就越大。

网络面临的危险大体可以分成对软件资源的威胁和对硬件设备的威胁。有些危险是无意造成的，有些危险是恶意的攻击；危险可能是人为的，也可能是非人为的；危险有来自网络内部的，也有来自于网络外部的。

这些危险中对网络安全威胁相对较大的是恶意攻击，这是一种人为恶意破坏，如恶意代码和病毒的破坏。例如，竞争对手采用非法的手段进入另一方的网络，以窃取机密信息，或者破坏其数据的完整性。再如计算机犯罪，这些网络高手为了达到自己的目的，或者甚至仅仅因为好奇而进入不该进入的网络，造成被攻击方的网络泄密或瘫痪。这些恶意攻击一般是通过寻找网络中的漏洞，并利用这些漏洞进行攻击。

2. 安全措施

网络营销安全的核心是保证公司数据和对外结算的安全性。目前用得最多的安全措施主要有：防火墙、数据加密、身份认证等。这些技术的发展日渐成熟，保护着网络的软件资源和硬件设备。不同的技术应用方式不同，下面分别介绍三种安全措施的基本内容。

- 防火墙。在 Intranet 与其他网络的接口之间通常会有一个称之为防火墙的屏障以保护内部网络的安全，它是由硬件（如路由器、主机）和相应软件等组成的一个系统。所有出入 Intranet 的数据都要经过防火墙接受检查。防火墙对访问 Intranet 的用户做身份鉴定，禁止没有资格的用户进入，同时还要决定鉴定通过的用户访问 Intranet 的范围；防火墙还要决定 Intranet 内部人员访问外部网络的范围，以限制他们进入危险性高的区域。防火墙在过滤信息的同时也要保证自身免于渗透，但是防火墙系统毕竟也是由软件和硬件组成的，也有局限性，一旦攻击者绕过防火墙系统或者突破防火墙的漏洞，防火墙就形同虚设了。
- 数据加密。数据加密通常用来配合防火墙使用，以提高系统和数据的安全性和保密性。数据加密的形式主要有数据传输加密、数据存储加密、数据完整性加密等。数据加密是将明文通过密钥变为密文，防止数据被截获破析，是保护数据安全的主要技术手段之一。密钥是明文和密文间的映射关系、可变参数，用来对数据进行加密和解密。密钥是保密和窃密的关键，因此数据加密在更多时候是密钥的应用和管理。密钥的管理技术包括密钥的产生、分配保存、更换与销毁等。
- 认证技术。认证技术可以增强交易各方的信任，提高网络商务的安全性。认证中心（Certificate Authority，CA）就是承担网上安全交易认证的机构，这是个十分重要的第三方机构，要有权威性和公正性，通常是带有半官方性质的公司。

图 2.6 是中国国际电子商务网的企业进出口产品经营资格年审页面，提供各种 CA 证书和电子钥匙申请、服务。

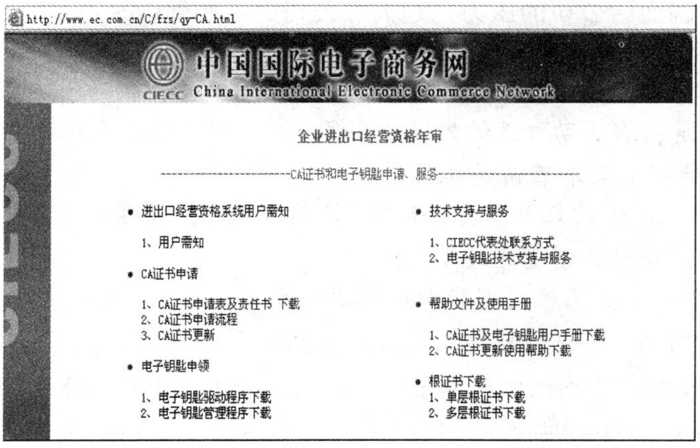

图 2.6　中国国际电子商务网

认证中心的主要任务是确认用户的身份，受理数字证书的申请、签发，以及对数字证书的管理。数字证书是用来惟一确认安全电子商务交易各方身份的工具。由于它由CA做了数字签名，因此任何第三方都无法修改证书的内容。数字证书可用于：发送安全电子邮件、访问安全站点、网上证券、网上招标采购、网上签约、网上办公、网上缴费、网上税务等网上安全电子事务处理和安全电子交易活动。

千万要注意的是，网络安全措施并不是百分之百安全的，任何一种安全措施都只是安全策略的一个部分，因此不可以将安全完全依赖在软件和硬件上面。其他方面，如网络内部人员的违规操作，非法用户利用没有防范心理的合法用户的公开口令，公司内部的间谍将数据拷贝到软盘上带出公司等行为，都会给网络带来损失，都需要进行防备。因此，严格的管理制度、员工良好的安全防范意识、病毒防护措施、及时备份、网络口令的定期或者不定期更换、对网络用户的管理、主机房的管理等，都是网络安全中必要的措施。

2.2　网络世界的特点

由网络营销的技术基础——互联网所构成的网络世界具有互动、虚拟、平等、透明的特点。这些特点给网络营销带来了新的变化，如信息交流的迅速、广泛，交易双方沟通的平等、对称，价格比较的简易、方便，销售渠道的直接、缩短，促销手段的多样、新颖等。

2.2.1　互动的世界

网络是一种互动性非常强的信息沟通媒体。传统营销中的沟通方式如广告牌、宣传手册、电视、报纸等，都只是单方面、单向地发布信息，限制了客户接受信息后的反馈行为，客户进行即时反馈的可能性很小。同时，有兴趣深入的客户也不能立即索取到更多的相关资料和信息。

客户的主动性在网络中得到了鼓励和增强，可以说信息获取的主动权掌握在客户手中。从理论上讲，客户对信息获取的自由度被无限扩大，客户可以在无边的网络中通过各种可能的途径获取与商品有关的信息并进行分析比较，寻找满足自己需要的产品和服务，以减少风险或购买后产生后悔的可能性。但由于客户看到的相关信息越多，对产品越了解，对产品也就越挑剔，因而给公司的压力也越大，公司必须不断改善产品和服务，才能满足客户日益变化的需求。

> 51go可以说是网络互动营销的先锋，虽然在网络经济的冬天也不幸夭折，但是它的一些互动营销成为网络互动营销的典范：
>
> 1999年8月，51go为诺基亚3210手机进行在线推广活动“你就是你”，日最高访问量达到210000，登记反馈量达到了205000；
>
> 1999年10月，51go为摩托罗拉做前瞻概念推广，在开始实施的一周内，日访问人数最多时达到180000，登记的反馈人次超过35000。
>
> 如此庞大的数据，传统媒体花费几倍的时间、精力、资金才能达到。

网络的互动性使客户真正参与到营销过程中来，客户可以随时寻找感兴趣的信息，也可以随时做出反馈，客户在营销过程中的地位得到提高，客户甚至会承担部分营销功能。在一些速递公司如 UPS 的网站，邮寄者可随时查询邮寄品的状态，邮寄品已经到哪个环节、在哪个环节迟滞，以及迟滞的原因，而不用再通过打电话向公司的服务人员查询。

公司在网络上与客户进行信息沟通的互动性是有层次的，具体的层次如下。

- 信息发布层次。在网页上提供关于公司及产品特性的信息让客户浏览查看，这是最初级的互动层次，公司网站只需要有相应的网页即可。
- 培养兴趣层次。除了公司自身和产品信息外，公司还提供与产品、行业有关的其他知识以吸引客户、培养客户的兴趣。如化妆品公司可以设置与皮肤养护知识相关的链接。
- 建立关系层次。客户可以在网上与公司进行交流，完成网上订购、网上付款等交易过程。公司建立产品数据库以供客户使用，进行在线调查，根据客户的登录资料建立客户数据库等，这是较高层次的互动。

并不是说越高层次的互动对公司就越好，较高层次的互动投入的成本也高，公司要根据自身及产品的特性作具体分析，以选择合适的互动层次。

网络的互动性还能更方便地使公司满足客户的个性化消费需求，使“定制销售”、“一对一销售”更加容易。例如，Dell 电脑直销的成功使它超过惠普成为世界最大的 PC 销售商；美国著名的 Levis 服装公司利用网络，根据客户提供的详细尺寸，量身定做牛仔裤，既扩大了销量，又树立了良好服务的形象。

网络的互动性使营销成为了“软营销”，而不再是工业化大规模生产时代的“强势营销”。在传统营销中公司是主动方，而客户是被动方，公司通过各种媒介向客户主动发送信息和标准化的产品。与此相反，网络营销互动性促成的软营销方式中，主动方是客户，满足了由于个性化消费需求的回归造成的客户心理上的主动性要求。

2.2.2 虚拟的世界

网络营销环境与传统营销环境有着截然不同的地方，即网络营销环境更多的是一种虚拟的环境，而不是真实的环境。虽然互联网世界中也有可消遣的游戏场所、可爱的电子宠物、聚集的聊天场所、商品丰富的电子商店，甚至还有可以局部流通的电子货币，但这些都只是由网络技术、硬件、软件，以及网络用户虚拟构成，并不存在于现实世界中。

互联的网络设备，不仅构造了虚拟世界，也把规模巨大的网络用户联系在了一起，也正是由于大量真实世界的网络用户的参与，使得这个虚拟的世界拥有了真实的作用。只是由于虚拟世界的原因，网络用户所处的地理位置不再重要，时间也不再是屏障，人们按照不同的兴趣和需要，自发地组成一个个虚拟社区。这些虚拟社区可以成为公司网络营销的目标市场，当然公司也可以自己构建作为自己目标市场的虚拟社区。

强生网站的主题是“宝宝”，婴儿护理品是网站的形象产品，网站的目标人群是宝宝的妈妈和其他亲人。

网站在用户登录后自动生成“婴儿日记”，输入宝宝的周、月数，站点就能提供相应内容的育儿文章，这些文章还可以按主题查询。除了具体的育儿操作指导，网站还提供心理指导，这对于年轻的妈妈非常重要。

网站对客户的数据保密，但对强生公司是公开的。它需要登录者提供婴儿的基本信息及与婴儿的关系。如果愿意提供“婴儿皮肤类型”，就可获得皮肤保健的专项信息服务。对于客户主动发来的求助与问询，网站会给予相应解答。上述这些客户登记及回答信息到了公司营销专家、心理学家、市场分析家等手中后就会形成产品促销专案来，可见公司与客户保持联系在公司的营销中起着相当重要的作用。由于促销方案具有极强的家庭服务需求针对性，因此促销成功率较高。

在网站里，强生就像位老保姆，不时提醒着年轻父母们关注宝宝，关注他的睡眠、饮食、哭闹、体温等。年轻父母们会突然发现，在这奔波劳顿的生活中确实需要一个这类角色的不断指点。尽管随着孩子的日日成长，这“老保姆”会时时递来强生用品，但育儿宝典会告诉您这些用品正是孩子现在所必需的，而且每种产品都是研究成果的结晶，还有各项最新研究报告为证。网站每页可见的是各种肤色婴儿们的盈盈笑脸和其乐融融的年轻父母，这种亲情是化解人们对商业站点敌意的利器。

强生努力把自己的网站建成了一个宝宝妈妈的社区，虽然强生还生产婴儿护理、医疗用品、家庭保健产品、皮肤护理用品、隐形眼镜和妇女卫生等系列产品，但强生还是选择了婴儿产品为网站主题，开辟了丰富多彩的婴儿服务项目；借助于婴儿服务项目，强生建立了与网民家庭的长期联系；借助于这种联系，强生巩固了与这一代客户间的关系，同时陪伴下一代成长，这也必将培养出新一代的客户。

网络社区由于剔除了地理因素的影响，其集中性比现实世界要强多了。比如建立在特殊的兴趣点上的社区、建立在特殊文化层上的社区，比现实社区具有特色明确、爱好相近、客户的消费行为相似的优势。可以说网络社区是互联网提供给网络营销的一个全新的营销工具，特别适合于开展公共关系、进行公司形象宣传。

2.2.3 平等的世界

互联网的突出特征是遵守协议、平等性和开放性，在遵守TCP/IP协议的前提下，网络上所有的节点都可以“平等”共享其他节点的资源，共享网络中的信息。在网络面前，公司之间是平等的，客户之间是平等的，公司和客户之间也是平等的。

互联网为所有公司提供了平等的竞争环境。在网上，公司不受自身规模的限制平等地获取世界各地的信息并且平等地展示自己，这种平等为中小公司创造了一个良好的发展空间。在传统商业中，公司必须投入巨大的资金和人力去建立全球营销网络，这对于小公司来说是一个可怕的障碍。然而，互联网络使最小的公司也可以与最大的公司一样平等地出现在全世界的客户面前，很多障碍在网络经济时代不存在了。

客户之间也是平等的。网络中的信息共享、机会均等的原则是在现实中很难实现的。现实中总会有身份、地位、地理位置等的阻隔，但在网络中，从理论上看互联网技术能使任何一个客户随意地访问任何一个站点，可以按照自己的意愿接受信息和表达观点。

公司与客户之间也是平等的。这是因为在网络中，信息发布者和信息接受者的地位、等级和权力是平等的。信息的接受者和发布者界限不再明显，网络传播打破了传统的传播活动的有限的主体。任何人，只要他拥有一台与 Internet 相连的计算机，就可以成为传播活动的主体，既是信息的接受者，也可以成为信息的发布者。

有一句很经典的话："No one knows you are a dog.（没有人知道你是一条狗）"也许是人们对网络自由和平等的理解。在网上的 BBS、聊天室、讨论组，每个人都可以进入，发表自己的看法和观点。除此之外，一些网络作品还可以绕过出版社自由发表，还可以设计网页将自己的东西放上去和其他人交流。这种信息传播方式，彻底打破了传统媒体在信息传播中的主导地位。

然而，平等的信息交流自由导致了一些不道德的现象，如散布谣言、侵犯他人隐私、抄袭他人作品、侵犯著作权、制造假新闻等。对此，现在各国政府已经着手控制网络信息交流的无政府状态，出台相应的法律和法规，以管理和规范网站、个人的信息发布和获取行为。例如，对各种电子论坛和聊天室，采取"过滤"技术，将不合时宜的、反动的言论过滤掉，或直接删掉某些帖子。从理论上讲，这种技术手段同网络的开放性是相悖的，但网络媒体同传统媒体一样，同一个国家的政治体制紧密相连，这是一个国家面对日益泛滥的网络负面问题不得不采取的措施。

网络的平等是相对现实世界的平等，是被众多参与者心理认可的平等，而不是绝对的平等。和传统媒体相比，网络传播的实现更多地依赖于技术，而技术又靠经济来提供保障。技术或理论上的平等，决不意味着参与者事实上的平等。在以技术为中心的网络传播中，个体获取或传播信息的能力取决于其社会经济地位和文化能力是否达到一定程度，为他享受新技术提供可能。因此，网络的平等与自由，与其说是一个概念，不如说是一个进程。

2.2.4　透明的世界

网络用户可以平等地共享信息和资源，这使得公司能方便地掌握竞争对手的产品信息与营销行为，使得网络中的市场竞争呈现出透明性来。这种透明性一方面给公司带来了一定的价值利益，比如网络可以实现"阳光采购"，因为网络能实现信息公开查询，把交易过程程序化、透明化，以减少采购中的暗箱操作和堵塞采购黑洞。但另一方面也使得竞争空前的残酷，带给公司更多的压力，这种压力尤其体现在价格上，价格历来是影响营销的最敏感元素，而由于网络信息传播速度快、查询方便，使得网络中价格更是无秘密可言。

网络让客户可以轻易掌握全球产品信息，个人也可以和公司一样，掌握全球资源，获得"高品质，低售价"的益处。

在国外，有数百个如 NexTag 这样的网站都装置了"购买指南器（Shopping Robot）"。客户只需按几下鼠标，就会给特定产品找到许多个网络零售商，并列出这个产品的售价范围。更方便的是，NexTag 不仅会列出零售商的报价，假如客户不满意的话，还可以出价给零售商，让其决定是否进一步协商。

Mercata 网站运用集体议价采购模式，越多的人登录购买同一样商品就可以享受到越优惠的折扣。同时，这些网站还提供产品评论、网络零售商的客户满意度调查及运费等相关信息。

更进一步，如果你装有 DealTime 软件，在亚马逊网站买本书时，一个小提示框就会跃上屏幕，告诉你更便宜的书到哪里能买到。总之，这些购买指南器让客户免去了搜集信息的不便，前所未有地享受售价和品质信息流通的便利。

价格的透明化揭示出建立公平价格系统的重要性。在这种情况下，可能因为全球售价和质量的公开而降低某些公司产品的品牌价值，使品牌产品与一般产品无异；价格的公开透明化使得客户很容易估计出实际成本价是多少，因此会挤压公司的利润。这些都是不利于公司的威胁，但由于价格的透明化强化了客户在市场机制上的权力，因此对公司来说是必须面对而不能回避的，回避只能使公司在竞争中没落，公司必须想法解决网络透明化带来的价格冲击。

针对网络价格透明化的趋势，公司应当如何应对呢？有很多途径可以帮助公司保护差异定价并获取较高的利润，具体如下。

对差异化的价格进行合理的解释。公平的价格并非是要求公司将价格都订得一样，而是公司要对价格的差异进行合理的解释。easyRentacar 网站就将租车费率公布在网络上，并详细说明费率不同的原因，例如因周末需求量高，所以较贵，预约可享有优惠价等。

给有明显特色的产品制定不同的价格。这需要突出差异价格是由于产品相对竞争对手的产品具有明显区别的优点所造成的，通过让客户无法比较产品特色的方式来制定与众不同的价格。

2.3 网络市场环境

不同的技术基础和特点使基于网络的市场和传统的市场在交易、支付、信用和物流等方面存在相当大的差异性，如非面对面的交易磋商、非现金支付、在物流配送方面更为紧密的公司间合作、极高的信用要求等。网络营销必须考虑这些不同的市场环境差异性并提供相应的解决方案。

2.3.1 电子支付

互联网给营销带来了全新的资金流转环境，这就是电子支付。所谓电子支付是指网上交易的当事人，包括客户、厂商和金融机构，使用安全电子支付手段通过互联网进行货币支付或资金流转。与电子支付有关的新名词有网上银行、信用卡、电子钱包、电子支票等。

网上银行又称网络银行、在线银行，指银行利用互联网技术，通过互联网向客户提供开户、查询、对账、转账、信贷等传统服务项目，使客户可以足不出户就能够安全便捷地管理活期和定期存款、支票、信用卡及个人投资等。网上银行的发展直接影响到网络结算的发展，而网络结算一直是电子商务发展的一个瓶颈。

信用卡在网络结算中应用得最为广泛。信用卡于 1915 年起源于美国，它改变了银行的支付方式、结算方式，是全世界最早使用的电子货币。在我国，信用卡曾经是富有、高贵和信誉的象征，是身份和地位的象征，现在信用卡在城市已经基本普及，并且成为网络客户的重要支付工具。

持卡人持有某一种国际信用卡，就可以利用电子商务服务器的服务功能在全世界各地使用这种国际信用卡进行购物和支付账款。根据 Jupiter Communications 的数据，目前 Internet 上 99%的在线交易都使用信用卡作为支付手段。

我国客户目前网上购物一般的付款方式比例如图 2.7 所示。由图可以看出，我国利用信用卡进行网上支付的客户比例虽然最高，但绝对比例并不高，说明信用卡在我国的应用水平距离国际平均水平还有一定的距离。我国网民进行网上购买还是相对比较信赖传统的付款方式，如银行汇款、邮局汇款以及货到付款等，这说明在我国网络安全，以及网络消费习惯还没有发展到比较成熟的阶段。

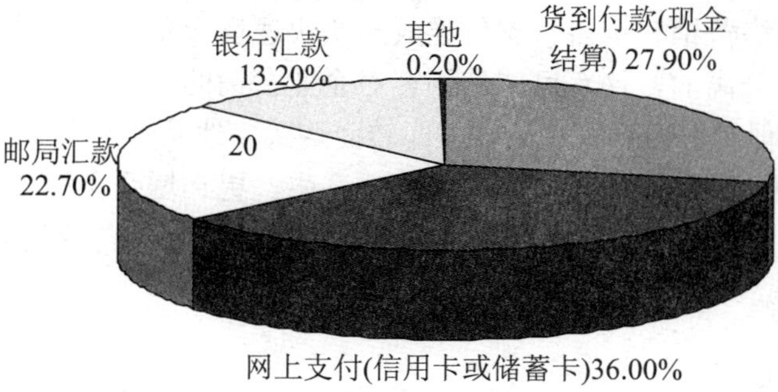

图 2.7　网上购物客户一般的付款方式。资料来源：CNNIC《第十三次中国互联网络发展状况调查》

在使用电子钱包时，首先将电子钱包应用软件安装到电子商务服务器上，然后将自己的各种电子货币或电子金融卡上的信息和数据输入到电子钱包中。例如，可以将多张电子信用卡输入到电子钱包内，如果客户要用电子信用卡付款，只要选择相应的银行即可完成。电子钱包内只能装电子货币，即电子现金、电子零钱、安全零钱、电子信用卡、在线货币、数字货币等。目前互联网上应用得较多的电子钱包服务系统有：VISA cash、Mondex、Master Card cash、Euro Pay 的 Clip 和比利时的 Proton。

电子钱夹是一种能够装载和读出电子钱包、信用卡或电子信用卡等电子支付工具信息的小型便携装置，它可以用来显示客户还有多少钱。电子钱夹可以用来保障信用卡信息在网络上的安全传输，为商业用户提供授权允许，并可以用来支持相应的交易。使用电子钱夹时，通常要将电子钱夹接入银行网络，还要利用电子钱夹软件、电子钱夹管理器、电子钱夹记录器和电子钱夹系统等。有些电子钱夹还能够进行无线通信，有些电子钱夹还能够与 PDA（个人数字助理）集成。

电子支票是网络银行常用的一种电子支付工具。将支票改变为带有数字签名的报文或者利用数字电文代替支票的全部信息，就是电子支票。利用电子支票，可以使支票支付的业务和全部处理过程实现电子化。

与传统方式相比，电子支付具有以下特征。

第一，电子支付采用先进的技术，通过数字化流转来完成信息传输，其各种支付方式都是采用数字化的方式进行款项支付；而传统的支付方式则是通过现金的流转、票据的转让及银行汇兑等物理实体的流转来完成资金转移。

第二，电子支付的工作环境基于一个开放的系统平台（即互联网）之中，而传统支付则是在较为封闭的系统中运作。

第三，电子支付使用的是最先进的通信手段，而传统支付使用的是传统的通信媒介。电子支付对软硬件设施的要求很高，一般要求有联网的计算机、相关的软件及其他一些配套设施，而传统支付则没有这么高的要求。

第四，电子支付具有方便、快捷、高效、经济的优势。用户只要有一台上网的微机，便可足不出户，在很短的时间内完成整个支付过程，支付成本仅相当于传统支付的几十分之一，甚至更少。

就目前而言，电子支付还存在许多缺陷，最主要的两大问题是安全传输问题和身份认证问题。

电子支付的实现将使网络营销和销售、支付连成一个快速反应系统。在传统条件下，营销和销售、支付事实上是分离的，这有可能使顾客对企业营销的反应在实际购买阶段由于业务员、其他企业的现场促销等事件发生逆转，即转而购买其他品牌的产品。网络营销、销售和电子支付的一体化则可以有效地预防这种现象的产生，更加增强了网络营销的实际效果。这也意味着网络营销比传统营销的竞争更为激烈，更为强调营销对象的即期反应。

2.3.2 物流配送

在网络营销中，通过互联网进行产品（信息、软件、数字产品除外）的实体转移是无法实现的，还必须通过传统物流才能实现产品实体的转移。因此，物流对网上销售的限制作用日益突出，物流方面的服务已经成为网上销售竞争的“瓶颈”，物流对网络营销的重要性也可见一斑。关于物流配送的内容可参见第8章。

2.3.3 信用及信用体系

信用体系在美国发展得比较完善，尤其是个人的信用史，个人信用的全部表现，包括每一次贷款及还贷情况等，都被输入电脑系统，成为个人信用档案。银行和资信机构可以通过互联网获得比较全面的资料，这使银行很容易掌握客户的信用状况。良好的信用，为生活和工作提供了很大的便利，反之，如果一个人被金融机构认定为没有好的信用记录，在美国就会寸步难行。这套信用制度在美国一直运行比较平稳。但是，在电子商务发展四五年后，互联网对正常的信用体系形成了巨大的冲击，被人们普遍接受的信用在网络面前变得很脆弱。

我国的信用体系一直在努力建设中，面对突如其来的网络购物，使原本就不发达的信用体系更加紧张，信用的建立就更加迫切。

国务院责成央行在全国范围开通个人和公司信用系统，央行从上海开始，把它作为信用系统的试点，再推进全国信用系统的建设。

上海资信有限公司2000年6月28日出具了中国内地第一份个人信用报告。这家公司是由中国人民银行总行批准，由中国人民银行上海市分行和上海市信息办共同牵头，由上海信息投资股份有限公司和上海信息中心等4家股东投资成立。凭借良好的信用报告，个人在申办信用卡时，只要提供身份证、户口簿等有效证件即可。银行掌握了客户的信用状况，从而降低放贷的风险。

系统开通之时只有 110 万人的信息，2001 年增至 240 万人，2002 年底已超过 293 万人，而上海市 2001 年底的常住人口为 1614 万人，293 万这个数字，相对有消费能力的人口数量比例还很小。

数据来源：上海人口年鉴

各地政府也开始建设信用网站，同时各种商业信用网站也出现了，信用建设甚至成了商业网站的盈利增长点。

各种信用网站的建设确实对我国信用体系的建立有很好的推动作用，但这些信用网站出具的信用报告是怎样担保的？收集的记录、数据是否全面？有没有法律保障？有没有部门能鉴别真伪？这些问题也困绕着网络客户。认证中心（Certificate Authority，CA）由此应运而生，它们是承担网上安全交易认证的机构，具有权威性和公正性。

CA 是指能够颁发、管理和认证数字证书的第三方机构，我国的 CA 可以分为三类：大行业或政府部门建立的 CA，如 CTCA（中国电信认证中心）、CFCA（中国金融认证中心）等；地方政府授权建立 CA，如上海 CA、北京 CA 等；商业性 CA。

行业性、商业性的 CA，自己不但是认证的服务商，有时也参与交易过程，很难保证作为“第三方”的公证性。而且，在技术上，由于美国对 CA 技术出口的限制，国内的 CA 技术完全靠自己研发，各个 CA 之间如何联通也是个问题。

除了认证中心外，公证也是提高信用的方式之一，针对网络世界的虚拟性，对网络身份和事实身份进行审核也是非常重要的。网络公证（Registration Authority，RA）就是通过离线的面对面审核，确认网络客户的真实身份和和信用状况。这项工作由遍布全国的几千家公证处的具有国家证明权的公证员完成，这一作法为网络身份又加了层信用保证。

当然互联网也有助于信用的提高，这是因为：互联网是强有力的信息传递途径，能更好地确定交易双方的身份、资产、负债、产品等基本情况，银行能更好地参与交易过程，杜绝各种错误。当交易一方对另一方有所疑虑时，可以方便地通过工商、税务、信用网站、CA 等部门进行求证，从而杜绝欺诈行为。可见公司在进行网络营销时，应当充分利用互联网的这些功能，建立可靠的信用保障体系，通过为客户提供方便可靠的求证渠道，有力防止假冒伪劣产品的侵害。

2.3.4　信息传播和媒体选择

如果仅从渗透率来说，互联网还远不及现有传统大众传媒——报刊、广播和电视。但其发展速度却远远超过了传统媒体，统计资料表明，在美国，无线电广播用了 38 年的时间使听众达到 5000 万人，电视用了 13 年，有线电视用了 10 年，而网络用户达到同样的数字只用了 5 年（1994～1998 年）。

网络用户量与传统媒体用户量的比较

我国 2003 年网络用户为 7 950 万。——CNNIC《第十三次中国互联网络发展状况调查》。

在世界范围内，中国被列为世界上最大的报纸消费国，日销量达 8200 万份。——

第 56 届世界报业联合会 2003 年 6 月 9 日的报告。

截止到 2002 年 9 月，我国 4 岁以上电视观众的总数为 11.15 亿人，占 4 岁以上全国人口的 93.9%。——中国科学院系统研究所、国家统计局农村调查总队、央视市场调查股份有限公司等机构共同完成的《2002 年全国电视观众抽样调查》。

调查显示，在调查期的一个月当中，全国有 4.9 亿人收听广播，占全国 4 岁以上人口的 40.9%。——北京美兰德信息公司受中央人民广播电台、北京人民广播电台、辽宁人民广播电台、上海东方广播电台、安徽人民广播电台、陕西人民广播电台和厦门人民广播电台联合委托的《2001 年全国广播电台听众收听状况联合调查》。

从报纸、广播、电视的发展历史分析，无论是哪一种新型媒介的出现，都不会完全将旧有的媒体形式淘汰，只不过是对传播市场上的分割有影响。广播没有代替报纸，电视出现几十年后，也没能代替广播和报纸，而是共同生存。网络当然也不会完全替代传统媒体。

虽然在东南沿海和中心城市，网络的影响力在某些范围内超过了传统媒体，甚至改变了这些城市年轻人的生活方式，但如果说网络就此成为了最大的大众媒体，恐怕还有些为时过早。原因有很多，如网络的传输速度慢、费用高，对网民的经济、教育水平要求较高，网民的数量较传统媒体低，网络广告需要点击，而使得大多网民选择忽视广告的存在等。

网络信息传播虽然存在着这样或那样的缺陷，却并不影响它的发展，这是因为它有着传统媒体所无法替代的优势：网络信息含量可以无限扩大（从理论上讲），只要你感兴趣的信息，都可以从网上查到；信息检索的方便性；信息传播的双向性等。这些优势会随着我国社会经济水平的发展，网络建设的发展，网络用户的增加而更加明显。

因此，公司无论如何不应当放弃网络这个信息传播媒体，只需要在做网络营销的同时，注意网上和网下的结合、注意网络媒体与传统媒体的结合。让网络媒体与传统媒体相互促进，取长补短，一起为公司的发展发挥作用。

刚开始，在适宜网络销售、网络营销的产品清单里，几乎没有出现过房地产，许多房地产商将大量资金和精力投入到报纸媒体上。其实房地产营销并不需要放弃网络这个工具，而是可以让网络营销成为传统营销的有效补充。现在，越来越多的房地产商关注到网络营销这一新营销方式上来了。

房地产商开始用 E-mail 向潜在客户发送广告、推销、促销之类的信息，用 E-mail 向业主、潜在客户拜年，庆祝生日等。有些房地产商在互联网上建立了自己的站点，以方便客户查询自己各楼盘的详细信息。这类网站不仅被当成传统平面媒体运用，还兼做获得客户的意见、反馈的信息的渠道，做得较好的网站还能发挥多媒体的三维效果、互动交流等网络营销的作用。

2003 年 5 月，福州专业房地产门户福房网（fzfdc.com.cn）举行福房网首届网上房展。这是福房网在延伸传统“住交会”的基础上，充分利用网络平台的优势和多媒体的最新技术，在福州首家推出网上个性化选房方案，使众多有购房需要的客户足不出户，轻松点击福房网商务网站即可获得所需的楼盘资料，实现一对一的选房解决方案，使开发商能够以最快捷的方式将信息传递给目标客户。

2.4　新的竞争规则

虚拟化环境下，公司之间的竞争规律产生的变化不仅对新兴的互联网公司，也对传统公司如何进行市场运作提出了新的要求。网络市场中出现的竞争规律与传统市场中的竞争规律是不同的，如竞争更加激烈、市场更加自由、不确定性增加、对生产者要求更高等。公司需要对这些新的竞争规则有所了解，才能做好网络营销。

2.4.1　竞争规律

1. 光速经济

互联网上，信息传播以光速运行，这种运行速度将带动整个经济加快运行。如果某种经济活动只依赖于互联网，这种经济运行速度最快，其极限就是光速；如果某种经济只依赖于传统物质网，这种经济的运行速度就是机械速度；如果某种经济同时依赖互联网和物质网，其运行速度介于二者之间。就目前而言，光速经济最重要、最现实的应用是资本市场。

面对光速运行的市场活动，网络营销显示了巨大的优势。除了互联网，没有任何其他媒体能以光速将公司的营销活动迅速传递至他所能到达的全部范围。

2. 竞争基础

与传统市场相比，网络经济使公司的竞争基础和方式发生了变化。

信息技术与管理相结合的本质是实现高效率、自动化的流程管理，以信息流动代替物质和能量的流动。也就是通过信息技术，实现业务流程的优化，从而降低内耗，提高效率，因此竞争的基础是信息技术。公司信息化程度的高低成为决定公司市场竞争力的第一要素，信息化程度越深，竞争力越强。

竞争基础的变化还表现在竞争形式上：一是改变了公司间的合同形式，准确及时的信息交流使公司合同的稳定性增强，加强了公司间的合同联系；二是客户有了更多的选择机会和表达机会，同时也给了公司更多的市场开拓机会；三是提供了更加密切的信息交流场所，使公司能及时了解客户的需求和购买行为，从而给了公司更好地把握客户需求的可能；四是增加了竞争手段，在传统的广告、促销、设计、包装、价格等竞争手段之外，又有了虚拟市场的竞争。

3. 赢者通吃

当传媒能把发生在世界的任何一个角落的事件即时送往全球的任何一个角落后，人们的眼界就不再仅仅局限于本地了，他们只关注全球性事件，只追捧全球第一。社会学家们发现，即使在很偏僻的地方，观众仍然喜欢看 NBA，并不去看本地的篮球比赛，处于金字塔顶端的极少数明星吸引了大部分观众资源，这种现象称为“赢者通吃”。互联网的“超越时空”特性使所有的网民都很容易接近名牌、名店，而随着互联网的不断发展，所有的客户都将成为网民，于是少数名牌厂商将会拥有绝大部分客户，互联网经济一样造成“赢者通吃”。

在“赢者通吃”的规律下，任何一个公司想继续生存下去，就必须使自己成为某一方面的第一。传统市场营销的定位理论在这里将得到更深刻的反应，没有特色将肯定是失败的代名词。

既然互联网的信息沟通是一种双方互动的沟通，客户有了主动获取信息而不是被动接受信息的可能，既然技术的发展会给网民提供越来越多的各种各样的网络工具——包括筛选工具，公司将不再可能把自己的沟通信息强制地展现给受众，更不可能强制灌输给受众，我国公司习惯和擅长的地毯式广告轰炸将失去用武之地。试想有哪一个网站敢向他的访问者扔广告炸弹，即使扔了，网民不予理睬甚至采用某种技术筛选掉，结果又会如何？所以一次网络营销活动要么吸引了大部分网民，要么谁也吸引不了。只有最好的、最吸引人的网络营销活动才可能引起网民的注意和参与，广告不会是网络营销中最重要的策略手段。“赢者通吃”给网络营销提出了更高的创新要求。

4. 低市场进入障碍

互联网是一个开放的大市场，中小型公司无需再像传统经济中那样“麻雀虽小，五脏俱全”，他们无需建立庞大的商业体系，无需投入庞大的广告费用，无需雇用众多的销售人员，就可以加入到国际大市场，参与市场竞争，在以前被大公司所垄断的市场中获取自己的市场份额。

在互联网上，机会更加均等，任何一家小公司都可能获得和微软、IBM、通用汽车公司一样成为巨人的机会和地位。网民关心的不是网站或公司的大小，而是网站或公司提供给他们的信息或服务的价值。

这时，互联网公司的公司规模概念也发生了变化。需求是社会再生产的出发点和归宿，需求决定行业规模，销售量决定了厂商规模。传统上公司规模或公司销售量总是和职工人数、资产规模相联系。在互联网上，网站的销售量与网民的点击率和忠诚度成正比。所谓点击率是指网站页面被网民点击的频率，忠诚度是指网民的回头率。由于互联网上每天都有新站点在诞生，网民存在太多的选择，一个网站想保持较高的点击率和忠诚度非常困难。和传统市场不一样的是，网站的销售量和网站的资产规模、职工人数之间没有必然联系，只要有独特的、吸引人的内容，小网站可以获得和大网站一样的点击率和忠诚度，只要它有足够的带宽，而这又几乎并不是太大的难题。所以不管这个网站是个人或机构所建，只要有高的点击率和忠诚度，它就是一个大网站，或者说是一个大厂商。这就是为什么频频发生小网站拍得大价钱或获得超常规发展的原因所在。

互联网经济的十大规则

美国《连线》杂志主编凯文·凯利总结了互联网经济的十大规则，他告诉我们：过去的经营智慧过时了。这十大规则不无偏颇，倒也不失启示。

1. 一群蜜蜂比一只蚂蚁重要：当力量逐渐远离中心时，竞争优势属于那些知道如何拥抱分散的偏好点的人。

2. 线数比加法重要：当人与物之间的连线数目增加时，这些连线造成的效果会呈倍数增加，所以初期的成功不会自我设限，而会自我滋长。

3. 普及比稀有重要：当制造技术已至完美，副本可以大量流通时，产生价值的是普及性而非稀有性，物以稀为贵的传统市场规律失灵了。

4. 免费比利润重要：当资源变得充裕时，慷慨可以孕育财富。追求免费，提前迎接无可避免的价值滑落，而且运用惟一真正稀有的资源——大众的注意力。

5. 渠道比生产重要：当网络吸纳进所有商业的时候，一家公司的主要焦点从尽可能扩大公司本身的价值，变成尽可能扩大网络渠道的价值。除非渠道存活下来，否则公司也会跟着灭亡。

6. 造山比登山重要：当创新的速度加快，放弃高度成功的事业或项目以避免它最终过时，遂变成最困难但最重要的任务。

7. 空间比场所重要：当实质上的邻近关系（场所）被不分何物、何时、何地的多重互动关系（空间）所取代时，中介者、中间人及中等利润基础市场的机会将会大幅扩张。

8. 流动比平衡重要：当激扰与动荡成为商业常态时，最有用的生存策略是一种高度选择性的持续混乱，我们称之为“创新”。

9. 整合比守成重要：当无形胜过有形，软件胜过硬件时，最强而有力的科技是那些强化、放大、延伸、增加、唤起、扩充及开发各种关系类型的科技。

10. 机会比效率重要：提升机器的效率可以致富，但在无效之中发掘和创造机会可以产生远大于此的财富。

面对市场进入障碍的降低，公司要保持竞争优势，就必须不断寻求更有竞争力的产品或服务。否则客户会毫不犹豫地转向竞争对手。

2.4.2 注意力争夺

在互联网时代，信息丰富和快节奏的生活，造成了注意力的有限性与信息资源的相对无限性之间的矛盾更加激化，产生了注意力短缺。注意力成为网络社会中稀缺的资源，“注意力经济”，又称为“眼球经济”应运而生，是指实现注意力这种有限的主观资源与信息这种相对无限的客观资源最佳配置的过程。

所谓注意力，是指人们关注一个主题、一个事件、一种行为和多种信息的持久程度。有限的注意力在无限的信息量中会产生巨大的商业价值，这在互联网络上体现得最为突出。雅虎、中华网、搜狐等都是依靠吸引注意力来经营网站的，即把注意力卖给在网上做广告的商家。

但是，正如 Michael Goahber 在新著《注意力经济》中指出的：“在新的经济下，注意力本身就是财产”，“现在金钱开始与注意力一起流动……如果金钱真能有效购买注意力，那么我们要做的就是付给你一定的钱，让你全神贯注地听讲。但若有人想获取你的注意力，他不可能依靠付钱的方式来真正获得。虽然金钱流向注意力，但注意力很难流向金钱”。注意力形成经济，争夺“眼球”形成竞争，这已是世界不争的理论和事实。早在 1996 年英特尔的前总裁葛鲁夫就提出“争夺眼球的竞争”。他认为：整个世界将会展开争夺“眼球”的战役，谁能吸引更多的注意力，谁就能成为 21 世纪的主宰。

因此，网络营销的重要任务之一就是吸引注意力。注意力是人们不可转让的权利，表达的是人的兴趣、爱好、愿望、关心等，它属于个人的潜在意识倾向。因此，要捕捉人们的注意力，关键是要关注人的意愿、倾向、心情、嗜好等。这就要求营销活动首先要有创新，不仅形式创新，更要内容创新。其次是要有较高的思想性和艺术性，当然这里较高的思想性和艺术性并不仅仅指一般意义上的高雅。再次公司要注意对媒体的整合运用，即充分认识用来制定综合传播计划时所使用的各种带来附加价值的传播手段——如普通广告、实效广告、销售促进和公共关系，并将之结合，提供具有良好清晰度、连贯性的信息，使传播影响力最大化，从而成功地吸引注意力。

8848 前期的成功很大一部分是注意力理论应用的成功，以世界最高峰珠穆朗玛峰的高度 8848 米为网站名称和域名，在短时间内积累了巨大注意力。在网站内容上，不少网站以较好的创意吸引了一部分注意力，如 8848 的 72 小时网络生存、中国实效网的看广告送钱、网易创业大赛等都是成功吸引注意力的例子。

吸引注意力，更重要的是保持吸引力。如何使你的用户抵抗网络中的干扰信息，如何同客户建立长期信任的关系，如何在最初的热闹喧嚣之后保持网络持久的关注，这些需要扎实的基本功。在网络环境下，很多非网络中的策略依然有效，产品与服务质量的重要性、价格的敏感性，依然存在于网络世界中。注意力经济，是一种长期形成的资产，要想使之变成现实的购买力，还是要靠现实的产品和服务，才能换取长久的信任。

2.4.3 跨文化管理

人们相互影响的加深，带来了价值观的变化。交流的过程也是各种不同的文化、风俗在保持各自相对独立性的条件下冲突、融合的过程，“不是民族的，也就不可能是世界的”这一信条将在互联网生活方式下表现得更为鲜明。全球各民族的消费价值观将在保持自己特性的同时又有趋向一致的一面，这也是新产品能在全球范围内以更快的速度流转和普及的原因。

如果说高科技产品如计算机、飞机、卫星等在全球范围的一致性不足以说明这一现象的话，那么可口可乐、肯德基、皮尔·卡丹等典型的西方消费品畅销东方，高尔夫球、保龄球、好莱坞等西方文化产品风靡全球，则是无可辩驳地说明了这一点。

互联网将会以更快的速度在全球范围内传播，一方面满足了人们对真正时尚东西的需要，促进了人们的交流，另一方面也给跨文化管理带来了更多的难题。

两种文化相遇，一个潜在的、可能产生问题的具体事例便存在了，带有民族文化特点的个体在互联网上发生碰撞，这种碰撞不再像传统社会下那样是偶尔相遇，也不像由全球经济一体化带来的人与人的直接面对面所形成的文化碰撞，互联网上的文化碰撞更加温文儒雅、更加具有潜移默化的作用，形成一种互联网所特有的文化环境，跨文化管理是网络营销的新课题。

这种具体情况会导致许多问题，如个人经常会面对各种不同寻常不为他所熟悉的价值结构、规范、表现和行为模式，由此他可能改变自己的行为；他所属的文化能否使他在这时候运用应有的行为模式？他自身是否有这种能力？这些因素随对方的不同行为产生不同的情况。不为他所熟悉的小环境中潜藏着巨大的问题，这些问题大多数为跨文化性质。

传统营销到目前为止，面对的毕竟还是各个相对独立的市场，本土化一直是跨国公司在东道国取得成功的主要策略之一。如先期进入中国市场的跨国公司，有赢家也有输家，赢家的一个共同口号是：“我们是中国公司。”

摩托罗拉（Motorola）公司亚洲区总裁说，摩托罗拉以“中国为家”，“比中国公司还中国”，讲究“爱心、耐心、诚心”。

飞利浦（Philips）公司电子集团总裁布绍昌说：“请不要把我们当成外国公司，我们是一个地地道道的中国公司”。

可口可乐中国公司总裁卢炳松进一步说：“娃哈哈把它们自己的非常可乐标上中国人自己的可乐这一标签，但是我不这样看。首先娃哈哈是一个已经被法国达能控股的公司，而可口可乐在中国的大部分厂都是与中国方面合资的，而且所有合资厂都由中国方面控股。再说材料，可口可乐现在已经达到了 98%的本土化率，也就是说，在中国生产一瓶可口可乐，98%的原材料是在中国采购的。这当然不是指重量百分比，我们的水当然都是中国的，我们指的是销售额。实际上，现在每瓶可口可乐中不在中国生产的，只有那么几毫克香料。而非常可乐呢，他们的糖是进口的，香料是进口的。如果说销售额，你会看到，它们的国产化率要比我们低得多”。卢炳松的结论是：“可口可乐比非常可乐更‘中国’”。

如果说这还仅仅是观念上的本土化认知的话，行动则更能说明这一点。在中国取得成功的跨国公司的营销策略是十分重视本土化，将洋品牌做“土”的。

2000 年宝洁公司推出了百分之百本土化的洗发水，以十分本土化的品牌名称——润妍，十分本土化的产品成分——天然植物原料，配以十分本土化的广告——中国水墨画、龙、中国女性，后来居上压过本土品牌“奥妮 100”——看上去有点像洋品牌。

这些说法非常有意思。事实上它只是表明了在小商品领域，各国市场仍然是相对独立的，跨国公司在什么国家说什么话，大可不必担心本国人听了会作何感想，也大可不必考虑第三国的人会想什么，因为他们根本听不到。在互联网条件下，这一切都变了，各个公司必须在全球各地保持一致的形象和文化内涵，你不能在中国网站上说可口可乐是中国产品，在美国网站上说可口可乐是百分之百的美国产品，在法国又说它是地道的法国产品，那一定会被识破的。

因此，网络营销的跨文化管理有着不同于传统跨国经营的特点。网络营销的跨文化管理的中心任务是解决文化冲突，对目标客户采取合适的方法，以获得认同。比如网站推出面向多个文化背景的用户服务时，只是把本国文字的版本翻译成另一种语言是不够的。

2.4.4 隐私权、真实性和信任

隐私也是网络关注的一个焦点。

公司建立客户和潜在客户的数据库，利用数据库中的资料了解客户购买行为，与客户建立并保持长期的合作关系，这种方式与人员推销和其他媒介传播促销相比较，可以节省时间、精力和费用。客户为了得到相关需求的资料和服务，也愿意留下个人信息。eCRM 供

应商 Cyber Dialogue 2000 年 5 月的《个人隐私与个性化》调查报告显示：有 80%的用户不介意提供个人信息，以获得网站定制的个性化信息，但同时有49%的用户认为网站与其他机构共享用户信息侵犯了个人隐私。

由此引出了利用客户的资料是否侵犯客户的隐私权这个令社会关注的营销道德问题。公司收集的客户数据库中的资料所有权是归客户，还是归公司？对数据合理使用的标准和限度是什么？这引起客户和公司之间很多的分歧。客户对于自己的资料在其他场合中被公司使用而感到惊讶，甚至发现自己的资料出现在商业性被出售的客户数据库或者通信录中，收到自己从没有登记过资料的公司的信函或者电子邮件。而公司却认为使用这些资料是为了更好地满足客户的需要，客户也是自愿提供自己的私人信息的，因此公司有权在营销中使用这些信息，使用这些信息并没有侵犯客户的隐私权。

当然大部分客户不同意这种观点，就连法庭对公司的这种做法也不予支持。Cyber Dialogue 在 2001 年 5 月的调查中进一步显示：82%的被调查者认为个人信息保护政策对于购买决策至关重要；由于网站没有明确说明收集用户信息的目的和用途，84%的用户拒绝提供个人信息。

客户的隐私被暴露，或者超过客户所能忍受的程度，客户就会开始不信任网络，不相信网络会保守自己的隐私。客户就会形成这样一种观点，即网站不会永远遵守保护隐私的承诺，甚至现在有的网站连承诺都没有，网站不会终生对客户资料负责，迟早会在不经过客户的确认或者授权的情况下，泄露客户在网站上登记的隐私。

IBM 的 CEO Louis Gerstner 在演讲中曾说，“现在许多网络用户提供虚假姓名、地址、收入水平登录网站，他们宣称自己是爱因斯坦，收入为 5 美元，电子邮件地址是 $E=MC^2$”，采取这些行动的用户表示，不信任网络安全，并且不相信网站主人不会滥用或者出售自己的个人数据。Gerstner 对主要由商业技术经理组成的听众警告：“如果我们不采取负责的行为，我们将有可能对这个令人惊讶的，同时也是非常年轻的脆弱的经济引擎造成伤害”。

为了专门解决网上隐私权的保护问题，已有不少国家、地区和组织开始进行这方面的立法工作。美国历来重视个人隐私，在法律上面很早就有隐私方面的法律，美国也是网络和电子商务发展发达的国家，网络法律也较早涉及隐私方面。1974 年，美国通过《联邦隐私法案》，从行政的角度出发，对政府如何搜集资料、资料如何保管、资料的开放程度做了规定。1998 年，美国通过《网上儿童隐私权保护法》，规定搜集 12 岁以下儿童的资料时，须获得家长的同意。

而在商业领域，美国非常强调业界的自律，尽量避免政府的法令、行政介入。欧洲也是网络发展较早的地区，欧洲各国与美国不同，比较重视用法律手段调整，不像美国提倡行业自律。

中国近年来才引入了隐私权的概念，在法律上对隐私权保护的意识有所增强，但是还处于比较低的水平。由于网络没有国界，各个国家有关网络的法律在管辖权、国际司法协作等方面必定会有很多分歧，美国和欧盟在隐私权保护上的分歧，已经影响到美国公司是否能够进入欧盟的电子商务领域。

2000 年 5 月，位于马萨诸塞州的儿童网上玩具商店 Toysmart 宣布关闭，不久，网站在《华尔街金融时报》刊登广告，称要出售所拥有的用户资料，包括 25 万客户的姓名、地址和身份证号码等信息，用于偿还债务。

Toysmart.com 曾向其客户做过承诺“将永远不会同任何第三方分享用户的私人信息”。Toysmart 公司的这一行为激起了互联网隐私支持者们的强烈愤慨，他们认为：如果政府对 Toysmart 公司在破产后随便出售用户资料这一行为听之任之，那么其他已破产的公司也会一窝蜂地跟着效仿。

消息传出后，联邦贸易委员会和几乎各州司法部长表示了强烈的反对。并且，联邦贸易委员会、美国 42 个州的首席检查官、哥伦比亚特区、美国的 Virgin 群岛，以及北马里亚纳群岛都向法庭起诉了 Toysmart 公司。Toysmart 公司的最大股东——迪斯尼公司发表声明，将与 FTC 一起，协助保护这些隐私，使之不泄露。

2001 年 7 月，法官批准 Toysmart 销毁用户信息。迪斯尼公司的一个附属公司支付 Toysmart 5 万美元，用于 Toysmart 自行销毁这个数据库。这也为长达一年来的互联网隐私事件划上了一个句号。

由于网站对客户隐私权保护的不完善，导致了虚假信息和资料的泛滥，这些虚假的信息反过来也给网络营销公司带来了预测等方面的误导，对公司的经营活动产生很大的影响。可见，隐私权不仅是权力的争夺，也是公司与客户之间能否进行真实的沟通，是否存在忠诚和信用的问题。公司只有保护好客户的隐私，获得客户的信任，才能获得完整、真实的客户的信息，才能进行正确的网络营销活动，在激烈竞争的市场中获胜。

2.5.5　4C 更重要

虽然 4P 营销理论在传统营销中占主导地位近半个世纪，但到 20 世纪 90 年代，随着消费者个性化日益突出，经济发展、电子商务，以及高消费所带来的日益严重的各种环境及社会问题，这一观念受到了严重的挑战，许多学者批评市场营销不是站在消费者和社会长远利润的基础上正确引导消费，而是误导消费，不是满足客户的需求，而是想方设法掏大家的腰包。

于是，4C 营销模式出现了。所谓 4C 是指：研究消费者的需要与欲求（Consumer Wants and Needs）代替新产品开发，不要再卖你所能制造的产品，而是要卖消费者所确定想购买的产品；了解消费者为满足其需要与欲求所必须付出的成本（Cost），而不是在定价策略上费时间；认真考虑如何让消费者方便（Convenience）地买到产品；促销在 20 世纪 90 年代的核心是沟通（Communications）。

在传统营销策略中，由于技术手段和物质基础的限制，产品的价格、促销和销售渠道、公司和客户所处的地理位置等都是企业营销策略的关键性内容，而在网络营销下，这种营销策略组合有了很大的变化。地域和范围的概念没有了，促销和渠道也统一到网络上，价格透明化导致成本降低成了公司重要工作。4C 营销模式在网络营销环境下更显出其巨大的生命力来。

随着社会的网络化和信息化进程的不断推进，传统产品策略发生了变化。首先是产品的概念有了延伸，产品不仅仅是一种物质的概念，而是从物质概念转变成一个综合服务和满足需求的概念；公司销售的不仅是物质产品，而是一种综合服务的理念，包括售后服务、公司形象、公司文化、新产品开发策略等。公司通过网络，可以加强对客户的在线服务，随时获得客户的反馈意见，了解客户真正的需求。

网络的透明性导致价格的公开化，公司的定价策略不再是营销的关键，而如何真正地降低产品的成本，或提高公司产品在客户心目中的成本价位，才是公司网络营销的关键。

网络虽然是大量信息沟通的场所，但也是信息过滤最容易的场所，在网络营销中传统的促销手段已经不再适用，如何更好地与客户沟通，了解客户的真实想法，吸引客户点击网站广告都集中体现在沟通这个词上。

网络营销也给传统的分销渠道带来巨大的冲击，公司与客户之间的联系更容易了，中间商的作用被削弱。公司考虑得更多的不应当是如何利用中间商，而是考虑如何让客户更方便地获得产品，这种方便当然也可以利用传统分销渠道，但在网络营销中更多的是利用直销的形式。公司在网站与客户之间直接联系，利用配送中心实现实体配送，将产品直接送到客户手中，给客户带来更大的购买便利将更好地解决多层分销导致的麻烦和费用的增加。

思考题

1. 网络营销环境和传统营销环境的区别有哪些？
2. 为什么网络环境下跨文化管理显得尤为重要？
3. 企业开展网络营销的基本条件有哪些？

第 3 章　网 民 分 析

网民的数量和质量是衡量互联网发展的重要指标，它客观地衡量了深入应用互联网所必需的基础，当然也是网络营销的基础。无论是 B2B、B2C 还是 B2G 电子商务，有足够数量的、成熟的网民都是它们得以顺利发展的必要条件。对于 B2C 和 B2G 电子商务，虽说无需要求公司或政府的每一个工作人员都是网民，但如果仅仅是几个相关的业务员能够通过互联网开展业务活动，而其余人员都远离互联网，则无疑将会极大地阻碍这些电子商务的发展。至于 B2B 电子商务，网民同时还是顾客，没有足够数量的网民直接意味着没有足够数量的消费者，一切只能免谈。除了数量，网民的行为更为深刻地影响着电子商务的发展，这也是网络营销首要关心的问题。

本章将从我国网民的基本构成和上网行为入手，分析网民队伍的发展及其对电子商务和网络营销的影响。

3.1　网民的构成与发展

总体上看，近几年来我国网民的队伍急剧扩大，网民构成也从以受过高等教育的群体、IT 业、政府等少数群体和行业为主向全社会各阶层和各行业普及，这为网络营销提供了更为广泛的受众群体，网络营销的效应也日益显著。

3.1.1　越来越多的网民

根据 CNNIC 的定义，平均每周使用互联网 1 小时以上（含 1 小时）的中国公民即可被称为中国网民。从互联网出现以来，网民数量的发展一直受两个因素制约：互联网网络的发展水平和上网的费用。而近年来随着固定电话用户和宽带端口数的迅速增长，以及上网通话费、数据通信费等电信资费的不断下调，制约网民数量发展的这两大瓶颈已经得到大大的缓解，网民数量因此也呈现了一个迅猛增长的趋势。

截止到 2003 年 12 月 31 日，我国的上网用户总人数为 7950 万人，其中专线上网用户人数为 2660 万人，拨号上网用户人数为 4916 万人，ISDN 上网用户人数为 552 万人，宽带上网用户人数为 1740 万人。1997 年以来我国各类网民数量的增长如表 3.1 所示，相信网民的数量在今后的几年中仍会快速增长。

在目前公开的各国网民数量中，我国以 7950 万网民在世界排名第二，仅次于美国。但是从网民数量占总人口数量的比例来讲，网民只占我国总人口的 6.2%。这说明尽管我国的互联网用户总数很大，但互联网的普及程度还很低，仍然存在巨大的发展空间，预计今后几年内仍将保持持续增长的势头。

从总量上来说，我国网民数量超过了大多数欧洲国家的总人口，所以已经是一个具有有效规模的市场，而且是一个异质市场（详见 3.1.2、3.1.3 节）。

表 3.1　1997 年以来我国网民的数量　（万人）

调查时间	专线上网	ISDN 上网	拨号上网	宽带上网	用户总数
1997.10	16		47		62
1998.7	33		85		118
1999.1	61		170		210
1999.7	144		324		400
2000.1	224		781		890
2000.7	514		1432		1690
2001.1	707		1886		2250
2001.7	857		2196		2650
2002.1	1237		2698		3370
2002.7	1606	315	3342	200	4580
2003.1	2023	432	4080	660	5910
2003.7	2342	490	4501	980	6800
2004.1	2660	552	4916	1140	7950

资料来源：CNNIC《第十三次中国互联网络发展状况调查》

同时，这 7950 万网民大多集中在大中城市和沿海东部地区，在这些地区已经形成了相当高的普及度。互联网是许多居民获取各种信息的重要来源，一些主要网站的影响力可以说已经超越了许多传统的主要媒体。

因此，这些地区已经具备了通过互联网进行市场细分，开展目标市场营销所需要的基本市场规模，即具备了开展网络营销的必要的受众基础，网络营销的优势不再仅仅是理论上的，也是现实的。

3.1.2　网民的自然构成

在我国网民队伍迅速扩大的同时，网民成份也发生了显著变化。表现之一是，网民从以高收入或受过高等教育人群为主向中低收入和未受过高等教育的人群渗透，即从高端向低端发展；表现之二是，网民队伍向各行业、各年龄段、各种职业等不同人群渗透，即网民构成复杂化。网民队伍的多元化既为网络营销提供了创新的舞台，也向网络营销提出了挑战。

1. 网民性别

由图 3.1 可见，近年来，我国女性网民发展迅速，从 1997 年的 8 万人左右迅速发展为今天的 3148 多万人，其发展速度大大超过了男性网民的发展速度，最近两年内逐渐稳定在占总网民数量的 40%左右。从互联网初期的几乎完全是男性网民的状况发展到今天约 3:2 的男女比例，说明男女网民数量的差距正逐渐缩小，女性正成为发展最快的网民群体。

男性和女性在社会经济生活和家庭生活中的作用不同，尤其是女性在家庭生活中占主导作用。由男性网民一边倒到男女比例的基本平衡，预示着互联网为家庭生活提供服务逐渐成为可能，以家庭消费为主的产品在网上有了销售对象。女性网民的缺失正是早期网上零售不能取得成功的重要因素之一。

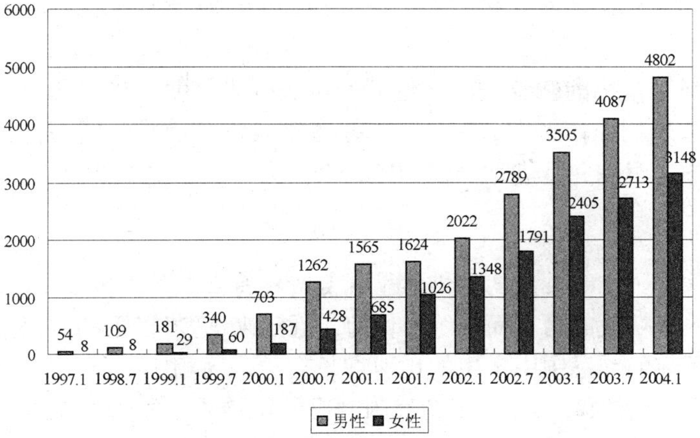

图 3.1　历年来网民男女网民人数对比。资料来源：CNNIC《第十三次中国互联网络发展状况调查》

考虑到电视观众以女性为主、各种传统的营销活动也多以女性为对象的现实，即使不把互联网（电子商务）看作一种零售方式或渠道类型，而仅仅把互联网看作一种媒体，女性网民的增加也是开展有效的网络营销的必要条件。

一般而言，女性比男性更易冲动，情感多于理智，思维发散，不能有效地、理性地整理和利用信息，女性的这种思维特点限制了互联网优势。因此，一个有效的网络营销方案必须方便甚至能够引导女性查阅、保存和有效利用公司或产品信息，从而发挥互联网互动、实时、海量信息的优势。

2. 网民婚姻状况

从最近几年CNNIC的统计资料来看，已婚网民的增长速度比未婚网民的增长速度要快，已婚网民占的比例逐年缓慢上升，见表3.2。从总量上看已婚网民仍低于未婚网民，从普及率的角度看，未婚网民的普及率高于已婚网民。

表 3.2　历年来网民婚姻分布情况与变化

调查时间	1999.1	2000.1	2001.1	2002.1	2003.1	2004.1
已婚网民	36.0%	36.0%	37.1%	43.1%	42.2%	43.2%
未婚网民	64.0%	64.0%	62.9%	56.9%	57.8%	56.8%

资料来源：CNNIC《第十三次中国互联网络发展状况调查》

显而易见的是，已婚者和未婚者在消费行为、消费对象和消费能力等方面都存在显著差异。已婚者的消费行为理性多一些，未婚者的消费行为冲动多一些；已婚者以功能性产品为主要消费对象，未婚者以形象性产品为主要消费对象；已婚者的消费能力通常高于未婚者。

已婚者同时还是就业主体，他们是决定和执行各种商务活动的主要力量。互联网在已婚者中普及率低既影响电子商务和网络营销的开展，也使网络营销缺少有效的活动对象。

因此，从总体上看，已婚网民普及率低是电子商务发展和开展网络营销的不利因素，它限制了经由互联网的商务活动和购买活动空间。但从结构和发展看，未婚网民更易接受新事物，是时尚的领导者，更多地代表了未来的消费方向和消费行为。随着他们的成长，他们也将成为未来的商业决策者和执行者，所以他们的活动方式也代表着未来的商务活动方式。

对已婚网民，网络营销的任务是改变他们的购买行为，使之接受和习惯互联网带来的变化，使互联网成为他们工作、学习和生活的基本工具，从而成为网络营销对象。对未婚者，网络营销的任务是跟踪并且满足他们的新、奇、异，提供更多的互联网体验。

3. 网民年龄分布

从总体上来说，网民在年龄结构上仍然呈现低龄化特点，其中更以18～24岁的年轻人居多，远远高于其他年龄段的网民而占绝对优势。近年来18岁以下的网民数量所占的比例在迅速增长，这与目前的网民中中学生的迅速增长有关，而相比之下，25～30岁年龄段的网民所占比例近年来有所下降。2004年初我国网民的年龄分布如图3.2所示。

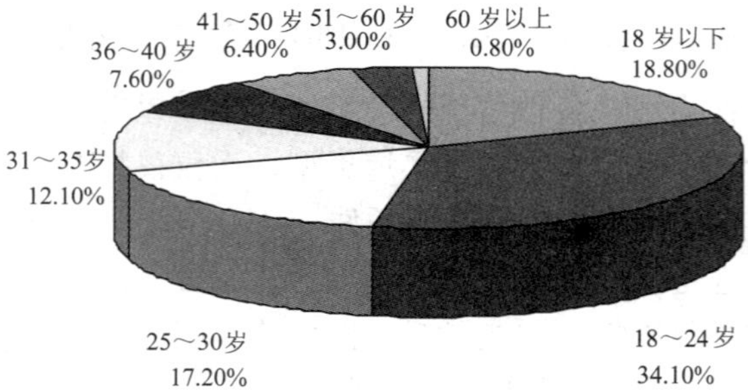

图3.2　2003年底网民年龄分布。资料来源：CNNIC《第十三次中国互联网络发展状况调查》

网民的这种年龄分布说明互联网在我国仍然处于其生命周期的引入阶段，是一种新奇事物，网民上网猎奇重于功能性使用，互联网对传统活动方式造成的只是冲击和补充而不是替代，大多数人仍然绝对倚重传统的活动方式。这一现象对电子商务和网络营销既有有利的一面，也有不利的一面。

有利的方面表现为：随着时间的推移、年轻人的成长，互联网会自然而然地在人们的生活、商务活动中占据主导地位。由互联网所带来的新的体验式消费（网络游戏、虚拟社区、QQ生活等）将成为新的经济增长点并改变着人们的生活和消费结构。作为一种有着多种优势的商务活动方式，人们将越来越多地依赖互联网来完成各种商务活动——交易、招投标、学习、购物、支付、获取信息等，于是网络营销将成为最重要的营销方式。

不利方面表现为：目前这一切都还不能形成有效的规模效益，网络营销的目标受众有限。互联网及网络营销应当从适合年轻人特性的需求和行为出发，培育他们将传统商务活动转移到互联网来完成的习惯，而不是仅仅局限于目前适合通过互联网来完成的一些活动。

3.1.3　网民的社会构成

实际上，顾客的社会构成比自然构成对营销的影响更大。相对于顾客的社会构成，自然构成是难以改变的，即各个自然群体的行为特征主要是由其自身的特点所决定的。而顾客的社会构成和营销之间的作用是相互的，即许多社会群体的特征是营销的结果而非其自身活动的结果。传统社会的顾客和营销的关系如此，由互联网联系起来的网民社会和网络营销之间的相互关系也是如此。

1. 网民受教育程度

由于互联网上内容日益丰富、服务日益多样、操作更加简便以及使用成本的降低，互联网越来越走向大众化。近年来，本科以下受教育程度的网民保持了年均 35%的快速增长，网民向低学历人群快速渗透。我国国民受教育程度分布情况与变化可参见表 3.3。

表 3.3　我国网民受教育程度分布情况与变化

调查时间	1999.1	2000.1	2001.1	2002.1	2003.1	2004.1
高中（中专）及以下	11%	16%	29.9%	40.2%	43.5%	42.8%
大　　专	30%	32%	29%	26.9%	26.1%	27.4%
本科及以上	59%	52%	41.1%	32.9%	30.4%	29.8%

资料来源：CNNIC《第三、五、七、九、十一、十三次中国互联网络发展状况调查》

越来越多的没有接受过高等教育的人群加入网民队伍，说明互联网的影响正向社会的每一个角落渗透，在我们这样一个高等教育普及率还很低的国家意味着，互联网这一虚拟世界和现实世界之间的差距正在缩小。

相对于受过高等教育的人群，没有受过高等教育的群体在产品选择、品牌选择时更容易受到各种短期利益的诱导、缺乏自主性和理性判断能力。针对这种特点，网络营销者应充分发挥互联网作为一种互动的、大容量的信息工具的优势，因势利导地开展消费者教育。如在公司网站上提供有关产品的专业基础知识、产品标准、各种认证、常见问题解答、产品使用 BBS，以帮助这些顾客正确选择产品和品牌，甚至引导他们表述自己的需求。

对于受过高等教育的人群，时间和形象价值他们关注的重点，理性选择、主动搜索是他们的行为特征，所以网络营销的重点在于向他们展示互联网能够给他们带来的方便，并可以自由地表达他们的意愿，为他们提供学习的可能。如公司可以通过互联网进行市场调查以吸引他们参与产品的构思和设计等。

贝因美公司的中国育婴网

贝因美公司树立公司形象并不是通过大量的广告，而是通过建立一个教育网络（见图 3.3），让准妈妈以及妈妈们可以通过网络来学习如何养育自己宝宝的知识。在学习的过程中，贝因美公司告诉没有经验的妈妈们什么情况下需要做些什么事情，并适时地推出有针对性的产品。这个教育网站根据婴儿的年龄分了很多栏目，有针对性地对妈妈们进行教育，还设有会员论坛，让妈妈们在里面进行讨论。整个网站中并没有太多令人生厌的广告，只在首页的下方以及栏目设置中增加了“婴童商品”，进行商品介绍和销售。

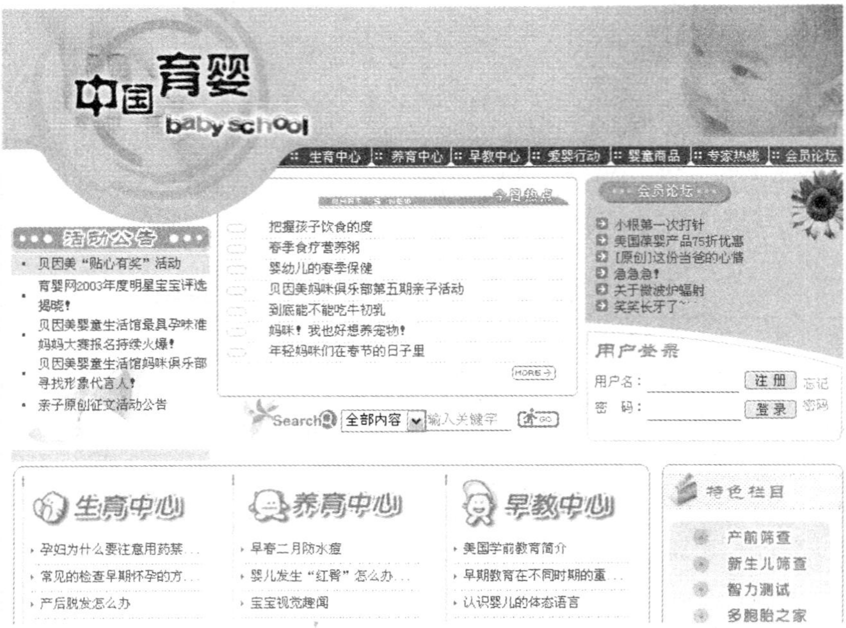

图 3.3　贝因美中国育婴网主页

2. 网民收入

从 CNNIC 的《第十三次中国互联网络发展状况调查》报告中可以看到，网民的月收入构成是这样的：月收入在 500 元以下（包括无收入）的网民所占比例最高（达到 34.2%），其次是月收入为 1001～1500 元（比例是 16.5%）和月收入为 501～1000 元的网民（比例是 15.6%），个人月收入在 1501～2000 元的网民为 11.3%，个人月收入在 2000 元以上的网民为 22.4%，2004 年初我国网民的月收入构成如图 3.4 所示。从图中可以看出，低收入网民仍然占据主体，这种结构与网民中中学生及年轻人较多有很大关系，这也是一种不合理的现象。

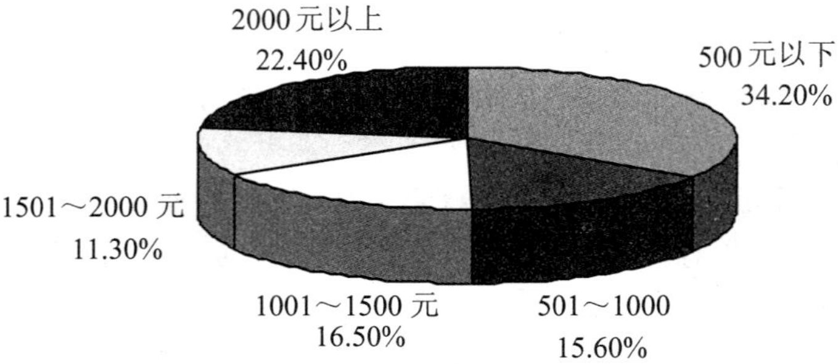

图 3.4　2003 年底网民个人月收入分布。资料来源：CNNIC《第十三次中国互联网络发展状况调查》

从绝对数量看，个人月收入 2000 元及以下的网民从 5732 万增加到 6169 万，增长率为 7.6%；个人月收入 2000 元以上的网民从 1068 万增加到 1781 万，增长率为 66.8%，增长比较显著。与历次调查结果相比，网民的个人月收入略有提高，这与网民中已婚者及 35 岁以上网民所占比例有所增加有一定关系。

低收入网民比重大说明互联网作为一种生活、商务工具的作用还远没有得到主流社会的认可，它还只是社会低层人员一种打发闲暇时光的方式，其中还有相当一部分是尚缺乏自制能力的中学生。

仔细分析还可进一步发现，虽然他们构成了网民队伍的主体，但从上网的时间长度和内容看，他们是纯粹意义上的互联网消费的主体，但并不是电子商务或商务活动的直接对象，因而也不是网络营销的主要目标受众。所以网络营销的着眼点还是应放在月收入在 1000 元、甚至是 1500 元以上的网民，他们才是现实的顾客。

高收入者有较高的消费能力，对他们来说，时间价值尤其珍贵，价格不是影响他们进行产品和品牌选择的重要因素，逛街更不是他们的生活或休闲方式。针对这一群体，网络营销者要做的是提供快捷、周到的服务，通过 E-mail 等私人沟通工具为他们量身定制，讲究信誉、培育品牌忠诚是成功的根本。

3. 网民职业分布

第十三次 CNNIC 调查结果显示，学生网民所占比例仍然高居榜首达到了 29.2%，并且呈现出稳步增长的趋势。与其他职业相比，学生更容易接受新鲜事物、更容易受外界环境的影响，同时，校园网的建设为学生上网搭建了良好的条件，各种网校、远程教育等的兴起也对学生上网起到了一定的推进作用。

其次是专业技术人员，占总数的 13.7%，排在第三位的是商业、服务业人员，占 10.1%，如图 3.5 所示。从我国网民职业分布的变化来看，我国网民的职业逐渐趋于多元化。

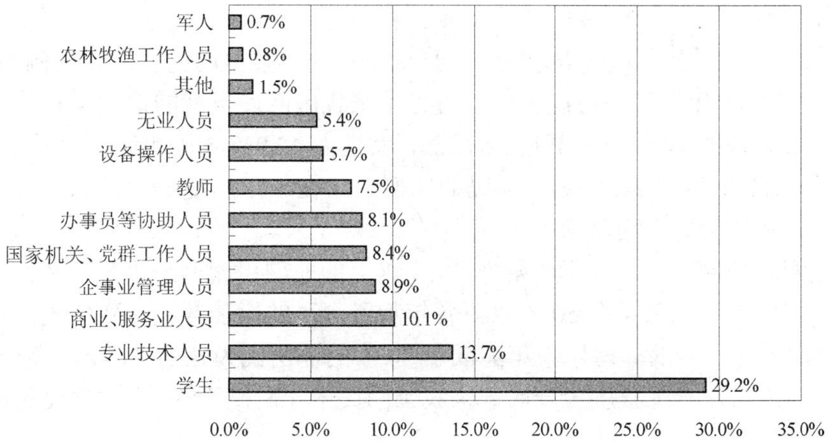

图 3.5　2003 年底网民职业分布。资料来源：CNNIC《第十三次中国互联网络发展状况调查》

学生网民比例的增加说明了网络这个新事物被学生接受的程度较高，而现在的学生将是未来的潜在消费者，因此公司在进行网络营销时，一定要关注好这个群体，培养他们的消费价值观、习惯和爱好，为今后的营销活动打下良好的基础。专业技术人员的上网对各个专业公司来讲，无疑是进行网络营销的福音。对于这类人员，公司应当注意网站信息提供的技术性和可靠性。国家机关、党群组织工作人员网民的比例虽然有所下降，但由于网民绝对人数的增加，这类行业网民的实际数量是增加的，他们为网络营销发展的政策化、规范化带来了发展的可能性。

3.1.4 网民数量的发展

虽然我国的网民总数在全世界排名第二，但是事实上，我国仍有超过 90%的人口没有上网。因此，对于到 2003 年底没有上网的人群可以称之为非网民。对他们不上网的原因、预期上网的时间、预期可能上网的非网民的部分特征进行分析，同样对网络营销有着重要的参考作用。

1. 非网民不上网的原因

我国非网民不上网的主要原因中不懂电脑或网络的比重最大，占总数的 37.7%，想上网而没有上网设备或机会的非网民有21.3%，觉得上网没用或不需要上网的人数比重有14.8%，有 14.3%的非网民没时间上网，此外，年龄太大或太小、觉得上网费用太贵、对网络不感兴趣、担心孩子受到伤害或不好影响也是妨碍非网民上网的原因。

其实这也与我国互联网目前的发展程度有很大的关系，因为目前对大多数人来说上网还只是一项纯粹的娱乐、休闲活动，并没有给大多数网民带来某种实际利益（比如购物、获取信息、学习等），而作为一项娱乐休闲活动的适应面是有限的，并不能融入到大多数人的正常工作和生活里面去。归根结底，这种非重要性是各种不上网原因的根源。

因此公司不仅需要在网络营销中对自己进行宣传，如果可能还应当投入到对整个网络进行宣传的事业中去。要知道，只有整个互联网事业在我国兴旺发达了，公司的网络业务才可能有所发展，同样网络营销才有用武之地。

2. 近几年内网民发展预期

根据 CNNIC 第十三次的调查结果显示，预期一年内可能上网的非网民比例为 7.4%，有 6.3%的非网民预期一年以后才可能上网，可见未来我国网民发展的速度还是比较快的。

这些预期可能上网的非网民中男性占 57.1%，女性占 42.9%，预期可能上网的非网民中男性占多数，但其比例低于网民中男性网民的比例，这在一定程度上预示着近期内我国网民中男女网民之间的比例之差可能会有所减小。

预期可能上网的非网民中，除了年龄在 50 岁以上的非网民比例较少外，其他年龄段的比例都在 10%～20%之间。可见在 50 岁以下各年龄段网民的增加数将大致相当。仔细分析还可以看出，预期可能上网的非网民中年龄低于 30 岁的非网民为 45.7%，年龄高于 30 岁的非网民达到 54.3%，这在一定程度上表明未来我国网民中年龄高于 30 岁的网民比例可能会有一定的增长。

预期可能上网的非网民中已婚的比例为 71.2%，未婚的比例为 28.8%，可以预见，未来我国网民中已婚网民的比例可能会有一定的增长。

在职业分布方面，学生仍将是一个继续增加的网民群体，但同时国家机关、党群组织工作人员、企事业单位管理人员、教师、生产运输设备操作人员等职业中将会有更多的人成为网民，该部分网民所占比例将有增长的趋势。

网民对互联网的利用程度及依赖性将进一步加强。这将表现在网民对互联网的使用时间、使用频度、上网费用、收发邮件的数目等将进一步增长，网民对互联网的利用目的将在以获取信息、休闲娱乐为主的前提下更加宽泛，将通过互联网完成更多的事务，对互联网的使用也将渐趋日常化。

预计近几年内年互联网产业和传统产业的结合程度、互联网的渗透程度将进一步增强，网民数量也将以较快速度增长，网民的特征结构在现有基础上将进一步合理化，这将表现在互联网的渗透层次、渗透面更广泛和深入。因此公司的网络营销专家们应当把握好这样的良机，做好网民的教育、引导工作，抢占网络营销的先机。

3.2　网民上网行为

网民的上网行为主要体现在上网的地点、时间、目的和使用的上网设备等方面。通过对网民上网行为的分析，公司可以了解与自己潜在顾客进行有效沟通的方式、时间、内容等，能有针对性地开展网络营销活动，更好地向潜在顾客传递信息、引导消费、提升公司形象和建立良好的品牌声誉。

3.2.1　网民上网地点

根据最近的调查显示，家中仍然是网民最主要的上网地点，有 66.1%的网民在家中上网，其次有 43.6%的网民在单位上网，其他上网地点的比例明显要少得多，其中在网吧、网校、网络咖啡厅上网的网民占 20.3%，在学校上网的占 18.4%、还有 0.5%的人在公共图书馆上网，0.6%的人移动上网，地点不固定，如图 3.6 所示。

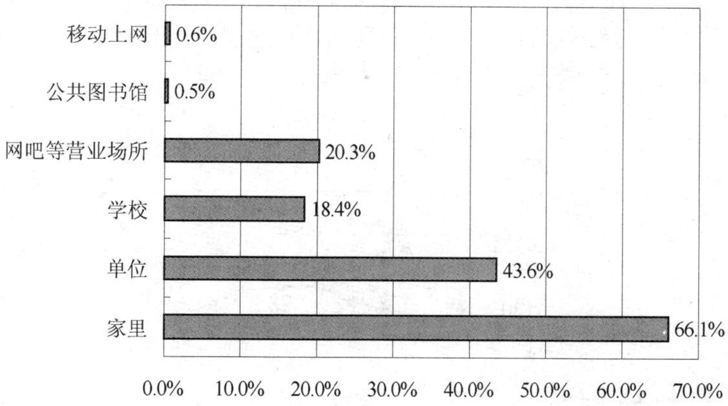

图 3.6　2003 年底网民上网地点分布。资料来源：CNNIC《第十三次中国互联网络发展状况调查》

将 CNNIC 最近几次的调查数据进行对比可以看出，在家中上网的网民比例呈稳步递增趋势；同时，在单位上网的网民比例，在最近两次调查中，也呈现出缓慢增加现象。一方面说明随着家庭电脑的普及、小区宽带的建设，以及互联网使用成本的降低使越来越多的家庭接入了网络，家里相应成为网民上网最主要的地点；另一方面也在一定程度上说明，随着我国信息化建设的不断深入，网民的上网场所在扩展，上网条件不断改善，上网变得更为便捷。

网民在不同的地方上网对其网上消费方式是有影响的，分析网民的最终目的是要寻找公司的网络顾客，这就需要对网民上网的地点进行分析。

如果说中国网民早期在单位上网很大程度上是为了节省自己的上网费用的话，那么现在在家里上网则更多的是为了网络的便利性，也说明上网条件的改善。预示着网络给网民们带来的生活、娱乐、工作、学习、信息获取的便利性越来越深入人心，网络既是网民获取生活资料的一条重要途径，也是网民的一种生活方式。公司如何抓住这一机会，是其在网络营销过程中应当做好的重要工作。

将近一半的网民在单位上网说明网络也已经成为我国各企事业单位开展各种商务活动的重要平台，利用网络和顾客或潜在顾客进行沟通达成交易是现实的也是关键的。

3.2.2 网民上网时间

从网民上网的持续时间来看，网民平均每周上网 4.0 天，每周上网 13.4 个小时。从网民每周上网的时间可以看出，人们对互联网的使用越来越频繁，而互联网对人们日常生活的渗透性也越来越强。

从上网的时间段来看，网民一天中使用互联网的时间波动非常大：凌晨 1 点至早上 7 点钟是网民上网最少的时间；从早上 8 点钟起上网的人逐渐增加，到上午 10 点达到一天当中的第一个高峰，有 22.8%的网民在这一时间上网；中午 11 点略有回落，从 12 点开始回升，到下午 14、15 点达到一天当中的第二个高峰，各有 28.2%的网民在这一时间上网，此后上网人数开始下降；从晚上 19 点开始上网人数激增，到晚上 20、21 点的时候达到一天中的顶峰，各有 48%左右的网民在这一时间上网，这之后上网人数又急剧减少（如图 3.7 所示）。可以看出，人们日常生活的作息时间在一定程度上影响着人们使用互联网的时间。总的来说，网民使用互联网的时间仍然集中在下午和晚上。

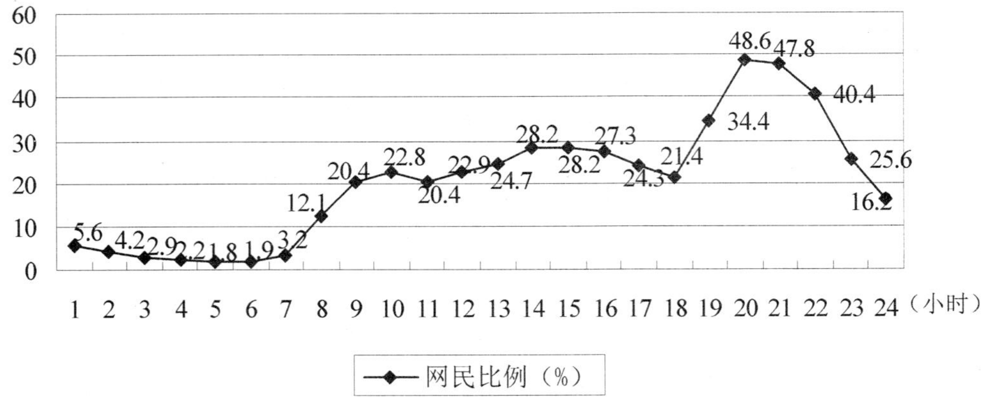

图 3.7 2003 年底网民上网时间分布。资料来源：CNNIC《第十三次中国互联网络发展状况调查》

网民上网时间对公司进行网络营销的影响是巨大的，网民每周上网多久、在某个网站的停留时间、每天何时上网都是公司需要掌握的信息，尤其是目标顾客的上网时间，更是要有所把握。

还有个需要注意的问题是，某个时间段上网人数越多，这个时间段内网路速度将会相应地有所降低，这是影响公司广告被点击的重要因素，因为如果速度太慢，超过了网民的耐心，广告的点击率在上网人数最多的时间段类却不一定是最高的。

网民在不同的时间上网，目的往往也是不同的，如上班时间上网，更多的可能是为了查找资料等工作所需，而晚上上网，也许更多的是为了休闲娱乐、购物消费等，公司应当针对网民不同上网时段可能的目的，并根据这些时段网路的通迅情况，有针对性地发布信息、广告等信息。

3.2.3　网民上网目的

CNNIC 第十三次调查结果显示，将获取信息作为上网最主要目的的网民所占比例最多，达到 46.2%；其次是休闲娱乐，有 32.2%的网民选择；排在第三的是学习，有 7.9%的网民选择；选择其他上网目的的网民所占比例则很小（如图 3.8 所示）。

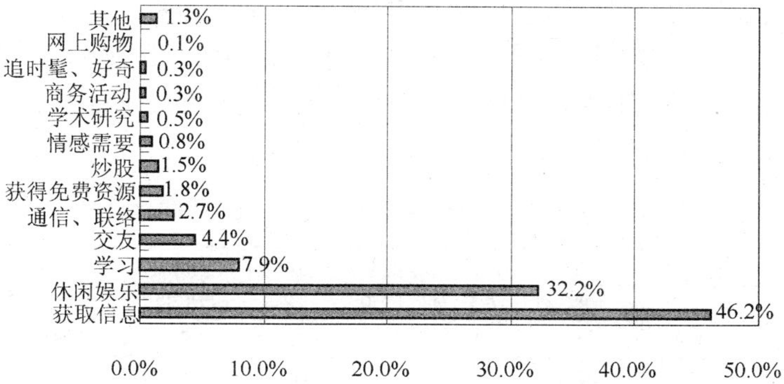

图 3.8　2003 年底网民上网目的。资料来源：CNNIC《第十三次中国互联网络发展状况调查》

互联网的开放性、便利性、互动性，以及网上信息的丰富性和服务的多样性，使越来越多的网民将互联网作为获取信息的主要渠道，同时，对互联网认识的提高，也使网民对互联网的应用更加理性与务实。

由上述的数据分析我们可以看出，网民真正通过互联网进行消费购买的比例还是较小的，更多的网民是追求信息的获取。这给公司的网络营销带来正反两方面的影响。

有利的方面是，公司可以通过互联网来大量发布信息、获取反馈信息，开展与潜在顾客的互动交流，以收集大量的市场信息，为公司进行网络营销或传统市场营销提供信息基础；可以通过提供与网民上网目的相关的产品获取利润，如提供有价信息、有价娱乐活动、有价学习资料等。

不利的方面是，对一些传统的公司而言，如果希望在网上进行产品的直销或发展零售业，则压力太大，效果可能不太明显，这是因为网民上网购物的目的在所有目的中的比例最少，只有 0.1%。当然这一现象会随着电子商务、物流配送的发展有所改善，但公司也要认识到存在的困难，尽量扬长避短。

3.2.4 网民对电子邮件的使用

电子邮件是网络营销的一个强有力的工具，网民对它的使用情况也是公司进行网络营销需要注意的。由于电子邮件具有收发迅速、价格低廉等特点，成为了几乎每个网民的必用工具，并且由于在互联网兴起的初期，各大门户网站的邮箱均实行免费，因此更是出现了一个网民同时拥有多个邮箱的现象，据统计，最高峰时曾达人均 4 个 E-mail 账号。现在网民人均拥有 1.4 个 E-mail 账号，其中免费的 E-mail 账号为 1.3 个。与最初的人均 4 个相比，网民人均 E-mail 账号的减少可以看出网民在电子邮箱的使用上越来越趋于理性，常用的一两个邮箱已经完全可以满足用户对外通信联络的需要。

在电子邮件收发方面，网民平均每周收到 5.8 封电子邮件（不包括垃圾邮件），收到垃圾邮件 7.9 封，每周发出电子邮件 4.1 封。可见网民对电子邮箱的使用相对频繁，互联网在人们对外通信联络中的作用已经很大了。从历年来我国网民平均每周收发的电子邮件数的比较（见表 3.4）可以看出，电子邮件的收发数有不断下降的趋势，这并不是说明互联网给网民们带来的通信联络作用降低了，而是一方面由于网民对电子邮箱的使用更加理性以外，另一方面其他的通信方式（如手机、短消息、QQ 等）的发展，均分了电子邮件这个通信市场。

表 3.4 历年来我国网民平均每周收发的电子邮件数 （封）

调查时间	2000.1	2000.7	2001.1	2001.7	2002.1	2002.7	2003.1	2003.7	2004.1
收到的邮件	21	18	16.8	12.9	8.6	6.5*	7.7*	7.2*	5.8*
发出的邮件	10	10	9.1	8.2	6.8	5.3	5.5	5.3	4.1

注：带*号表示不包括垃圾电子邮件在内的收到的电子邮件。

资料来源：CNNIC《第五、六、七、八、九、十、十一、十二、十三次中国互联网络发展状况调查》

使用电子邮件进行网络营销是一个需要十分小心的方式，这是因为大多网民会把公司发给自己的邮件当作垃圾邮件处理，并不会认真去看；随着互联网相关法律的完善，关于网民的隐私权管理、垃圾邮件的管理制度会越来越严格；大量的电子邮件广告充斥网络，反而失去了特色。对于电子邮件的应用，在后面的章节中将有更详细的介绍，这里不再重复了。

3.3 网上消费者

网上消费者是网络营销的基础，是在大量网民中发展出来的。并不是所有的网民都是网上消费者，公司需要分清网上消费者和非消费者，需要对网上消费者进行分析，进行市场细分，为公司网络营销提供合理的目标市场群体特征分析的资料。

3.3.1 网上消费

网上消费的内容一方面是分析网上消费者的基础，另一方面，也是公司寻求电子商务发展的途径。找出网民的网上消费方式，并有针对性地创新供给和盈利模式，是每个想利用互联网发展的公司的必由之路。这里我们提出几个网上消费的方式，对其含义以及常用的盈利模式进行介绍。

1. 免费消费

免费消费这个曾经看起来是天方夜谭的事情，在互联网上实现了。免费消费，包括免费信息浏览、免费下载、免费电子邮件、免费学习等。免费消费的提供是很多成功网站的共同特点，他们通过提供有价值的免费消费品来吸引人气，获得其他方面的收益。形成免费消费的原因是互联网最初是非商业性的媒体，再加上人们对其不熟悉，需要一些极具吸引力的东西吸引人们来使用它，于是在互联网发展的初期，免费消费成了其主要的消费方式，确实也因为免费消费吸引了大量的网民。

因为提供了大量的免费消费品，各公司的网站才吸引了大量的访问者，访问者在网站停留的时间内不仅得到了自己感兴趣的免费消费品，同时也不可避免地看到了网站上的广告以及公司对产品的宣传信息，从而潜移默化地接受了公司的产品的宣传，继而产生购买的可能性。

比起互联网中早期的无条件免费消费，现在的免费消费带有了更大的商业性，免费消费的方式也有了很大的变化。概括起来有四大类，一是产品和服务完全免费，即产品（服务）从购买、使用到售后服务都实行免费，这是早期无条件免费的延续；二是限制免费，即产品（服务）可以被有限次使用，超过一定期限或者次数后，取消这种免费服务；三是部分免费，如一些著名研究公司在网站公布部分研究成果，如果要获得全部成果必须付款；四是捆绑式免费，即购买某产品或服务时赠送其他产品或服务。后三种免费消费是暂时的，有条件的，是为后面的购买提供引导的，也是公司定价策略的一个方面。

公司并不会因为提供免费消费品而亏本，实际上反而会因为一些免费消费品的提供而盈利，具体的盈利模式有很多。除了实行完全免费方式外，其他三种方式都明显具备了相应的盈利模式。例如，限制免费方式中，如果消费者在免费试用期间尝到甜头，或使用习惯后，就会不得不购买该产品。完全免费也不是一点盈利的可能性都没有，至少完全免费能吸引网民访问公司网站，网民的访问在“注意力”经济时代也是相当有价值的行为，公司可以通过网民的访问获得相关的信息，可以进行产品宣传，可以借机进行产品促销，甚至可以通过广告收入来盈利。当然，除了上述的盈利模式外，还有更多的创新模式需要不断地挖掘。

2. 体验消费

所谓体验消费是指消费者在购买某个产品或服务时，更注重的是一种参与，而不是获得产品。体验消费的兴起，说明了一个问题，即随着经济的发展，人们生活水平的提高，情感需要渐渐在消费者的心目中占据了更重要的地位。体验消费的重点不是有形实物本身，而是消费的过程和感受。为什么有些消费者愿意不辞劳苦地驾车从城里到乡下去吃家常菜，难到真的是因为农民家里自己做的菜比星级饭店特级厨师做的好吗？实际上是为了亲自体验乡村生活的乐趣，真正消费的不是饭菜，而是感觉，同样，自己钓鱼自己吃也是体验消费的典型。

体验消费与传统消费有着很大的不同，具体体现在：对产品和服务的要求上，体验消费对产品和服务没有过高的要求，更看重这些产品和服务所带来的情感满足程度，而传统消费则希望产品和服务有很多的功能和作用；对价格的看法也不同，体验消费对价格不敏感，而传统消费则对价格非常敏感；在沟通方式上也有所不同，体验消费更看重双向沟通，消费者希望在沟通上占主动地位；体验消费相对传统消费来说，是比较冲动和非理性的消费。

体验消费不仅在现实生活中是发展的新方向，在网上消费中也是不容忽视的生力军。事实上，体验消费已经在网上消费中占据了重要的地位，比如 BBS、网上论坛等不仅是信息互动交流的方式和场所，也是重要的体验消费方式。消费者在 BBS 上发帖子，在网上论坛上留言，本身就是一种令人愉悦的体验消费。另外像产品定制，也是体验消费的一种方式，通过定制产品，消费者可以参与到产品的设计中去，可以向公司提出自己对产品的要求，并从中享受传统市场中所没有的被重视感和参与感。

体验消费提供者的盈利是相对比较容易的，因为前面说到，体验消费者的购买更有冲动性，且对价格不是很敏感，有时甚至愿意为了获得感情满足而付出更多的代价。公司在进行网络营销时，注意提供给消费者更多的体验机会、体验感受和体验方式，让消费者在网络中找到情感的寄托，从网站中获得感情上的满足，并从购买的过程中得到享受，这些都会为公司带来很多的盈利机会。

网络游戏：互联网提供的体验

网络游戏不经意间成了一个新的产业。精美的画面、HIFI 音响、曲折的情节和精心策划的营销策略，所有玩家被自觉不自觉地吸引到了网络游戏上来。

网络游戏提供了一种体验，它使玩家深陷其中，似乎身临其境。在和不知是谁的竞争中疯狂、忘掉一切，体会紧张、沮丧、喜悦。也使新经济的推动者们终于找到了使网民不能自拔，使自己摆脱困境的途径。

3. 数字产品消费

数字产品指软件、电子出版物、音像制品等可以用计算机语言表示的产品。由于数字产品可以在网络中以光速进行递送，与非数字产品相比，没有了物流的困扰，没有了不能看、不能摸、不能感受的阻碍，因此成了互联网上最受欢迎，也是最活跃的产品，也是网络消费中比例较高的类别。

数字产品消费的方式比较常见的是限次试用、部分试用，合适之后再购买。当然也有些网站用传统的物流渠道来满足消费者对有形数字产品的需求，特别是在音像制品中这种方式使用得更多些。

关于数字产品在网络消费中的便利性就不需要多解释了，这里需要特别说明的是数字产品消费的安全性。数字产品是一种比较容易复制、可以迅速传播的产品，因此其假冒伪劣、侵权、盗版的问题也比非数字产品更加严重。提供数字产品的公司特别要注意这个问题，需要通过提高网络技术，加强客户管理等手段来保证自己的盈利。

4. 非数字产品消费

非数字产品是相对数字产品而言的，他们往往具有一定的实体，不能通过网络传递。非数字产品通常在综合零售网站或专业零售网站中出现，通过类似于超市的形式，消费者选购产品、放入购物篮、然后付款，不同的是现实生活中消费者付款后立即可以带走产品，而网络消费时，需要等待一段时间才能拿到产品。当然在购买过程中无法看到真实的产品也是影响非数字产品消费发展的阻力。

非数字产品消费给其提供者带来的最大难题就是实体的物流配送，怎样才能以最低的成本，最优的服务将这些产品送到消费者手中，一直是供给者们需要仔细分析研究的课题。并且供给者们的盈利模式也要结合实体物流配送才能进行选择。在网络赢者通吃的竞争规律下，大批量、大规模将是非数字产品提供者最终盈利的模式。

3.3.2 网上消费者细分的含义和意义

1. 网络市场细分的定义和作用

网络市场细分是指公司在调查研究的基础上，依据网络顾客的需求、购买动机和习惯爱好的差异性，把网络市场划分成不同类型的顾客群体，每个顾客群体就构成了公司的一个细分市场。

这样，网络市场可以分成若干个细分市场，每个细分市场都是由需求和愿望大体相同的顾客组成。在同一细分市场内部，顾客需求和行为大致相同；在不同细分市场之间，则存在明显的差异性。企业可以根据自身的条件，选择适当的细分市场为目标市场，并依此拟定本企业的最佳网络营销方案和策略。它的作用表现为以下三个方面。

一是有利于分析网络市场，发现网络营销机会。网络营销机会是市场上客观存在的未被满足或未被充分满足的消费需求。公司通过对网络市场进行细分，一方面可以更准确地发现市场需求的差异性和需求被满足的程度，从中发掘市场机会；另一方面，又可清楚掌握竞争者在各细分市场的营销实力和市场占有率高低，从而发挥竞争优势，克服企业劣势，选择最有效的目标市场。

二是有利于合理配置网络营销资源。在未细分的整体市场上进行大量营销时，企业的有限资源就像撒胡椒面那样在市场上均匀分布，从而使有些潜力大的那部分市场无法得到满足，这种资源配置是极不合理的。市场细分使企业了解各细分市场的需求差异，它们对网络营销策略的不同反应以及潜力的大小等，将企业的人、财、物和信息等有限资源在不同的细分市场上进行有效的配置，好钢用在刀刃上，从而可以以最低的经营成本取得较好的经营效益。

三是有利于制定能与竞争对手抗衡的最优营销策略。一般来说，企业为未细分的网络市场提供单一网络营销组合，做起来较容易，缺点是公司对整体网络市场的需求差异和需求变化的信息难以掌握。而在细分市场的情况下，由于为不同的顾客群提供不同的营销组合，企业较易察觉和估计顾客的需求满足程度，需求的变化以及竞争者的市场营销策略的变化，信息反馈比较灵敏，使公司能够迅速而正确地调整其市场营销策略，不断提高目标顾客的满意程度。

2. 网络顾客的含义

在传统的市场营销理论中，顾客是指与产品购买和消费直接有关的个人或组织，如产品购买者、中间商、政府机构等。网上市场分类也和传统意义上的市场一样，分为消费者市场、企业市场和政府市场三类。

消费者市场是指由互联网上的生活用品购买者构成的市场，这些购买者首先是网民。企业市场是指利用互联网进行物料采购的企业构成的市场。政府市场主要是指通过互联网进行非生产性用品采购的政府机构所组成的市场，这方面美国走在最前面，美国政府基本上所有的机构都已经上网，而且政府的所有采购都在网上进行。

在网络营销中，企业与顾客之间是通过网络联系起来的，企业与顾客之间的商务活动部分或全部地依赖网络进行，我们把企业的这部分顾客称为网络顾客，以区别于传统意义上的顾客。网络顾客必须能够以任何方式接触和使用互联网，从而与企业发生某种业务关系，因此，网络顾客至少应当是网民。

网络营销的目标顾客与传统营销一样，也包括直接消费者（最终消费者）、企业用户及政府。

在最终消费品的网络营销方面，我国目前还处在“在线浏览，离线交易”阶段。其基本特征是用户通过互联网络浏览网上商品，将感兴趣的商品放入网络上的“购物篮”，并根据所选购内容自动生成订单，网络企业会通过电话与顾客确认此份订单及顾客的身份、送货地址等资料，并在规定的时间内送货到顾客指定的地点，顾客收货时付款交易。

相对于消费品而言，企业用户的购买具备以下特征：数量较少、购买数量或金额较大、买卖双方关系比较紧密、弹性需求小、购买过程的理性，以及购买决策过程比较复杂等。因此，在企业之间的电子商务初级阶段，实际上涉及到的仅仅是企业供求及合作信息的发布和查询、买卖双方的沟通和谈判等，交易过程的高级阶段如合同签订、支付、发货等往往需要利用传统方式在网下完成。因此，在此处，我们主要关注消费者用户在网上相关的行为特征。

对于从事网络营销的企业来说，首先应该明确一点，进行市场细分的顾客基础是全体网民，即使在目前由于种种原因，还有相当部分网民没有网络消费的倾向，甚至从来也不打算进行网络购买，他们也可以成为企业的潜在顾客。当然，为了提高营销的效率和效益，企业必须再对全体网络顾客进行市场细分，选定适合自己企业的目标顾客市场，从网络顾客中构建自己坚实的顾客网络。

3. 网络顾客的异质性

根据一份对消费者忠诚度的研究报道证实，进行电子商务是否能盈利，主要取决于能否吸引消费者不断回到电子商务网站进行购物消费。这份由 Mainspring 通信公司和国际咨询企业 Bain 公司联合发布的研究报道指出：从事互联网零售业的电子商务企业，必须将每位消费者留住 12 个月以上才能做到收支平衡；而对于网上杂货商店来说，必须达到 18 个月，才能收回为取得这位消费者所付出的 80 美元的成本。目前，大量互联网公司面临困境，为了能够拥有一个较大的固定顾客群，一些网络企业开始认真研究目标顾客的需求，针对目标顾客群传达信息，而这一切工作都必须在对市场细分化的基础上完成。市场细分的立足点是为了识别顾客需求的差异性，那么，市场细分的基础只能是顾客自身的不同特性，即顾客的异质性。

网络顾客的异质性不仅仅体现在一些显性的因素如自然人口特征（包括性别、年龄、学历、职业、收入、家庭）、社会经济特征如地理区域（沿海、中部、西部）、社会经济阶层、城市类别特征等，还包括其他更复杂的因素，如生活方式、性格特征、购买动机等方面的不同。在互联网这一新的营销环境下，顾客的异质性还包含与网络相关的新因素，例如：上网地点、接入互联网的方式、上网常使用的服务、上网的经济来源、互联网用户的类型等。

充分考虑网络顾客的异质性、确定市场细分变量、选定目标群体、培养忠诚顾客，将成为网络营销能否成功的关键。

4. 网络市场细分的必要性

市场细分的理论基础在于：由于顾客的异质性所导致的顾客消费需求的异质性。这种异质性一般用产品的差异或是用户个性的差异来解释。市场细分是成功营销策略的基础，除非竞争者抄袭企业细分行为或是和企业供应相同细分市场，否则即使企业为该细分市场提供标准化的产品和服务，也会存在竞争优势。如果为细分市场特别定制产品或服务，那么竞争优势将会更加明显，由于以下原因，对网络市场进行细分是必要的。

（1）资源有限

今天，互联网已成为全球最大的信息源，是人类巨大的信息财富。互联网已遍及人类生活的各个方面，其使用者的构成也不像只有最初的科研人员那样简单，而是遍及几乎全人类的所有领域，因而其组成十分复杂，无论是实体市场还是虚拟市场，都要面对成千上万乃至百万、千万个顾客，这些顾客的需求通常是各不相同的。

任何一个企业，都不可能同时满足所有顾客对某个产品的各种要求，根本原因在于企业的资源有限。营销的原则要求企业必须为顾客提供最佳服务，使其获得最大的满足，因此只有通过市场细分，为企业选择有利的细分市场，并集中人、财、物及信息等一切资源投放到该细分市场，把握住力所能及的机会，才能以最低的经营成本取得较高的经营效益。

市场细分有助于企业满足顾客的异质性，在顾客存在多种需求和资源有限的两难境地中达到一个平衡。对于大多数企业来说，主要是因为要满足整个市场上不同的顾客需求是不现实的。通过营销努力将这些力量聚集于某些细分市场，有限的资源能够得到更大的发挥。

（2）注意力有限

营销学中的80／20原理，指的是企业的80％的利润常常是由20％的顾客所带来的。这个事实说明了企业必须将注意力集中于那些能够带来利润的顾客身上。互联网经济被称为“注意力经济”，争取网络顾客的注意力自然成为企业网站最为热衷的行为，为了提高网站知名度，现在越来越多的网络企业投入大量经费做广告，企业往往不惜成本来进行宣传。然而，日访问量高并不代表网页设计效果好，知名度并不等于忠诚度，企业通过广告吸引来的注意力并没能给企业带来利润。同时，企业本身的注意力也是有限的，如果不能排除那些不能带来利润的访问者，就会影响企业对那些真正存在营销机会的顾客的服务质量。

因此，企业网站面对日访问量和网页浏览量数目的增长，绝不能沾沾自喜。应该认识到，网民在网络间转换非常容易，只需按一下鼠标即可。由于网民的耐心有限，同时网上新诱惑多，任何网民都会有许多尝试机会，因此，常常有许多因素在诱惑着网民使其很容易表现出不忠诚。企业本身的注意力资源也是有限的，企业应该调整自己注意力资源，利用新的“数据挖掘”技术在浩如烟海的顾客数据中分析出真正有潜力的顾客。

（3）信息、实际处理能力有限

互联网的全球性给企业带来了新的营销机会，企业很容易发现原来自己面对的是如此广大的全球市场，也常常会很轻率地做出定位于全球市场的决定。然而，互联网并不是万能的，网络可以缩短时空距离，但是电子商务过程的完成，不仅仅包含信息流，还有赖于物流、资金流的完成。网络营销只是电子商务的一部分，它必须为电子商务的最终完成提供便利和可能。如果物流平台、支付平台未能完全建立，营销渠道无法到达企业选定的目标市场，那么电子商务全过程是无法完成的，反而不利于企业的形象宣传。您能想像出全球消费者登录中国企业的网站使用电子商务吗？全球如此多的文字语言，企业网站要准备多少种语言版本？全球消费者如此多的风俗习惯，企业要准备多少应对方针才能不犯忌讳？来自国外消费者的订单需要多少手续、时间才能送到消费者手中……

企业的信息处理能力是有限的，如果不能对顾客及时反馈信息，则很难留住顾客，使顾客保持忠诚度。比如，我国的一些网上书店，吸引了大批顾客订单，但对于一些无法提供的书籍，一般都要到两三个星期后才给顾客发邮件告知。这不仅仅是责任心、服务质量的问题，更多的是企业人力资源有限、信息处理能力有限所造成的后果。因此，企业必须根据自己的资源、营销能力细分市场，才是真正有效的细分。

3.3.3 网上消费者细分变量

1. 消费者的一般细分变量

既然市场细分对于企业网络营销具有重要意义，要完成好这个过程，就必须找到适当的、科学的细分依据，即市场细分变量的选取。所谓市场细分变量，是指那些反映需求内在差异，同时能用作市场细分化依据的可变因素，正是由于这些因素的差异，消费者的消费行为呈现出多种多样的特点。

消费者市场的最大特点在于，消费者购买是为了个人或家庭的生活需要而非盈利性购买，消费者市场细分的立足点是为了识别消费者需求和购买行为的差异性。因此，细分消费者市场的标准只能依据于消费者自身的各种特性。主要有地理因素、人口和社会经济因素、心理因素、行为因素等几个方面。

（1）地理因素

这是根据消费者工作和居住的地理位置进行市场细分的方法。地理变量是反映消费者生活地区特点的变量，通常包括地理区域、地形、自然气候、人口密度、交通运输条件、通讯条件和城市规模等。对于营销地理区域范围较大的企业来说，地理变量往往是其首选的和最常用的细分变量，同时它也是最稳定、最易界定、最易衡量和运用的细分变量。对于网络营销而言，地理因素的区别更多地体现在给网上消费者带来的生活习惯、物流等的影响，而真正的地理概念在互联网中淡化了。

（2）人口和社会经济因素

人口因素包括年龄、性别、家庭人数、家庭生命周期等。社会经济因素则是指收入、职业、教育、社会阶层和宗教种族等。这些要素由于比较容易提供客观资料，因此长期以来就是最受欢迎的划分消费者群的依据。这些变量与需求差异性之间存在着密切的因果关系。在网络营销中，这些因素的区别比传统营销还要敏感和重要，公司一定要特别引起注意。

（3）心理因素

心理因素包括社会阶层、生活态度、生活方式、个性和消费习惯等，虽然相近的人群和相近的经济因素经常导致相近的心理，但仍然会有一些差别，结合考虑顾客的心理特征将会让市场细分变得更有效。例如生活方式变量，它是一个人在生活中所表现出来的活动、兴趣和看法的整个模式。追求现代、激进的生活方式的人和那些维护传统、保守的生活方式的人，在交际、休闲、娱乐、体育、购物等方面，对新产品、新品牌、新式样的兴趣，以及对时间、金钱的看法有着很大差别。在顾客个性方面，“外向”顾客购买商品时着眼于它的外观和别人对它的看法；“内向”的顾客则试图捍卫并保护它们的自我形象，这些不同都会影响他们的消费选择。

（4）行为因素

行为因素包括购买动机、购买时机、使用频率、忠诚程度等。企业可以根据消费者对产品及产品属性的认识、态度、使用及反应，将消费者划分为不同群体。

购买动机。将消费者购买、使用产品的理由作为市场细分的依据。产品的耐用性、季节性、经济性和安全方便等都可以成为消费者购买产品的理由，消费者对产品和企业的态度都会影响他们对产品的需求，而形成购买习惯。

购买时机。即将消费者按使用状况细分为非用户、初次用户、过去用户、经常用户和潜在用户五种类型。

使用频率。将消费者按使用频率先细分为用户和非用户。再将用户细分成少量用户、中量用户和大量用户。企业大多将大量用户作为主要销售对象。因为这些用户虽然在市场总人口中所占比重不大，但他们消费的商品数量却占相当大的比重。但企业也不可忽视少量用户和非用户细分市场，因为消费者市场本身可能随时发生变化，由非用户变成用户，由少量用户转化成大量用户也是常有的事情。

忠诚度。包括对企业的忠诚和对品牌的忠诚，按照消费者忠诚度的不同，企业可以对其市场上的消费者进行分析，研究本企业产品强烈忠诚的消费者的各项特征，以使企业明确其目标市场。同时也可发现竞争对手的情况，改进营销中存在的问题，吸引更多的消费者。

2. 附加的网络细分变量

网络顾客是传统顾客中的一部分，因此，前面所提到的细分方式对于网络顾客也是适用的。但是企业在进行网络营销时，决不能忽视网络环境对市场细分产生的影响，只有与网络的属性、网民的特点相结合，才有可能完成网络市场的顾客细分。以下我们提出一些附加的网络细分变量，企业营销人员可以根据实际需要，结合网络细分变量与传统细分变量以对网络目标市场加以细分。

（1）人口统计变量

在网络环境中，人口统计变量指的是那些有助于识别互联网上用户的相关变量，包括访问者的 E-mail 地址和个人主页地址。E-mail 地址的最后部分（.edu、.com、.org、.mil、.net）有助于识别用户所属的组织类型（免费信箱例外），如大学、公司、公共机构、军事组织或是网络服务商等，在必要的时候也可用来与访问者进行沟通。访问者的个人主页地址则可以用来更好地了解用户。

使用网络的熟练程度。例如：对网络很熟悉的访问者可能对网页的表现力有更高的要求（如采用 Frame 结构），而网络新手们在访问这些网页时可能会产生挫折感；对网络熟练的顾客会更倾向于在网上购物，因为他们比新手更清楚地了解网上交易过程的安全性。

消费者所使用的浏览器软件。不同的网络浏览器软件能够影响用户对网络的使用，影响用户与网站之间的交流。如 IE 和 Netscape 会对使用者的重要数据加密后传送，具备一定的安全性，而这两种浏览器对一些网页的显示效果也可能存在差别。此外还有浏览器的语言版本问题，比如中文 BIG5 码和 GB 码的转换问题，企业在建立网站时，应该尽可能提供多种编码版本的网页，甚至提供多种语言版本的网页以尽可能吸引更多网络用户。

（2）服务变量

互联网上存在各种各样的服务，有些网站以新闻服务为主，有些网站以娱乐服务为主，有的则主要提供搜索引擎服务，而且互联网上的服务一方面是综合化，另一方面是专业化。同时，不同顾客上网的初始目的和经常接受的服务各不相同，由于互联网的私密性，顾客网络浏览习惯更好、更准确地反映了浏览者的真实需求和行为。

（3）心理变量

心理变量指的是影响用户访问企业站点态度的变量，包括：对待个人信息的态度，如是否愿意将属于隐私的信息透露给网络；对待网络安全的态度，如是否愿意在互联网上使用信用卡购买物品；对待新技术的态度，如在使用互联网获取信息时，对待可能出现的延迟以及技术问题时的态度，对待用 Java Applets、Frame、动态网页技术等制作的网页的态度。

公司站点的设计应该与网络顾客的心理特征相协调。例如，当大部分访问站点的用户都不愿意通过互联网提供个人信息时，如果站点不厌其烦地询问此类问题，很可能失去这些用户；如果目标顾客在网上交易时非常担心信用卡信息的安全性，营销者应该提供替代解决方案以完成交易，如可以向此类顾客询问电话号码以替代信用卡信息，同样在送货上门的情况下，货到付款应当成为一种可以接受的方式，而不应以不符合规定为由拒绝。

（4）网上行为变量

网络顾客的网上行为也可以作为公司进行市场细分的变量，这些网上行为包括网络顾客访问公司站点的到达途径，到达途径有相关链接、搜索引擎、直接键入等。如果是通过其他站点的链接或是 Banner 广告到达，说明企业的广告、促销活动是成功的。而那些通过直接键入企业网站的 URL 来访问的用户可能是对企业非常感兴趣或是对站点相当熟悉的用户。这种鉴别对企业营销、客户关系管理是极其重要的，是互联网和网络营销提供的一种非常重要的新工具。

网络顾客的访问时间。根据网民访问企业站点的时间段（如工作时间、午餐时、下班后、周末），企业可对顾客的需求进行分析，如果消费者在上班时间而不是午餐时间访问站点，说明他们要寻求的信息更多的是与他们的工作相关而非与个人需要有关。

访问的规律性。首次访问者或是不规律访问者可能对站点中关于企业整体性的信息更感兴趣，对于规律性的访问者，企业应尽可能为他们提供关于产品或服务的最新的或是更新过的信息，以节省顾客时间。

网络顾客的忠诚度。顾客对企业网站的忠诚度一方面表明了企业产品对顾客的吸引力，另一方面表明了企业网站对顾客的吸引力。顾客是否访问竞争对手的网站则表明了顾客购买的理性程度。有信心的企业既不可能阻止也没有必要担心顾客访问竞争对手的网站，有比较才有鉴别，忠诚度才能有可靠的基础。

访问频率。访问频率是顾客隔多久访问站点，他们在站点平均逗留时间。显然，访问频率是衡量顾客行为方式的一个重要指标，访问频率高、平均逗留时间短说明顾客更喜欢简洁明了的信息和行为，反之则可能更乐意接受复杂的、有深度的信息。

对站点的态度。这是指顾客是否乐意把站点加入书签 / 收藏夹？是否下载、打印文档？是否会对企业的站点提供回馈意见、给公司回寄邮件？这些信息对于企业评价站点是否满足了访问者的需要是很有用处的。

网站面临的挑战来自于每个群体都有其不同的需求，企业必须从上述的细分变量中选择适当的变量组合进行市场细分，从而明确自己吸引的是哪部分消费者，并确定如何根据目标群体设计网站战略。否则，网站就会吸引一些不能带来利润的访问者，而失去那些最可能带来利润的群体。

3.3.4　网上消费者分类

由前面对网民特征的分析以及市场细分变量介绍可以看出，网上消费者的构成类型是千变万化的，任何几种特征变量和细分变量都可以组合出不同的细分市场，在这里我们从市场规模以及普遍性的角度，把网上的消费者分为下列几种类型。

1. 寻求方便者

这类网络顾客追求网上购物的便利性。他们往往是一些高学历的白领或是高层管理人士等，年龄大多在 30～40 岁左右，快节奏高密度的工作使他们没有足够的时间去商场购物，而较高的教育程度以及对互联网的熟悉使他们非常容易接受网络购物这种新型的购物模式。他们较看重购物的便利性以及安全性，而对价格因素则不那么敏感，甚至愿意为网上购物的便利性付出较高的价格，他们是购物网站最主要的目标顾客群，因此零售商们必须为这一类型的人提供真正的便利，让他们觉得在商业网站上购买商品将会节约更多的时间以及获得可靠的安全和售后服务保障。

针对这样一类顾客，公司应当提供更为便利的送货方式，如上门送货等形式，而邮局汇款和邮寄形式会增加顾客的购物工作，使之与网络顾客追求便利的初衷相违背。

2. 尝试者

尝试者通常是一些喜欢追求新的产品、新方式、新事物的年青人，他们具有强烈的求新心理，他们对网上的任何新事物都抱有一种好奇与渴望尝试的心态，对网上购物当然也不例外。

这类网络顾客在网上购物往往是出于体验和尝试，而并非受到了网络购物优势的吸引，他们在尝试阶段的购买支付方式往往会选择传统的汇款方式，而不会采用信用卡支付。在一两次网络购物以后，这种类型的网络顾客则会分化成两类群体，一类是当好奇心满足了以后便不再继续进行网上购物；另一类是由于感觉到了网络购物的便利性等优势而成为真正的网络顾客。

尝试者对公司来说是新顾客，如何引导新顾客，让他们尝到网络购买的甜头，并因此转变成忠诚的老顾客，是公司网络营销工作中的重点。对这类顾客一定要进行教育、帮助，对他们提出的疑问和不满要能及时反馈，需要与这些顾客进行一对一的联系，让他们体会在传统市场中很难获得的被重视感。

3. 理性购买者

理性购买者在传统市场上也是理性的消费者，他们会以理性眼光选择产品，并试图通过网络来达到这个目的。这类顾客以男性居多，他们受教育程度较高，对所要购买的商品有一定程度的了解，他们往往会大量收集相关的购物信息并进行仔细比较，最后才做出购买决定。

对于理性购买者来说，广告、促销活动、甚至免费赠品的诱惑都不会让他们动心，而产品的优质、低价、良好服务等真正实惠的东西才会吸引他们。公司针对这类顾客进行宣传时，一定要做到真实可信，当然产品本身也不能含糊。

此外，作为理性的购买者，他们将不再被动地接受公司提供的产品，而是会根据自己的需求主动表达自己对某种产品的欲望，公司应当关注他们对产品的描述，这些其实是非常重要的信息。

4. 信息寻求者

信息寻求者只是在网络上寻找所需要的产品信息，却仍通过传统渠道购物。这种类型的网络顾客主要以中年低网龄的人群为主，他们对网络的了解不深，只会或者只愿意简单看看新闻，查找相关的信息，对网络的依赖度很低，基本只是浏览信息或使用信息获取类服务。他们大多是办公室文员、一般行政管理人员，上网地点主要集中在单位和家庭。网络在很大意义上对他们是一个免费的信息提供源，由于消费观念等原因使得他们进行网络购物的可能性比较小。

也许对只有网络业务的公司来说，这类消费者细分市场是低效率的，但对于传统公司来说，他们却是很有价值的顾客。传统公司在网络营销时，可以仅将网络作为信息提供的场所，而特别给出自己在传统市场上的信息，以引导他们通过传统的渠道去购买产品。

网络市场细分是一件非常重要但也是很困难的事，这里提到的四类网络顾客并没有把整个网络市场中的所有顾客都包括进去，只是介绍了其中比较具有典型性的顾客。对于不同的公司，需要根据自己的实际情况，以细分变量中的某些变量为依据对市场进行细分，并从中选择适合自己的市场作为目标市场，开展有针对性的网络营销活动。

思考题

1. 简单分析一下网民的自然构成情况。
2. 网民上网的时间、地点，以及目的主要集中在哪些方面？
3. 网络市场细分的定义和作用是什么？
4. 典型的网上消费者类型有哪些？

第 4 章　顾客网络购买行为分析

顾客是企业的根本，满足顾客的需求是企业营销取得成功的关键。在当今这个网络时代，不仅买方这种市场形态进一步巩固，而且顾客的购买行为特点、购买过程与以前相比也有了质的变化。追求卓越的企业必须从顾客的需求出发，这是营销观念的精粹。如何借助网络这一全新工具去研究顾客，接近并把握顾客行为的特点，是企业长期生存与发展的根本。

本章将按照消费者市场、企业购买市场 、政府采购市场的划分，针对各个目标市场的购买行为特点、购买过程进行分析和介绍，进而阐述各个市场的网络营销特点。

4.1　基于互联网交易的产品适应性分析

根据 CNNIC 历年来的调查报告，可以看出自 20 世纪 90 年代网络营销开展以来，不同产品的网上营销效果“冷热不均”一直是一个比较突出的现象。显然，不同产品的互联网交易适应性是不同的，基于互联网交易的产品适应性分析有助于指导网络营销实践和网络营销理论的发展。

事实上，互联网作为一种新的交易平台，不仅为建立新型的产品交易关系创造了条件，同时也创造了新型的产品，超出了传统营销机构提供的产品领域，最为典型的是数字产品和顾客服务，例如用数字格式下载的乐曲、消费者教育、客户关系等。因此，互联网一方面抑制了某些产品的交换，另一方面又促进了某些产品的交换。

4.1.1　产品与交易平台适应性模型分析

无论是消费者购买，企业购买还是政府团体购买，作为一种商业活动都是通过一定的交易平台进行的。不同的产品在同一种交易平台中流通，或同一种产品在不同的交易平台中流通，交易效果往往是不一样的。也就是说，一定的产品客观上通常都存在一个相对于其他交易平台更为合适的交易平台，或一定的交易平台通常只适合为一定的产品提供流通服务。产品与交易平台适应性模型是由产品交易属性、交易需求实现效果和交易平台属性三者的综合作用所决定的，如图 4.1 所示。

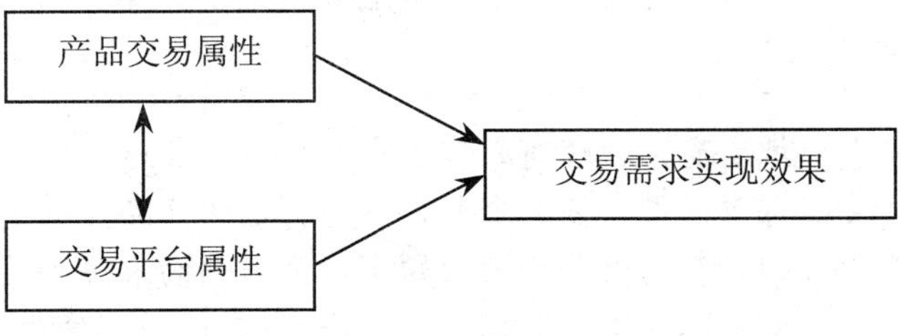

图 4.1　产品与交易平台适应性模型

1. 产品交易属性

产品交易属性是指产品自身所具有的，决定和影响其交易过程的各种特征。产品是交易活动的核心，是顾客需求的对象。从交易的角度看，产品具有两方面属性：一是价值属性，即具有一定的使用价值和价值；二是交易属性，即决定和影响其交易过程的特性，如目标市场远近、市场范围大小、性能显示度高低、质量显示度高低、交易过程复杂程度高低、时效性强弱、可比度高低、价格可变动幅度大小、信誉度高低、交易风险大小等。

交易属性对产品交易有很大的影响，如性能好、质量显示高、交易过程简单、信誉度高、交易风险小等属性有利于交易；而性能差、质量低、交易过程复杂、信誉度低、交易风险大等属性不利于交易。

2. 交易需求实现效果

交易需求即企业与顾客在产品交易活动中的利益需求。产品交易活动实质上是企业与顾客两个交易主体之间利益的相互交换，即两者需求的相互满足。交易者在交易活动中的需求有两个方面：一方面是成果需求，即取得理想的交易成果，对企业来说是获得销售绩效及利润，对顾客来说是以理想的价格购得产品。另一方面是过程需求，即以最有力的方法、手段、渠道，最少的时间、精力或其他投入完成交易。

3. 交易平台属性

交易平台属性是平台为产品提供流通服务的功能特性。交易平台是产品、信息、相关交易资源及交易活动存在流动的载体或空间。交易活动通常要依赖一定的交易平台或通道进行。交易平台由信息交换平台、产品收发平台和资金收发平台三个部分构成。

交易平台的功能是进行流通服务，即为企业、顾客的交易活动提供服务，具体包括：信息服务，集散、整合与收发产品的信息；空间服务，消除或缩短企业与顾客之间的空间距离；时间服务，消除或缩短企业与顾客之间的时间距离；场所服务，为交易活动提供场所；程序服务，规范及简化交易活动规范和程序；配送服务，放置、移交产品；信誉服务，为产品提供信誉担保；其他服务，如使顾客享受购物乐趣，进行体验消费等。

从企业与顾客两方面看，交易平台的服务功能是双重的：企业通过平台发布产品信息、吸引顾客、掌握顾客需求、洽商、确定出售决心、交付产品、收账或签订交易合同。顾客通过平台掌握产品信息、洽商、确定购买决心、接收产品、付账或签订交易合同。

交易平台的功能属性指功能的实际指标，表现为空间范围的大小、时间范围的大小、信息能力强弱、配送能力强弱、信誉度高低等。平台的功能属性对产品交易也有很大的影响，如空间范围大、时间范围大、信息能力强、配送能力强、信誉度高等属性有利于交易，反之则不利于交易。

相对于大多数中小型批发商、代理商或零售商，一个产品进入像沃尔玛、家乐福等大型商业集团的代价要高得多，但大多数企业仍然为自己的产品能够进入这些超级零售商的卖场而努力。创业之初的亚马逊面临的问题是优秀书刊的来源和是否能以更优惠的价格提供给它的读者，今天，情况则刚好相反，如果一本书能够荣登亚马逊销售排行榜，则意味着更大的销售额和利益。这一切的原因很简单，就是因为这些交易平台具有比其他交易平台更为广泛的影响力、更高的公众信任度，也就是拥有更好的交易属性。

4. 产品的交易属性与交易平台功能属性的良性匹配

由交易者的交易需求所决定，产品和平台之间必须建立一种相互适应程度最高的关系，这种高适应度关系实际上就是要求产品的交易属性与交易平台功能属性形成良性匹配。具体而言，有五种良性的匹配形式：产品属性与平台属性相符合；平台的优点弥补产品的弱点；平台的弱点可以被回避；产品的优点弥补平台的弱点；产品属性与平台所联结的目标顾客的特性相符合。

4.1.2　基于互联网交易的产品属性分析

以网络技术为基础的互联网交易活动，具有时空压缩、双向互动等技术特性，可以节约交易成本，化简交易复杂程度，满足顾客消费个性等特性。因此，根据产品与交易平台适应性模型，以及互联网交易平台属性及交易需求实现的效果，满足以下属性的产品适合进行互联网交易。

1. 产品属性与网络的功能属性及网民的特性相符合

网络交易平台与传统交易平台的一个重要区别是必须以计算机、互联网为物质支撑。其目标用户非常明确而且特殊，他们的交易需求具有鲜明的特点。在线营销的产品，首先应该具有与网民特性相符合的属性。

（1）网络的互补品和衍生物

需求交叉性理论指出：消费者消费某一种产品时，往往同时消费与其关联的另一种或多种产品。一方的需求增加时，另一方的需求量也连带按一定比例同时增加。如汽车和汽油，录音机和录音带等，这是产品的“互补”或“衍生”原理。

在网络营销中，网络也有其“互补”或“衍生”产品，即具有高科技内容的产品，目前主要是与计算机、互联网有关的产品，如计算机软件、各种 IT 产品、寻呼机与移动电话等。

目前，与网络相关的产品之所以在网上销售紧俏活跃，其原因主要有三点：首先，网络用户大多数是计算机发烧友，对于这类信息最为热衷；其次，计算机技术及产品的更新换代非常快，使这一市场有着永不停息的增长点；最后，这类产品通过网络传输非常便利。

（2）知识含量高

通常来说，知识含量高的产品在网上销售易于获得成功。利用信息的传递、声音、图像、动画效果帮助产品展示，采用网络销售可将其内容数字化，直接以电子形式传递给顾客，而不再需要某种物质形式和一定的包装。因此，这类产品可以充分利用网络信息传递的低成本和高效率进行销售。从统计数据来看，美国 10 家最有名的网上商店，除 Amazon 外，全部集中于软件、光盘、计算机服务等业务。从我国最大的网上商店 8848 网站上网店的排名可以看出，图书音像、电脑软件等是排在最前面的热门商品（见图 4.2）。

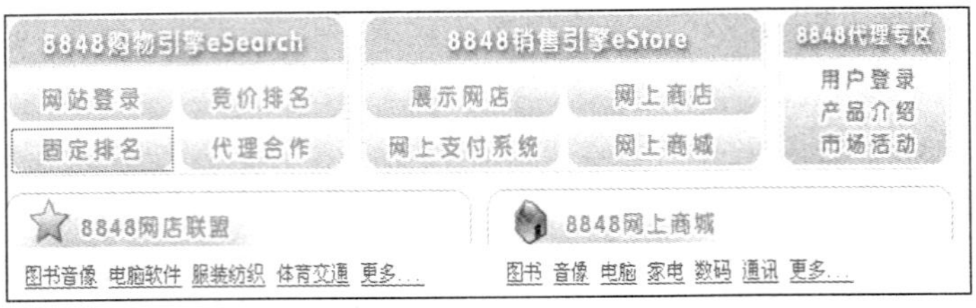

图4.2　从8848网店排名看热门网络产品

（3）个性化程度高

个性化产品即满足顾客个性化消费需求的产品。随着科学技术的进步和社会经济的发展，市场的供给愈充足，人们的生活水平愈高，则需求的差异化就越大，个性化程度越高。在传统的销售方式下，产品和服务早在消费者提出要求之前就已设计好并制造出来，消费者无法按照自己的需求对产品和服务提出要求。而采取网上销售，则可以使买卖双方通过网络进行沟通。针对不同的人、不同的文化素质、偏好、不同的使用目的和不同的服务要求，真正实现“量身定做”。

电子商务带来的一大变化就是消费者主权的扩大，消费者不仅可以挑选信息、产品，而且可以自己参与产品设计。以批量生产的成本为消费者提供“量身定做”的产品是电子商务的一大优势，其技术基础就在于买卖双方提供了一种即时互动的低廉的沟通手段和生产高度的自动化。因此，个性化产品非常适合在网上销售。图4.3是海尔网上商城洗衣机、冰箱的定制销售。

图4.3　海尔洗衣机和冰箱定制销售

（4）具有特殊的创意

网络用户大多年龄较轻，收入在中等以上，教育水平高于平均水平。对新鲜事物孜孜不倦的追求是网络用户的又一特征。他们爱好广泛，对于未知的领域报以永不疲倦的好奇心，更加注重自我，他们往往各自有一些独特的、异于他人的需求喜好。这些都决定了网上销售的产品必须具备创新特征。一些创意独特的新产品利用网络沟通的广泛性和便利性，可以将其新颖、别致之处更主动地向更多的人展示，从而满足网上购买者先睹为快的心理，诱发购买欲望。

（5）时尚化

网络的目标受众集中在35岁以下，他们是社会的新生力量，代表了时尚的主流，容易接收新鲜事物。因此，对年轻人有吸引力的时尚产品容易在网上销售。

2. 具有交易弱性但可被互联网优势弥补

互联网的特点带来了网络营销的优点，主要有：扩大交易空间，提高交易速度，提高交易便利程度，提高实时信息，密切企业与顾客的关系，降低交易成本等。显然，适合在互联网平台上销售的产品必然是能最充分利用网络这些优势的产品。

（1）目标市场空间范围广阔

最典型的是国际化产品。互联网是国际性媒体，因此，具有同样性质的产品更易于成功。想要让一种产品广受欢迎，一定要通过有效的宣传。作为媒体，网络可以超越一切空间距离和地理、政治障碍，主动、集中、大范围、多侧面、即时、准确地向公众进行有效的宣传。互联网在世界经济中正扮演着极为重要的角色，正在塑造着一种“新世界产品模式”。显然，目标市场空间范围广阔且受到传统市场拓展手段制约的产品最能从网络中获取利益，因此也最适合上网。

（2）搜寻成本大

这是与网络营销的便利性相匹配的一种产品属性。有的产品，其存在的位置很不确定，又由于顾客掌握的信息有限，不了解市场情况，在很多时候，不能准确把握自己的购买目标。顾客在运用传统方式搜寻时要寻找、收集、处理大量可能有用也可能无用的信息，耗费大量的时间和精力，而且还可能一无所获，搜寻效益极低，例如书籍。

网络销售出现之前，搜寻成本有时远远高于产品本身的花费，造成了很大的资源浪费。随着现代生活节奏的加快，有的消费者更加在乎时间的机会成本，有意识减少每月或每周购物频率，增大每次购物数量和品种。网络营销具有强大的信息汇聚和整合功能，网络上信息具有集成性和方便性，正好可以弥补这类产品的搜寻劣势，使顾客在最短时间内以最小的精力投入和最高的效率获得和处理相关信息，仅在瞬间，买方就可以方便地检索发现自己所需的产品，再通过简单直接的渠道就可以得到产品。

（3）购买决策过程复杂

有的产品自身构成复杂，顾客在确定购买决策的过程中要考虑到多方面的因素，也存在耗费大量的时间、精力甚至财力获取和处理信息的问题。如旅游活动就涉及交通、住宿、饮食、景点等方面的因素，用传统方式处理，工作量大且效率低。这类产品也可以利用网络营销来弥补其劣势。

（4）购买选择余地大

许多产品的价值高、耐用性强，而且同类产品繁多，可比性强，顾客在购买时必须精心选择，且有很大的选择范围。这就要求顾客对同类产品的性能、质量、款式、价格、售后服务、商场距离等方面的因素进行对比、分析，然后形成购买决策。在传统方式下，一来受制于产品分布范围和交通、精力财力、时间等因素，难以真正做到最大范围选择；二来在可能范围的选择中，各方面投入相当大，选择效益很低。网络营销的信息汇集、整合功能与检索功能正可以弥补这一劣势，满足顾客便利购物的需求。顾客可在数据库中迅速查找相关信息并排列于网页上，方便地进行对比和查找。比如网上的二手货买卖信息，能轻易地把众多的买主与卖主按其相关性集合在一起交易。

（5）隐秘性强

对于消费者来说，人们对于与自己有关的个人信息很敏感。网上的匿名性则具有很大的诱惑性，有时人们不得不在公众场合或众目睽睽下公开隐私，暴露隐情。而在网上基本可以免除这些麻烦和尴尬，避开街边人好奇的目光和面对售货员的欲言又止。这类产品往往是受人青睐，诱人回顾，但又不太容易设店贩卖的特殊产品。利用网络优势，可以减轻顾客的心理压力，缓解心理和行为之间的矛盾，是此类产品受欢迎的原因所在。

3. 具有可回避或弥补网络营销弱点的属性

网络营销的特点也带来了网络营销的弊端，主要是：降低产品质量和性能的可信度，无法独立解决产品的实体配送问题等。网络营销除了产品交割以外全是非实体化的交易，对产品和企业的了解、洽商、订立交易合同和资金支付完全在虚拟状态下完成，这就使顾客的购买决策及实施的风险相对于传统交易更大。但是，产品的某些属性可以回避或弥补网络营销的这些特点，这些属性也是高在线适应产品的特征。

（1）性能、质量的非直感显示程度高

消费者可以经由网络信息，直接做出购买产品的决定，而无需或不大需要顾客通过感官进行鉴别了解产品信息。在实体世界中，通过各种展示方式，卖方可以从全方位塑造出产品的个性，但在网上却很难做。顾客消费的欲望需要“刺激”后才做出决定（比如那些需要触摸、品尝、试穿的产品），因此这些产品根本不适合由网络来提供。反之，性能、质量的非直感显示程度较高的产品会受人青睐。由于描述某些产品的各个自由度都可以通过网络展示在消费者的面前，因此消费者无需亲临，就可以比较、决断并购买。

（2）标准化程度高

产品的质量标准是否比较客观单一，是网络营销成败的关键因素之一。消费者无需近距离接触就能比较清楚地了解产品的全部性能及特征。这类产品往往有着标准化程度高（即通过消费者已公认的一些标准或尺度就可描述其性能、特点及质量的产品。可描述性越强，标准化程度越高），品牌众多并且各品牌产品之间的价格和功能相差无几，替代性比较强，能方便使用互联网进行明确分类处理等特点。对它们的性能和质量，购物者都很熟悉，只需要对价格进行比较，购买前的试用并不重要，采购时更无需亲临商场做实地了解。

（3）信誉度高

信誉度高可回避网络的劣势，降低顾客的购买风险。令人信任的品牌尤为重要。随着上网的商家数目增多，如何使某一商家脱颖而出，成为网络购物者的最爱，将依赖于它的信誉。信誉高的产品可稳固地抓住消费者的心理，打消疑虑。消费者可能不需要比较，就会轻点鼠标，顾客购买的频度会不断攀升。针对网络营销的特征及目前消费者的特性，建立良好信誉度的首要条件是，必须向消费者提供完美的产品与优质的服务。

4. 具有可利用网络效益优势的可行性条件

网络营销的优势之一是可以降低交易成本，提高交易效益，这一点对企业来说尤为重要。但决定交易成本大小的因素有两个方面，一是产品本身的成本，二是交易过程的成本。网络营销只是商业中介，只能对交易过程中的成本产生影响。如果产品本身的成本很高，网络的降价优势再强，也不可能发挥出来。这就决定了产品要利用网络效益优势，自己也必须具备一定条件，即自身成本较低，毛利较高，可为网络降低在线交易成本提供较大的空间。毛利较高的产品具有降价余地大的特点，利用广告、优惠和折扣等促销方式可以调动消费者的积极性。但必须指出的是这里的产品可降价幅度是指大于产品上网成本的幅度，达不到这一幅度的降价是毫无意义的。

> 今天，在互联网上销售最为成功的正是可以实现高度数字化的书籍、音乐、影视和金融服务。这些数字化产品可以通过互联网直接向用户传输，而不必借助传统的物理通道和介质。从顾客选择和比较的角度来说，通过互联网，顾客可以更方便地搜索、试读、试听、试看以决定产品是否符合自己的需要。对于大型的、技术密集的产品，互联网所能承担的交易职能就相当有限，一般只是起一些交易前的辅助作用，如要盘、询价等，实质性的谈判、签约还需要交易双方面对面的谈判，交货则更是要与物流系统配合。

4.2　消费者网络购买分析

消费者市场是为满足自身及家庭成员的生活需要的购买者的集合。它是一个最终市场，产品一旦被购买即退出再生产。网络营销中的消费群体类型在改变，由这样一群人作为基础构成的网络市场也在改变。因此，网络营销在解决了一系列安全、认证、支付等技术问题之后，现在的问题是如何充分利用网络的特性以制定有效的营销策略。

4.2.1　消费者网络购买的特点

由于电子商务的出现，消费观念、消费方式和消费者的地位正在发生着重要的变化，电子商务的发展促进了消费者主权地位的提高；网络营销系统巨大的信息处理能力，为消费者挑选产品提供了前所未有的选择空间，使消费者的购买行为更加理性化。

1. 消费者网络购买的需求特点

（1）需求结构的层进性

在网络消费的开始阶段，消费者偏重于精神产品的消费；到了网络消费的成熟阶段，在消费者对网络消费规律和操作有了一定的了解、对网络购物产生了一定的信任感后，消费者才会从侧重于精神消费品的购买转向日用消费品的购买。

正因为如此，目前无论是以销售各类产品为直接目的的商业网站还是其他各类非商业性网站都不约而同地将网络游戏、短信、BBS 等精神类消费作为推动网站各项业务发展的基础。

（2）需求内容的个性化

消费内容上，消费者开始制定自己的消费准则，个性化消费成为消费主流，大众化消费日渐失势。一方面是社会的发展，网络技术的应用，消费品市场变得越来越丰富，产品设计多样化，消费者进行产品选择的范围开始全球化，另一方面目前的网络购买者多以年轻、高学历顾客为主，具有独立的见解和想法，对自己的判断能力也比较自负，对产品的要求也越来越独特，在接受产品或服务时的“非从众”心理日益增强。内外因素的驱动使得个性消费成为网络消费最明显的特征。

（3）需求目标的多样性

在需求的价值目标上，对购物结果的关注与购物过程的关注并存。网络消费者不仅仅关注得到怎样的产品，而且关注如何得到这一产品，购物乐趣成为购买的一部分。消费者的网络购买行为除了目标导向型购买以外，体验购买也是最主要的一种购买行为。例如消费者可以充分感受购物的快捷性、方便性，体验网络技术带来的生活改变。

网络消费通常是在由互联网技术所构成的虚拟购物空间或消费网页中进行的。这是一种非常感性化的情境，是一个具有新质的消费氛围，也是一种体验性很强的消费场所，人们使用的语言和广告形式都有别于一般的现实市场消费行动，因此消费者的购买不再仅仅局限于产品本身，网络的情境特点使得消费者对于购物体验的关注成分加大，这也使得消费者极易受到感染和交互性影响。

2. 消费者网络购买的动机特点

动机是指推动人进行活动的内部原动力，即激励人们行为的原因。人们的消费需要都是由购买动机引起的。消费者的网络购买动机，是指在网络购买活动中，能使网络消费者产生购买行为的某些内在的动力。

消费者的网络购买动机基本上可以分为两大类：需求动机和心理动机。

（1）网络购买的需求动机

消费者的网络购买需求动机是指由需求而引起的购买动机。要研究消费者的购买行为，首先必须要研究网络消费者的需求动机。马斯洛把人的需要划分为五个层次，即生理的需要、安全的需要、社会的需要、尊重的需要和自我实现的需要。需求理论对网络需求层次的分析，具有重要的指导作用。而网络技术的发展，使现在的市场变成了网络虚拟市场，但虚拟社会与现实社会毕竟有很大的差别，在虚拟社会中人们希望满足以下三个方面的基本需要。

- 兴趣的驱动。互联网作为一种生存方式的科技进展引发了许多人的探究兴趣，这种兴趣的产生，主要出自于两种内在驱动。一是内在的探索驱动力。蕴藏丰富的网络包容了各种各样的知识与信息，人们出于好奇的心理，驱动自己沿着网络提供的线索不断地向下查询，希望能够找出符合自己预想的结果，有时甚至到了不能自拔的境地。二是内在的成功驱动力。当人们在网络上找到自己需求的资料、软件、游戏，自然产生一种成功的满足感。这种源于探索与成功的兴趣会使消费者不由自主地选择网络这一媒介。
- 聚集的需要。人是社会的动物，从本质上来说，人们都有参与社会集体活动的需求。由于现代生活节奏的加快，人们很难找出共同的闲暇时间来进行集体活动。虚拟社会提供了具有相似经历的人们聚集的机会，这种聚集不受时间和空间的限制，给孤独的人提供了交友聊天的便利，如聊天室、游戏室等，并以此形成富有意义的个人关系。此外，通过网络聚集起来的群体是一个极为民主的群体。在这样一个群体中，所有成员都是平等的，每个成员都有独立发表自己意见的权利，使得在现实社会中经常处于紧张状态的人们在虚拟社会中寻求到解脱。
- 交流的需要。聚集起来的网民，自然产生一种交流的需求。随着这种信息交流频率的增加，交流的范围也在不断地扩大，从而产生示范效应，带动对某些种类的产品和服务有相同兴趣的成员聚集在一起，形成产品信息交易的网络，即网络产品交易市场。这不仅是一个虚拟社会而且是高一级的虚拟社会。在这个虚拟社会中，参加者大都是有目的，所谈论的问题集中在产品质量的好坏、价格的高低、库存量的多少、新产品的种类等。他们所交流的是买卖的信息和经验，以便最大限度地占领市场，降低生产成本，提高劳动生产率。也就是说交流需要，可以分为两类：一类并不涉及经济利益，纯属沟通的需要；另一类则是希冀通过沟通，能获得某些经济利益。

（2）网络购买者的心理动机

消费者的网络购买心理动机是由于人们的认识、感情、意志等心理过程而引起的购买动机。网络消费者购买行为的心理动机主要体现在理智动机、感情动机和惠顾动机三个方面。

- 理智动机。这时购买动机是建立在人们对于在线商店推销的产品的客观认识基础之上的。众多网络购物者大多是中青年，具有较高的分析判断能力。他们的购买动机是在反复比较各个在线商店的产品之后才做出的，对所要购买的产品的特点、性能和使用方法，早已心中有数。理智购买动机具有客观性、周密性和控制性的特点。在理智购买动机驱使下的网络消费购买动机，首先注意的是产品的先进性、科学性和质量高低，其次才注意产品的经济性。这种购买动机的形成，基本上受控于理智，而较少受到外界气氛的影响。
- 感情动机。感情动机是由于人的情绪和感情所引起的购买动机。这种购买动机还可以分为两种形态。一种是低级形态的感情购买动机，它是由于喜欢、满意、快乐、好奇而引起的，一般具有冲动性、不稳定性的特点。还有一种是高级形态的感情购买动机，它是由于人们的道德感、美感、群体感所起的，具有较大的稳定性、深刻性的特点。而且，由于在线商店提供异地买卖送货的业务，大大促进了高级形态的感情购买动机的形成。
- 惠顾动机。这是基于理智经验和感情之上的，对特定的网站、图标广告、产品产生特殊的信任与偏好而重复地、习惯性地前往访问并购买的一种动机。惠顾动机的形成，经历了人的意志过程。从它的产生来说，或者是由于搜索引擎的便利、图标广告的醒目、站点内容的吸引；或者是由于某一驰名商标具有相当的地位和权威性；或者是因为产品质量在网络消费者心目树立了可靠的信誉。这样，网络消费者在为自己做出购买决策时，心目中首先确立了购买目标，并在各次购买活动中克服和排除其他的同类水平产品的吸引和干扰，按照事先购买计划行动。具有惠顾动机的网络消费者，往往是某一站点的忠实浏览者。他们不仅自己经常光顾这一站点，而且对众多网民也具有较大的宣传和影响功能，甚至在企业的产品或服务一时出现某种过失的时候，也能予以谅解。

3. 消费者网络购买的行为特点

（1）行为结构的理智性

网络营销系统巨大的信息处理能力，为消费者挑选产品提供了前所未有的选择空间，消费者会利用在网上得到的信息对产品进行反复比较，以决定是否购买。消费者对铺天盖地的广告具有相当的抵抗力，对枯燥乏味的数据情有独钟，选择产品的理性化成分加大。

（2）接受方式的主动性

接受方式上，消费者不再满足于被动地接受企业的诱导和操纵，而是主动通过各种可能的渠道获取与产品有关的信息并进行分析和比较，主动参与产品的设计与制造。消费主动性的增强来源于现代社会不确定性的增加和人类需求心理稳定和平衡的欲望。在社会化分工日益细化和专业化的趋势下，消费者对消费的风险感随着选择的增多而上升。在许多大额或高档的消费中，消费者主动搜寻、分析、比较各种信息，或许这种分析、比较不是很充分和合理，但消费者能以从中得到的心理平衡来减轻风险感或减少购买后产生的后悔感，增加对产品的信任程度和心理上的满足感。此外，网络技术的应用，个性消费的回归，使得消费者可以直接向生产者表达自己的消费需求，直接参与产品的设计、制造和流通中来，减少了市场的不确定性。

除了以上与传统消费者购买行为相比具有的特点以外，作为一种个人购买，消费者网络购买仍然具有非专家性、非盈利性和购买的分散性。

4.2.2 消费者网络购买的过程分析

消费者网络购买是指消费者为完成购物或与之有关的任务而在网上虚拟的购物环境中浏览、搜索相关产品信息，从而为购买决策提供所需要的必要信息，并实现决策的购买过程。电子商务的热潮使网上购物作为一种崭新的个人消费模式，日益受到人们的关注。消费者的购买决策过程，是消费者需求、购买动机、购买活动和购后使用感受的综合与统一。

网络消费的购买过程可分为五个阶段，如图4.4所示。

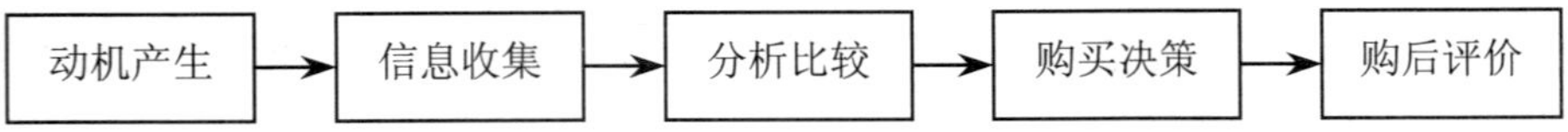

图 4.4　消费者网络购买过程

1. 动机产生

动机产生是消费者购买决策过程的起点。当消费者在现实生活中感觉或意识到实际与其企求之间有一定差距，并产生了要弥补这一差距的要求后，购买过程便开始了。

在网络环境下，消费者的购买需求特点以及购买动机特点在4.2.1节已有论述，如聚集、交流的需要使得消费者互相影响的范围不断扩大，任何消费者都可以成为一种新需求的最初倡导者，消费者主动表达自己对产品的欲望等。

从需求诱发的角度而言，特别是对于非目标导向型购买的消费群体，在网络环境下，需求诱发的动机只局限于视觉和听觉。文字的表述、图片的设计、声音的配置是网络营销诱发消费者购买的直接动因。而在传统模式下，诱发需求的动因很多，包含内外部的多种刺激，如口渴引发对饮料的需求，受同事影响产生对美容产品的需求等。

2. 信息收集

（1）信息收集模式

收集信息的渠道主要有两个方面：内部渠道和外部渠道。消费者首先在自己的记忆中搜寻可能与所需产品相关的知识经验，如果没有足够的信息用于决策，他便要到外部环境中去寻找与此相关的信息。根据消费者对信息需求的范围和对需求信息的努力程度不同，可分为以下三种模式。

- 广泛的问题解决模式。消费者尚未建立评判特定产品或特定品牌的标准，也不存在对特定产品或品牌的购买倾向，而是很广泛地收集某种产品的信息。处于这个层次的消费者，可能是因为好奇、消遣或其他原因而关注自己感兴趣的产品。这个过程收集的信息会为以后的购买决策提供经验。
- 有限问题的解决模式。处于有限问题解决模式的消费者，已建立了对特定产品的评判标准，但尚未建立对特定品牌的倾向。这时，消费者有针对性地收集信息。这个层次的信息收集，才能真正而直接地影响消费者的购买决策。
- 常规问题的解决模式。在这种模式中，消费者对将来购买的产品或品牌已有足够的经验和特定的购买倾向，它的购买决策需要的信息较少。

网络环境下，无论是何种信息收集模式，均表现出以下特点：信息收集的主动性增强，参与度加大，顾客可以主动、迅速并按自己要求展示合意的营销信息；信息收集量大，网络技术的应用使得消费者的信息接触、了解渠道有了很大的扩张，消费者可以对关注的信息通过互联网跟踪查询，增进消费者对信息的理解和评判；信息收集的成本低，在互联网上搜寻信息的成本也比直接从其他渠道获取信息的成本低得多。

（2）互联网的信息利用率

互联网上信息种类繁多，递增迅速。作为信息提供的载体，互联网本身对消费者信息利用的程度也会产生影响。

例如，信息提供过多以及获取的简易性，可能导致信息过载和决策质量的下降。再如，花哨的图像和动画可能导致消费者过分使用某个产品的此类信息，从而由于互联网的交互性影响到消费者决策使用的信息。

另外，网络环境下的创新性会在购买决策中影响信息的使用。例如，消费者可能把网络环境的评价融入到对产品的评价中。网络环境作为一种边缘暗示影响了消费者对产品能力的理解和评价，尽管两者并无关联性。在表 4.1 中列出了互联网环境对信息使用率的影响。

表 4.1　互联网环境对信息使用率的影响

互联网对信息处理的影响程度	描　述	影响的主要方面	理论问题举例	可能的结果及行为
最　小	互联网提供信息，但并不影响信息的形式和内容	决策中能够获得和使用的信息	信息过载，信息获取和使用的决策过程	尽管主观感觉决策质量上升，客观决策质量下降、沮丧，对主要属性的了解减少
中　等	互联网影响信息显示的形式和内容	在决策中信息表示的格式	信息显示的调整，信息评价（使用的直觉性）	忽略下载时间太长的信息，形成对产品种类不正确的认识
广　泛	互联网独立于形式和内容作为一个有说服力的特性影响信息处理	在决策中获得并使用信息的内容	态度和说服力（例如不相关的暗示，主观标准）	注意力集中在生动但不相关的暗示上，对信息理解下降，同伴压力和影响导致不正确的信息理解

资料来源：Consumer Behavior and Unresolved Regulatory Issues in Electronic Marketing by Don L. Cook and Eloise Coupey

3. 分析比较

消费者的非专家性会让消费者在购买产品之前无从下手，但在网络环境下，网络提供的大量信息和比较工具使得消费者的分析比较轻松可行了。消费者只要面对计算机屏幕，按动几下鼠标就可以轻松得到自己需要的资料，并利用各种网络工具、比较模型来帮助自己完成分析比较的工作。表4.2列出了一些方便消费者搜索、比较的工具。

表4.2 方便顾客搜索、比较的常用工具

工具类型	功　能	举例说明
搜索引擎	利用关键字搜索网站的软件	Altavista
比较网站	使用产品与服务特征和价格进行比较的网站	Compare Net 列出产品信息和价格
购物机器人	代表顾客在网上购物并为找到的产品试定最好的软件	Lycos
职能代理	找出价格和特征，为了购买进行价格谈判的软件	Kasbsh 可以在价格的基础上谈判

网上的这种分析比较优势使得消费者可以不受限于权威观点的影响，能够亲自筛选资讯，凭借独立的判断力来分析资讯。

4. 购买决策

网络消费者在完成对产品的比较分析之后，便进入到购买决策阶段。与传统的购买方式相比，网络购买者在购买决策时主要有三个方面的特点。首先，网络购买者理智动机所占比重较大，而感情动机的比重较小。其次，网络购物不需要面对面交流，在购物过程中避免了购物环境的影响和销售人员的干扰，不会发生“决策摇摆”的现象。最后，网上购物的决策行为与传统购买决策相比速度要快。

网络消费者在决策购买某种产品时，一般要具备三个条件：第一，对企业有信任感；第二，对支付有安全感；第三，对产品有好感。

在网络购买决策中，买方可以通过网上支付的方式付款，卖方则以邮递或送货上门的方式将产品配送给顾客，因此与传统支付手段相比，其方便性大大增强，但对于安全认证体系的要求则越来越高。

5. 购后评价

在顾客与商家的动态发展过程中，售后阶段最容易产生争端，而每一次交涉都是一场游戏：要么是顾客，要么是商家，赢家只有一个。在传统售后阶段，由于信息通道的不畅通，后勤混乱，双方言行态度都会影响到顾客的满意程度。

网络环境下，互联网双向互动的沟通方式、快捷方便的反馈手段，使以上问题得到妥善解决。网络的这种特性使得顾客的反馈率明显提升，顾客可以随时反映意见、提出建议，以期得到卖方的技术支持与服务。消费者同企业保持联系的积极性和主动性大大提高。此外，网络空间中信息传递的速度与广度是传统购物环境下无法衡量的，也使得如果消费者的意见不能及时、妥善处理，消费者的不满较之传统购买会大大加强，并且会通过网络大范围地宣泄出来，影响其他消费者的购买决策。

4.2.3　消费者网络购买行为类型

为了更好把握消费者网络购买行为，可以根据消费者的购买准备状态和个性化差异，将其购买行为分为四种类型，如图4.5所示。

需求个性化 \ 购买准备状态	强	弱
强	确定型	偏好型
弱	习惯型	简单型

图4.5　消费者网络购买行为类型

消费者购买准备状态是指消费者在购买之前是否明确购买目标，对于产品、品牌、价格、型号、款式等是否具有比较明确的要求，已经形成自己的购买准则。高购买准备状态的消费者具有明确的目的导向，比较容易毫不犹豫地购买产品，而低购买准备状态的消费者常常抱着"逛"的态度或者体验的目的，没有明确的购买目标，也没有迫切的购买任务，需要实时的营销刺激。

互联网的介入引发消费者个性化需求的真正实现。一方面是互联网降低了一对一服务成本，有助于企业满足消费者个性化需求；另一方面互联网的巨大影响力在加剧消费趋同的同时，也使得消费者潜在的个性化需求得到了复苏，消费趋同与个性同时受到互联网的影响。

1．确定型购买

确定型购买发生在消费者"刚性"选购、个性化需求较强的场合，即消费者所选购的产品属性、服务要求等在购买前已经比较明确，不会在购买过程中轻易做出临时性改变，消费者实际购买结果（功能、款式、型号等）不会和购买前所设想的情况产生较大的偏差。消费者对此类产品的购买主要是追求产品功能上的实用性。消费者大多为某种产品的爱好者或发烧友。

确定型购买一定是在消费者对所购产品的技术指标、相关的技术规格、性能、使用目的、个性需求、服务要求等都十分明确的基础上进行的，这种明确是对产品"内容"——功能的明确。消费者对产品的信息十分热衷，信息的收集是作为一种爱好而日常积累完成的，每个消费者都可能是此种产品的"准专家"，对网上信息有很强的判断和识别能力，价格、品牌的影响很弱，更注重的是个性化效果以及在探索产品过程中所获得的成就感和内在动力。从购买后的反应看消费者希望争取他人的支持，引起他人的赞赏，证明自己购买的正确性。确定型购买具有很强的延续性，随着产品技术的发展，消费者会再次进行购买、定制。通常所说的定制生产是在消费者刚性选购基础上的生产者的积极参与，是确定型购买的延伸。

一般而言，适合在线销售的"发烧友"或爱好者所追求的功能实用性产品都可以是确定型的购买对象，但定制生产作为比较成熟的确定型购买行为，定制的对象主要有两类。

一类是技术含量高、价值高的大型产品，如汽车、住宅、电脑等。这些复杂的大型产品是多个部件和多种功能的集合体，通常产品要么功能不足，要么功能过剩，标准化和大规模生产所带来的成本降低被功能剩余所抵消。通过定制，虽然增加了制造成本，但满足了消费者个性化需求，大大消减非必需功能，从而获得更个性化、更经济的产品。

另一类是网络的互补品或衍生物，多为技术含量高的计算机软件或信息产品。此类产品首先存在定制的可能性和必要性。产品更新换代快，内容可以数字化，定制的技术可以得到保证，利用互联网信息低成本、高效率，以及多媒体效果可以为每个顾客传递独特的个性化服务。

由于确定型购买多为“专家型购买”，品牌作用不明显，消费者更注重性价比，具有组织市场购买相似的特点。因此企业在营销过程中应以产品为导向，以设计制造和工艺技术为重点，注重信息发布的及时准确性，强调技术数据，促销活动应注意选择，抓重点用户，强调交易的及时准确，售后还应与购买者进行多方联系，及时提供最新资讯，确保消费者满意。

2. 偏好型购买

偏好型购买发生在消费者认为产品能为自己提供特别利益，个性化需求较高但需求表述模糊的场合。消费者对所购产品有其特殊偏好，但这种偏好更多的是一种主观、抽象的成分，是一种风格、情调、非理性的特质，因此在需求的表述上不能明确，外界情境的影响就十分显著，购买决策容易做出临时改变。这种行为所对应的产品多为技术含量不高的个性化、象征性较强的产品，如服装、首饰、家具、办公用品等。虽然产品的技术含量不高，但他直接影响到一个人的形象、气质、个性，而这又可以是一个在社会竞争中获得成功的要素或标志。为了获得保持这种特殊利益，消费者愿意为此付出较高的代价。

消费者购买这种产品主要是追求心理满足、体现个性与改善形象，对相关信息的关注与收集是长期进行的，在购买过程中消费者对产品和品牌的选择尤为注重。由于消费者需求表述比较弱，因此在购买过程中为追求某种效果或某种特殊利益消费者通常反复改变决策，但一旦确定，就不计价格不加选择，以得到为快，并且个性化、形象化产品的购买需求可以使消费者产生比较一致或持续的购买反应。

偏好型产品的特点决定了消费者完全在网上进行产品购买是不可能的，只能是以传统的高卷入行为所形成的习惯为依据在网上进行同种产品的再次购买。消费者虽然打算重复购买同种产品，但会对产品的相关属性如（颜色、面料、尺寸等方面）进行修订，以展现自己独特的需求，获得特殊利益。

偏好型购买过程中虽然消费者购前准备状态较弱，企业很难通过互联网对消费者现场决策施加影响，但企业仍可以通过互联网进行营销。事实上互联网更容易表现风格、情调等非理性特质，其宣传更优于传统媒介。另外企业可以把特定风格、情调固定在品牌上，用品牌进行模糊表述，形成品牌偏好，这时企业就通过互联网既可以营销也可以实现销售。

3. 习惯型购买

习惯型购买主要发生在消费者购前准备状态较强但个性化要求较弱的产品购买过程中。一般而言，消费者购买这类产品是以传统购买习惯为依据的，是传统购买行为在网上的延伸，也可以是多次购买后形成的常规购买反应。产品的网上购买主要是追求购买过程的简化，消费者在网上不需要做太多的选择，耗费太多的时间与精力，网上购买过程比较简单，但注重网上商店的信誉、交易方式，以及货物的收付情况，品牌、价格的影响要大一些。

习惯型购买对象主要有以下几个方面。

购买过程标准化的产品。购买过程标准化不在于购买过程是否复杂，在于购买过程是否规范，如网上的订票业务。

搜寻成本高、购买过程复杂的产品，如比较偏冷专业的书籍、价值较高的新发明、新创意的产品等。

普通消费者购买电视机、冰箱、手机等产品技术含量相对较高的耐用消费品。消费者对这些产品的性能并没有什么特殊的要求，但消费者毕竟对产品的许多技术细节不尽了解，对产品品牌依赖性较大。但随着产品逐步成熟，消费者对它们也越来越熟悉，这种习惯型购买会逐步减少，购买行为已转化为“有限地解决问题”，趋向于确定型甚至定制。

企业对习惯型购买对象的营销策略应注重产品品牌和网站品牌的构建，简化交易过程，特别强调交易的安全快捷和及时准确性，完善售后服务，在网站宣传上可以投入感情色彩。

4. 简单型购买

简单型购买的产品大多是食品、音像制品等简单的价格不高的产品或者是标准化程度较高的产品。这类产品品种多样，产品质量的衡量标准比较单一客观，基本上属于同质市场，消费者没有必要也不轻易要求产品的个性化。消费者会经常变换产品或品牌，形不成对产品品牌的忠诚度，购前也不会认真地、主动地收集信息进行分析筛选，而以点击方便性、支付便利性作为首要条件。

基于消费者对此类产品的购买多为临时产生的冲动型购买，企业可以运用适当的价格策略和丰富的促销策略，有效吸引消费者购买，但必须十分注重链接速度、点击的方便性，以及支付的安全便利性。

4.2.4　针对消费者网络购买的营销

英特尔总裁格罗夫说：“整个世界将会展开争夺眼球的战役，谁能吸引更多的注意力，谁就能成为 21 世纪的主宰。”针对消费者的网络购买行为，网络营销应当具有以下特征。

1. 提供比较服务

网上信息大量而又具体，消费者无法评价他们在网站上碰到的不断增加的大量的不知名的品牌利益或质量。因此企业需要依据顾客的要求自动、适时地通过网络提供比较服务，努力建立识别系统、分析模型，以及比较网站。比较服务的提供一方面为顾客提供了安全和服务，另一方面，消费者可以从中获得心理上的平衡，降低风险感，以及购买后产生后悔感的可能性，增加了对产品的信任和心理上的满足感。尽管这些分析也许不够充分、准确和专业化。企业却可以凭此来获得消费者的注意力。

当众多商家逐渐建立起这种服务以后，谁的比较模型科学、专业，谁的比较工具先进、全面，谁就能在吸引消费者的过程中抢得先机，得到消费者的认同。在网络环境下，消费者必将充分利用各种分析工具，更理智地进行决策购买。

2. 直接沟通和及时反馈

传统沟通方式的缺点（如实时性差、沟通范围有限、缺乏互动性……）在网络时代并不明显。互联网的特性使双方的沟通更为互动直接。企业在网上发布信息，提供概念和其他要素；消费者可以直接向公司表达他们的愿望与要求，以此作为对企业营销活动沟通的及时反映；营销人员可以直接根据顾客的个性化需求来强化顾客的个人兴趣以及介入其产品的程度。通过对顾客的在线帮助以及反馈的信息收集，网站一方面可以及时解决用户的意见，帮助顾客从产品或网站上获得额外价值，赢得归属感。同时网站也从中获得了大量有用的市场信息，可用来作为今后市场分析与预测的依据。

3. 消费者教育不再是空话

对于传统的消费者而言，其购买具有可诱导性。这意味着消费者教育对于消费者市场的重要性。但是消费者教育又是一件非常困难甚至可能是为他人做嫁衣的事。然而对网上购物的消费者而言，由于信息的完善，消费者教育不再是一句空话。企业在网上开设网上培训、网上讲座、消费论坛、建立网上虚拟展厅等一系列措施，使消费者如身临其境般对产品的各个方面有了较为全面的了解，满足了消费者的信息需求，使对消费者教育成为可能。很多大公司网站都设有产品知识栏目，对消费者进行生活常识、产品维修等方面知识的教育，图4.6给出了安利公司和海尔集团关于产品知识的栏目页面。

图4.6 大公司关于产品知识的教育页面

4. 提供多个入口

网络的快捷方便使消费者再无等待的耐心。对所要查寻的内容，他们“惜时如金”，总是抱有希望“一步到位”的心理。如果搜索的路径繁琐、连接和传输速度不如人意，他们就会离开站点。而解决的惟一办法就是提供多个入口。通过链接交换程序，使网站与一些著名的行业网站、门户网站、利益相关的网站建立紧密的联系，使消费者可以从别人的站点轻易进入，免去每次都要键入网址的麻烦。企业不仅要在 ISP 或网址搜索工具中留下地址，而且还要以一定的技巧使自己的站点在搜索结果中名列前茅。据统计，网民通过其他网站链接而得知新网站的比例高达 52.9%。一个高质量的链接相当于一个网站的推荐，可以增加访问者对网站的可信度。对于友情链接一类的网络营销方式而言，更为重要的意义在于业界的认知和认可。多个入口就多了浏览、购买的机会，营销者可以借此来降低顾客进入的障碍。

5. 拥有消费者数据库

网络技术使访问网站的人在购买前提供有关他们的产品需求和愿望信息。网站鼓励访问者注册，甚至有些网站要求注册。注册的表格中一般有姓名、职业、电子邮件等。通过这类表格的填写，营销者能够形成用户轮廓，做到目标市场的彻底细化，进而强化营销活动。例如，可以根据对顾客购买过程的实时跟踪，记录下每个顾客对某种新产品的偏好、购买的模式……适时向消费者提供相关产品的信息，提醒顾客对某个问题或环节的注意，维护及提升消费者对网站的忠诚。通过网站，营销人员得到了单个顾客的情况，能够将营销组合更准确地瞄准兴趣较窄的顾客，可以实现以数据库为基础的一对一营销。满足顾客个性化需求，同时还可以对顾客关系形成有效的管理。

明确的目标市场，完善的顾客档案其实是一种特殊的不可模仿的信息资源，对于企业将来的发展具有极大的意义。

4.3 企业网络采购分析

企业的网络采购与消费者网络购买是有一定区别的，并且企业的网络采购近年来发展异常迅速，如何抓住企业网络采购的行为特点，对企业的网络采购行为进行正确的分析，是企业网络营销的重要工作之一。本节重点分析企业网络采购行为。

4.3.1 企业网络采购的特点

1. 企业网络采购市场需求特点

（1）派生性

企业采购对产业用品的需求，归根结底是从消费者对消费品的需求引伸出来的，是由业主对盈利的追求而产生的，即企业购买产品的目的并不在于购买产品本身，而是为了对产品进行再加工后以满足消费者需求而获得盈利。需求的派生性规定了只要产品的最终需求不变，构成品的价格波动就很难对构成品的需求产生重大的影响，即企业市场的需求取决于最终产品的需求。

（2）复合性

生产任何一种产品，即使是一件非常简单的产品，也同时需要多种原料和零部件，而且原料和零部件之间有严格的比例关系，不能任意更换。

（3）波动大

产业市场的需求是波动的需求，产业购买者对于产业用品和劳务的需求比消费者的需求更容易发生变化。在现代市场经济条件下，工厂设备等资本货物的行情波动会加速原料的行情波动。产业市场的需求是“派生需求”。消费者需求的少量增加能导致产业购买者需求的大大增加。这种必然性，西方经济学者称之为加速理论。有时消费者需求只增减10%，就能使下期产业购买者需求出现200%的增减。

2. 企业网络采购市场行为特点

（1）集体性

企业采购工作较复杂，决策过程更为规范，企业采购决策受多人的影响，通常由生产部门、财务部门、技术部门、供应部门和最高管理层共同作用于采购工作，各部门在其间发挥着不同作用。其中最为关键的一点是执行者与受益者是不一致的，这是企业市场上的不正当行为的根源所在。

当企业把商务活动搬上网络以后，其交易的特征必将带有网络的烙印，受到网络本身特性的影响。因此也就决定了在网上交易不能贯穿整个交易过程。其交易特征主要表现在网络的辅助性方面。

（2）辅助性

对于消费者网络购买而言，消费者可以直接在网上选购产品、支付款项、完成对产品的直接购买，这至少在技术上是可能的。但对于企业而言，在交易过程中网络目前还只能作为一种辅助性的工具。

在网络形成的“虚拟社会”中，一套维持秩序的游戏规则尚未建立起来，传统的法律规则因为一系列障碍的存在而不再适用于规范人们的网上交易契约行为。主要障碍有以下几种。

- 电子合同、电子发票、电子签名、电子凭证等的合法性问题。
- 网络环境下法律纠纷处理的问题。如双方合法权的问题、电子数据的证据效力问题、知识产权的保护问题等。
- 此外，网络安全问题、认证问题、电子支付问题等一系列技术上的不完善同样制约着企业网上交易的发展。

（3）盈利性

企业网络采购的目的就是通过对采购产品的加工和销售为企业获得利润，即对所购产品的价值判断有一个客观的盈利标准，企业不是根据自身的支付能力，而是根据购买所能带来的利益来确定是否购买和购买什么，其购买更符合经济学家描述的那种“经济人”式的理性购买，具有特别明确的盈利目标。

（4）专家性

由于产业用品特别是主要设备的技术性强，零部件的质量对产品质量产生重大影响，企业通常都雇用经过训练的、内行的专业人员，负责采购工作。因此，企业采购可以从零部件本身的性能、质量来衡量评价零部件对企业的适用性，而不会过分地依赖广告等外部宣传来做出评价。而且这些参与者多是在某方面受过专门训练的专家，并承担着自己所在部门的职责，受组织制定的各种政策、制度的限制和指导。

4.3.2　企业网络采购的过程分析

企业网络采购过程主要由四个阶段组成：确定需求、信息采集、交易谈判、成交执行（见图 4.7）

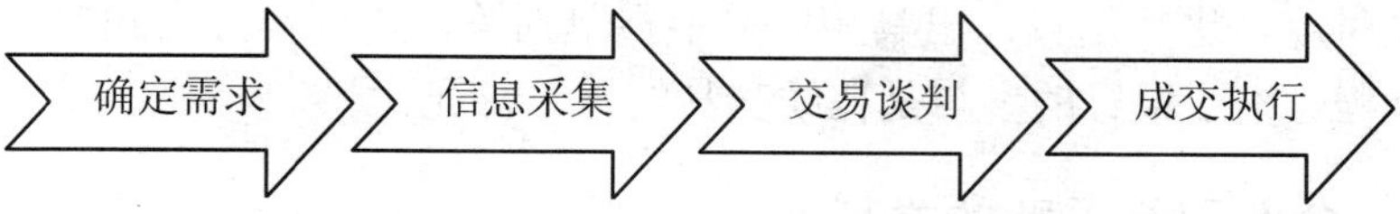

图 4.7　企业网络采购过程

1. 确定需求

当企业在经营中出现的问题可以通过采购某些产品和服务来解决时，采购过程便开始了。企业需要决定所要采购项目的特性与数量。需求的产生可能来自于企业的内部刺激（如新产品原料的采购、机器发生故障需要维修等），也可能是外部刺激所引起的（如看到新广告、接到某位销售代表的电话，可以得到购买优惠等）。

2. 信息采集

当企业对所需要购买的产品数量、型号等因素有了明确需求后，买方将充分利用互联网来寻求自己满意的产品和商家。

传统的寻求供应商的过程是工作人员必须从公司技术资源档案中检索出许多机械零件的设计图，然后拿到复印室去复印，同时向公司的采购部门发出上百份的零件询价申请。接下来再由采购部门重新整理，将招标文件寄给供应商，或参加洽谈会，或咨询商业指导等机构，积极联系，寻求反映。

而在网络环境下，买卖双方将各自的供应和需求信息发布在网上。采购部门可以通过内联网从内部需求部门接受需求申请，并通过互联网向全球供货商发出招标文件。在采购部门发出采购信息的几个小时内，全球厂家就可以用电子邮件、传真或 EDI 的方式收到询价单，并给予相关的答复。买方可以通过虚拟的“交易中心”，根据网上信息，如产品价格、公司实力、资源情况等因素，利用互联网的巨大信息容量，可以在全世界范围内找到提供最好、最大价格折扣的供应商。

一般说来，企业在选择供应商时，通常会特别重视以下因素：交货能力、产品质量和规格、价格、企业信誉及历来履行合同情况、技术和生产能力、维修服务能力、对顾客的态度。

3. 交易谈判

当某位供应商做出明确积极的反映后，买卖双方就会派销售代表对有关的细节进行交易谈判，确定最终的内容，最后签约生效。

在网络环境下，交易谈判和签订合同是指买卖双方利用电子系统对所有交易的细节进行网上谈判，将双方磋商的结果以文件的形式确定下来，以电子文件形式签订贸易合同，明确在交易中的权利、承担的义务、产品的种类、数量、价格、交货时间、运输方式、违约、索赔等所有合同要素，合同条款可由合同双方利用电子数据交换签订。

4. 成交执行

买卖双方根据交易合同履行各自的义务。卖方备货、组货、发货，买方支付货款和验收货物。买卖双方可以通过网络营销服务器跟踪发出的货物。银行和金融机构也按照合同，处理双方收付款，进行结算，出具相应的银行单据等，直到卖方收到自己所购产品，完成整个交易过程。电子银行的参与是在线交易的重要特征。

4.3.3 企业网络采购的类型

根据采购行为的新旧程度不同，可以将企业网络采购分为全新采购、变更性采购和固定性采购。三种不同采购类型的买主反映了不同情形：从没有任何已存关系的全新购买到基于长期关系上的固定购买。并且在不同采购类型中，对信息收集、交易谈判和成交执行这三阶段各自强调的重点不同。

在全新采购情形下，信息采集阶段尤为重要，在变更性购买情形下，常常需要注意的是那些变更原先协议的一些谈判。若是在固定性采购下，则无需变动以往的交换协议，可以直接进行交易。表4.3反映了随交换关系额的发展，交换各阶段行为的变化状况。

表4.3 随交换关系额发展，交换各阶段的行为变化

采购阶段	全新采购	变更性采购	固定性采购
信息采集阶段			
交易谈判阶段			
成交执行阶段			

注：阴影部分表示需要额外重视的交换活动。

1. 全新采购

全新采购就是不存在持续长久的买卖双方的关系。在全新采购的情况下，买主必须完成采购过程的所有阶段。首先是收集可能成为供货商的信息。在实物交付给买方以前，必须进行各种有效的谈判。在这种情况下，互联网作为双方之间的一种信息资源，能够使买主完成信息采集的任务。在信息采集阶段，互联网作为一项信息资源，充分显示了其最强大的影响力。卖方可以通过 E-mail 向卖方要求提供信息，也可以从卖方的互联网网站上获取信息，与卖方的网站相连接的旗帜广告也可以提供有关信息。

2. 变更性采购

在一场变更性采购中，互联网的主要效用是作为一项信息交流的资源。它促进了谈判的进行，使得买方和卖方能够针对已存协议的某些方面进行修订。例如互联网的双向互动性使得双方能够进行接近于实时的谈判，以便改变已订购产品的样式、数量、交付期限及交付地点。在这种情况下，互联网使双方能够按规格制作产品订单并使交换过程人格化。

然而，对于变更性采购而言，互联网互动能力的一个方面是卖方需要了解买方的期望，确认这种期望并将它融入到交换过程中，以便达成规格化的产品协议。变更性采购代表交换发展、建立关系的中间阶段。企业顾客可能希望卖方能将以前与他们交换的经验融入到现在和将来的努力中，以巩固他们之间的业务关系。如果能有效利用互联网的技术特性，就能使卖方通过服务器数据和用户数据来追踪并记录买方信息。这种保存关于买方偏好及过去行为信息的能力，能够减少新买卖中相关的交易成本。但是如果在谈判中一定要投入许多精力去向卖方提供本企业的特定需求，则会增加变更成本。

这种由互联网所促进的互动即时的关系，对卖方提出一个新的要求，不仅要在目前的互动关系中识别以前存在的交互活动，同时还要能快速地综合并发展这种互动关系。从此方面讲，互联网的交换类似于商品市场上的个人买卖。

除了在买卖双方所进行的交流之外，通过互联网，在公司内部也会发生某些影响交换各方面规格的交流。例如可以利用企业内部网来获取关于所需产品特性、成本限制及购货准许的相关信息。

3. 固定性采购

对于固定性采购，互联网只是起到一种渠道资源的作用。因为这种交换不需要进行谈判磋商，交换双方能得到必要的交换信息。利用互联网最主要的好处就是作为一种传播的媒介，这种传播可能采取完成一次自动交换的形式，也可能采取影响实物交割的形式，或者是两者兼而有之。

4.3.4　企业网络采购的营销特性

1. 供需信息实时交换

随着国内各地区乃至国际之间紧密联系的加强、市场地域逐渐扩大，以及消费者购买行为复杂化使得企业对营销信息的需求较以往更为强烈。为了有效履行营销职能，成功开展营销活动，企业需要收集大量的信息。而互联网快速、全天候、影响全面的特点改变了信息化的程度。以往仅仅因为所掌握信息的有效和及时而形成竞争力的现象将不复存在，对信息的处理、分析能力的高低才是企业竞争力高低的一种表现。

网络环境下，买卖双方都将自己的公司或产品的最新动态公布在网上，这些信息包括产品需求信息、公司的运营情况、公司内外政策等。供需信息可以在网上一览无余，根本不需要花费很大的精力与时间去寻找。这些信息的及时发布和快速传递加强了双方收集信息的能力，提高了信息的利用率，缩短了企业从收集到投入使用的时间，信息的时效性得到了更大的发挥。即使是企业更新了信息，营销人员也可以在第一时间内及时收集、分析，取得营销的主动权。

此外，网络沟通的交互实时性也迎合了营销信息的双向性（信息传递与反馈）需求，供需双方信息的实时交换和分工协作使得市场营销信息系统更加有效和畅通。

2. 通过虚拟组织加强供需双方的沟通

在网络环境下，企业的经营活动打破了时间和空间的限制，出现了一种虚拟组织。这种虚拟组织是网上企业利用业务关系和新闻组、论坛等工具形成的以企业站点为中心的网络商务社区。通常包括企业站点、目标顾客、供应商、分销商、目标市场，以及其他因素。由于这类社区是由利益驱动的，各个成员都会密切关注社区活动，因此通过创建满足多方利益要求的站点可以加强供需双方的沟通，把这个社区组织得更紧密。

网络商业社区是一个互惠互利的组织，成员都能从参与中获取利益。并且社区的形成可以减少信息交流的成本，形成规模经济效应。对于企业营销的重要意义在于，通过努力创建以企业为中心的网络社区，可以强化社区成员的关系，获取顾客的永远忠诚，提高本身的知名度，使自己成为某个领域的权威信息指南。

3. 人员沟通和网络沟通并重

互联网作为一种全新的沟通手段，它的运用给传统的交易过程带来了一次革命。但并非任何交易都因为有网络的参与就变得方便快捷。网络本身的局限性（如缺乏信任、缺乏安全、缺乏直接交流等）决定了在企业网络营销中人员沟通不可缺少。人员沟通与网络沟通的并重是企业网络交易的重要营销特征。

人员沟通是以一种直接、生动地与顾客相互影响的方式进行的。在沟通过程中，销售人员可以通过直觉和观察来探究顾客的动机与兴趣，从而有的放矢地调整沟通策略。当销售人员与顾客在交易关系的基础上，建立与发展其他各种人际关系时，即产生培植效应时，可以得到顾客更多的理解，有助于交易的顺利进行，完成实际购买。而这一切都是网络沟通所缺乏的。

4. 中间商务环节进一步减少

传统企业进入市场中间环节过多，销售渠道过长，难以打开局面的现象在网络环境下逐渐消失。在网上，企业可以直接洽谈业务，开展商务活动，甚至对顾客进行技术培训和售后服务。同时用户可以直接在网上挑选、购买并通过网络方便地支付款项。一方面减少了流通环节，降低了流通成本。另一方面省去了传统的多层次传播中介，使得信息传播时间大大减少。

与传统的市场交易相比，网上交易使得电脑网络形成的“媒体空间”取代了物理空间，“虚拟市场”取代了传统市场。它帮助企业解决了产销的直接见面，产品的流通环节减少了，中间商务环节的作用正在逐渐弱化。

4.4 政府网络采购分析

政府市场由为执行政府职能而采购或租用产品的政府机构所组成。从广义上看，政府的购买需求包括办公需求和公共事业建设需求。办公需求的购买又可称为操作性投入，主要包括办公用品（如计算机、纸张、家具）、服务（如清洁服务），以及其他（如汽车）。在西方，政府一般没有投资的职能，在我国则不然。这里谈的政府市场也不包括政府投资，那属于产业市场的范畴。因此，政府市场与消费者市场更类似，是一个最终市场而非产业市场。互联网的触角不仅延伸到了人们的日常生活和企业行为中，而且也延伸到了政府部门。本节主要探讨有关政府上网采购的问题。

4.4.1 政府网络采购的特点

政府市场的采购与产业市场有许多共同点，同时也有自己的特点。只有认识并掌握政府市场的一般特点，才能制订出一整套合理的政府市场营销策略。

概括来说，政府采购市场的特点主要有以下几点。

1. 非盈利性

政府组织对产品和服务采购的目的是为特定人员服务的，是为了满足自身运转的需要，因此他们并不像产业采购者那么关心利润，他们更多考虑利润以外的问题。政府购买与产业市场具有特别明确的以盈利为目标的“经济人”式的购买有明显的不同，政府购买具有非盈利性 。

2. 集体性

政府在购买过程中受到多方的影响，有使用者、影响者、决策者、购买者、把关者之分。比如，卫生系统要购买一批医疗器械。政府的主管部门要申请立项，计委审批确定，财政筹集资金、拨款、决策……多个部门参与了购买过程。受益者与执行者的分离，常导致政府市场的购买缺乏理性。

3. 制约性

政府运行机制的监督、约束，使得政府在进行产品或服务的采购时，必须兼顾经济和社会效益。一方面，政府采购是使用公共资金进行采购的，并且作为一种经济行为，在决定购买商品的种类、数量、价格，以及供应商等事项上，要强调经济的合理性。另一方面，作为一种社会活动，政府采购行为要受到政治、道义因素的制约，在专门监督机构以及社会公众的监督之下，要确保其绩效。因此谨慎地执行采购政策并使采购具有高透明度就成为政府采购的基本要求。

4. 公平、公正

政府采购实行网上公开招标制后，充分发挥了社会的监督作用，保证了采购过程的公平交易和资金的有效使用。以前政府采购中出现的“暗箱”操作造成许多不正当竞争的现象；贪污、受贿、损公肥私的腐败现象在公开透明的环境中将无处藏身。各个投标方可以在高透明度的环境下进行公平、公正的竞争。

这种公平、公正不仅是对投标方而言的，而且意味着还民主于百姓，公民的知情权得到了体现。公民只需进入政府网站就可以了解有关的政府动态和相关程序。

5. 充分比较，理性购买

在传统的财政供给的条件下，财政是选购产品的主体，产品的使用者只能被动地接受产品。而在今天政府网上采购，财政只是参与、监督产品的采购过程，采购产品的主体是所购产品合同签署的甲方，对所购产品的性能、质地等技术和物理指标都有深入的了解和专业的知识，容易满足使用者的要求。

同时，由于政府采购受到外界公众的严密关注，采购者背负巨大的公众压力，不得不对所采购的产品进行充分比较、反复的评估，检验产品的质量、性能和企业的信誉、实力，尽可能满足各方要求，减少公众对采购的批评，避免产生不良的后果。

6. 引导性

政府采购的制约性和公开性规定了采购的合理性，从而使其可以成为公众消费的标准，减少了消费者分析、选择的过程，即降低了消费者的购买成本。因此政府采购对团体、个人消费的引导作用是其他组织行为不可比拟的。这种引导性体现在政府的消费行为、消费观念对社会的消费行为和消费观念的直接影响。例如，美国总统座机“空军一号”引发的众多大企业总裁对此座机的购买风潮，新加坡清正、高效的政府形象所引发的公众务实的消费观念，都是这种引导性的直接体现。另外，由于政府采购市场隐藏着巨大的购买力，因此，企业为了抢占市场、获取利润，必然要迎合政府的购买心理、购买行为，及时进行产品及营销策略的调整。从这种意义上说，政府消费间接影响到行业的发展方向及战略调整，具有产业引导的特性。

7. 广泛影响力

政府采购作为一种政府行为，受到公众与媒体的广泛关注，企业与政府交易本身又极具有新闻价值，特别是通过网络的传播，各种相应的舆论必将紧紧相随，争相报道，必然引起社会的巨大反应，甚至产生社会轰动。并且这种影响力是广泛持久的，从而有利于提高企业的知名度，促进消费者发生有利于企业的购买行为。

8. 高度可靠性

这种形象工具传递给公众的高可靠性来源于两个方面。一方面是政府的权威性、公信力，以及本身运行机制的约束使得公众本身认可和信任了政府行为。另一方面是政府与企业的交易行为为公众所知，大多是来自于第三者所进行的有利报道和展示，而这种信息的传播、沟通是以隐蔽、含蓄、不直接触及商业利益的方式进行的。相对于企业本身的直接广告等促销手段而言，这种间接的形象工具消除了购买者的回避、防卫心理，其可信度要比其他营销手段高得多。

4.4.2 政府网络采购的过程与优势

互联网使政府可以优化其采购的过程，在线采购系统就是开发和利用计算机网络系统，使采购活动规范化和程序化，提高采购效率，降低采购的成本，保证采购的顺利进行。

1. 政府网络采购过程

（1）需求提出与汇总

当政府在日常的办公工作中发现某种办公用品短缺或即将短缺时，通常会提出增购某些用品和服务以满足政府的高效运转。

政府采购机构需要对各种短缺的办公用品进行汇总，确定每项用品采购的数量，进行统一的“一揽子”购物活动。美国政府仅每年花费在印刷文件上的成本就达10亿美元，从这个数据我们可以得知政府采购是一个巨大的市场。

（2）发标

首先由财政、监察、审计部门组成领导小组，研究协商具体的方案，然后利用网络技术手段在网上或传统媒体上发布政府采购招标信息和公告，吸引有关供应商参与投标。

一般而言，政府在网上要发布项目说明书、招标意向书，以及相关的表格等电子文件，以便供应商了解项目具体内容及操作方案。

（3）评标

当投标方将要上载的投标文件用投标方、招标方和监督方三方的公钥进行加密，然后提交给招标单位后，评标过程就开始了。

在投标方、招标方和监督方共同开启标书后，由专家评委组成的评标团利用专用局域网数据库直接读取各投标方的投标资料。评标团对于标书中不清楚的问题可以直接在网上或以安全邮件的方式询问投标方，大幅度地节省了投标时间。

投标过程采用了安全邮件和应用身份证认证等技术手段以增强保密性，可以有效地保证标书的原始性和公正性。同时，监察、审计等多个部门也可对整个评标的过程进行全程监督。

（4）签约、执行

评标团通过认真的分析、论证，选定投标方。多数情况下，选择索价最低者，有时也选择那些提供优质产品或具有履约及时，有信誉的供应商。确立有关的细节后，双方签订合同并按照有关合同执行。

2. 政府网络采购优势

政府采购是政府给供应商下订单的经营行为。而网上采购则使对这一过程的控制得到了加强，并且带来了更多的利益。主要有以下几点。

（1）增加透明度

长期以来，我国政府的采购一直具有浓厚的计划体制色彩，缺乏市场运行机制。同时由于市场公开化程度低，成本失控比较严重。主要存在着以下弊端。

- 预算资金使用效益不高，财政基本上无法进行有效的监督职能，盲目购置、重复购置、随意购置现象相当普遍。
- 由于缺乏公开的招标体制，在产品与服务购置的价格谈判中，往往是个人因素起决定作用。腐败现象严重，损害了党和政府的形象。
- 产品采购中不公平交易现象普遍。受地方部门利益机制的驱使，一些地方政策常常强制本地区的支出单位，购买本地产品，基本上不进行价格与质量的比较。

以上弊端出现的根本原因在于没有具体的人格化的代表。政府采购的主体是国家，有关部门则代表了国家，这类似国有企业与国家的关系，出了问题是国家的，与个人无关。而现在，采购过程在网上进行，投标信息、评标结果都被及时发布到网上，确保了采购过程的公开化，提高了政府采购的透明度，有效地预防了采购过程中出现的不公正、不公平、不廉洁的行为。一方面政府采购取得了显著的经济效益，另一方面也促进了政府廉洁建设，维护了党和政府的形象。

（2）节约采购成本

政府采购的独特之处就在于，受到外界公众严密的注视。由于政府支出决策受到公众的评论，采购者受到环境、组织、人际和个人因素的影响，因此在传统的采购过程中，政府要做大量细致的文书工作。这种采购流程繁琐、效率低下、要耗费大量的金钱与时间。

而随着采购工作的透明化，政府可以利用产品交易中心数据库中存储的大量企业信息、产品信息和组织体系，实现“货比百家、千家”，有效地降低了政府的采购成本。并且政府采购的主要管理部门可以有效地对本地各采购部门的项目进行监控，使财政的管理职能从资金分配环节延伸到资金的使用环节。像北京市政府在对 13 辆抢救型救护车进行网上公开招标的过程中，采购成本节约了 32.63%。

（3）节省招标的时间

以往政府采购项目的投标工作需要耗费大量的人、财、物来完成，因此政府在这部分开销很大。实行网上招标后，由于招标和投标过程都是在网上进行的，有效地节省了时间，提高了效率。例如，北京市政府采购办委托市政府采购中心和北京国际招标有限公司，联合使用计算机网络技术对 1692 台（套）医疗器械、办公用品进行网上招标。招标文件的制作由过去的两周缩短为现在的半个工作日，开标时间由 18 个小时减为 1 个小时，这在过去是难以想像的。

（4）政务公开，便于加强沟通

尽管政府各部门都在积极为提高工作效率，实现高质量的运作做大量的工作，但因为种种原因使得政府与公众之间的沟通比较欠缺。政府的办事程序、招投标工作不为社会公众广泛了解，影响了政府形象。政府上网采购以后，公众只需要进入政府网站就可以了解有关的政策法规和办事程序，及时掌握政府最新动态和可公开的政务。由于公众增进了对政府事务的了解，政府作为社会管理主体的角色也得到了加强。

同时，互联网作为互动沟通的媒介，公众可以“倾听”政策事务，提出合理化建议，提高了政府在公众心目中的形象。

4.4.3 政府网络采购的营销特征

1. 注意企业形象的树立

政府采购有许多特点。由于其采购过程受到公众监督，因此他们经常要求供应商提供大量的材料，而供应商对这些额外的书面工作、官僚式的规定，以及不必要的规则，还有一拖再拖的决策和频繁的人员更替会产生不满。对于供应商来说，突破这些繁琐程序的捷径就是树立良好的企业形象。

企业树立良好的形象，进行有效的形象宣传，有利于建立品牌偏好。当一提起企业名称时，公众对它的反映是信任、赞赏的，那么政府就倾向于购买他的产品与服务。因为政府提供给服务对象的产品，其质量如何也同样由它的消费者来最终决定，并且政府的行为能否得到被服务对象的理解和支持是政府机构十分关心的话题。购买良好口碑的产品可以有效避免公众与舆论的压力。

2. 降低成本

政府在购买过程中要受到环境、组织、人际等各个方面因素的制约。政府购买所需的资金是通过税收和财政拨款渠道获得的，是典型的非盈利性组织。但如果购买的成本偏高，特别是在高透明化的网络环境下，政府采购者就会受到来自各方面的非议。在多数情况下，面对供应商的竞价投标，政府会选择索价最低者。

另外，由于政府采购产品的各项特征已经被严格设定，因而产品差异也不是市场营销的可利用因素，甚至广告和人员推销也起不了太大的作用。同时，政府部门在采购政策中已强调了价格的差异，并引导供应商在降低成本方面做出努力。对于企业而言，惟一可以利用的营销手段就是价格。企业在保证质量的同时，适当地降低产品成本是赢得竞争的有力手段。

3. 营销与销售并重

企业将自己的产品销售给政府部门，这个过程不仅仅是销售产品的过程，也是一个对企业有利的公共宣传的营销过程。

由于政府购买受到广泛的关注，企业与政府交易本身就具有新闻价值，可以引起社会对企业的良好反应，甚至产生社会轰动效应。因为这种由第三方进行的企业或产品的有利报道或展示，对于众多消费者而言，其可信度要比企业本身的广告等促销手段高得多。这种隐蔽、含蓄、不直接触及商业利益的方式进行的信息沟通，可以有效地消除购买者的回避、防卫心理。从而有利于提高企业的知名度，促进消费者发生有利于企业的购买行为，并且还不用企业支付宣传费用。政府购买的性质决定了企业可以将本次购买（即公共宣传）同其他促销方式协调起来，取得极大的营销效果。

此外，政府采购项目的获得有助于企业对市场标准的争夺。对于许多产品而言，其技术标准还未明确形成。比如互联网在全球还是个多变的产业，尽管有各种各样的网络协议，但仅仅局限在地区或某一领域。在国内许多网络标准并未确定，企业可以充分利用政府采购的影响力以及自己的品牌效应，并结合到产品上，以争夺市场标准，取得有利的竞争地位。

思考题

1. 产品与交易平台适应性模型由哪些要素构成，并对其要素的内涵进行解释。
2. 消费者网络购买行为可分为哪几类？
3. 企业网络采购的特点是什么？
4. 简述政府网络采购的营销特征。

第 5 章　网络营销调查

市场调研是个很宽泛的概念，它涉及的内容很多，其中包括调查相关的市场信息，对信息进行统计处理、研究分析后，得出调查报告，作为其他管理活动的依据。作为网络营销中的重要一环，如何调查获取有用的信息，对制定网络营销策略非常重要，本章将重点介绍网络营销调查的特点、方法、策略等，而对调查后的研究运用则在其他相关章节中分别介绍，因此本章重在介绍调查，而非调研。

随着互联网的迅速发展，网络普及率的提高，网民数量的增多，网络强大的信息存储与传播功能，以及与调查有关的网络技术的发展，使得利用互联网进行市场调查活动成为可能。越来越多的公司开始利用网络从事市场调查活动。

网络营销调查是利用网络这种新兴的媒体，针对特定的营销环境进行市场调查活动，与传统的市场调查活动相比，网络调查是一种集经济、方便、快速等优点于一体的新型市场调查方法。随着互联网的不断完善，网络调查也将充分发挥其自身的优势，成为市场调查的主要形式之一。

网络市场调查在欧美等互联网发达国家已经是较普遍的形式，鉴于我国互联网用户数量不多，利用互联网实施市场调查应用的领域还有所限制。目前，针对地区 IT 产品性能改进与服务的调查项目、与电子商务用户密切相关的调查项目、IT 客户资料调查项目等比较适合在网上实施调查。因为网络用户在这些调查项目上有代表性，且最合适、最经济快捷。

5.1　网络营销调查的特点与过程

相对于传统的市场调查方法，网络营销调查是一种集经济、方便、快速等优点于一体的新型市场调查方法。

5.1.1　网络营销调查的特点

传统的市场调查活动主要通过原始资料的收集、二手资料的收集等形式来取得市场调查所需的信息。其中原始资料的收集主要有访谈法、观察法、实验法等，这种市场调查方式耗费了大量的人力、物力，即使这样，公司也很难根据不同的消费群体制定合适的问卷。在调查中，消费者始终处于被动地位，难以准确表达自己对产品的想法。在传统的市场调查方式下，一次市场调查活动要经历很长的时间，因此无法适应快速变化的市场。

在互联网上，进行市场调查活动也有两种方法，一种是在网上进行二手资料的收集，可称之为网上间接调查，通过信息容量大、信息更新速度快的网络可以快速得到市场调查所需的二手资料，提高市场调查的时效性；另外一种是利用网络进行原始资料的收集，可称之为网络直接调查，即利用网络进行网上小组访谈、一对一访谈、问卷发放、网民购买行为观察，以及在网上进行实验活动等方式进行原始资料的收集。网上市场调查的实施可以充分利用网络作为信息沟通渠道的开放性、自由性、平等性、广泛性和直接性的特性，使得网上市场调查具有传统市场调查手段和方法所不具备的独特特点和优势。

1. 及时性

网络信息的容量大、信息传播速度快，可以通过网络快速得到二手资料，网上问卷的发布和回收也非常快捷。利用一些电脑软件，网上问卷在回收的同时就可以自动进行数据的汇总、统计和分析。还可以根据问卷的回答情况及时调整问卷的结构和相关内容，提高问卷的有效性。由于网上问卷从设计、发布、访问到回收、整理、分析都可在网上完成，因此可节省整个过程中人、财、物的投入。

2. 便捷性

由于省略了印刷、邮寄和数据录入过程，问卷的制作、发放及数据的回收速度均得以提高，几小时之内便可以完成问卷并统计出调查结果和产生报表，这一点给问卷调查带来了许多的便利。

3. 经济性

对网络调查者而言，只要在网上发布调查问卷，提供相关的信息，无需印刷和邮寄问卷，借助专门的调查人员去进行调查；网络的广域性与普及性，参与人员不受地域和时间的限制，这些大大节省了调查费用；调查过程中最繁重、最关键的信息采集和录入工作，被分散到众多网络用户的终端上完成，可以无人执守和不间断地接受调查表的填写；信息的检验和处理由计算机来完成，无需专门的人员，在调查费用降低的同时，也提高了调查资料统计的准确性，因为不再需要借助人工进行调查数据的录入工作。因此，网络调查的成本要比传统调查的成本低得多。

4. 全程性

随着网上固定样本的出现，调查者能够通过跟踪受访者的态度、行为和时间比例进行纵向调查，使得市场调查活动更加深入。

5. 吸引性

网上调查可以利用网络的特点来吸引更多的人加入，网络的图文及超文本特征可以用来展示产品或介绍服务内容，还可以加入声音，顾客可在网站上随时播放，从而使调查变得更富吸引力，这是一般调查工具所无法比拟的。

6. 交互性

传统的市场调查只能提供固定的问卷，不能充分表达被调查者的意见。而在网络调查中，调查者可以及时修改问卷，并且通过设立电子公告牌、在线讨论、发送电子邮件、召集网上小组访谈等方式，更多地了解顾客的信息，被调查者也可以对公司的产品提出更多的意见或建议，被调查者的参与性被大大增强。

7. 不确定性

在网络上进行市场调查，样本选择的代表性难以控制，许多时候无法知道网络后面的人的真实特征，甚至一人多次填写同一份问卷的事情也时有发生，这会导致网络调查结果可信程度的下降。网络调查的不确定性是需要加以研究和解决的问题。

8. 主观性

由于网上样本的选择比较困难，样本的代表性差，通常需要市场调查人员通过自己的经验来进行样本筛选，因此在调查中不可避免地带有了较多的主观性。当然，随着网络的发展，网民人数的增加，网络调查方法的进一步完善，主观性是可以随之降低的。

5.1.2 网络营销调查的过程

如何利用网络来从事市场调查活动呢？我们先看看网络市场调查的过程，如图5.1所示。

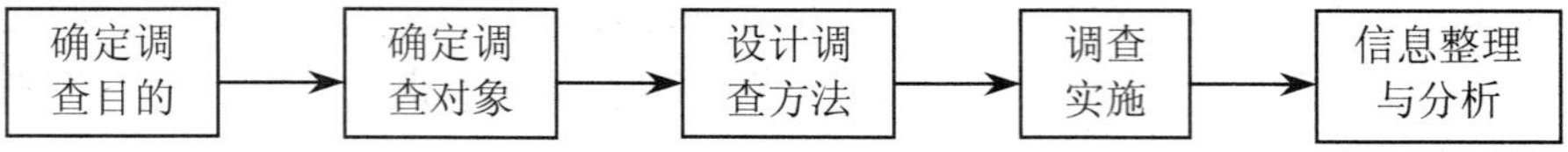

图5.1 网络调查的过程

1. 确定调查目的

与传统市场调查过程相似，网上调查首先要确定调查目的，即调查活动所要达到的目的，调查的目的必须尽可能具体和切实可行。整个调查项目中所投入的时间和资金都是为了实现既定的调查目的。由于现阶段网络调查存在很多制约，因此用它来实施市场调查活动的范围是有限的，下面列举了一些现阶段适合使用网络来实施的市场调查活动。

（1）识别站点的访问者

在互联网上进行市场调查，最基本的一个目的是了解谁是商务站点的访问者以及他们的特征。掌握了这些信息，企业就可以大致勾画出目标顾客群体的整体结构，然后有针对性地开展营销活动。当有人进入网上商店时，企业应该知道此人的一些特征，包括上网者的年龄、性别、收入、偏好等。

（2）客户/员工满意度调查

客户的满意度与忠诚度是衡量公司的产品与服务在客户心中位置的重要指标，它将直接影响公司的发展与利润的获得，对这一指标进行有效地调查、评估和管理，对公司的日常运转与长期策略的制定具有极其重要的指导意义。如果客户的满意度与忠诚度高，将引发持续购买行为，并会向同事与朋友进行推荐。同样，员工的满意度与忠诚度水平的提高，也有利于为公司创造良好的业绩。

通过网络可以方便、快捷、经常地进行客户/员工满意度调查，而且，由于网络的互动性，有些问题还可以在调查的同时就得到解决，这样能够提升公司在客户心目中的形象，并增强公司员工的凝聚力。

（3）新产品测试

在当前这个富于创新的时代，用户无止境地要求及不断更新的消费观念使公司面临十分严峻的竞争环境。为了进一步满足用户的需求，公司需要不断地推出新概念、新产品或者新的服务方式。为了准确了解客户需求，在新产品酝酿中，我们可以利用网络市场调查的方式，对新产品进行宣传与调查，分析产品的优缺点与市场份额。例如，利用网络的高速、交互性，以及多媒体的特点，将汽车的最新款式通过网络展示，并调查用户对性能、颜色等方面的需求，从而决定生产、销售及开发策略。

摩托罗拉与搜狐联手推出了 DigitalDNA 网上促销，该活动历时两个月，是首次网络广告品牌宣传与网络市场调查两种网络商业手段的有机结合。据悉，DigitalDNA 的横幅广告共获得 200 万的印象数，其中有 64000 用户点击该网站，点击率高达 3.2%（一般比率为 2%）；并且有 23000 人填写了问卷，比例高达 36%。此次网络促销活动一方面为摩托罗拉的品牌宣传起到了积极的作用，同时又了解了客户对新产品的意见，可谓一箭双雕，效果显著。

（4）网站价值评价

网站作为一种新的媒体，采用的是“一对一”的传播方式，改变了传统媒体作为大众传播工具“一对多”的传播方式，使得作为新媒体的网站更加吸引人。如何利用网站这一新兴媒体进行市场营销与产品的促销，是广告界与市场研究领域的研究重点。同时，网站价值也是网络广告主投放广告的依据之一，因此有必要对网站的价值进行评估。

网站价值评估的目的与常用的调查方法可参见表 5.1。

表 5.1　网站价值评估的目的与调查方法

目的	调查方法
优化网站以提高客户的满意度	采取随机邀请网站的访问者参与评测，调查涉及网站的内容是否丰富、结构是否合理、访问速度是否足够快、客户经验是否多等
网络广告的投放	由网络广告代理公司对将要进行广告投放的网站进行调查，如果网站的价值高，那么它的点击率和广告量肯定高

（5）全程跟踪客户的购买过程

利用网络服务器和网络集成技术，可以详细记录许多客户信息。例如，客户到了网站之后，先点击什么内容、后点击什么内容、对什么商品感兴趣，以及他的购买过程等。利用网络媒体还可以和客户进行实时的在线沟通，了解他的想法，这种调查在传统的市场调查中实现起来要花费巨大的财力、物力、人力，而通过网络可以较低成本轻易实现。

了解客户的偏好之后，可以通过网络服务器存储的数据向客户推荐符合其要求的商品，并且提供与该商品配套的相关商品。例如，某顾客要购买一套西装，网络数据库可以向他提供与该套西装配套的鞋、领带、衬衫等商品。网络服务器能够记住这个客户的偏好，在客户下次登录这一站点的时候，网络服务器会自动向客户推荐他所喜欢的东西。这种全程跟踪调查的形式，可以深入了解客户，使公司更好地为客户提供满意的商品和服务，也是公司提升自身竞争力的有效方式之一。全程跟踪客户购买过程的示意图如图 5.2 所示。

2. 确定调查对象

为了有效地达到调查目的，要确定合适的调查对象，即调查活动的接受者。调查对象的确定，主要是根据调查目标对调查目的的量化，决定调查对象的母体、样本及抽样方法。一般来说，网络调查的对象可分为以下三类。

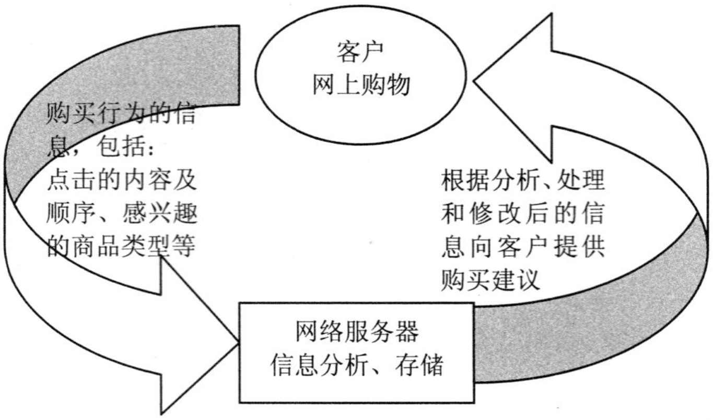

图 5.2　跟踪客户购买过程示意图

（1）公司产品的购买者或者潜在顾客

他们可以通过网上购物的方式来访问公司站点，了解公司产品的功能、价格、售后服务等方面的信息，营销人员可以通过网络来跟踪消费者，了解消费者对产品的意见和建议。对购买者或潜在购买者的网络市场调查是企业获取客户信息的重要途径，也是企业开展客户关系管理的基础工作之一。

对购买者的调查可以采取要求购买者提供基本资料、直接征求意见的方式。而对于潜在购买者，直接询问或要求提供基本资料是不合适的，更好的方式是通过 BBS 等社区形式，引导潜在购买者发表意见，也可以采取其他参与形式或提供一定奖励的方式鼓励他们参与。

（2）公司的竞争者

公司可以通过网络进入竞争对手的站点，查询面向公众的所有信息，例如，年度报告、季度评估、公司决策层个人简历、产品信息、公司简讯，以及公开招聘职位等，也可以通过网上的媒体取得竞争者的信息，如网络电子版报纸等，还可以从有关新闻组和 BBS 中获取竞争者的信息。

> 微软为提防 Linux 操作系统对 Windows 的挑战，就经常访问有关 Linux 的 BBS 和新闻组站点，以获取最新资料。以至于有人发现 Linux 的 BBS 站点访问次数最多的访问者居然来自微软！通过分析竞争对手的信息，公司可以准确把握自身的优势和劣势，及时调整营销策略。

（3）公司合作者和行业内的中立者

这些公司可能会提供一些极有价值的信息和评估分析报告。

公司在市场调查过程中，应兼顾到上述 3 类对象，但也必须有所侧重。在市场竞争激烈的今天，对竞争者的调查显得格外重要，竞争者的一举一动都应引起公司的高度重视。网络大容量的信息存储和快速的传播方式为公司及时进行市场调查提供了方便。当然，需要指出的是，在目前的网络调查中，所取得的调查样本的数量和质量还不尽人意，还需要不断地完善。

3. 设计调查方法

是选择网络间接调查的方法还是选择网络直接调查的方法？与传统调查相同，只有在网络间接调查所取得的资料不完备的情况下，我们才利用网络的直接调查方法。如果是采用网络直接调查方法，还要根据调查的要求做出具体的选择，是选择网上焦点小组访谈法，还是选择其他的一些方法，这些方法后面都有详细的介绍。

4. 调查实施

在上述步骤完成后，就可以组织实施网上市场调查活动了，这个步骤与传统的市场调查没有太大差别，要注意的是调查的实施是在网上，相关的人员和调查应用软件都要准备好。例如，如果是访谈法，需要利用专业的调查人员，而且由于利用了网络这一新媒体，还要注意和传统的访谈形式的不同。

5. 信息整理与分析

前面所有的工作都完成以后，就要对所收集到的资料进行整理和分析，这个环节在市场调查中非常关键，它很大程度上决定着整个市场调查的质量。

首先是信息的鉴别，要对所收集到的资料进行全面的审核，审核的目的是消除资料中的虚假、错误、短缺等现象，以保证原始资料的真实、准确和全面。在网络市场调查中，存在着许多的虚假信息，所以对所收集到的信息进行筛选是十分必要的。

其次是资料的整理，即对资料进行初步加工，使得调查得到的反映市场现象个体特征的资料系统化、条理化，以简明的方式反映市场现象的总体特征。对资料的整理主要是进行分组分类的方法，对调查资料按研究问题的需要和市场现象的本质特征做不同的分类。网上调查由于有专业的信息处理软件，任何网民都可以参与和查看结果，而且在投票信息经过统计分析软件初步自动处理后，可以马上查看到阶段性的调查结果。

最后是采用定量和定性的方法，对资料进行分析，得出相关结论后，再撰写市场调查报告，为公司的营销活动提供决策依据。

5.1.3　撰写调查报告

调查报告是由进行市场调查的人与提出调查目的而要求提交报告的人之间的信息或建议的交流形式。市场调查报告是进行市场营销决策和行动的基础。

在撰写调查报告时，应注意对得到的信息资料进行认真的研究和分析，找出有规律性的东西，得出结果；报告的内容应当统一，只涉及一个主题，而不应包括报告读者不需要的内容和与主题无关的内容；报告的内容应该完整，包括所有有价值的信息；选择典型材料，以事实说话，可以运用实例，也应运用确凿的统计数字；注意运用生动活泼、有表现力、有影响力的语言，突出重点；写作风格要简单、精炼，报告要便于阅读，不会令人误解。

当需要撰写一份调查报告时，首先应明确地知道要写些什么内容及其原因，这是最基本的。这通常叫做“授权调查的范围”，规定要调查的范围和限制，这是报告写作的目标。授权调查范围就当包括这样一些问题：为什么需要写这份报告？到底报告是为谁写的？这份报告对营销策略的制定将起什么样的作用？

一般的市场调查报告应该包括表5.2内列出的内容。

表5.2 调查报告的主要内容体系

部分	内容
内容简介（前言）	封面 授权调查范围和目的 摘要 目录
报告正文	引言 调查目标 调查方法 限制条件 调查数据结果和简要分析
最后部分	结论 建议 附录

内容简介部分的写作目的是为了让读者引入报告的正文部分，需要清楚、不含糊地说明调查报告真正的主题；指出报告的目的，并介绍有助于理解这一目的的必要的背景信息；简单介绍一下获得信息的方法；以最简单的形式总结结论、事实和建议；内容应当越简单越好，不要太长。

报告的正文部分需要列出所有的调查事实，包括调查的性质、采用的具体方法、调查过程介绍、具体的数据信息、对数据的分析，以便合乎逻辑地得出最后部分的结论和建议。

最后部分的作用在于简要、清楚、终局性地提出得到的结论和建议。

调查报告写作的步骤是首先确定目标、进行研究和搜集信息、组织信息和计划报告、写作调查报告的初稿、修改报告、写出报告终稿。

5.2 网络调查的方法

随着网络调查的发展，人们已经发展出了一些适合网络调查的新方法。从本质上讲，这些网上调查方法仍是以传统调查方法为原型，利用网络技术以提高调查的效率和准确性。

5.2.1 二级资料的获取

对于进行市场调查的人员来说，进行网络营销调查首先应当寻求二级资料，究其原因是这种信息可以比初级资料更快更廉价地获得。在互联网上，来自政府、行业组织、企业发布的公共信息每天24小时、每周7天，都可以在家里或在单位随时获得。

二级资料虽然有获取方便、廉价的优点，但也存在着一些问题，首先是这样被动地获得的二级资料可能与企业网络营销调查所需要的资料不太吻合，例如你可能需要关于收入的分布信息，但所能查找到的政府公告信息只有关于收入的平均值。另一个问题就是关于这些二级资料的可靠性，由于到这些二级资料的收集过程不能亲自控制，二级资料的可靠性就无法控制，来自政府网站的信息可靠性好些，但来自企业公布的资料就有故意做假的可能性。最后的问题就是这些资料可能会比较过时。

不管存在多少的问题，二级资料还应当是网络营销调查的主要方法之一。那么二级资料应当如何获得呢？有很多渠道可以获得，如政府网站、行业组织网站、竞争对手的网站、专业调查公司、在线数据库等。可以从这些渠道获得关于当地社会文化倾向、当地的经济情况、法律和政治环境、网络顾客人口特征的数据、竞争者的部分资料、技术力量、自然资源等信息资料。

当你想获得有关网民基本信息统计资料时，可以到 CNNIC 的网站去寻找（见图 5.3）；如果需要关于经济、工业、农业、各地区发展状况的统计资料，可到国家统计局网站或各行业网站去搜索（见图 5.4）；对物流行业的有关规定不清楚、希望获得招投标信息时，中国物流与采购网是可以去看看的地方（见图 5.5）。

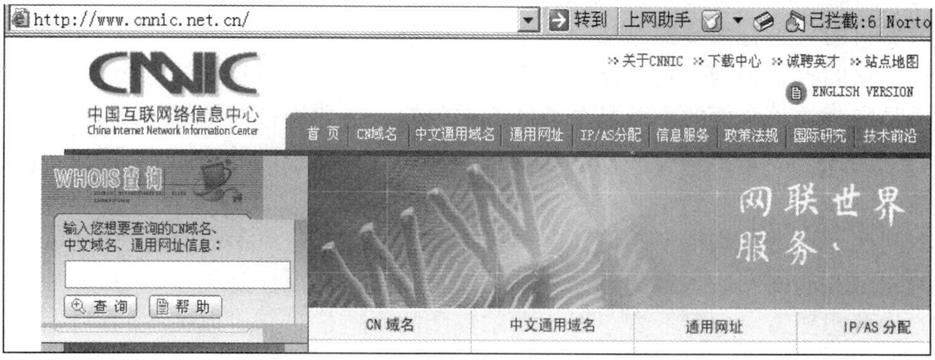

图 5.3　中国互联网络信息中心网站

图 5.4　中国国家统计局网站

图 5.5　中国物流与采购网

在使用二级资料时一定要注意其质量和可靠性，对这些数据的审阅要尽可能地保持客观的态度、在使用与决策制定相关的信息前保持怀疑的态度是十分明智的。评价二级资料时需要注意以下问题。

查明网站的所有者，由政府部门或知名的行业组织负责的网站要比不知名的小公司或个人的网站可信度要大；试着确定网站所有者是否是该网站话题方面的权威；确定该网站的最新一次内容更新是在什么时候，更新时间越近越好；明确网站内容的综合度有多高；试着从网上其他资料来源中找到相似的信息以证实调查数据；检验网站内容的准确性，假如内容中有大量错误或数字的叠加不合适，就表明该数据有问题。

5.2.2 网上间接调查

二级资料是很容易收集的，但由于它不一定能协助公司的网络营销策略的制定，还要根据实际的需求搜集一些初级的资料，或称为一手资料。初级资料是为了解决一个具体的营销问题而首次收集的信息，它们的收集通常更费精力，但另一方面，这些资料会更及时、更贴近具体问题，而且这是属于私人的资料，是竞争对手所没有的。

这种资料的收集有很多的方法，其中之一就是利用网络间接进行调查，这种方法其实介于二级资料的收集和网上直接调查之间。它不同于二级资料收集的方面在于，它所收集的资料不是完整的、全面的，而是分散的、零碎的，需要进行大量的后期加工；不同于直接调查的方面在于，它不是直接面对网络顾客的调查，而是通过侧面、间接的方式来了解市场和顾客。

网上间接调查可以有很多的途径：例如，为了获得竞争对手的信息，可以定期访问行业中的领先企业的网站，了解新产品开发的最新动态，甚至作为顾客参与其中以获得更多的信息，如要想知道家电行业竞争对手海尔集团的一些信息，可以去它的网站看看（见图5.6）。

图5.6 海尔集团的首页

参加行业聊天室，特别是由技术人员组成的聊天室，在不经意的闲聊中获得有价值的信息；跟踪竞争对手的招聘广告，从竞争对手应聘人员技术背景的要求上，分析判断其新产品开发的基本方向等。

互联网上的个人主页信息对公司是非常重要的，调查人员通过搜索引擎访问到个人主页，由此可能会接触到用户和潜在的用户。

利用新闻组获得所关心的信息。新闻组是互联网上针对人们感兴趣的主题而设立的公告板，涉及的内容相当广泛，给人们提供了深入探讨某个问题的机会。通过新闻组，调查人员可以知道网民们对事物的讨论和分析，可以了解所在行业的发展趋势，并可以提交一些问题在新闻组上进行讨论，以便获得人们的看法。值得注意的是，所提交论题的商业化色彩不能太浓，否则会引起大家的反感，反而达不到预期的效果。

邮件清单与新闻组大体相似，也是为方便公众讨论相关话题而设立的公告牌。与新闻组不同的是，每天在邮件清单中发表的信息会发送到个人的邮箱中，营销人员可以针对邮件清单中的信息提出询问，并且得到回复。从这一点来看，它与网上问卷有许多相似之处，所不同的是目的性和针对性更强了。

当然，要想在浩瀚的网站大海里寻找这样一些有用的网站或网页是非常困难的，与二级资料的收集相比，网上间接调查需要更多的网站资源，因此更需要借助搜索引擎来完成，这里我们简单介绍一下搜索引擎。

网上的搜索引擎很多，表 5.3 收集了一些常用的中文和英文搜索引擎，这些搜索引擎储存了数以百万计的网页资料。在进行市场调查时，要根据调查目的和调查对象来选择合适的搜索引擎，如果要查找专业性很强的资料，最好选择专业性的搜索引擎进行搜索，如果是一般的资料，最好选择知名高、信息存储量大的搜索引擎，确保获取资料的全面性。图 5.7 是 3721 网络实名搜索网站。

表 5.3　常用的中英文搜索引擎

中文	英文
搜狐（http://www.sohu.com/）	Yahoo!（http://www.yahoo.com/）
新浪（http://search.sina.com.cn/）	Excite（http://www.excite.com/）
网易（http://www.yeah.net/）	Lycos（http://www.lycos.com/）
中文雅虎（http://gbchinese.yahoo.com/）	Infoseek（http://www.infoseek.com/）
Google（http://www.google.com/）	AltaVista（http://www.altavista.com/）

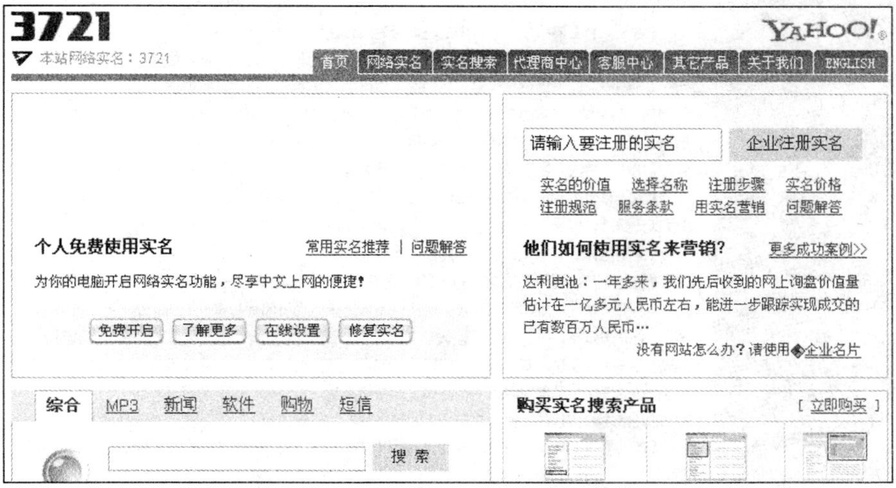

图 5.7　3721 网络实名搜索引擎

5.2.3　网上直接调查

进行网上直接调查是收集初级资料的最常用的方法，直接调查的方式有很多，具体总结如下。

1. 访谈法

常用的访谈法有焦点小组访谈、网上一对一的访谈，网上论坛、电子公告板或聊天室访谈等。

（1）网上焦点小组访谈

调查者根据受访者数据库，找出符合条件的个人，利用电子邮件等方式向他们发出邀请，要求他们在特定的时间登录特定的网站接受访谈。利用这种方式，公司可以较深层次地了解顾客对公司及其产品的意见和建议。这种访谈与传统的焦点小组访谈的操作方法类似，但是由于借助了网络这一媒体，所以具有调查速度快、费用节约、广泛的地理可及性、回答较为诚实等优点，但是由于失去了面对面的互动作用，不能观察到受访者的面部表情及肢体语言，也存在一定的局限性。

（2）网上一对一访谈

调查者可以从登录网站的上网者中挑选人员进行访谈，也可以从受访者数据库中选择合适的人员作为访谈对象进行访谈。借助网络的聊天室，调查者和受访者就所关心的调查内容进行交流。这种访谈速度快，实施简单，能够得到一些真实的想法。图5.8是中央电视台通过互联网举行的“网络媒体的品牌经营”专家访谈。

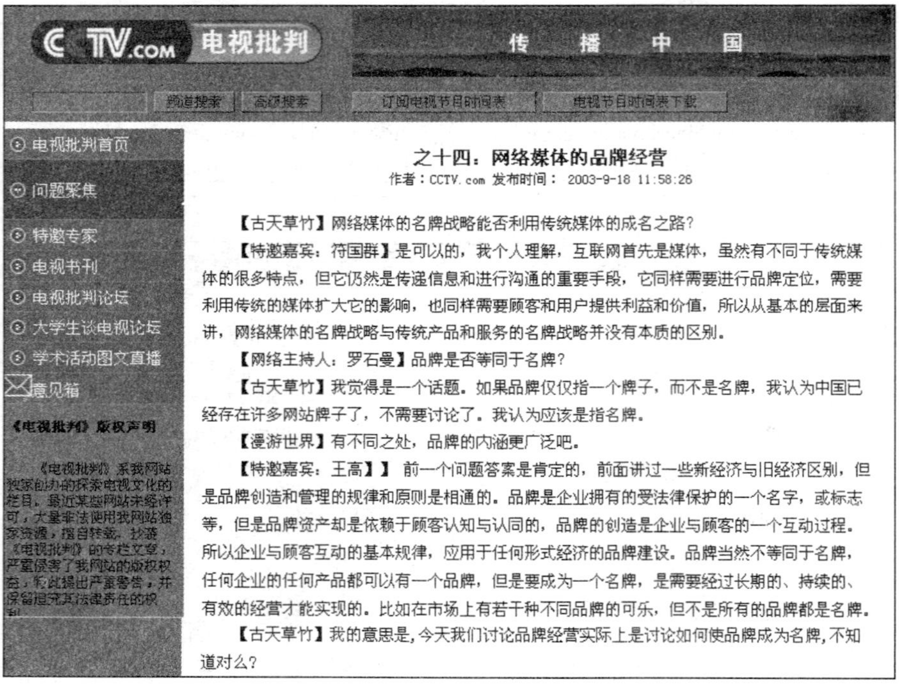

图5.8　中央电视台关于“网络媒体的品牌经营”专家访谈

（3）网上论坛、电子公告板或聊天室

这种调查方法与传统的面谈法和观察法相似，即在网上论坛、电子公告板或聊天室与人谈论看法或者倾听与调查目的有关的内容，从而了解人们对某一事物的看法。

（4）交互式电脑辅助电话访谈法

交互式电脑辅助电话访谈系统是利用一种软件语言程序在电脑辅助电话访谈的基础上设计问卷结构并在网上进行传输。互联网服务器直接与数据库连接，对收集到的被访者答案直接进行存储。交互式电脑辅助电话系统能够进行良好抽样及对访谈程序进行管理，还能建立良好的跳问模式和修改被访者答案。能够当场对数据进行认证，对不合理数据要求重新输入。交互式电脑辅助电话系统为网上电脑辅助电话调查的使用者提供了一个方便的工具，而且，支持问卷程序的再使用。

（5）邮寄调查法

通过给被调查者发送电子邮件的形式将调查问卷发给一些特定的网上用户，由用户填写后以电子邮件的形式再反馈给调查者的调查方法。电子邮件法属于主动调查法，与传统邮件法相似，优点是邮件传送的时效性大大地提高了。

2. 观察法

利用相关的网络软件，可以跟踪上网者在网上的活动，例如，在网民登录到公司的网页后，先点击的是什么内容，每个被点击内容的浏览时间；在网上喜欢看什么商品，看商品的时候，最关心商品的哪些方面，是价格、服务、外型还是其他人对商品的评价；是否有就相关商品和公司进行沟通的愿望等。这些观察数据，对于公司更好地了解消费者，改进商品和服务以及网上广告的发布都是非常重要的。

3. 实验法

可以在网上进行广告内容与形式的实验，看看哪种内容或者形式获得的点击率高。也可以就影响商品销售的其他相关因素进行实验，如商品的外型、包装、促销方式等。

4. 在线问卷调查

在传统的市场调查方式下，原始资料收集的主要手段是通过问卷调查得到的。在实施网络调查时，原始数据主要的来源也是问卷调查，但是在问卷发布的方式上，有着许多的不同，目前公司在网上进行问卷发布的主要途径有发布型和邮件型。图 5.9 是搜狐网站进行的关于搜狐竞价广告的在线调查问卷。

（1）发布型

这是指将问卷放置在 WWW 上，等待访问者访问时填写问卷。这种方式的好处是填写者一般是自愿性的，缺点是无法核对问卷填写者的真实情况。为达到一定问卷数量，站点还必须进行适当宣传，以吸引大量访问者，如 CNNIC 在调查期间与国内一些著名的 ISP（网络服务提供商）、ICP（网络媒体提供商），如新浪、搜狐、网易等设置调查问卷的链接。问卷发布的方式包括借助别人的网站发布、在公司自己的网站上发布，也可以是两种方式的混和，还可以在讨论组发布。

借助别人的网站进行调查。这对于那些在市场上名气不大、产品知名度不高、网站不引人注意的公司是一种有效的选择。公司制定调查内容及调查方式，将调查信息放入选定的网站，就可以实时在委托商的网站获取调查数据及进展情况。

在这些知名度高的站点上进行市场调查，由于其访问量大，可以扩大调查面，利用专业调查公司所具备的市场调查能力也将提高调查的效果。这种方法的弊端是，由于网站上的内容繁多，公司市场调查对上网者的吸引力可能会降低，同时，上网者如果想与公司交流，必须重新链接进入公司的网站，从而增加了操作，这使得上网者觉得不方便，可能会放弃交流。

公司在自己的网站上进行市场调查。就知名公司而言，其网站的访问者多是一些对该公司有兴趣或与公司业务有一定关系的人，他们对公司有一定的了解，这将有利于访问者提供更准确有效的信息，也为调查过程的双向交流提供了便利。

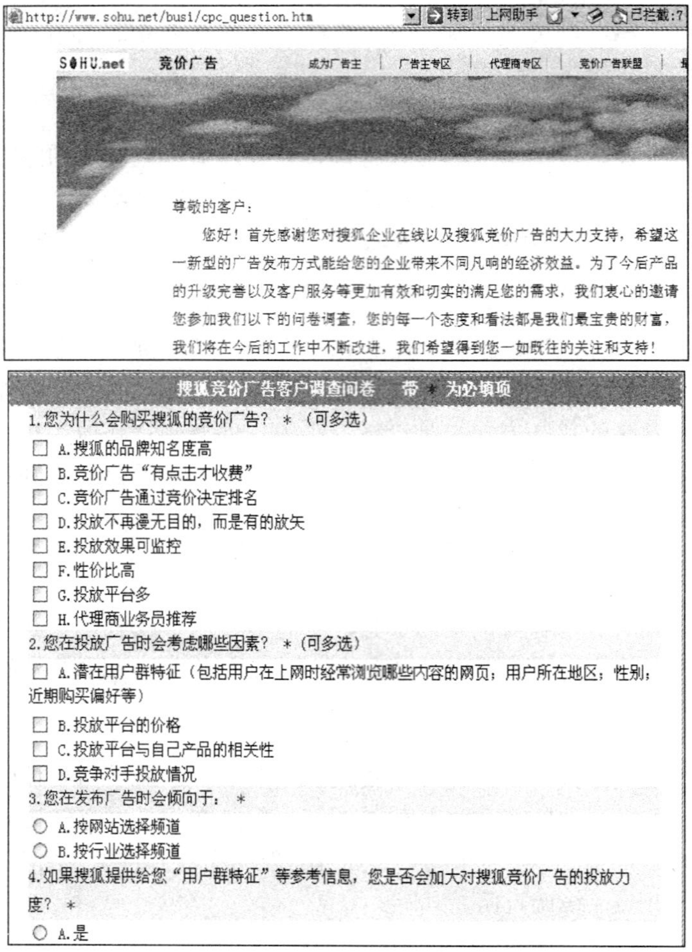

图 5.9 搜狐竞价广告客户调查问卷

（2）混合型

如果公司网站已经建设好，但还没有固定的访问者或者访问者的数量有限，可以在自己网站进行调查，同时与其他一些著名的 ISP / ICP 网站建立链接，以吸引访问者的参与。

（3）讨论组型

在相应的讨论组中发布问卷信息，或者发布调查题目，指向网站上的问卷在讨论组和新闻组上发布信息时，要注意网上的行为规范，调查的内容应与讨论组的主题相关。

（4）邮件型

这是指通过 E-mail 方式将问卷发送给被调查者，被调查者完成后将结果通过 E-mail 返回。这种方式的好处是，可以有选择地控制被调查者，缺点是容易遭到被访问者的反感，有侵犯个人隐私之嫌，此外，还需要积累有效的客户 E-mail 地址。因此，用该方式时首先应争取被访问者的同意，或者估计被访问者不会反感，并向被访问者提供一定补偿，如有奖回答或赠送小件东西，以降低被访问者的敌意。

总之，网络直接市场调查的特点是十分突出的，具有很高的时效性，初步调查结果可以在调查过程中得出，便于实时跟踪调查过程，分析深层次原因。与传统的调查方法相比，网上直接调查法可以节省大量调查费用和人力，它的费用主要集中在建立调查问卷网页的链接方面。不足之处是被调查对象难以控制和选择，难以满足调查样本要求，有时甚至可能出现样本重复、调查数据不真实，以及调查数据无法进行抽样核实的情况。因此，有效可靠的网上直接调查法还需要进一步从技术上、方法上和控制上进行完善。

图 5.10 显示的是中央电视台的访问者在线调查，任何访问者只要选择了某些频道，并点击“投票”，如图 5.10 左边所示，而新的统计结果则可以通过点击“结果”立即获得，如图 5.10 右边所示。其统计速度之快是传统市场调查方法所不能比拟的。

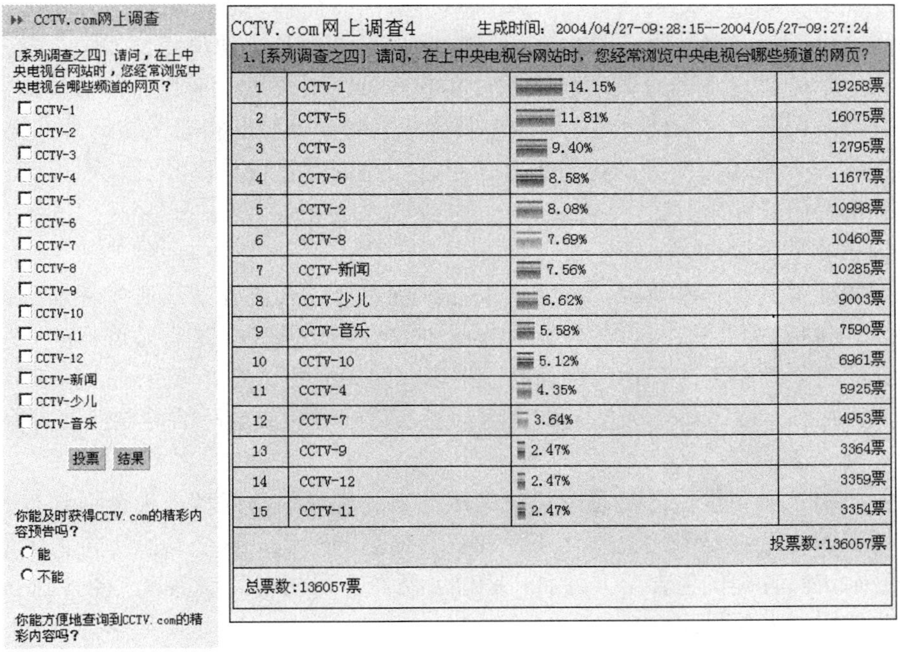

图 5.10　中央电视台的访问者在线调查

5.3　网络调查策略

不论用什么方式进行网络调查，都存在着信息收集不全面、可能掺有虚假的信息等现象，这是在调查过程中不可避免的。不论是网上调查还是现实调查，这都是令调查人员头痛的事。出现这样的现象虽然不可避免，但要尽量减少其负面的影响，因此在进行网络调查时需要讲究一些技巧，注意一些问题，本节重点就讨论这两个方面。

5.3.1　调查技巧

公司通过网络能够方便地收集到顾客和潜在客户的信息。这些信息有助于公司更好地理解并服务于客户。在互联网上，公司进行市场调查的同时，客户可以发现更多的有关公司产品和服务的信息，而公司则可以了解更多有关客户的信息。为了使得网络调查顺利有效地实施，公司必须采取一定的策略，下面对一些常用的有效策略进行介绍。

1. 识别公司站点的访问者

每天都有许多的访问者访问公司的站点，这些访问者可能是公司的客户或者是潜在的客户，知道他们的基本信息是非常重要的。但如果单纯利用问卷调查，往往会使得访问者产生抗拒情绪，达不到预期的结果，市场调查人员必须采用多种方法，在访问者愿意的情况下，获得他们的基本信息，这需要采取一些必要的策略。

（1）发送电子邮件

网络能在公司和客户之间搭起一座友谊的桥梁，而在其中起关键作用的是电子邮件和来客登记簿。电子邮件可以附有HTML表单，顾客能在表单界面上点击相关主题并且填写附有收件人电子邮件地址的有关信息，填写完成后可发回公司。来客登记簿是让顾客直接填写并回发给公司的表单。公司通过电子邮件和来客登记簿能获得有关访问者的详细信息，还可以了解到许多附加的信息。这对于公司了解产品的受重视程度和受欢迎程度，正确划分市场是非常有用的。

（2）提供物质鼓励

如果公司能够提供一些奖品，如免费商品或优惠券，会更容易从访问者那里得到想要知道的信息，包括姓名、住址和电子邮件地址。这种策略被证明是有效可行的，它能使公司提高调查的工作效率。在有物质奖励的前提下，如果需要访问者填写一份包括个人习惯、兴趣、假期、特长、收入等个人情况的调查问卷，访问者完成填写的可能性要大得多。

（3）注册个人信息

如果公司用大量有价值的信息或免费使用的软件来吸引访问者，也会得到有关个人的详细情况。中国化工网是专门登载化工行业贸易信息的站点，这个站点提供大量的免费信息，同时鼓励访问者提供包含个人姓名、职位、所在公司的有关信息等，图5.11是其用户注册登记时使用的表单页面。

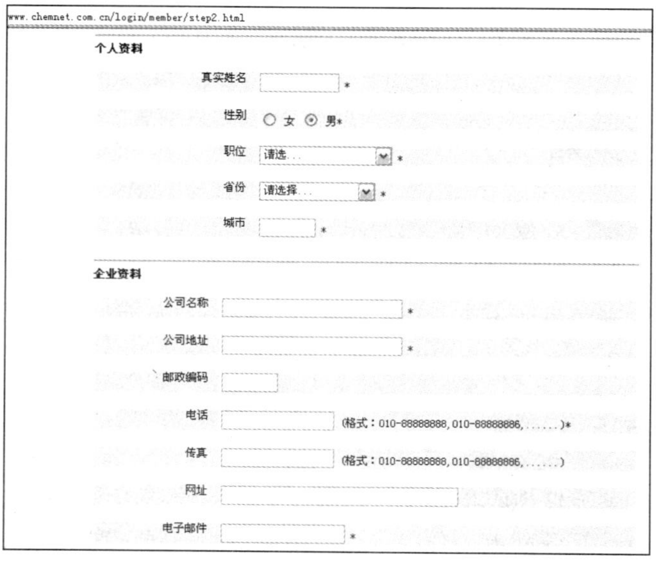
www.chemnet.com.cn/login/member/step2.html

个人资料

真实姓名 *

性别 ○女 ⊙男*

职位 请选... *

省份 请选择... *

城市 *

企业资料

公司名称 *

公司地址 *

邮政编码

电话 (格式：010-88888888,010-88888888,......)*

传真 (格式：010-88888888,010-88888888,......)

网址

电子邮件 *

图5.11 中国化工网会员注册表单页面

2. 在公司站点上的市场调查

（1）设置计数器，研究市场趋势

企业可在网站的主页以及网站的各个主题中设置计数器，用来分析和了解消费趋势。通过上网访问者对各主题兴趣的统计和分布，把握市场和消费者对公司、产品及服务的需求，作为公司制定经营和市场营销策略的基础。例如，对各主题访问人次的统计分析可以折射出访问者的需求和兴趣。图 5.12 显示的是访问合肥房地产管理局网站主页的计数器，显示已有 55035 人访问了这个网页。

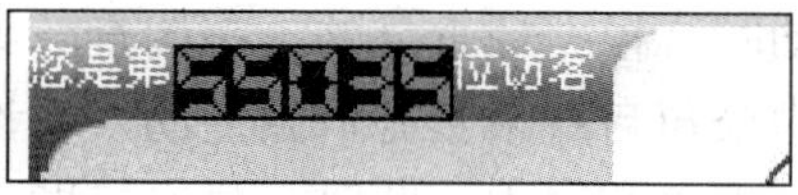

图 5.12　计数器

（2）监控在线服务

调查者能利用网络上的一些软件来跟踪在线服务，公司通过跟踪在线服务来观察访问者挑选和购买何种产品，以及他们在每个产品主页上耗费的时间。通过研究这些数据，公司能分析出哪种产品是最受顾客欢迎的，产品在一天内的哪个时间段销售情况最好，以及何种产品在哪个地区销售数量最多。公司将统计分析出的销售评测结果制成直观的因素，供公司决策人员参考。

（3）有效测试

可以在网上测试产品的不同价格、名称、广告等营销组合，通过测试，可以分析出哪种因素对产品而言是重要的，以及哪些因素组合对顾客来说最具吸引力。

（4）请求反馈信息

顾客的意见对公司的营销人员来说是至关重要的。顾客需要什么样的产品以及对公司产品的评价，是市场调查的重要内容之一。在网上，营销人员应该鼓励顾客积极参与调查活动，让他们填写问卷或者发电子邮件来表达他们的意见。

如果顾客和潜在顾客对公司新产品感兴趣，应该请求他们填写电子调查表单。他们会从中挑选出不同的价格范围、颜色、造型等因素组合。通过研究这些结果，就能把握产品的发展模式和市场潮流。也可以在电子调查表中设置让顾客自由发挥的板块，请他们描述对同类产品的期望。

3. 使用电子邮件直接调查目标市场

如果营销人员在目标市场中收集了顾客和潜在顾客的电子邮件地址，就可以直接向他们发出有关产品和服务的询问。营销人员可以在电子邮件中列出若干问题，请求回答，通过这种直接询问，营销人员就能清楚地知道目标顾客对公司产品的满意程度和顾客对公司产品的期望。

4. 设计合适的问卷

在问卷的基本内容一定的情况下，调查人员可以从职业、年龄、性别、收入、文化层次、地域环境等方面考虑被调查者的特征，设计不同结构、风格的问卷，问卷上可以附加多种形式的背景资料，可以是文字的、图形的、图像的和声音的，来吸引被调查者参与调查，回答问题。

在问卷的长度上也要注意，问卷的问题越多，访问者就越不愿意参与调查。因此，掌握调查问卷中所含问题的数量是设计调查问卷的一个技巧。在每个行业中，调查问题的最佳数目各不相同，同时，调查问卷中问题的答案选项也应提供给访问者相应的信息。如何让调查行之有效，有赖于公司从实际操作中不断总结经验与教训。

5. 利用专业公司和专业软件

在网上进行市场调查活动时，根据调查目的，在调查对象比较广泛或者调查内容不局限于公司本身的时候，如果由公司自身来实施调查活动，无论从样本的选择还是合作网站的选择方面，都要耗费大量的人力和财力。此时，最好借助一些专业性的具有网上调查经验的市场调查公司，它们具有受访者的数据库，而且经常与一些知名的网站合作从事有关的调查活动，可以保证调查活动的准确性。目前在我们国家，已经有许多的市场调查公司具有网上实施市场调查活动的经验，例如中国网上市场调查机构等。

网络市场调查活动需要数据库的支持以及其他一些相关的软件的支持才能够完成，这些软件的先进性、可靠性都是在运用的时候要考虑的主要问题。为了提高网络调查活动结果的准确性，选择专业且可靠的网络调查软件也是必要的。例如，目前常用的“问卷调查系统解决方案”是基于Web界面的跨平台应用系统，能向互联网用户提供交互式、个性化的问卷调查服务，具有问卷调查搜索器、个性化申请、邮件列表、留言板、智能后台管理等功能，是开展互联网问卷调查服务，提高自身网站内容及访问量的一个软件平台。

5.3.2 应注意的几个问题

1. 网上调查与网下调查相结合

从目前来看，由于网络的普及率较低、上网人数有限，以及网民比例分布不合理，使得网络调查适用的范围是有限的，当前网络市场调查还无法取代传统的市场调查。认识到这个问题对于正确实施网络调查是非常重要的，否则网络调查即使实施了，调查的效果也不会好。就目前而言，利用网络实施大规模的市场调查，显然还受到许多条件的限制而难以实现。例如，目前家庭主妇上网率很低，所以洗衣粉一类的家居日用品就不适于网上调查。但是相对来讲，在IT、电子商务等领域网上调查活动的实施条件就要成熟得多，效果也比较理想。

市场调查人员可以将传统调查与网络调查结合起来，使得自己的调查活动顺利开展。通过网络进行二手资料的搜集，并且可以利用网络来开展简单、快捷、费用低廉的试调查。

2. 样本数量与质量

样本数量和质量是目前实施在线调查的最大局限之一，这与网站的访问量、网民的数量和比例、愿意接受在线调查的人数有关，而这几点从目前的实际情况来看还很难满足网上调查的要求。

被调查者的代表性和他们回答问题的真实性，也是难以解决的问题。目前许多网上调查机构为了补偿被调查者花费的时间和精力，以及刺激他们的积极性，会对被调查者提供一定的奖励措施，而有些被调查者会采取一些作弊行为来获取奖品，例如一人多次填写同一份问卷。为了尽可能消除因同一个被调查者多次填表给调查结果带来的代表性偏差，可以考虑采用“IP+若干个特征标志”作为判断被调查者填表次数惟一的检验条件，这项技术称为网上用户身份检验技术。因此在实施在线调查时，网上问卷的有效性的筛选也是重要的环节之一。

3. 信息的准确性

在网上，由于人们担心个人信息被滥用，通常不愿意在问卷调查中暴露准确的个人信息，有时甚至因为涉及到过多的个人信息而退出调查。但对于调查者而言，人口统计信息是必要的内容。网站应提供必要的个人信息保护声明，尽量在被调查者不反感的情况下获得相关的资料，确保被调查者能够放心地提供自己的信息。

5.4　数据仓库与数据挖掘

数据库早已成为网络市场调查的重要手段，是整个网络营销系统分析的基础，数据库为市场调查提供了丰富的资料，但是传统数据库对于数据的分析和挖掘存在着一定的局限。为了进一步挖掘数据资源，需要采用数据仓库和数据挖掘技术，以获得更为丰富的数据资源和从中分析出更具有价值的数据资料。

数据挖掘与数据仓库是密不可分的，数据挖掘要求有数据仓库作基础，并要求数据仓库已经存有丰富的数据。数据挖掘是数据利用价值的再发现，它突破了传统意义上的数据查询，是在更大的尺度上、更深的层次中对数据提高利用的价值，是数据仓库应用的关键。

5.4.1　数据仓库

要讨论数据仓库，先要明确数据库的概念。数据库是网络营销的数据支持，初始的数据库只收集顾客和潜在顾客的姓名和地址等信息，后来逐步加入了市场资料、人口统计资料、销售趋势资料，以及竞争资料等内容，随着网络营销的发展，数据库在营销中的作用也越来越显著了。数据库最大的特点就是资源共享，存取方便，既能保存历史信息，又可以保存即时信息，因此成为了分析市场变化、掌握市场动态的重要工具。

随着数据库内容的不断扩大，不得不分类进行存储，需要建立多个数据库用来存放企业网络营销有关的资料，如客户信息数据库、市场信息数据库、企业信息数据库、政策法规数据库、邮件列表数据库等。为了更好地对数据库进行管理，更好地利用数据库中的信息资料，实现其价值的最大化，需要在数据库的基础上构建数据仓库。

关于数据仓库至今还没有一个统一的定义，这里我们引用著名数据仓库专家 W.H.Inmon 对它的描述：数据仓库是一个面向主题的（Subject Oriented）、集成的（Intergrate）、相对稳定的（Non-Volatile）、反映历史变化（Time Variant）的数据集合，用于支持管理决策。

从上述描述中可以看出：首先，数据仓库是用于支持管理决策的，面向分析型数据处理，它不同于操作型数据库；其次，数据仓库是对多个异构的数据源的有效集成，集成后按照主题进行了重组并包含历史数据，而且存放在数据仓库中的数据一般不再修改。数据仓库的特点具体解释如下。

- 面向主题的。数据库是操作型的数据组织，面向事务处理任务，各个业务体系之间各自分离。而数据仓库侧重于数据分析工作，是按照主题存储的、分析型的数据组织。主题是一个抽象的概念，是指用户使用数据仓库进行决策时所关心的重点方面，一个主题通常与多个操作型数据库相关。这两者的区别可以用个通俗的比喻来解释，这就好比传统农贸市场与超市的区别，在市场里一个小贩卖的各种菜会在一个摊位上，而超市里是不同的菜在不同的地方堆放，也就是说，市场里的菜（数据）是按照小贩（事务）归堆（存储）的，超市里面则是按照菜的类型（主题）归堆的。
- 集成的。面向事务处理的操作型数据库通常与某些特定的应用相关，数据库之间相互独立，并且往往是异构的。而数据仓库中的数据是在对原有分散的数据库中的数据抽取、清理的基础上经过系统加工、汇总和整理得到的，必须消除源数据中的不一致性，以保证数据仓库的信息是关于整个企业的一致的全局信息。
- 相对稳定的。数据仓库中的数据并不是最新的，而是来源于其他数据源。数据仓库反映的是历史信息，并不像数据库一样会根据需要及时发生变化。数据仓库的数据主要供决策分析用，更多的操作是查询，一旦某个数据进入数据仓库后，一般会被长期保留，很少被修改或删除，数据仓库会定期地加载或刷新数据。
- 与时间相关。数据库保存信息的时候，并不强调一定有时间信息。数据仓库则不同，出于决策的需要，数据仓库中的数据都要标明时间属性。决策中，时间属性很重要。同样都是累计购买过 10 本书的顾客，一位是最近一次性购买了 10 本书，另一位则是在一年内分了十次买的，这对于决策者意义是不同的。

数据仓库的根本任务是将信息加以整理、归纳和重组并及时提供给相应的网络营销决策者。数据仓库的建立是以企业的现有业务系统和大量的业务数据的积累为基础的，其体系结构如图 5.13 所示。

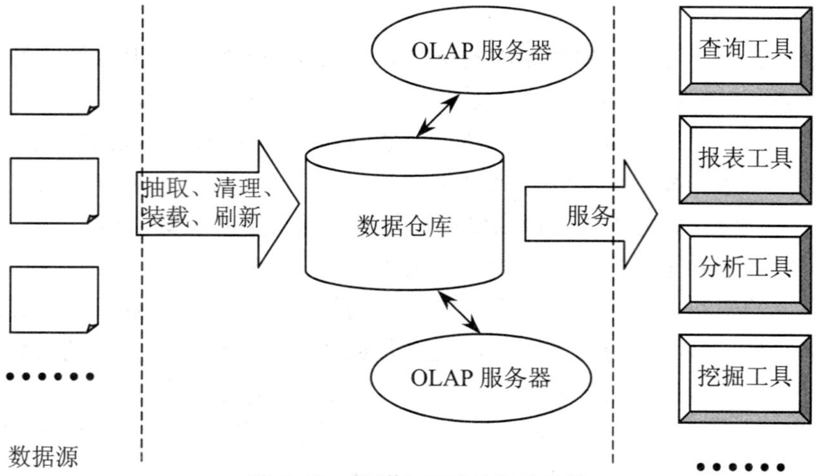

图 5.13　数据仓库系统体系结构

图中的数据源是指存放在各个数据库（如产品数据库、交易数据库等）中的数据或文档资料；将这些数据抽取、清理、装载和刷新，并有效地集成，按照主题进行组织形成数据仓库；对数据进行分析和有效集成，按多维模型予以组织，以便进行多角度、多层次的联机分析处理（OLAP）；数据仓库主要是为前端的工具服务的，这些工具包括各种报表工具、查询工具、数据分析工具、数据挖掘工具，以及各种基于数据仓库的应用开发工具。

5.4.2　数据挖掘

1．数据挖掘的概念

数据挖掘就是从大量的、不完全的、有噪声的、模糊的、随机的数据中，提取隐含在其中的、人们事先不知道的、但又是潜在有用的信息和知识的过程。数据挖掘是一种从大型数据库或数据仓库中提取隐藏的预测性信息的新技术。它能开采出潜在的模式，找出最有价值的信息，指导企业的网络营销活动。

通过数据挖掘技术，企业的网络营销经理可以知道大量使用某一产品的顾客是否趋向于在近几个月内更多地购买，其他的顾客中是否有更多的人喜欢购买延长保证期的产品，经理的这些发现模式有助于改进网络营销组合策略、明确新产品的受欢迎程度、预测顾客的行为等。拥有价值达 20 亿美元商品的零售商 Fingerhut 采用了数据挖掘分析法后，发现搬迁户在搬迁后的 12 周内购买量相当于平时的 3 倍，他们趋向于购买家具、电话、装修用品而不是珠宝或家用电器。Fingerhut 运用以上信息设立了特殊的“搬迁户商品目录”，从公司销售的 15000 类商品中选出合适的商品，然后将搬迁户商品目录，而不是将普通商品目录邮寄给搬迁户。

2．数据挖掘的功能

数据挖掘通过预测未来趋势及行为，做出前摄的、基于知识的决策。数据挖掘的目标是从数据仓库中发现隐含的、有意义的知识，主要有以下五类功能。

- 自动预测趋势和行为。数据挖掘自动在公司的数据仓库中寻找预测性信息，以往需要进行大量手工分析的问题如今可以迅速直接由数据本身得出结论。一个典型的例子是市场预测问题，数据挖掘使用与过去有关促销的数据来寻找未来投资中回报最大的用户，其他可预测的问题包括预报破产以及认定对指定事件最可能做出反应的群体。
- 关联分析。数据关联是数据仓库中存在的一类重要的可被发现的知识。若两个或多个变量的取值之间存在某种规律性，就称为关联。关联分析的目的是找出数据仓库中隐藏的关联网。
- 聚类。数据仓库中的记录可被划分为一系列有意义的子集，即聚类。聚类增强了人们对客观现实的认识，是概念描述和偏差分析的先决条件。
- 概念描述。概念描述就是对某类对象的内涵进行描述，并概括这类对象的有关特征。概念描述分为特征性描述和区别性描述，前者描述某类对象的共同特征，后者描述不同类对象之间的区别。生成一个类的特征性描述只涉及该类对象中所有对象的共性。生成区别性描述的方法很多，如决策树方法、遗传算法等。
- 偏差检测。数据库中的数据常有一些异常记录，从数据库中检测这些偏差很有意义。偏差包括很多潜在的知识，如分类中的反常实例、不满足规则的特例、观测结果与模型预测值的偏差、量值随时间的变化等。偏差检测的基本方法是，寻找观测结果与参照值之间有意义的差别。

3. 数据挖掘的流程

数据挖掘的流程如图5.14所示。

图 5.14　数据挖掘的流程

- 数据取样。当进行数据挖掘时，首先要从企业大量数据中取出一个与要搜索的问题相关的样本数据子集，而不是动用全部企业数据。通过对数据样本的精选，不仅能减少数据处理量，节省系统资源，而且能通过对数据的筛选，使数据更加具有规律性。
- 数据探索。数据探索就是通常所进行的对数据深入调查的过程，从样本数据集中找出规律和趋势，用聚类分析区分类别，最终要达到的目的就是搞清楚多因素相互影响的、十分复杂的关系，发现因素之间的相关性。
- 数据调整。通过上述两个步骤的操作，对数据的状态和趋势有了进一步的了解，这时要尽可能对问题解决的要求能进一步明确化、量化。针对问题的需求要对数据进行增删，按照对整个数据挖掘过程的新认识组合或生成一个新的变量，以体现对状态的有效描述。
- 模型化。在问题进一步明确，数据结构和内容进一步调整的基础上，就可以建立模型。这一步是数据挖掘的核心环节，可以运用神经网络、决策树、数理统计、时间序列分析等方法来建立模型。
- 评价。从上述过程中将会得出一系列的分析结果、模式和模型，多数情况会得出对目标问题多侧面的描述，这时就要综合它们的规律性，提供合理的决策支持信息。评价的一种办法是直接使用原先建立模型样本和样本数据来进行检验；另一种办法是另找一批数据并对其进行检验，已知这些数据能反映客观实践的规律性；还有一种办法是在实际运行的环境中取出新鲜数据进行检验。

数据挖掘技术在美国银行金融领域应用广泛。金融事务需要搜集和处理大量数据，对这些数据进行分析，发现其数据模式及特征，然后可能发现某个客户、消费群体或组织的金融和商业兴趣，并可观察金融市场的变化趋势。美国Firstar银行使用Marksman数据挖掘工具，根据客户的消费模式预测何时为客户提供何种产品。Firstar银行市场调查和数据库营销部经理发现：公共数据库中存储着关于每位消费者的大量信息，关键是要透彻分析消费者投入到新产品中的原因，在数据库中找到一种模式，从而能够为每种新产品找到最合适的消费者。Marksman能读取800到1000个变量并且给它们赋值，根据消费者是否有家庭财产贷款、赊账卡、存款证或其他储蓄、投资产品，将它们分成若干组，然后使用数据挖掘工具预测何时向每位消费者提供哪种产品。预测准客户的需要是美国商业银行的竞争优势。

思考题

1. 网络调查的特点有哪些？
2. 网络调查的目的是什么？
3. 网上直接调查的方法主要有些什么？
4. 数据仓库与数据挖掘的含义分别是什么？

第6章　网站策略

企业网站是企业在互联网上通向她的顾客和公众的门户，因而也是企业进行网络营销的重要基础和工具。越是成功的网站，就越是一个强有力的营销工具，正如一张发行量极大的报纸或者拥有大量观众的电视台。

在传统方式下，企业营销活动对外部中介的依赖性相当大，除了产业市场上重要客户之间可以进行直接沟通和交易外，企业很少能和自己的顾客进行直接沟通和交易。互联网的出现改变了这种局面，向企业提供了全新的营销和交易平台，企业有了自己的、能和所有顾客进行直接沟通的通道——企业网站。当然这并不意味着企业可以不再利用其他网站或媒体，几乎在所有情况下，单一的沟通和交易渠道都是不够的，甚至是危险的。

网站是互联网提供的一种全新的、有力的营销工具。正因为如此，全球几乎所有企业、机构都纷纷建立自己的网站，并期望吸引尽可能多的人参观访问。只有拥有大量的访问者，一个网站才是成功的，也才能是一个现实的、强有力的营销工具。如何让人们从浩如烟海的站点中，访问浏览你的站点甚至为你宣传，如何利用自己的或别人的网站服务于企业营销是一个值得研究的课题。本章主要从如何建立企业自己的网站服务的营销角度论述网站策略，包括网站创立及网站定位、域名及其管理、网站设计，以及网站推广等内容。

6.1　网站创立与定位

企业由于在经营性质、规模、技术和服务的客户群体等因素上的差异，决定了各自网站建设的侧重点也各不相同。在建设网站之前企业应该根据自己的实际情况，明确适合自身特点的基本类型、基本要素、网站特色和域名。

6.1.1　网站的基本类型

目前互联网网站可以归纳为以下五种基本类型。

1. 信息网站

信息类网站向访问者提供各类信息，如新闻网站、图书馆数据库网站、医学网站等。信息网站相当于传统的信息媒体，如《经济观察报》、《瞭望》周刊、中央电视台等，企业可以在信息网站上利用网络广告、链接、社区等网络营销工具与访问者进行一般性沟通，以扩大企业的知名度和美誉度，这类似于企业在报纸、电视等传统媒体上做广告或开展其他营销活动。

也正如不同的报纸有不同的读者群一样，不同的信息网站也有其不同的访问群体，因而企业在选择网站时也必须首先了解各网站访问者是否包括自己的目标顾客群体，并根据他们的上网行为特征选择和运用网络营销工具。图6.1是新华报业网的首页，在其中可以看到中国人民保险公司做的广告。

图 6.1　信息网站——新华报业网

2. 商务网站

这类网站包括 ISP、ICP、企业网站等。ISP 和 ICP 实际上是一种纯粹的互联网企业，它们因互联网而产生，并随互联网发展而发展。ICP 是一个非常广泛的概念，信息网站、专题网站都可以看作是其中的一种，除此以外，不依附于传统业务的网站都可以看作是 ICP，如 8848 网上超市、亚马逊网上书店等。与企业网站直接服务于企业商务活动不同，ISP 和 ICP 必须通过自己的网上活动取得收入才能继续生存下去。

商务网站在商务链条中的地位相当于传统的经销商——批发商或零售商，它的访问者具有较强的购物倾向，是潜在顾客，因而适合在商务网站上开展的网络营销活动是各种促进立即购买的销售促进。从贝塔斯曼公司的首页（见图 6.2）中可以看到存在着大量的具有促销作用的广告，如 700 种畅销书 2 折起 5 折止、1 元礼品、1 元大片、狂降、全场购物加 10 元送等。通过这些极具诱惑力的促销活动来促进网络顾客的冲动型购买。

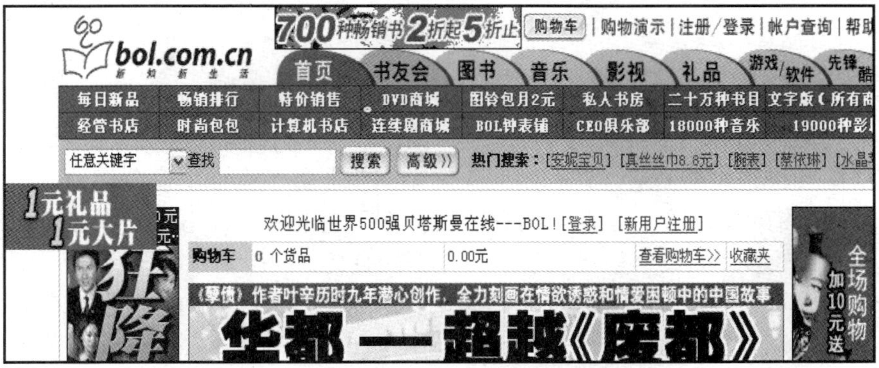

图 6.2　商务网站——贝塔斯曼网

与传统的批发商和零售商不同，商务网站的访问者并不受地域的限制，它在作为销售平台的同时既是售点广告（POS）、促销活动的适当发布地，也是一种大众媒体，这是它优于传统批发商和零售商的地方，因而利用它进行其他营销活动也是可行的。

3. 政府、团体网站

这是一些由政府机构或社会团体建立的网站，他们向访问者提供诸如法律法规数据库、政务公开、公共服务、投诉、教育支持等方面的服务。他们通常不以盈利为直接目的，在法律允许及可能的情况下，此类网站的可信度较其他类型的网站高。图6.3就是一个典型的政府网站，在其中也包含了一些广告和有关企业的新闻报道等内容。

图6.3 政府网站——中国南京网站

此类网站的访问者都一般对政治、社会经济、城市建设等问题较为关心，类似于人民日报、光明日报、中央电视台新闻频道的读者和观众，具有较高的受教育水平，或者是政府公务员、企业经营管理者。对成套设备、高档产品来说，此类网站是较为理想的网络营销媒体。

4. 专题网站

这是指提供某类专题服务的网站，如旅游网站、财经网站、体育网站、科学网站、食品网站等。这类网站等同于传统的专业性报刊杂志，其商务模式也大致相同。不同的是，企业也可以直接建立此类网站，并利用此类网站间接服务于企业的商务活动。

作为网络营销活动的平台，此类网站的优势在于它的专业性衍生的专业技术的可靠性，劣势在于访问量较少。如果希望做旅游产品方面的宣传，利用图6.4所示的神州龙地图网站一定是非常合适的。这是旅游爱好者访问得比较多的网站，如果在其上做饭店 、旅行社的营销宣传会有很好的效果。

5. 个人网站

这是个人在互联网上的展台。个人网站并非仅仅只能是个人行为，企业同样可以利用此类网站提升企业的知名度和美誉度。但除了少数知名人物或知名专家的个人网站可以利用名人效应和专家意见开展网络营销活动外，大多数个人网站并不适合作为网络营销平台。

网站的种类还很多，我们在此只能涉及其中的一个部分，随着互联网的不断发展，相信还会有更多的新型网站出现。正如营销的真谛在于创造而不是模仿一样，作为企业面向顾客的窗口，与众不同永远是创立网站的首要原则。

图 6.4　专题网站——神州龙地图网

网站不仅是企业在网上的窗口，而且是企业永不休息的营销人员。设计网页不仅要有吸引顾客的外形，更要有能提供服务和留住顾客的内容，所以在设计网站时，一定要仔细规划这一块网络空间的布局和内容，增加网站的价值。

6.1.2　网站的基本要素

企业由于在经营性质、规模、技术和服务的客户群体等因素上的差异，决定了各自网站建设的侧重点也各不相同。但不论怎样创新，企业建设网站之前都必须知道网站建立的一些基本要素，应该根据自己的实际情况，明确适合自身特点的网站目的、目标受众，设计网站结构、网站规模，以及经营模式。

1. 网站目的

网站既可以是服务于传统业务的一个新工具，也可以是一项新的业务，两者在业务上既可以是相互关联的，也可以是相互独立的。网站建设的目的多种多样，可以作为自己产品的广告媒介、一种与顾客沟通的平台、一种新的售后服务工具、一种专家性的社区以帮助消费者正确认识产品，还可以作为一种提供公益性服务的窗口来提高企业的美誉度等，这些都可以单独或组合成为网站建设的目的。

大多数企业网站，如长虹、春兰、海尔等企业的网站目前都还只是服务于其产品营销、销售和服务的一个新工具。从图 6.5 所示海尔网站首页可见，海尔网站的目的侧重于产品信息的介绍，顾客（会员）的服务等。

葆婴公司的网站则以育婴教育为主要目的，将网站作为与顾客沟通的平台，向顾客提供公益性服务，以此提高葆婴公司的美誉度。葆婴公司的首页可以参阅图 1.13。

相比较而言，葆婴网站在消费者教育、顾客公共关系、企业形象渗透等方面做得更为出色。

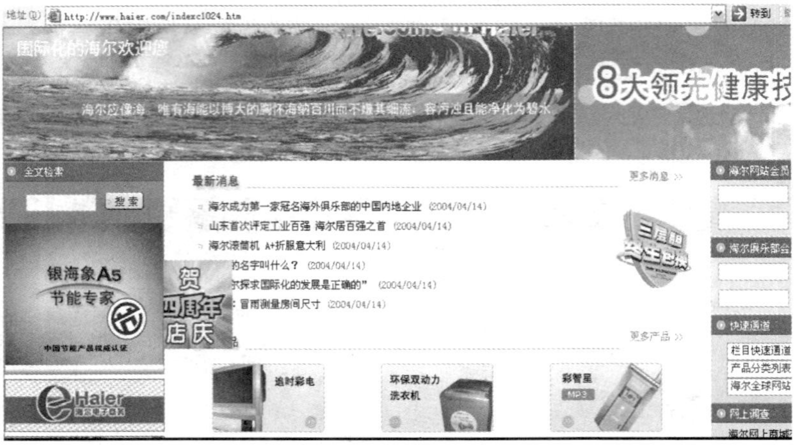

图 6.5　海尔网站首页

2. 网站目标受众

网站存在的意义在于网民的来访，不同的网民有不同的爱好和行为方式。只有明确受众对象，才能根据受众对象的需求和行为特征为他们提供所需要的内容。同时，明确的目标受众也更有利于一个独立网站吸引工商企业将网站作为投放网络广告、发布信息、建立链接等网络营销活动的首选。因此独立网站必须决定自己的受众对象职业、受教育程度、性别、国籍、民族、宗教、年龄等一切与顾客行为有关的要素。

服务于企业产品营销、销售和服务的网站的目标受众当然就是企业产品现实的和潜在的目标顾客。

在消费者市场上，消费者的分散性一直是企业和消费者之间相互了解的巨大障碍，而网站正是解决这一难题的有效途径。

3. 确定网站群（网站的结构）

初次建设网站的企业对网站的理解和认识不够深入，一般只建立企业网站或产品网站等，企业网站群中网站的数目比较少。随着企业网络营销的开展，以及对互联网和网站建设的认识不断加深，企业营销网站群中网站的数目可以根据企业和消费者的实际情况来做一些增加。

从企业营销的角度来看，企业不是建立一个网站，而是建立一群网站以服务于企业营销，因而可分为企业网站、产品网站、教育（知识）网站、娱乐网站、公益网站等。如微软的网站群，图 6.6 是微软比尔·盖茨的个人网站，图 6.7 是微软的客户支持网站，图 6.8 是微软的产品网站。

当然这并不是说所有的企业都要建这么多的网站，也可以是一个网站包括这么多的内容，但分开来更好。因此，对企业来说，对每种类型的网站都应进行认真的考虑，明确其真正的价值所在，从而为实现网络营销拟定财务计划并制定网络营销的规划。

4. 网站规模

网站的建立或许只需要很小的投资，但要赢得足够的访问量来维持生存却要求网站有一定的规模。当然，如果网站仅仅是作为其他业务的一个沟通服务工具，只是面向自己的现实或潜在顾客，网站就可以在小规模下运行。因此网站规模应按网站建设目标来确定，也可以分步骤由小到大，可以很简单、很小，也可以很复杂、很庞大。

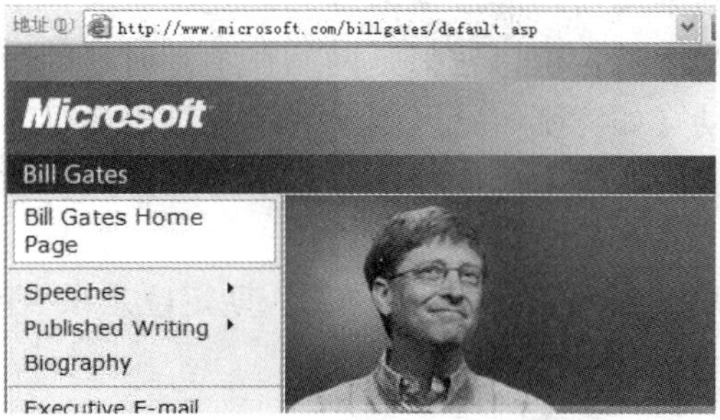

图 6.6　微软比尔·盖茨的个人网站

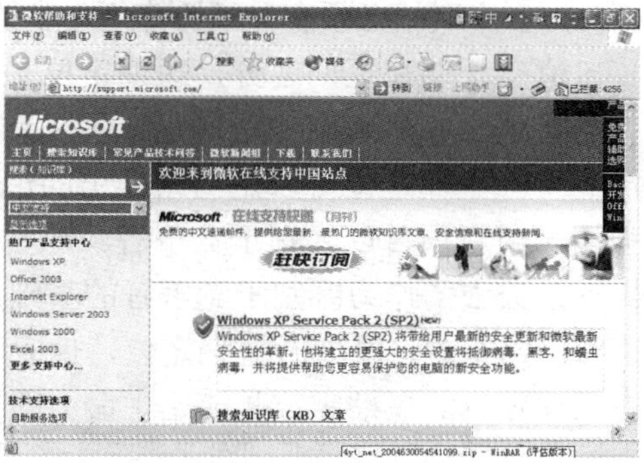

图 6.7　微软的客户支持网站

图 6.8　微软的产品网站

5. 网站经营模式

最后，要考虑网站的经营模式，包括：如何推广网站，以吸引网民，尤其是顾客的访问；如何取得网站收益，以维持网站运行或发展，独立网站只能从外部取得收益，服务于企业产品销售和服务的网站则可以从企业获得所需经费；如何管理这个网站，既可以选择全部自己来做，也可以委托专业服务商来做，自己只是给出要求和原则。

6.1.3　网站定位

产品定位是现代目标市场营销的基石，网站定位是网站形象的外在表现的核心，一个好的网站定位既有助于顾客区别竞争者的网站，又有助于顾客形成网站品牌偏好。

1. 网站特色

网站特色是网站定位的本质，这是因为即使在目标市场中，也并不是说明这些受众都是你的，而没有其他的竞争者来吸引他们，只有当企业的网站有特色，才能吸引到目标顾客的注意。

所谓网站定位是指塑造本网站（和竞争者网站相比）与众不同的特色，并把它传递给顾客（浏览者），使之接受并产生偏好的过程。即向顾客说明本网站与现有其他网站或潜在其他网站的区别，使目标市场的顾客（网民）正确理解、认识本网站有别于其他网站的特色，确定以何种方式触动顾客，给顾客一个访问本网站的特殊理由。互联网赢者通吃的规则决定一个网站必须有自己的特色才能吸引到足够的访问量，才能分得一杯羹，才能生存。

定位有长期和短期之分，短期定位是指网站某项新功能或新内容，以此作为区别于竞争者的特色。严格地说，短期定位不是真正意义上的定位，它只是网站在一定时期的一个“卖点”。短期定位可以是网站推出的最新活动（如竞赛、社区等），率先推出者可以通过强调一项新项目以区别于竞争者。随着竞争者的跟进，此类特色逐渐成为这类网站的基本特征，失去了作为区别于竞争者的基础。

对网站来说，既要有短期定位，也应有长期定位，没有短期定位的长期定位是呆板的，没有长期定位的短期定位是缺乏生命力的。

基于对生命科学产业的深厚经验，Chemdex试图为药品和生物技术企业提供服务。为精确满足科学研究所需要的准确无误的产品，Chemdex提供了几十万种产品的详细信息，这使Chemdex成为生物技术实验室设备的“一揽子”商店，在Chemdex里寻找、比较、订购仪器和设备方便而且快捷。这一服务使研究者可以专注于他们所擅长的研究工作，使他们再也不需要花费大量时间翻阅经常是过期的产品目录来寻找所需要的实验设备和仪器，这本应是他们花在研究上的时间。

163的迅速崛起与它率先在国内大规模专门提供免费邮箱是密不可分的，但这只能作为短期定位，随着其他网站纷纷跟进，免费邮箱需求者开始分流，浏览者有什么理由非要在一个只提供免费邮箱的网站上申请邮箱呢?收发信的同时，浏览一下其他内容或参加一些其他活动不是很好吗？所以163的成功不在于它提供的免费邮箱，而在于通过免费邮箱所透露出来的为访问者提供利益和方便的理念，这才是163应当建立的长期定位。借助这样一种品牌偏好，163成功地开展了一些其他业务。

2. 网站定位过程

网站定位过程是围绕实现网站特色而开展的一系列的网站规划活动。一般包括明确竞争优势、选择竞争优势和示意竞争优势三个阶段。

（1）明确竞争优势

竞争优势是指网站在为浏览者提供价值方面比竞争者更有效。对网站来说，这种竞争优势可能是更新的内容、独特的网页设计、更快的速度或其他（详见网站定位要素）。网站定位是在浏览者心中建立起本网站区别于竞争者的独特性，显而易见，这种独特性应当是一种优势，是顾客所注重的产品特征，而不应是一种劣势或不为顾客所关注的特征。因此，明确竞争优势的本质是排列网站可用于定位的各种要素，确定网站在哪些要素上具有优势，可以作为定位的竞争优势。

（2）选择竞争优势

一个网站不可能也没有必要在当前或通过努力后在所有方面都优于竞争对手，它只能选择若干最有力的要素加以培养使之成为自己的竞争优势。如在2001年全国许多著名网站纷纷宣布实行邮箱收费，减少免费邮箱业务的时候，搜狐却宣布将提供更好的免费邮箱服务。事实上，按赢者通吃的规则，在综合门户领域，要想在综合搜索引擎服务上超过雅虎已变得相当困难，那么为何不另谋它途呢？

选择竞争优势就是根据网站的目的和特点，选择本网站可采用的定位要素，培养它，使之超过竞争对手。一般来说，选择竞争优势应遵循以下原则：一是优势不能过多，应控制在三项以内，过多的优势既导致可信度下降，又不容易引起顾客的注意，更不要说记住了；二是短期定位可以选择网页设计、内容、项目、服务等客观的、具体的要素，以强调不同的使用价值为目标，但要不断推陈出新，应避免诸如“X 网站——服务最佳”、“Y 网站技术领先”等过于笼统而且没有特色的定位；三是长期定位宜选择文化等主观的、抽象的要素，给顾客比较广阔的想像空间，以形成顾客的品牌偏好为目标；四是短期定位应服务于长期定位，保持两者的协调一致。

（3）示意竞争优势

最后，网站必须采取各种手段、通过各种途径向目标市场示意自己的定位（选中定位要素——竞争优势进行网上设计和推广），这将在第 10 章中讨论，这里不赘述。

3. 网站定位要素

可用于网站定位的要素很多，传统的关于产品定位方法和要素依然有效，同时由于采用互联网进行网络营销，网站可以利用现代多媒体技术把公司及产品形象生动逼真地传递给潜在的客户群，因此还产生了许多新的网上定位要素。

（1）提供个性化的客户服务

消费者个性消费的回归与网络个性化营销方式的结合宣告了定制化时代的来临。传统营销依靠大众市场得以生存，通过电视、杂志等传统媒体将营销信息传达给消费者。网络营销则通过在线服务，营销活动可以针对每一个具体的个人，向顾客提供个性化的服务。企业可以通过运用个性化的 E-mail、网页的欢迎信、顾客兴趣的追踪等与顾客建立一对一的亲密友好联系。企业可以真正重视顾客的长期价值，创建个性化的销售信息数据库，记录每个顾客的喜好、购买行为模式、针对顾客设计最好的信息结构并及时送达。

（2）域名

域名是企业或网站在互联网上的身份标志，也是网站理念、服务、行为的集中体现，域名的作用相当于传统企业品牌的作用，域名可以帮助网站建立起网站服务和整体形象的网络标志。以此引导消费者上网，通过企业网站动态、全面地向客户传达企业的信息。域名是网站最简洁、最富有生命力，同时又是内涵最丰富的定位要素。

（3）适时快捷

互联网的迅猛发展使消费者在网上浏览购物的机会越来越多，而耐心越来越少，因此对站点反应的等待时间是极其有限的，如果该站点在很短时间内未能提供有用的信息，消费者将毫不犹豫地选择其他站点。因此网站应该有足够的带宽、简洁明了的主页、及时更新的内容。

（4）交互能力

如果网站只能供浏览者浏览，而不能引导浏览者参加，那么其吸引力是很有限的。只有当浏览者能够很方便地和信息发布者进行沟通时，网站的魅力才能充分体现出来。网站可以建立信息反馈模块、虚拟论坛、通过电子邮件等方式加强与浏览者的交互能力。

此外，完善的客户管理系统、低廉的价格、高品质保证、强大的设计功能、权威的信息发布、方便的沟通和快捷的售后服务方式等因素都可以成为与众不同的网站定位要素。

4. 网站定位分析

企业网站定位——网站特色的选择应该基于严格的市场调查和反复考虑基础上。选择网站特色时主要考虑以下几个要素。

（1）目标顾客分析

对目标顾客的年龄、性别、学历、职业、个性、行为、收入水平、地理位置分布等各种资料进行分析。企业要加强对网上消费者的行为进行研究，这将是提高顾客服务的基础。不同的顾客有不同的审美情趣，不同的浏览习惯，符合目标顾客的审美情趣和浏览习惯应当是选择确定网站特色时的首要考虑因素。

（2）行业特性分析

根据企业所处的行业状况，所生产的产品特点考虑行业成本结构，考虑网络能否降低待售产品市场营销、货物运输和支付的成本结构；企业产品是否与计算机有关，产品使用者的计算机水平如何；产品是否便于通过网络得到较充分的了解，产品的交易过程是否能够便于自动化；企业传统的促销活动、广告宣传是否能和互联网促销工具相互受益；产品是否带有全国性甚至全球性，企业的分销渠道建设能否满足网络消费者的需要。另外，企业在给网站定位时，要充分考虑产品线的长度和宽度，综合企业所有的产品和服务。同时，网站定位还要结合企业产品品牌的管理。

如对于产业用品，网站要以严谨、科学和理性为基调，以企业产品的技术优势为定位要素。相反，对形象性产品，网站的风格要体现产品的形象。

（3）资源分析

企业进行网站功能服务的定位要考虑在当前的资源环境下是能够实现的，而不是脱离了自身的人力、物力、互联网基础，以及整个外部环境等因素。要研究企业的财务状况是否能够支持一个大型网站的建设、运行和维护；企业的计算机、市场营销、美工、创意策划等各类专业人员配备是否完备；企业所要建立的网站提供的各种信息、服务、资源等是否合法，是否能被我国的法律环境和政治环境接受。此外，还要看网站的内容和服务是否为社会文化环境所接受，是否和网络文化以及网站目标顾客所崇尚的价值观兼容。

6.1.4 域名管理

为了保证国际互联网络的正常运行和向全体互联网络用户提供服务，国际上设立了国际互联网络信息中心（InterNIC），为所有互联网络用户服务。由于网络的规模庞大及各国之间存在语言差别的关系，各国纷纷设立自己国家一级的互联网络信息中心，以便为本国的互联网络用户提供更及时和方便的服务。为了适应我国互联网络的发展，更好地为我国迅速增长的互联网络用户服务，受原国务院信息化工作领导小组办公室的委托，中国科学院在中国科学院计算机网络信息中心组建了中国互联网络信息中心（CNNIC），行使国家互联网络信息中心的职责。CNNIC的一项主要业务就是域名注册服务。CNNIC对域名的管理严格遵守《中国互联网络域名注册暂行管理办法》和《中国互联网络域名注册实施细则》的规定。

1. 域名

域名（Domain Name）采用分层次方法命名，分别表示：服务器名、公司机构域名、地区及机构性质和国家及机构性质等。国家及机构性质为最高层（第一层），依次类推，每一层都有一个子域名，子域名之间用点分隔。具体格式如下：

主机名.网络名.机构名.最高层域名

例如：GsWeb.tpt.sh.cn，其含义是：主机名.数据局.上海.中国

域名最多可以有 5 层，最少可以有两层。域名的层次结构如图 6.9 所示。

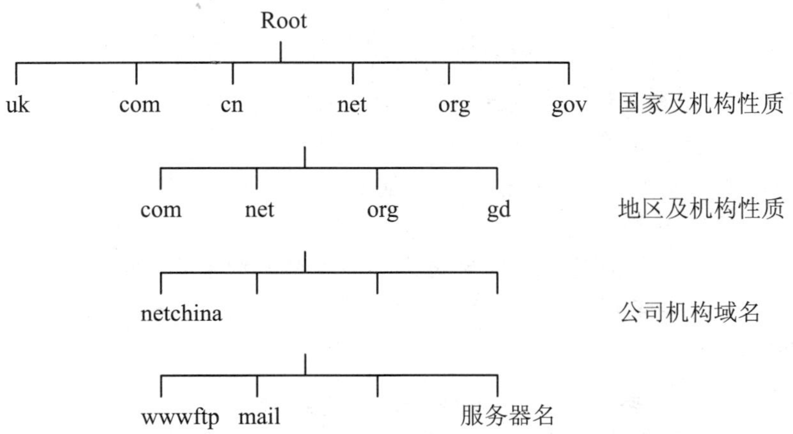

图 6.9　域名的层次结构

对于商业网站来说，申请的域名应以 .com 或 .cn 结尾。原则上域名的选择可以任意决定，但是一个好的域名应具有下列特点：与企业名称一致、与企业的产品注册商标一致、与企业广告语一致的中英文内容、尽量简短易记。

如果能让顾客很容易猜到自己感兴趣的企业的域名，这样一定可以为企业省掉一笔宣传域名的广告费。此外，必须容易记忆。有时企业的英文名称拼写太复杂，那么在取网上的名字时，就应该考虑一下能不能既代表企业形象，又便于记忆，一般来讲，域名的长度最好不要超过 15 个字母。有时为了营销的目的，让域名更响亮、更容易记忆、更吸引人，域名也可以和企业的名称没有任何关系。但在应用这条策略时，建议最好还是要再选择注册一个跟企业名称有关的域名，防止域名恶意抢注事件的发生。

2. 国际域名注册

按国际惯例，域名申请遵循“先申请，先服务”的原则。一个域名一旦被申请，就将永远属于申请者，除非它自动放弃或转让。所以国内企业应抓住机遇，千万不要把属于自己的无形资产拱手让给他人。

目前，只能由 Network Solutions 注册 .com、.net 和 .org 下的二级域名的垄断地位已被打破，全球已有 200 多家 ICANN 授权的 .com、.net 和 .org 下的二级域名注册商，并且这个数目将不断增加，因为任何企业都可以申请成为这样的注册商。选择域名注册商要千万小

心，如果选了一个不好的注册商，不但多花钱，而且可能会带来很多烦恼，甚至是灾难性的后果。

选择域名注册商主要看价格和服务。价格当然越低越好，但还要重点考察下面几个方面的服务。

- 实时注册。争夺好域名的竞争非常激烈，全球可能有多个人在同时注册一个好的域名，只有快速实时注册才有机会注册到好域名；
- 在线修改。修改的速度一定要快，只有在线修改才能满足这个要求；
- 域名保护。域名抢注事件频频发生，域名注册商必须提供有效、安全的域名保护方式，以保护自己的域名；
- 付款方式。由于域名注册商一般要收到钱后才为客户注册域名，为了能实时注册域名，要选择能提供在线付款方式的域名注册商；
- 专业服务水平。由于域名注册涉及到 Internet 技术、知识产权、网络安全等专业知识，没有这方面专业知识和经验的域名注册商不可能为客户提供专业、有效的服务。由于任何企业都可申请成为 ICANN 下的二级域名注册商，选择域名注册服务商时一定要注意他们的专业服务水平和在域名注册领域所积累的经验。

国内主要域名注册服务商的域名注册费用、注册速度、专业服务和网站设计四个方面的对比如表 6.1 所示。

表 6.1 国内主要域名注册服务商比较

服务商名称	EastNIC	东方通信	中国频道	新网	中域网
所在城市	上海	杭州	厦门	北京	成都
域名费用					
价格	150 元/年	150 元/年	150 元/年	150 元/年	199 元/年
付款方式	汇款和银行划账	汇款	汇款	在线、汇款、划账	汇款和在线支付
注册速度					
注册方式	在线实时注册	在线实时注册	在线实时注册	在线实时注册	在线实时注册
完成时间	1～2 天内	1～2 天内	1 天内	1～2 天内	1～2 天内
专业服务					
DNS 解析	免费提供	无	免费提供	免费提供	免费提供
域名重定向	免费提供	无	无	免费提供	免费提供
域名修改	实时在线	实时在线	实时在线	实时在线	实时在线
技术咨询	电话和 E-mail	电话和 E-mail	电话和 E-mail	Web 方式	800 免费电话
网站设计					
美观	好	一般	一般	较好	一般
导航	好	较好	较好	较好	较好
超链接准确度	好	好	好	好	好
兼容性	好	好	一般	一般	较好
应用技术	好	较好	一般	较好	较好
访问速度	较好	较好	较好	较好	一般

3. 中文域名注册

自从互联网建立以来，域名一直是以英文字母表示的，给不懂英文的中国人上网造成了一定的困难。2000 年 1 月 18 日，CNNIC 开始试运行中文域名系统。CNNIC 还制定了《中文域名注册暂行管理办法》，以保证中文域名的惟一性、域名注册用户的利益，中文域名的开通，从根本上降低了中国人使用互联网的门槛，并将有利于我国电子商务的深入发展。CNNIC 中文域名系统开始运行的第一天就收到 36000 份申请，此数几乎接近 CNNIC 近 5 年来接收到的在 .cn 下域名注册的总和，可见中国人对中文域名的热情和认可程度。

在注册中文域名时，必须先注册相应的英文域名。当用户在浏览器地址栏中键入中文域名时，中文域名系统先将中文域名翻译成英文域名，然后再由英文域名系统负责从域名到 IP 地址的解析。如果域名服务器中没有安装中文域名服务器软件，用户在客户端安装一个客户软件后也可使用中文域名。

麦当劳在互联网上的域名被人抢注，最后迫不得已花了 800 万美元才将域名赎回。如果多年前的事情还只是被中国人当作一个“海外奇谈”来加以谈论的话，那么 1997 年 10 月科龙的域名被一家私营制衣厂抢注，并被“勒索”100 万元一事，则已经将“抢注域名”一词强行置入中国人的日常经济生活中。

1998 年，广东公众信息发展有限公司（简称公信）因为投入 30 万元抢注了包括五羊—本田、中国博览会、中国嘉陵在内的国内 600 家知名企业和机构的国际域名而变得颇有名气。

公信总经理姚先生介绍说，他们于 1997 年 10 月开始筹划并进行域名抢注计划，同时做了艰苦的材料搜集和挑选工作，以找到“合适”的企业进行抢注。所谓“合适”，即该企业符合“股份上市公司”、“具有影响的品牌”等标准。

有人指责说，公信是利用自己对国际互联网的“先知先觉”对国内企业敲竹杠。

姚先生解释说，抢注域名的目的是为了提高企业在互联网上注册域名的意识。为了更有效地提高意识，在经济上对它们进行一些刺激，即企业如果要赎回域名，它应该付出比进行正常域名注册更多的费用。

姚先生承认，五羊—本田赎回域名的代价是两、三万。百亿国际控股集团有限公司的代价也是数万元。然而，一个企业在美国注册一个国际域名的花费仅为 100 美元不到。

6.2　网站设计

企业营销网站的设计是一个实实在在的任务，有些网站的设计很朴素，看起来给人一种舒服的感觉；有的网站很有创意，能给人带来意外的惊喜和视觉的冲击；而相当多的网站页面上充斥着怪异的字体，花哨的色彩和图片，给人以制作粗劣的感觉。网站的设计应以浏览者为中心，既要从外观上进行创意以达到吸引眼球的目的，同时还要结合图形和版面设计的相关原理，从而使得网站设计变成一种独特的艺术，提高其对顾客的吸引力。

6.2.1　网站设计成功要素

无论是设计 Web，还是设计宣传小册子或食品包装，都应遵从出版设计的通用规则，但在实施时应根据实际情况做出必要的变通。与其他媒体版面设计不同，Web 页面设计是一种平衡的艺术，一方面要让页面漂亮生动，另一方面要让它可以快速下载，否则人们就会去其他的网站，为此应注意以下几点。

1. 结构清晰

企业网站的结构是指整个企业网站的布局和框架，包括以企业营销为核心的主题层次的划分、内容的分类、页面顺序安排等。对于一个网站来说，如何合理地组织自己要发布的信息内容，以便浏览者能够快速、准确地检索到要找的信息，是一个网站内容是否组织成功的关键。

2. 画面简朴

网站主页的作用好比一本书的封面，是为了吸引用户浏览你的网站内容。因此，主页的设计应以醒目为上、令人一目了然。切勿堆砌太多不必要的细节，或使画面过于复杂。在网上到处浏览的人很多，如果主页没有吸引力，很难令他们深入观赏。

限于传输速度，主页上的图形应力求简朴，避免耽搁用户的时间。图像越大、颜色种类越多，传送页面的时间就越长。主页上的颜色最好不超过64种，页面图像最好保持在10KB以下，应考虑只用两三幅短小精炼的图像，使网页整体上能够迅速传送。

不要设想让你的访问者从首页获得所有信息，在站点比较大的情况下，不可能简单地将所有内容放到一页中。一大堆链接和按钮会使访问者不知所措，屏幕越长，访问者需要滚动的次数越多，访问者就会越少。

3. 完善的检索能力

如果网站的结构设计不能使顾客方便、快捷地找到所需的信息，即使将他吸引到了网站主页，他也会中断访问。为了达到上述设计目标，有些网站在主页设计了信息索引和目录索引，使访问者能够很快地找到感兴趣的那部分信息。因此，有一定规模的网站一定要提供检索功能，以便于访问者查找本网站的信息。图6.10是微软网站的检索页面。

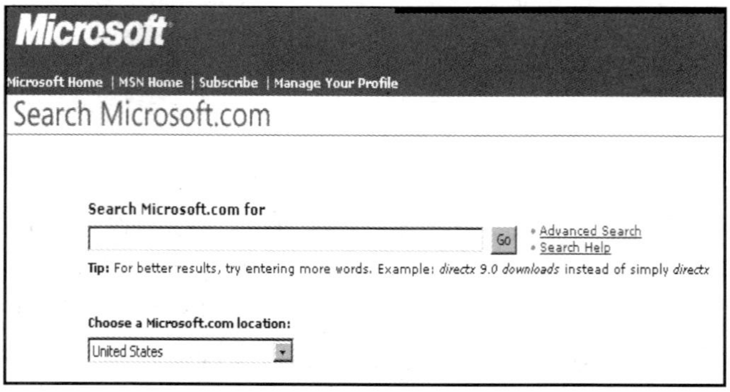

图6.10 微软网站的检索页面

为了给访问者创造方便条件，网站设计者经常将网页内容设计成树状结构，方便纵向查询。访问者从主页开始就可以层层深入到所有“树杈”和“树梢”的信息内容。另外，还可以设计一个搜索系统，让访问者很容易地就找到相关的内容。同时在网站的任何一个页面都要设计有“返回主页”的链接，以方便访问者回到“树干”。

4. 网络导航支持

一个网站并不是由许多主页简单地堆砌而成的，必须要有一定的组织形式将页面有机地组织起来。许多人只重视单个页面的设计，而忽略了各个页面之间的组织和衔接，结果就使这个网站缺乏良好的导航性能。一个网站上的页面应该根据它们被使用的情况进行分组，并且将它们与有关的主页网站连接起来以便使访问者能够迅速访问相关的网站。当网站内容品种繁多时，设立网站地图网页是一个不错的选择。图 6.11 是联想集团的网站地图，它极大地方便了浏览者在网站内寻找自己所需要的产品或服务。

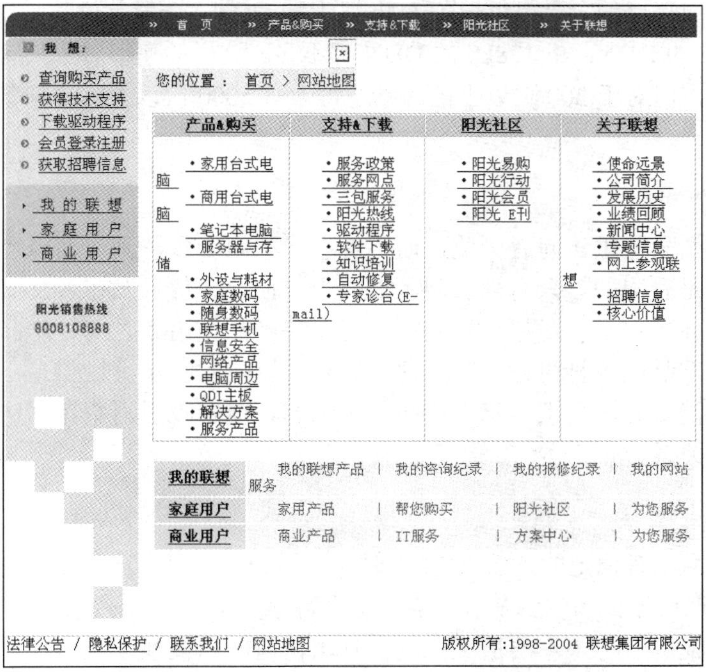

图 6.11　联想集团的网站地图

5. 链接的有效性

人们对一个 Web 站点的最大抱怨也许就是它的失效链接了。首先在将每个链接放到页面上之前，就应该对其有效性进行验证，但由于网站经常会发生变化，因此网络管理员在将其放到网站之后不能就此不管了，还必须定期对其进行检查，以确定它们目前是否还有效。

6. 保持新鲜感

互联网上不断有新事物出现、每天都有新花样。如果你的主页从不改变，用户很快会厌倦。在主页上预告即将有新资料推出，可吸引用户再来浏览。企业不妨在主页上以大字标题宣布新信息，或定期改变主页上的图像，或更改主页的式样。趣味性的事项可以持续或自动更新，例如列出浏览网站的人次。

同样，为保持新鲜感，应时刻确保主页提供的是最新信息。将更新主页信息的工作纳入既定的公关及资料编制计划内，确保链接项目运行顺畅，以免用户在屏幕上收到“无法查阅所需档案”的信息而大失所望。

7. 访问速度

由于Internet发展迅猛，使用者在网上浏览购物的机会越来越多，而等待时间越来越少。因此，企业的主页应该设计得简洁一些，以便使用者可以很快查看到内容，不至于感觉等待得太久。

另外足够的带宽是访问者能够快速访问的保证。很多单位的管理人员喜欢把服务器放在自己的单位，以为这样做保险、安全，其实这样做所带来的直接后果就是带宽问题。因为带宽和租费是成正比的，要想租一条1Mb以上的DDN，一般单位都承受不起，所以很多单位只租了64kb的DDN，租128kb的DDN都不多。这样的速率对于只有300页以下的小网站还可以应付，但对于300页以上的网站，每天有5000次以上的访问量，这个速率就显得很低了。

8. 交互性

如果一个网站只能供访问者浏览，而不能引导访问者参与到网站内容的部分建设中，那么它的吸引力是有限的。只有当访问者能够很方便地和信息发布者交流信息时，该网站的魅力才能充分体现出来。虚拟论坛的设立可以在产品使用者之间、产品使用者与产品开发商之间展开对产品的各种讨论。在线营销员还可以借此收集市场信息，制订有效的营销计划。而网站将消费者的反馈信息直接在网上公布，能够吸引消费者回访网站，并由此形成与顾客的固定关系。

9. 安全性

对于企业的网站有稳定的、一天24小时、一年365天可以连续工作的服务器也是至关重要的。网站管理员最头痛的就是服务器死机、病毒发作等问题，如果访问者经常遇到“本页正在建设中，请以后再来”的情况，就会打消访问的积极性，从而严重影响网站和企业的形象，其后果是降低网站的访问率，进而影响产品的销售量和企业的效益。

6.2.2 网站结构

1. 网站页面版式

关于网页排版布局方面，很多网页设计者重视得都不够，网页排版设计过于死板，甚至照抄他人。如果网页的布局凌乱，仅仅把大量的信息堆积在页面上，会干扰浏览者的阅读。一般在网站页面版式设计上所要遵循的原理有两种。

（1）Miller公式

根据心理学家George A.Miller的研究表明，人一次性接受的信息量在7个左右为宜。总结一个公式为：一个人一次所接受的信息量为7±2。这一原理被广泛应用于网站建设中，一般网页上面的栏目选择最佳在5～9个之间，如果网站提供给浏览者选择的内容链接超过这个区间，人在心理上就会烦躁、压抑，会让人感觉到信息太密集，看不过来。例如www.msn.com网站上的栏目设置有MSN Home、My MSN、Hotmail、Search、Shopping、

Money 和 People ＆ Chat7 项（见图 6.12）。然而很多国内的网站在栏目的设置上远远超过这个区间。

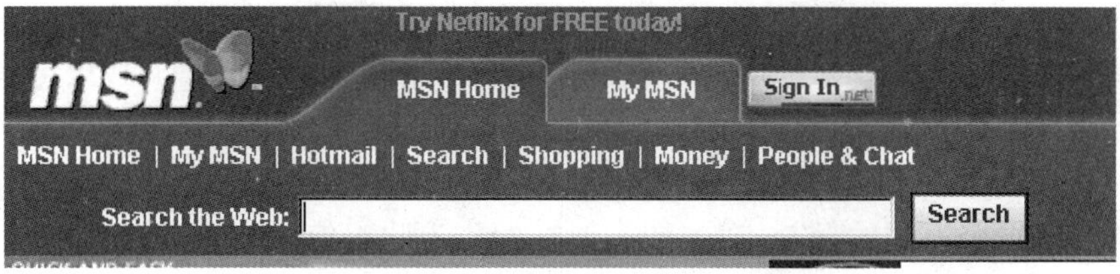

图 6.12　微软 msn 网站（www.msn.com）

（2）分组处理

上文提到，对于信息的分类不能超过 9 个栏目，但如果内容实在太多，超出了 9 个，需要进行分组处理。例如，网页上提供几十篇文章的链接，需要每隔 7 篇加一个空行或平行线做以分组；如果网站内容栏目超过 9 个，如微软公司的网站，共有 11 个栏目，为了不破坏 Miller 公式，在设计时如图 6.13 所示，使用蓝黑两种颜色分开，黑色是分组，而下面的蓝色是每组内的栏目。

图 6.13　微软对栏目的分组

2．网站目录结构

将网站的所有文件都存在一个子目录下并非不可以，但是在计算机操作系统中，建立多个子目录大有益处。对于个人网站或小型网站，建立一些子目录的优势可能不明显，但对于像网易、雅虎这样的网站，其文件少说也在近万个左右，将这么多的文件全部存在根目录下，维修、更新都极不方便，因此应该适当地建立不同的子目录以保存不同类型的文件。例如，将关于新闻的链接文件保存在 news 子目录下，而在 news 子目录下又可建 img 子目录保存图片文件，建立 html 子目录保存超文本文件等。

建立或多建子目录的优点有三个：在更新维护时，要找一个文件相当容易，一旦主页彻底改版，其修改量也比较小；主页中的图片一旦更改，则该删的文件很容易找到并删除，不会因未删而极大地浪费主页存放空间；更新时不会因为哪些文件应该上传，哪些不必上传而头疼。

3．网站链接结构

实际上，互联网的魅力之一在于从这个网站可以链接到另一个网站，从这个页面可以转移到另一个页面，使访问者能实现漫游功能。若一个网站的主页没有漫游功能，不能指引用户查阅相关网址或其他网址的信息，恐怕很难让访问者回味无穷。因此丰富的链接是一个成功网站的重要内容，无论是链接子页面或者是链接到其他网站。

但是，必须尽量使漫游过程不费吹灰之力。基于清晰明确和速度的考虑，首页上的链接是关于网站本身内容的链接，项目应只限于几个高级的类别，例如公司、产品、服务、支援等。用6～8个链接项目最为理想，如公司简介、光辉历程、公司机构、人力资源、信息反馈、技术支援等。此外，提供的信息不能埋藏在重重叠叠的页面下。穿越4个以上的链接项目足以令人厌烦。因此，必须在广度和深度之间求取平衡。如果网站主页上的链接网址太多，建议制作较长的页面或专门制作一个页面来安排old-news、mail等子目录，而每个子目录下有一个不同的index.htm或类似文件作为此类信息集的子首页。

6.2.3 企业（产品）网站基本内容

服务于企业营销的网站群主要包括企业网站、产品网站、教育（知识）网站、娱乐网站、公益网站等。这里主要介绍企业（产品）网站的基本内容，而网站群中其他网站的基本内容将不再做详细的介绍。企业（产品）网站一般包含以下基本内容。

1. 主页

作为入口，主页给访问者第一印象，需要具有更大的吸引力，它一般包括以下内容。

- 标题及标志（LOGO）：标题及标志对于一个网站、特别是对于公司网站是相当重要的。纵观所有的公司主页，没有哪个公司网站的主页文件能缺少标志图或标志动画等信息。标题信息对个人主页同样重要，能让访问者清楚地知道所处的位置，或者表明网站的服务方向和主要内容。标题及标志可以是名称、标语徽号或图像。图6.14为联想集团的标志。

图6.14 联想的LOGO

- 联络资料，指公司通信地址、公关或服务部门的电话号码、电子邮件地址等信息。
- 版权资料，大部分公司的主页有版权声明等信息，其主要作用在于清楚无误地标示访问者所处的网站。
- 导航菜单，主页上的导航菜单或图标能链接到企业站点的其他关键页面，使访问者得到更为详尽的企业产品或服务信息。

2. 产品页面

产品资料介绍越详细越好。产品的全貌反映在网站上，让客户能够查询到产品的主要技术规格、照片和其他可公开的信息。服务类企业更应该通过各种形象的手段体现，也可以采用图6.8微软的产品网站的页面的方式，用虚拟现实技术编辑构造一些虚拟场景。

产品页面采用信息分层、逐层细化的方法展示公司产品或服务。所谓信息分层，就是将它放在不同详细程度的页面上，从而允许用户能自上而下地找到最适合他们需要的信息层。也就是说，首先建立一个产品/价格清单（第一层），该清单允许用户为每一选项选择一个产品页面（第二层），这个页面又能引出具有详细信息的页面（第三层）。如果这些层还不够，还可以继续分层。进一步建立具体到多个按产品系列或公司业务领域分类的产品/价格清单页面。这样，产品页面的主要内容应包括产品/价格清单，单个的产品页面，建立产品名称到产品页面的链接。在页面中加入产品使用方法及常见故障处理方法，这不仅可以减轻企业技术支持人员的工作量，也可以增加顾客对产品的信任度，同时也是对产品的一种宣传。图 6.15 是长虹的产品推荐主页面。

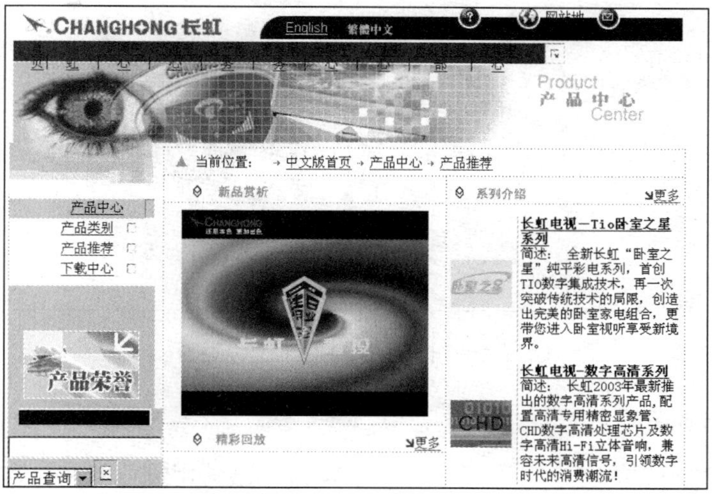

图 6.15　长虹的产品推荐主页面

3. 新闻稿档案页面

无论一个组织是大还是小，它的商业网站都应该有个新闻稿档案。新闻稿有双重目的，单独而言，它们可以发布有关新产品或新开发项目的情况；作为档案的一部分，它们又是活的公司年表。在过去，如果想发一个新闻稿，即使企业自身有足够的能力自己操作，一般也得请公共关系公司来做，还要接受新闻机构的检查。而现在有了Web，就可以很迅速地发布企业的最新新闻。

4. 企业信息页面

网上交易的特点之一是资信不易确定，这是网上购买者不轻易下订单的主要原因之一。因此，企业应尽量提高企业资信的透明度，让访问者了解企业的运营状况。企业信息页面能达到这个目的，它主要包括公司数据库、财务表格，以及与投资者关系等页面。除此以外，企业信息页面还应包括以宣传企业文化为核心的企业形象展示。图 6.16 是长虹公司的企业文化页面。

5. 参考页面

创建参考页面并链接到与企业相关的特定主题的网络论坛或其他网络资源，通过提供客户感兴趣的信息站点，可以很快使页面成为该主题的权威指南。这是使企业网站除了提供公司和产品信息之外，成为对客户更有用的工具并增加页面访问率的最简单的办法。

图 6.16　长虹网站的企业文化页面

6. 客户支持页面

互联网是一种理想的客户服务工具，目前 Web 的最佳用途可能是与客户的通讯并为客户提供支持。客户支持页面是专门用来为客户提供服务和技术帮助的页面，有些著名公司的网站提供网上维修服务，即通过网络指导用户对有故障的产品进行维修。许多用户上网并不是要购买，而是寻求帮助，企业站点应尽其所能为客户提供服务和技术支持，由于满意的客户服务能更好地满足客户需求，这种投资必定会获得回报。在设计客户支持页面时，尽可能地让自己站在客户的角度，预料每种潜在的方法，向客户提供有用的信息和服务，使他们对企业及其产品产生亲切感。可以参看图 6.7 微软网站的客户支持页面。

7. 市场调研页面

与传统营销一样，市场调研是营销的基础和关键环节，网络即时互动的特性决定了它是一种有力的市场调研工具。网上调研有传统的市场调研不可比拟的优势：成本低，几乎没有任何费用，不需要交通费和印刷调查表的费用；效率高，传统的市场调研包括诸如各种发放和收集调查表、手工汇总和分析等过程，效率非常低。而网络调研基本上都是在网上进行的，因而速度非常快。通过市场调研页面可以收集顾客对产品和服务的评价、建议等传统调研方式所能获得的大部分信息，由此可建立起市场信息的数据库，作为营销决策的基础。

8. 广告

在网站中添加一些广告内容也可以增加网站的吸引力，因为大多数客户购买时喜欢货比三家，因此要浏览一些网站广告以获得更多的产品信息，提供广告页面正好满足了这部分客户的要求，同时也提高了网站的访问频率。站点通过使用页面广告为用户提供了独特的内容，如果设计合理，网上广告是能够以其高质量和免费的内容而为顾客所接受。根据聚集效应理论，提供同行企业或同类产品的广告或信息并不一定降低本企业的交易量。相反，由于无法通过该网站访问其他类似网站，也许能使一部分急于决策的顾客下订单，但更多时候是使大多数顾客不再愿意访问该网站，从而失去今后的交易机会。

9. 其他网络营销创意内容

增加一些巧妙的创意可以增加企业网站的吸引力，吸引更多的网民光临。例如，在网页中加入赞助商页面、货物追踪系统（如 FedEx）、电子货币、安全保密系统等。

6.3　网站管理与推广

网站建成后，不管其规模大小都不能一劳永逸，网站的全面管理和不断维护更新是网站有效运行的前提和保障，因此要做网站的管理工作。

即使是创意新颖、设计很好的网站也不能坐等顾客上门，还需要不断用宣传、广告或链接来推广自己的网站。网站推广就是为了让更多的网民知道企业的网站，以提高网站的知名度，争夺有限的注意力资源，尽最大可能提高网站的访问量，吸引和创造商业机会。企业网站虽如雨后春笋，层出不穷，但其中不少网站只顾闭门造车而不注重推广，结果是知道的人很少，过不了多久就会在互联网上销声匿迹。那种“酒香不怕巷子深”的营销观念在电子商务中难以成立。为了使自己的网站被更多的人知晓，必须全力进行网站推广，让更多的人知道企业网站的存在及其优势，只有这样，企业网站才有可能获得较大回报。

6.3.1　网站维护

网站维护和管理首先包括保证网络的通畅、服务器的正常运行等硬件方面的工作，也包括网站创意、内容延伸、网民咨询及网民信息搜集等软方面的工作。从某种意义上说，后者是企业开展网络营销要做的更大量和更重要的工作。企业的决策者及网站管理者必须时刻关注本企业的网站，让网站常变常新。一个长期（网上的时间概念，一个月，最多半年就算长期了）不变的主页很快就会成为被人遗忘的角落。

目前我国很多企业在网站维护方面投入的力量不足，重“网站建立和开通”，轻“网站的维护和管理”的现象屡见不鲜，这里除了有经济因素外，更重要的是意识的缺乏。企业网站的维护必须投入很大的人力和财力，才能充分发挥网站潜在的作用。

1. 网站的日常维护

网站经常会由于设备故障、程序出错等原因，导致不能被正常访问，这就需要进行日常的维修管理。企业的网络管理员每天查看网站日志文件（Log File）。网站日志文件记录着网站日常访问客户地址、客户访问的网页、客户访问的时间、客户访问时出现的错误等。此外，网络管理员还要查看网站反馈信息。这些反馈信息包括网站反馈表中的反馈信息、网站客户服务邮箱中的邮件、留言板、论坛中反馈的信息，以及客户的咨询等。

2. 信息的维护及更新

企业网站上有大量的信息，但这些信息有其时效性，尤其是首页的信息要及时更新。顾客对网站的一些观点和意见、企业新产品研发、企业最新动态、投资项目说明、招聘有关人员、行业新闻等信息都要及时更新。可以看出，企业网站上各个栏目的信息往往来源于多个业务部门。企业必须制定相关的制度，保证企业内部信息的收集，进行严格的审查直到最后信息发布的良性运转。网站的信息只有不断更新才会吸引访问者重复访问，加强他们对网站的忠诚度。另外，网站的一些 Logo 图片、Banner 广告、Flash 动画等也要经常不断翻新。

3. 定期改版

初次建设网站的企业对网站的理解和认识不够深入，一般对网站的各种功能和设计创意要求不高。随着企业网络营销的开展，对互联网和网站建设的认识不断加深，往往也会对企业网站有更高的要求，这就要对网站进行改版。另外，每年元旦、春节、劳动节、端午节、国庆节、中秋节等重大节假日，还应临时更新首页视觉设计。

4. 系统维护

IT 行业发展日新月异，网络服务器、各种网络设备、网络技术不断升级换代。企业网站也需要在硬件设施和软件程序上不断升级，以满足访问者的需要。计算机网络设备应该由专业人员操作，防止非专业人员的误操作导致整个企业网站瘫痪。企业的网管要正确地进行服务器配置，经常给网络操作系统及时地安装升级包或者打上补丁，以防止安全漏洞的出现。网络的系统维护还要包括系统安全维修，网站一旦遭到黑客的攻击破坏，要及时恢复。

5. 人员的培训

目前，中国的大多数企业网站建设都有待提高，企业对于现有网站的利用还需要完善，但这一切需要专门的人员来完成。很多企业的领导人认为，网络方面自然要由计算机专业的人才去完成，而这些人员往往不懂营销和市场，因而造成网站建设的偏差。企业要加强对技术人员的营销培训和对营销人员的技术培训，一个好的网站应由营销策划人员、销售一线人员、技术人员，以及美工人员等共同来完成。企业应该重视网络营销的应用，要促进网络部门与其他部门的沟通和合作。

6.3.2 传统媒体上的推广策略

因为传统媒体目前还拥有最多的受众，所以新兴的传播媒体总是在传统媒体的宣传中得到发展、壮大。传统媒体包括电视、广播、报纸、杂志、商家所有的印刷品、户外广告等，这些都是宣传网址的良好途径。随着我国电子商务的发展，传统媒体的网络推广广告会越来越多。

1. 广播、电视

在传统媒体方面，电视和广播具有很多优势，电视拥有最多的受众，是网站广告宣传的最好选择。中央电视台制作的很多节目在播出时都在屏幕上给出相应的网址，很多专题节目，如经济半小时、财经报导、股市行情等还经常介绍企业的网址及网页，这些节目都有很高的收视率，具有极佳的广告宣传效果。

2. 报纸、杂志

打开国内主要报刊，几乎都会找到有关电子商务以及网站的报导、介绍和大量广告，特别是一些专业报刊，如《计算机世界》报、《互联网络周刊》杂志等全国著名的 IT 报刊，是企业做网站和网址宣传的首选载体。报纸、杂志也是目前使用传统方式宣传网站和网址的最主要途径之一。

3. 户外广告

数年前，矗立于北京中关村零公里处的广告“中国人离信息高速公路还有多远？向北 15 米”被看作是瀛海威，乃至整个中国信息产业的宣言，使瀛海威最早在很多人心目中建立起难以磨灭的印象。许多中国百姓是伴随着瀛海威的创立，第一次走进互联网的世界，瀛海威的网址一时成了国内知名度最高的网址。如今，这样的广告在我国发达地区随处可见。这也说明，各大网上公司都不愿放弃这种传统的户外广告宣传方式。

4. 公司印刷品

公司在和外界交往时要消耗大量信封、信笺、名片、礼品包装，如在其上印上网址名称，让客户在记住你的名字、职位的同时，也看到你的网址和电子邮件地址。这是一种不需另外增加广告费的宣传方式。

6.3.3　互联网上的推广策略

互联网络不仅创造了电子商务，也创造了很多沟通推广方式，被称为继电视、广播、报刊杂志、户外广告后的第五大媒体。

在互联网络上利用导航台、新闻组、BBS、电子邮件群组、图标广告、分类广告、友情链接等，都可以进行网站的推广。网上宣传不仅方式灵活多样，而且由于采用多媒体技术，使其具有了传统媒体所无法比拟的宣传效果。网上宣传是推广网站的最有利工具。在互联网上推广商业网站的方法和技巧可简单归纳为如下几种。

1. 在著名搜索引擎站点注册登记

最有效的宣传自己网站的方法，就是在网络门户——搜索引擎中注册，注册的搜索引擎越多，你的主页被访问的机会就越多。网民们（都是网上公司潜在的顾客）在互联网络上查找信息最常用的方法就是通过搜索引擎搜索，因此必须设法使企业的网址列在搜索器相关条目的醒目之处。但要注意在提交搜索目录时有一些小技巧，运用得好就可以使顾客很容易找到企业的网站。

慎重选择登录的网站及目录：显然，越是著名的网站，访问的人越多，所以要寻找那些著名搜索引擎网站登录。在登录时，要将网址提交到最合适的目录下面，最简单的办法是看看同类产品或服务的网址在哪一个目录下，到那个目录去提交网址，也可优先考虑在那些专业的购物搜索网站登录。

遵守规则：由于搜索目录网站收录网站时难免存在一些人为因素，因此在提交网站时要注意遵守每个网站的规则。

确定恰当的关键字：要准确选择与放置关键字，使企业的网站容易被搜索到。选择与网站内容最为贴切的两三个关键字。比如旅游站点可选中国旅游、中国旅行、Tourchina、China Travel 等作为关键字，并首先要在标题（Title）中出现，正文也要尽量重复这些关键字。选择的关键字应该在三个以上。

使用“快速注册”收费服务：一些著名的搜索引擎服务商提供“快速注册”收费服务，如果你的网站内容不错，而网址提交却屡试不中，那么可以考虑购买此项服务。

2. 建立友情链接

在其他网站上放置自己的链接标志，一直是一种十分简单经济而有效的网络广告促销方法。国内外很多网站都提供链接标志交换服务，可以与其他会员互相交换链接标志。此外，还可以参加“网链”计划，一个网链就是一组共享链接标志的网站，其网站上需显示其他所有成员的链接标志。国内目前提供“网链”服务的网站有“网络广告先锋”等网站。也可以在一些大流量网站上设立付费的链接标志。在这些门户网站登录时要注意其收费的标准及方法。通常的计费方法是按千次点击（CPM）为单位来计算，如 CPM 160 元表示每千次点击收费 160 元。

3. 网络广告

与报刊或电视等传统广告相比较，网络广告制作更方便、效果更生动，而且成本相对较低，所以网络广告是建立企业形象、树立产品品牌，以及引导和挖掘消费者的有效宣传方式。当然，如果能将网上广告宣传活动与传统广告宣传活动相结合，以全方位的营销概念来规划，就能获得更佳的综合效果。网络广告最常见的表现方式是图形广告，如各门户网站主页上部的横幅（旗帜）广告。

4. 电子邮件推广

由于电子邮件使用方便、速度快，正逐渐成为网络时代重要的联系方式，因此在虚拟世界电子邮件也有很大的宣传威力。用电子邮件进行网站宣传有点像传统方式的登门直销。在使用电子邮件宣传网站时，也有一些技巧。

- 收集技巧。要采用主动收集方法，即想方设法让客户参加进来，如竞赛、评比、猜谜、优惠、售后服务、促销等。用这种方式来有意识地营造自己的网上客户群，不断地用电子邮件来维系与他们的关系，这个客户群就是企业的最大财富。
- 准确定位。为了提高电子邮件的宣传效果，避免网民的反感，要根据邮件内容尽量准确选择收件人群体。例如，某网络公司将收件人定位于在北京地区居住或旅行的外籍人士，在发给他们的电子邮件中，包括各航空公司在各个时段推出的折扣政策、税务咨询和 MBA 培训等所有对外国人居住、学习和工作有用的信息。
- 适当的发送周期。选择适当的发送周期，发送周期过长影响效果，一般一周发送一次。同时一定要注意邮件内容的选择，一定要简洁并且不要有废话，避免引起反感。另外也要允许客户拒绝接收邮件。
- 使用邮件列表。创建邮件列表，把搜集到的地址按类别存放，然后直接向不同列表发送邮件。使每个收件人在收件人栏中只看到自己的姓名，这样既方便了邮件发送，又可以避免发生将成百上千个收件人名字列在收件人栏中的尴尬事情。另外为便于管理，每个邮件列表地址不要太多。

- 采用 HTML 格式。邮件格式也很重要。比如阿里巴巴网站发送的供求信息邮件是超文本格式，即使其内容与接收者关系不大，也不会被当成垃圾信件马上删掉，人们至少会留意一下发送者的地址。
- 一对一的目标化服务。很多在线交易网站记录客户电子邮件信息，他们用电子邮件进行客户跟踪。他们的电子邮件可能是生日问候或“一周后你女儿就满 3 周岁了，4 个月前购买的鞋恐怕已经不合脚了，我们的在线商店新到几款儿童鞋……”
- 使用签名文件。签名文件被称为互联网上的广告牌。在签名文件里，要列入的信息有：姓名、职位、公司名、网址、电子邮件地址、电话号码等，这使潜在客户容易对企业的网址产生信赖感，并可以引导他们浏览企业的网站。

5. 病毒式推广

病毒式营销也就是网上的口碑营销，就是让访问者把你的网站推荐给他的朋友。调查表明，在我国，朋友推荐是我国网民了解新网站的主要渠道之一，仅次于媒体报道。由于网上通信的便利，网上传播十分流行。常用的方法主要有以下三种。首先，聊天是最常见的网上交流手段，当然也是网站宣传的好方法，其中最多的是聊天室聊天和 OICQ、MSN Messenger 等即时通信软件。其次，在网站的一些内容网页上，可以设置类似“推荐给朋友”的功能选项，鼓励访问者通过该功能将本文的地址推荐给其他人。最后，可以要求企业内部员工向一些信息门户网站投稿或者发表信息时，将企业的网站地址加入其中。

6. 排行榜

CNNIC 每年都会举办中国优秀网站的网上评选活动。各家网站可以通过参加评选活动来起到宣传自己、提高知名度的作用。因为中国优秀网站的评选活动需要经过评委会初评、公众投票、听取专家意见等一系列过程，因此其权威性和传播性都比较强。利用排行榜进行网站推广也是很有成效的方法。图 6.17 是中华排行榜网站的页面，这里按类别对网站进行了排列，当然，这个网站对各类别网站的排列有一定主观性，不过对公司来说也不失是一个推广自己网站的好机会。

图 6.17　中华排行榜网站的页面

思考题

1. 网站的基本类型有哪些？
2. 简述网站的定位过程。
3. 一般来说，企业网站应该包括哪些内容？
4. 网站的推广策略有哪些？

第 7 章　网络营销工具

网络营销工具是指在网络营销活动中所运用到的各种网络工具和网络手段，它们在网络营销活动中发挥着不同的功能和作用。

按其主要功能的不同，可以将网络营销工具划分为三大类：沟通类、服务支持类和引导类，事实上有些工具兼具多种功能，如 E-mail 既可用于与顾客沟通，也可用于服务支持。最重要的是，互联网提供了一种新的、强大的顾客交流工具——互动交流工具，如 BBS、新闻组等。

相对于传统的营销手段，网络营销工具有着明显的优势。

7.1　网络沟通工具

沟通是指人与人之间通过语言、文字、符号或类似的表现形式，进行信息、知识与情报等的交流过程。网络沟通工具是指通过互联网提供的用于实现企业和顾客之间的信息沟通的各种手段。网络沟通工具又可划分为网络社区沟通工具、私人沟通工具和调查工具三种，目前已开发的可用于网络社区沟通工具有 BBS、Chat Room 等，可用于私人沟通的工具有 E-mail、短信等，可用于市场调查的工具有在线表单。

7.1.1　网络社区沟通工具：BBS 和 Chat Room

电子公告板（Bulletin Board System，BBS）是虚拟网络社区的主要沟通形式，大量的信息交流都是通过 BBS 完成的，会员通过张贴信息或者回复信息达到互相沟通的目的，有些简易社区只有一个 BBS 系统，而一些大型社区则可能包含多个 BBS 系统。BBS 最早是在 Apple 机上使用的，用来公布股市价格等一些信息的工具，早期的 BBS 与一般街头和校园内的公告板性质相同，只不过是通过计算机来传播或取得消息而已。后来 BBS 从 Apple 机转移到 PC 上，并随着 PC 机的普及，开始渐渐发展起来，特别是近些年来，BBS 的功能得到了很大的扩充。图 7.1 是 marketingman 网站的关于营销主题的 BBS。

聊天室（Chat Room）是在线会员实现实时交流的场所，对某些话题有共同兴趣的网友可以利用聊天室进行深入交流。

1. 网络社区沟通工具的作用

公司可以利用自己网站或其他网站的 BBS 和聊天室实现和目标顾客的沟通，不论是利用哪个网站的网络社区工具都可以实现以下作用。

- 可以与网络访问者直接沟通，容易得到他们的信任。如果是在商业性的网站，则可以了解客户对产品或服务的意见，访问者很可能通过和企业的沟通而成为真正的客户，因为人们更愿意从了解的商店或公司购买产品；如果在学术性的站点，则可以方便地了解同行的观点，收集有用的信息，并有可能给自己带来启发。

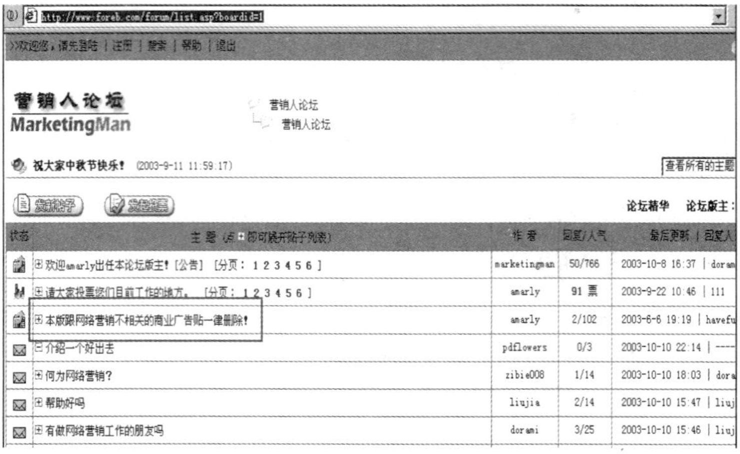

图 7.1 marketingman 网站的营销人论坛

- 可能参加讨论或聊天。访问者愿意重复访问的 BBS 或聊天室，说明那里正是和他志趣相投者聚会的场所，除了相互介绍各自的观点之外，一些有争议的问题也可以在此进行讨论。公司通过参与这些讨论知道客户对产品真正的想法，根据这些想法来研发出的新产品将会是最受客户欢迎的。
- 可以将 BBS 或聊天室作为一种顾客服务的工具，利用它们回答客户的问题。因为聊天室能实时地进行顾客服务，所以已经得到了大多数公司和客户的认可。
- 方便进行在线调查。无论是进行市场调研，还是对某些热点问题进行调查，利用 BBS 和聊天室进行在线调查都是一种高效廉价的手段，这比在主页或相关网页设置一个在线调查表要好得多。如果在 BBS 和聊天室中不动声色地提出想要调查的问题，让访问者对其进行讨论，发表意见，会得到更真实的调查结果。
- 如果是公司自己网站上的 BBS 或聊天室，还有一个作用就是可以与那些没有建立自己社区的网站合作，允许他们使用自己的论坛和聊天室，通过这些网站与公司社区的链接和介绍，进行免费的宣传。
- 适当在 BBS 或聊天室中做广告。这一点作用在运用时一定要小心谨慎，要是被版主识破可能会面临被删贴的危险，看看图 7.1 中红线框内的内容就知道了。就算在自己的范围内做广告也不能太过头，因为可能会引起访问者的不满，使他们对网站产生不信任和厌恶感，从而失去访问者。

2. 网络社区沟通工具应用中的问题

在互联网发展的早期，网上专业的商业社区还比较少的情况下，BBS 和聊天室作为重要的营销工具，给早期的网络营销人员提供了一些商业机会，取得了一些成就。

BBS 和聊天室作为最好的网络社区群体间的沟通工具，在网络营销中作为信息的传递和沟通是非常方便，而且是很有效的。但是，如果将它们作为产品促销的工具，则有些不合适了，正如上述的最后一个作用中提到的，利用它们直接进行产品的宣传，会引起相当大的反感，反而会得不偿失。

随着网络营销工具的创新和发展，越来越多的工具可以用于直接的产品宣传，BBS 和聊天室在这方面的作用明显有所下降。现在更多的发展方向是增加网站吸引力和顾客服务等，因此，在利用它们进行网络营销时，一定要善用其优势，避免其缺陷。不管怎么说，一个优秀的网络社区在网络营销中起的作用仍然是不可低估的，在可能的情况下，企业规划和建设自己的网站时，应尽可能将网络社区建设作为一项基本内容。

7.1.2　私人沟通工具：E-mail 和短信

1．E-mail 概述

电子邮件（Electronic Mail）也称为 E-mail，它是用户或用户组之间通过计算机网络收发信息的服务。目前，电子邮件是互联网上使用得最为广泛、最受欢迎的沟通工具之一，它已成为公司进行顾客服务的主要方法，成为网络用户之间快捷、简便、可靠且成本低廉的现代化通讯手段。

利用 E-mail 进行网络营销时髦的叫法是 Email 营销，不管叫什么，都是通过电子邮件传递营销信息给申请过的收件人的行为。这和传统营销中发送宣传单的性质是类似的，企业将需要传递的营销信息通过“推”的方式发送给被动接受的收件人手中。正因为 E-mail 作为网络营销的工具，是一种带有“推”的性质的沟通手段，在使用时特别要注意两点：一是基于用户许可，即在向客户发送电子邮件之前要通过合法的途径获得客户的 E-mail 地址和获得客户接受电子邮件的许可，擅自向客户发送电子邮件是不恰当的，并且允许和方便客户随时取消接受电子邮件的许可；二是发送的信息对客户是有价值的，也就是包含客户需要的信息，一般来说，企业应提供客户接受信息类型的选择。不符合以上两点的电子邮件是不礼貌的，都属于垃圾邮件，是目前互联网上的不和谐音符之一。图 7.2 是 IBM 公司为其新产品 ThinkPad X40 笔记本电脑向注册客户发送的推广邮件，它很好地恪守了上述两点。

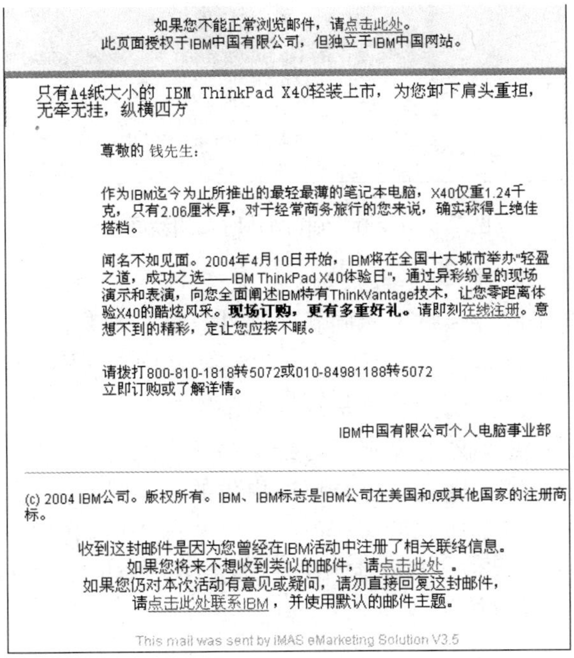
如果您不能正常浏览邮件，请点击此处。
此页面授权于IBM中国有限公司，但独立于IBM中国网站。

只有A4纸大小的 IBM ThinkPad X40轻装上市，为您卸下肩头重担，无牵无挂，纵横四方

尊敬的 钱先生：

作为IBM迄今为止所推出的最轻最薄的笔记本电脑，X40仅重1.24千克，只有2.06厘米厚，对于经常商务旅行的您来说，确实称得上绝佳搭档。

闻名不如见面。2004年4月10日开始，IBM将在全国十大城市举办“轻盈之道，成功之选——IBM ThinkPad X40体验日”，通过异彩纷呈的现场演示和表演，向您全面阐述IBM特有ThinkVantage技术，让您零距离体验X40的酷炫风采。**现场订购，更有多重好礼。**请即刻在线注册。意想不到的精彩，定让您应接不暇。

请拨打800-810-1818转5072或010-84981188转5072
立即订购或了解详情。

IBM中国有限公司个人电脑事业部

(c) 2004 IBM公司。版权所有。IBM、IBM标志是IBM公司在美国和/或其他国家的注册商标。

收到这封邮件是因为您曾经在IBM活动中注册了相关联络信息。
如果您将来不想收到类似的邮件，请点击此处 。
如果您仍对本次活动有意见或疑问，请勿直接回复这封邮件，
请点击此处联系IBM，并使用默认的邮件主题。

This mail was sent by iMAS eMarketing Solution V3.5

图 7.2　IBM 公司的产品推广 E-mail（图中信息内容有删节）

按照发送信息是否事先经过用户许可来划分，可以分为许可 Email 营销（Permission Email Marketing， PEM）和未经许可的商业 Email 营销（Unsolicited Commercial Email，UCE）。未经许可的 Email 营销也就是通常所说的垃圾邮件（Spam），正规的 Email 营销都是基于用户许可的，在没有特别说明的情况下，本书所讲的 Email 营销均指 PEM。

也可以按照 E-mail 地址的所有权分类。潜在用户的 E-mail 地址是企业重要的营销资源，根据对用户 E-mail 地址资源的所有形式，可将 Email 营销分为内部 Email 营销和外部 Email 营销，或者叫内部列表和外部列表。内部列表是一个企业利用一定方式获得用户自愿注册的资料来开展的 Email 营销，而外部列表是指利用专业服务商或者具有与专业服务商一样可以提供专业服务的机构提供的 Email 营销服务，自己并不拥有用户的 E-mail 地址资料，也无需管理维护这些用户资料。

2. 如何用 E-mail 进行私人沟通

使用 E-mail 进行私人沟通的方式有很多，主要有三种。

（1）新闻邮件

新闻邮件，就是通过 E-mail 发送给顾客的新闻通讯。这些新闻邮件对公司很重要，是网络营销所必需的，主要有两个原因。首先，消费者对电视、印刷品、互联网和户外广告等媒体上的铺天盖地的推销词及营销信息已司空见惯，不是不相信，而是无动于衷。其次，电子邮件不仅仅是普遍存在的，而且是受人喜爱的通信手段，超过了声讯和面对面的交流。图 7.3 是一封由 ChinaRen 网站发送的新闻邮件。

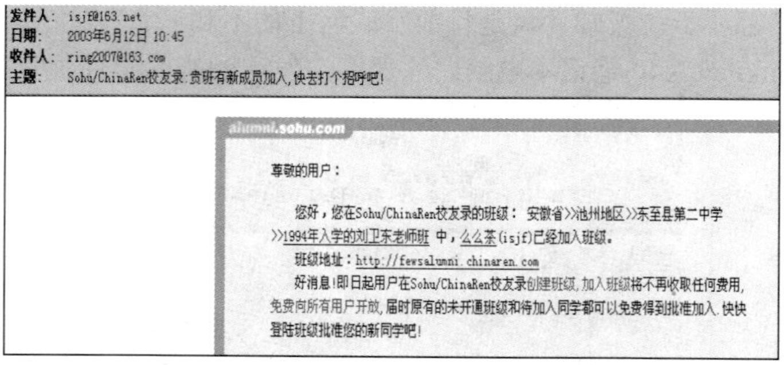

图 7.3 ChinaRen 网站所发的新闻邮件

（2）促销和直接电子邮件

促销和直接发送电子邮件在技术上同新闻邮件一样，都是由发送者成批地分发给收件人的，区别在于它们没有时间表，也不包含新闻，一般只包括特价促销信息。

直接电子邮件比直邮更具活力，这是因为所邮寄的信件不是给一个邮箱，而是给一个真实的人。直接电子邮件是高效的直邮。对于网络营销人员来说，意味着拥有了更为准确的目标受众的信息，因为邮件地址是受众自己提供的，并且有些目标受众还会提供他们的偏好，因此营销人员可以提供他们最想获得的信息来迎合他们的偏好，这会使得直接电子邮件的阅读率比直邮要高得多。图 7.4 是由一封关于玉兰油护肤产品的促销邮件。

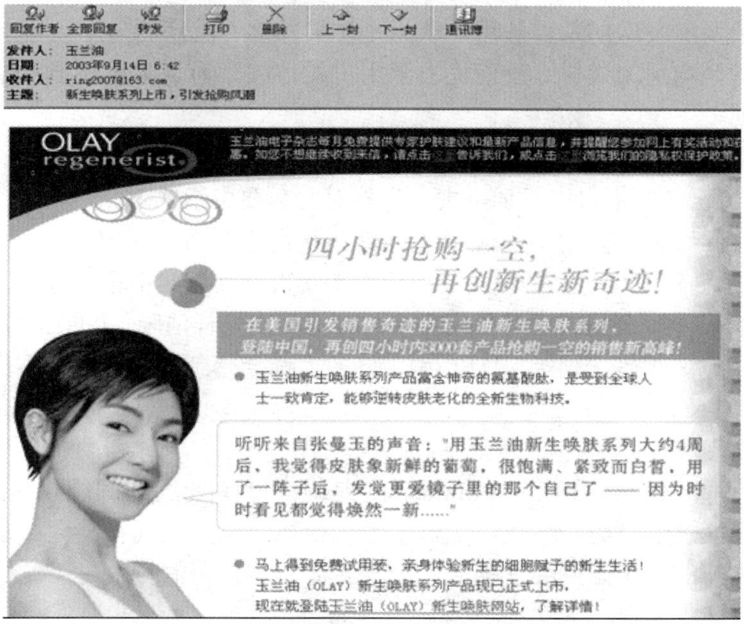

图 7.4　宝洁公司玉兰油产品的促销和直接电子邮件

（3）自动应答器生成的邮件

自动应答器生成的邮件，是在一种请求下，通过电子邮件自动回复的文本文件。它们被要求发送电子邮件至一个指定的地址，是为了自动回复另一封电子邮件而设置的。自动应答器可以有多种用途，其目标是迅速地回答潜在客户、客户及其他重要的查询，以免让他们等待，或者更糟糕的是，把他们推向竞争对手。图 7.5 就是一封由自动应答器生成的邮件。

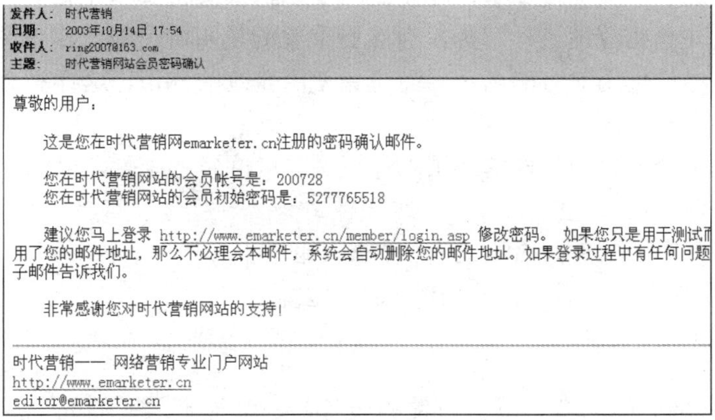
发件人：时代营销
日期：2003年10月14日 17:54
收件人：ring2007@163.com
主题：时代营销网站会员密码确认

尊敬的用户：

这是您在时代营销网emarketer.cn注册的密码确认邮件。

您在时代营销网站的会员帐号是：200728
您在时代营销网站的会员初始密码是：5277765518

建议您马上登录 http://www.emarketer.cn/member/login.asp 修改密码。 如果您只是用于测试而用了您的邮件地址，那么不必理会本邮件，系统会自动删除您的邮件地址。如果登录过程中有任何问题子邮件告诉我们。

非常感谢您对时代营销网站的支持！

时代营销—— 网络营销专业门户网站
http://www.emarketer.cn
editor@emarketer.cn

图 7.5　时代营销网站自动应答器所回的邮件

3. 利用 E-mail 进行沟通的规则

（1）垃圾邮件

所谓垃圾邮件，即未经对方同意便发送的电子邮件，包括以营销为目的的电子邮件。互联网用户非常憎恶垃圾邮件的发件人，因为这要花费收件人时间去接收、阅读和删除每封邮件。如果公司所发送的邮件被用户认为是垃圾邮件，就意味着不仅没有达到利用电子邮件进行网络营销沟通的效果，反而失去了用户的信赖。为了避免被当成垃圾邮件，需要注意以下的规则。

- 未经“决定参加”，不要让任何人进入邮件列表。要给网络顾客一个选择的机会，让他们自己选择把自己添加进去，当然对此需要表示感谢。
- 不要让自己同任何使用垃圾邮件的人或机构发生联系。
- 给你的邮件订户以退订的机会。当他们不愿再继续订阅电子邮件时，可以有机会进行退订的选择。公司的退订指南需要与订阅指南一样清晰，并能立即兑现这些要求，如果在订阅指南旁找不到退订指南，许多人都会感到非常紧张且不信任，并且不愿把自己加入到订户中去。

（2）网络礼节

网络礼节（Netiquette）和礼节（Etiquette）是同一母体的，是互联网版的“小心谨慎”。网络礼节一定不能过于马虎，但也不能过于中规中矩，毫无生气和个性。发给潜在的网络顾客一封缺乏礼节的电子邮件会使他们生厌，转而喜欢公司的竞争对手。有关电子邮件的网络礼节有以下这些规则。

- 使用企业域名，这样发送的电子邮件的回复地址就是“发件人名@公司名称”，这要比利用别人的域名更令人信服。
- 在开始的几封信中要认真做好自我介绍，并且在以后的信件中都要包含代表公司形象或介绍的标志性图案或文字。
- 每封回复的信中，最好注明上次信件的内容，因为收件人或许以经忘记他所提出的问题是什么了。
- 注意电子邮件写作的风格，努力做到积极、鼓舞人心、彬彬有礼和助人为乐。
- 在任何情况下都要保持礼节，即便是回复一封极其粗鲁和无礼的投诉，也要中庸对待，认真并有礼貌地进行辩护，当然更重要的是明辨是非，实事求是地解决问题。
- 在邮件中尽量使用对方的名字，而避免使用笼统的称谓，这样做会引起阅读者的注意并令他们开心。
- 要简洁。无论是新闻邮件、促销邮件还是自动回复的邮件，简洁是很重要的，会保证电子邮件被认真地阅读。
- 要立即回复电子邮件，否则会有失去机遇的危险。

当然还有很多规则，这需要在不断的实践中去总结。

4. 短信业务

手机短信以其强大的功能、廉价方便的服务，逐渐地走入人们的生活，成为信息时代不可缺少的资讯交流工具，在某些方面短信已经替代了传统通信工具的功能，并且产生了一系列独有的短信服务方式和服务内容。随着手机短信与互联网的完美结合，为网络营销带来了新的沟通工具形式。有人将与互联网相结合的短信业务称为“第五媒体”。图7.6是ChinaRen网站的首页，可以看到该网站已将短信作为其主要栏目之一。

短信系统因为具有众多优点而发展迅速，成为网络营销中一大沟通工具，这些优点有：双向发送，用户可以接收到对方回复给自己的短信；送达确认，可以对短信发送的状态进行查询，确保短信被顺利送达；多方式接入，除了手机外还可以通过互联网、API 方式、标准 E-mail 程序来收发短信；提供多个子账号，方便企业内部管理和费用控制、各子账号之间相互独立，确保公司各部门之间的信息保密。

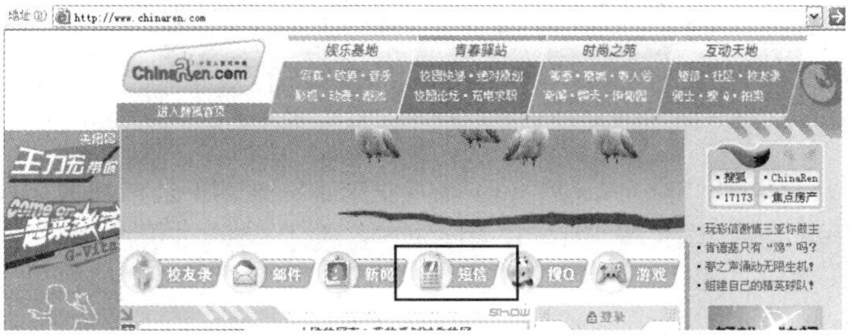

图 7.6　ChinaRen 网站上的短信业务

互联网的短信业务以通过网络向手机用户发送短信为主，短信内容的种类繁多，是公司需要充分利用的新型网络沟通工具。目前互联网上短信业务更多地被用在了娱乐方面，在营销方面的应用明显薄弱得多，只有 ISP、ICP 等网络公司利用短信业务来盈利，而且这些公司也仅仅是把短信业务作为一种产品来经营，并非作为营销工具。这可能是因为短信业务是刚刚发展起来的新业务，大多数的传统公司还不知道如何对它加以应用。

应用短信业务进行网络营销沟通形式主要有：发送短信广告、回复顾客的提问、与电子邮件结合进行邮件送达的确认等。可见，短信作为营销沟通工具与作为娱乐工具相比在功能和内容上都要欠缺得多，这一方面是说明短信作为营销沟通工具的作用还是比较小的，另一方面也说明如果善加运用，让短信发挥出如同娱乐工具一样的作用，那么这将是网络营销中的一大创新。图 7.7 是搜狐短信网站，从图中可见短信业务形式很多，给用户很多的选择余地。

图 7.7　搜狐短信网站

然而，由于互联网短信业务发展太快，发展过程中存在很多问题没有能被及时地解决，大大降低了商业短信的可信度，在用户的心目中留下了不可信赖的印象，这给企业以后的发展带来了阻碍。其中有两个最大的阻碍，一是内容太杂乱，有些内容低级趣味、毫无常识且欺骗性强，给用户带来厌恶感和不信任感，这会使得公司运用短信进行正常的营销信息沟通丧失了用户最起码的信任；二是收费混乱甚至带有欺骗性，目前很多网站为了获得短期收益，而不顾长期发展，利用欺骗的方式骗取用户的短信费用，使得用户一朝被蛇咬，十年怕草绳，不再相信公司开展的互联网短信服务。

7.1.3　调查工具：在线表单

许多商业站点都包含一个与用户交互的页面进行信息的沟通，这样的页面被称为在线表单。用户使用在线表单来提交姓名、地址、联络方式等信息，做出一些选择或确认，将他们的意见和问题反馈给企业，进行网上购物等活动。在线表单充分体现了网络的交互、及时、信息丰富的强大优势，与 E-mail 相结合构成了功能非常强大的企业与顾客沟通的桥梁。

在线表单在网络营销沟通中常用来完成信息反馈、用户注册和问卷调查的功能，具体说明如下。

1. 信息反馈

倾听潜在顾客和现有顾客的声音，获得他们的意见反馈，对公司来说无疑是非常重要的。这时，公司首先要做的是确定需要问的问题，准确地提出问题不仅给回答者提供了方便，节省他们宝贵的上网时间，而且可以大大地简化企业需要做的后期管理与数据处理工作。图 7.8 是中国早教网关于用户最喜欢的网站栏目的在线调查，通过这样的在线调查可以获得及时的信息反馈。

图 7.8　中国早教网的在线调查

用简洁、明了的语言来表达自己的意图，提出相应的问题，告诉顾客希望他们做什么。这可以使顾客更好地了解信息反馈的目的。如“您觉得某某产品在性能方面是优秀、一般、还是比较差呢？”比“请您谈谈对某某产品的感觉”要好得多，并且会得到更贴切反馈意愿的回答。

在具体的提问时，也要注意方式。表单页面通常很难在外观上有什么特别之处，文字内容的创意就成了吸引访问者的焦点。如“您的意愿就是我们下一步的目标”，“为我们留下些意见好吗?”，虽然并不能起决定性的作用，但无疑会对吸引访问者花两分钟的时间来填写表单有很大帮助。

需要注意的是，信息反馈表单不是问卷调查表，它更像是一个意见簿，是给用户留下他们反馈意见的地方，所以最好不要提太多的问题，而应当让用户来提问，否则会引起用户的反感。

2. 用户注册

用户注册表单的及时性远非传统的纸张注册表能比，公司可以随时改变要用户填写的内容，并能迅速地收集到顾客的注册信息，这几乎是和顾客的填写同步的，尤其是在用户急待享受一些需要注册才能享受的服务时，这种及时性的重要性更是突现出来。这种及时性将成为吸引顾客的有力工具。

然而，更为方便的是用户注册表单的数据库扩展功能。借助一些工具程序，可以很方便地将用户提交的结果直接转换成多种数据库的记录格式，与公司已有的数据库相连接，实现数据的及时、自动加载，这将真正体现出信息时代的工作方式。图 7.9 是时代营销网站的会员注册表单。

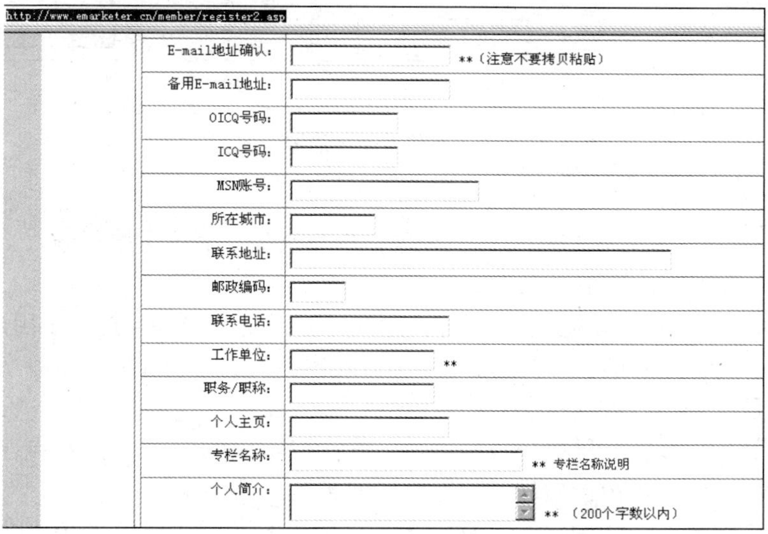

图 7.9　时代营销网站的会员注册表单

出于网络的特殊性，在设置注册表单的选项、选择问题时需要注意以下问题。

- 仅在真正需要时，才向访问者询问电子邮箱地址。由于电子邮箱与普通邮箱不同，极易受到恶意的攻击，因此很多浏览者不愿意在他们遇到的网站中随便提供自己的电子邮箱地址。如果作为必填项而一定要求他们提供，很可能使他们放弃注册，而他们中很可能有成为公司主要顾客的人。
- 不要包括宗教、种族等文化背景。
- 在提出选项时用一些简洁而通用的语句。
- 在页面上对每个进行注册的顾客表示感谢。

其实，在消费者市场上，更为关键的是掌握顾客的消费行为，而不是顾客的真实身份、地址、联系方式之类的既敏感又对企业采取何种营销策略缺乏有效价值的信息。所以应多设计一些涉及消费者行为（如消费动机、场所、价格敏感性）等有助于企业进行有效市场细分、把握消费者需求的问题。

3. 问卷调查

网页上的问卷调查同注册表一样，比纸张形式的问卷具有及时、迅速、便于处理等优点，它的形式灵活，这主要是指有许多页面元素控件可以供选择，这些可用作制作调查问卷的页面元素见图 7.10。

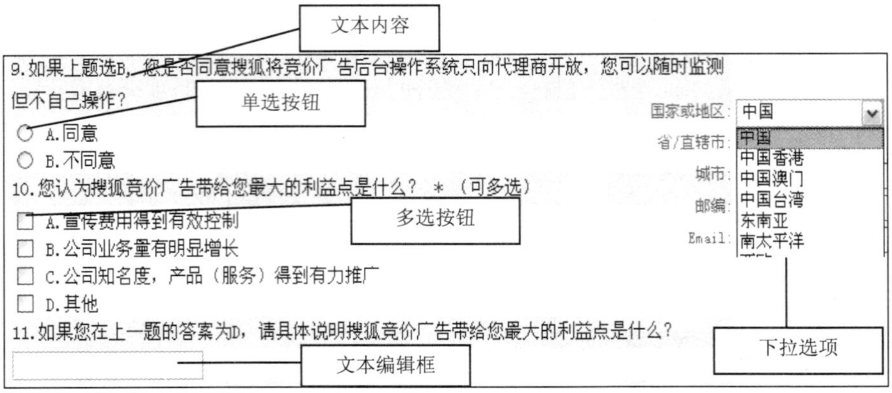

图 7.10 表单中使用的控件元素

- 文本内容，告诉用户需要他们做什么。
- 下拉选项，下拉选项提供了许多选项供用户选择，减少了填写输入文字的麻烦，并且占用了很少的页面空间。
- 单选或多选按钮，用选择题的方式给用户提供了多种选择，提高了用户答题的速度，也活跃了整个页面。单选按钮是指所有的选择项中只能选择一个答案，而多选按钮是指可以在所有的选择项中同时选择多个答案。
- 文本编辑框，这是可供用户输入多行文本内容的地方，需要用户自己输入（如意见或建议的内容），由于增加了回答问题的难度，建议少用。

表单可以表达的交流内容多种多样，在规划好内容之后，可以灵活地应用上面介绍的多种页面元素来创建表单页面。

7.2 服务支持工具

所谓服务支持工具，是为公司向用户提供有效的网络服务所使用的支持性的工具，常用的服务支持工具有常见问题解答（FAQ）、呼叫中心（Call-Center）、新闻组（Newsgroup）和即时信息（IM）。下面分别对它们进行介绍。

7.2.1 常见问题解答

常见问题解答页面是几乎所有公司网站都有的网上服务工具页面。网上顾客服务的重要内容之一是为顾客提供有关公司产品与服务等方面的信息，而面对众多的公司产品与服务方面的信息，如何选出那些顾客真正可能需要的信息，最好的办法就是在网站上建立顾客常见问题解答。FAQ 主要为顾客提供有关产品、公司情况，它既能够引发那些随意浏览者的兴趣，也能够帮助有目的的顾客迅速找到他们所需要的信息，获得常见问题的答案。图 7.11 是联想公司网站上的 FAQ 页面。

图 7.11　联想公司的 FAQ 页面

FAQ 原是公共论坛 Usenet 新闻组为了避免重复讨论同一问题而设计的。在新闻组里，一位用户提出问题，另一位用户就会提出他的看法，其他人又会提出自己的反对意见或其他意见。这样继续下去就形成了一条"讨论主题线"。过了几个月，这一论题基本讨论完毕，他们便进一步讨论其他的或是一些更深层次的论题。而当一个新的成员加入时，他会提出许多基础性的问题，而其他成员则不愿老生常谈，他们甚至有可能取笑这些新手。为了遵守互联网上相互帮助这一基本原则，便产生了 FAQ。

许多新闻组设有 FAQ，并且定期刊载。许多热心的新闻组成员会主动承担大量 FAQ 的问题与答案的编辑工作，可以成为该新闻组的 FAQ 协调员。FAQ 的初稿在网上发出，其他成员可以提出改进意见。通常，他们会把那些已经陈旧，或是不愿再讨论的问题加进去。作为用户，在提出问题以前最好先看 FAQ，问题的答案很可能就在其中，并且其中可能还包括其他重要的却未曾想到的问题。

1. FAQ 的设计

FAQ 设计的主要工作有两方面，一是列出常见的问题，即在公司网站上建立 FAQ；二是 FAQ 页面的设计。

（1）在公司网站上建立 FAQ

只要有一定的服务规范，养成随时记录和分析顾客问题的制度，对于公司顾客服务部和一线销售人员来说，在公司网站上列出常见问题并不困难，因为他们了解这方面的情况，知道顾客问得最多的问题是什么，也知道问题的答案。更重要的是，他们能透过问题的表面，确定出顾客真正想要问的问题是什么。比如若顾客问“这东西超过50斤吗？”他们实际是想知道公司的送货制度和费用；若顾客询问关于送货方面的问题，他实际上还想知道让商品安装并投入使用得花多少时间；若顾客询问关于保修方面的问题时，实际上还想知道该产品是否可靠。因此，只要把顾客服务部和销售一线的人员集中到一起，常见问题的清单很快就能列出来。因此，公司需要花时间与负责公司热线的人员交流，与一线的销售人员交流。通过这些交流，将深入了解到顾客是如何提问的，这也是建立良好FAQ的关键。

FAQ可以设置成两套：一套是面向潜在顾客和新顾客的，它提供的是关于公司、产品等最基本问题的答案；另一套是面向老顾客的，他们对企业产品已经有了很多了解，因此，可以提供更深层次的详细的技术细节、技术改进等信息。采取以上做法，潜在顾客会感受到公司对他们的支持和帮助，因而会更快地转变为现实顾客，同时另一套只让老顾客登记的FAQ对他们也会是不小的诱惑；而老顾客则会觉得自己受到重视和特殊待遇，因为在这套老顾客FAQ里有许多一般顾客无法获得的消息，如产品何时会增加新的功能，软件里的小问题何时能够纠正等。

（2）FAQ页面设计

设计FAQ需要认真思考常见问题页面的组织，即合理安排问题和美化页面。精心组织的页面不仅可以方便顾客使用，而且能够为顾客节约许多上网时间。为此，必须能使顾客在网站上容易找到FAQ页面，页面上的内容必须清晰易读、易于浏览。

保证FAQ的效用，这是指要保证公司的FAQ能够帮助顾客深入了解公司的产品，从而更好地使用产品，发挥产品的最大效用。许多公司网站上的FAQ虽然的确包括了大多数顾客经常咨询的问题，但从技术角度看，顾客的许多常见的问题可能不是很重要或关键性的，这使有些公司可能忽视这些问题。这看起来好像是站在顾客的角度考虑问题，但事实上不能达到帮助顾客深入了解产品的作用，这样的FAQ对顾客的帮助很小、价值不大。

瑞士的SW咨询公司在网上设立的瑞士银行业的FAQ就是一种短小简单的FAQ。整个FAQ上只有5个问题，每个问题给出的是最简短的答案，而且有8个月没有更新。该公司原来的目标是为银行及金融界人士提供网上咨询服务，并把FAQ作为公司关心顾客的表现。然而，这样的FAQ对于公司的顾客并无价值，因为其中的问题和答案都过于简单。将这种FAQ作为营销工具，属于定位不合理，从顾客服务角度分析，则完全是浪费时间和金钱。因此，公司在网站上建立和设计FAQ时，必须要保证有一定的容量、广度和深度，问题的回答尽可能对顾客有实质性的帮助。

要让FAQ简单易寻，即FAQ要使顾客能够方便快捷地找到相应的问题及答案。许多公司网站上的FAQ是很长的文本文件，其中的确包括了常见问题，但问题的排列不是按照顾客提问的频率高低进行的，这就要花费顾客较多的时间和精力在长长的文件中来回寻找。在网站上放置多少信息才能既充分利用网站空间，又能保证这些信息简单易寻，这是网站设计常遇到的普遍问题。为此，一般应确保任何信息都能够在4次按钮操作之内到达，每一菜单都不能超过7条选项等。因此，在主页上应设有一个突出的按钮指向FAQ，然后在每一页的工具栏中都设有该按钮。FAQ也应能够链接到网站的其他文件上去，这样，顾客就可以通过FAQ进入产品及其他信息。同时，在网站的产品和服务信息区域应该设立指向

FAQ 的反向链接，这样，顾客就可以在阅读产品信息时回到 FAQ 页面，发现与之相关的其他方面的问题。

选择合理的 FAQ 格式，这是指 FAQ 中的问题排列要有层次和类别，方便顾客对公司产品的理解。常用的方法是从顾客的角度按主题将问题分成几大类，每类问题都有其对应的区域，这些区域基本上能够使顾客查询到所需要的答案。几大类问题主要有：关于公司各种产品的常见问题、关于产品升级的常见问题、关于订货、送货和退货的常见问题、关于获得单独帮助的常见问题、关于公司的常见问题。

数字现金公司（Digitcash）的网站设计师就是采用了将问题分类的方法。他们没有使用冗长的单篇形式，而是在 FAQ 页面的上端设置一个问题分类目录表，这个分类目录表链接到每一类主题的常见问题及答案，顾客根据想问的问题找到其所属的主题分类，单击这个主题分类目录表，就可到相关的页面上阅读具体内容，寻找具体问题的答案。如果顾客在 FAQ 中未能找到所需的内容，分类目录表中还包括一项“其他内容”可供选择。

信息披露适度，这是指 FAQ 为顾客提供的有关公司和产品的信息要适度。公司不必把关于产品、服务，以及公司的情况完全公开出去，这样做，表面上是表现了公司对顾客的诚意，但许多信息却对顾客没有太多的用途；另一方面，也给竞争对手窥探公司核心技术的机会，对本公司不利。因此，信息披露要适度，这个“度”应以对顾客产生价值又不让对手了解公司的内情为准。只有在这两者之间寻找到合适的均衡点才能使网站成为公司的一份资产。

Intersolve 公司是一个比较成功的例子。该公司主要是为顾客开发用于顾客服务、软件配置管理、数据管理等方面的软件，这些业务对该公司的顾客服务和技术支持的要求比较高，于是他们决定在网上建立一个知识库，以便向顾客提供关于软件故障及解决方案方面的信息。该公司的北美顾客服务主管贝斯说：“虽然这些有可能会使我们暴露于对手的视线中，但我们能够以更低的成本发送这些信息，那么就无需再去多想了。但同时，我们会提高警惕。如果我们的销售人员告诉我们，竞争对手知道我们的所有情况，我们会重新考虑这一问题。不过在此以前，我们将把‘知识库’作为促进销售的重要措施。而且目前，顾客对它反应积极。”当然，Intersolve 也采取了相应的措施，首先密切关注销售量，如果销售量锐减，公司将重新组织 FAQ 策略；其次若需要这些信息，必须花钱购买密码，才能享受服务。

2. FAQ 的搜索

顾客不但希望公司的网站能够解决他们的问题，而且还希望易于操作，能够使他们轻松自如地在各个网页和内容之间穿梭。几乎所有的 FAQ 都提供搜索工具，它不仅能在主页上，而且还能在所有其他页面上进行搜索。搜索工具不仅要具有较强的搜索功能，而且还应易于使用。如果做不到这些，顾客将逐渐远离该网站，最终远离该公司。因此，顾客在搜索信息时所花费的时间和精力起着关键作用。

顾客搜索所花的时间可以分为两个方面，一方面是搜索工作实际所花的时间，即从顾客登记、拨号、进入公司网站直到搜索到所需信息。另一方面则是顾客的心理时间，这一时间更加重要。心理时间的长短主要取决于顾客在搜索过程中对操作难易的感受和等待时间的长短，操作方便会使时间变短，而等待则会使时间变长。因此，不能设计一套复杂的搜索系统，搜索关键字的选取要符合习惯，要尽量用简洁明了的选项取代文字输入。虽然图形有时可以更为清楚地解释一个问题，但目前还必须注意不要因为大量使用图形而使传输速度大大下降，必须寻求和等待时间之间的平衡。

有时，即使有了FAQ的帮助，一些顾客还是不能解决问题，因为他们并不知道自己的问题到底属于哪一类，结果导致寻找方法的错误。这时，应该适时地帮助他们发现碰到的问题是什么，并为他们指出正确的查找方向。可以设计一种软件，该软件能够监视顾客搜索情况。当顾客的搜索操作次数超过正常水平时，就可以通过自动跳出帮助或电子邮件告诉他们可能没有掌握正确的搜索方法和路径，并告知如何通过最短的路径达到目的地。

必须保证顾客可以在首页上或任何一个页面上找到所需的搜索工具。搜索工具必须有强大的功能，而且易于使用。为此，可以在首页上放置搜索图标，在其他页面上放置搜索按钮，也可放置一个工具栏。为了方便顾客使用搜索工具，公司里的技术人员应向顾客推荐各种工具，同时还能找到一些免费工具，这就要根据顾客的需要，从中进行选择。

在互联网上最常见的工具是WAIS（广域信息服务系统）搜索器。这种搜索器根据用户提供的关键字在它的库里搜索，并按照匹配程度进行排序、打分，问题的排列顺序就按分数从高到低排列。如果关键字在文件标题里，得分就会比其他文件高，关键字离标题越近，得分越高，出现次数越多，得分也越高。但是，其搜索结果对顾客没有太多的帮助。采用免费的搜索工具虽然成本低，但使用效果并不理想。相比之下，收取一定费用的搜索工具则更加有效。这些工具正在不断更新换代，公司应了解其最新行情，以提高顾客的搜索能力。

综上所述，对FAQ搜索需要注意以下几点：搜索功能应适应网站的需求，从顾客角度设计搜索工具，了解顾客的提问方式，提供分步搜索方式。

7.2.2　Call Center

1. Call Center概述

Call Center（呼叫中心，又称客户服务中心）起源于发达国家对提高服务质量的需求，其主旨是通过电话、传真等形式为客户提供迅速、准确的咨询信息，以及业务受理和投诉等服务，通过程控交换机的智能呼叫分配、计算机电话集成、自动应答系统等高效的手段和有经验的人工座席，最大限度地提高客户的满意度，同时自然也使企业与客户的关系更加紧密，是提高企业竞争力的重要手段。建立在通讯系统上的“110”、“119”、“120”、“10000”、“114”、“12315”等都是典型的传统呼叫中心的例子。

互联网中的呼叫中心是与传统呼叫中心目的相同、形式相似的。一般具有以下一些特点：实现“一号通”，便于用户的记忆；智能化呼叫路由使资源得以充分利用，采用智能呼叫处理（ACD）由多种条件决定路由的选择；自动服务分流，由自动语音或自动传真可使客户呼叫分流，或由不同业务代表提供不同服务的客户呼叫分流；通过自动语音应答设备能够做到为客户提供全天候服务；提供灵活的交流渠道，允许顾客在与业务代表联络时可随意选择包括传统的语音、IP 电话、电子邮件、传真、文字交谈、视频等在内的任何通信方式等；能事先了解顾客的账号信息、购买历史等相关信息，以便为其提供更有针对性的服务；能针对顾客的具体情况安排有特殊技能的业务代表以满足顾客的要求，非专业的话务员可从数据库中取出专业信息，也可为用户提供良好的专业一级的服务；主动向新的用户群体进行产品宣传，扩大市场的占有率，树立公司品牌形象；完善的客户信息管理、客户分析、业务分析等功能，为公司的发展决策提供事实依据；与企业的 ERP、供应链、电子商务等业务系统方便集成。

2. 建立 Call Center 的企业利益

现在没有人再怀疑呼叫中心在企业中所起的作用。企业之间的竞争大致经历了三个阶段，一是产品本身的竞争，这是由于早期一些先进的技术过多地掌握在少数企业手里，可以依靠比别人高出一截的质量，赢得市场。但随着科技的飞速发展，新技术的普遍采用和越来越频繁的人才流动，大多数成熟产品及其生产技术越来越趋于同质化，企业间产品在物理上已相差无几，客户买谁的都一样，于是价格成为主要的竞争工具，靠低价打败对手。由于价格并不具备不可模仿的特性，竞争进入第三阶段，即服务的竞争，靠优质的售前、售中和售后服务吸引和保持住客户，最终取得优势，而呼叫中心正是企业提升服务的有力武器。

（1）提供一站式服务形象

通过客户服务中心将企业内分属各职能部门为客户提供的服务，集中在一个统一的对外联系“窗口”，最终实现一个电话解决客户所有问题的目标。客户服务中心与以往服务方式不同的是：不再存在“踢皮球”的现象，不会把客户的电话转来转去，最后不了了之。客户服务中心对客户实行一站式服务，客户一个电话进来，明确他所需的服务，以后一切由客户服务中心进行内部协调，及时、周到地完成客户所要求的服务。一旦服务完成，则仍然由客户服务中心及时回复客户，或者客户任何时候均可查询到自己的业务处理情况。

（2）提高工作效率

呼叫中心能有效地减少通话时间，降低网络费用，提高员工或业务代表的业务量，在第一时间内就将来话转接到正确的分机上，通过呼叫中心发现问题并加以解决。同时，自动语音应答系统可以将企业员工从繁杂的工作中解放出来，去管理更复杂、直接和客户打交道的业务，提高了工作效率和服务质量。

（3）节约开支

呼叫中心统一完成语音与数据的传输，用户通过语音提示即可轻易地获取数据库中的数据，有效地减少每一个电话的时长，每一位座席工作人员在有限的时间内可以处理更多的电话，大大提高电话处理的效率及电话系统的利用率。

（4）选择合适的资源

根据员工的技能、员工的工作地点、来电者的需要、来电者的重要性、不同的工作时间/日期来选择最好的、最可接通的业务代表。

（5）提高客户服务质量

自动语音设备可不间断地提供礼貌而热情的服务，即使在晚上，您也可以利用自动语音设备提取您所需的信息。而且由于电话处理速度的提高，大大减少了用户在线等候的时间。

在呼叫到来的同时，呼叫中心即可根据主叫号码或被叫号码提取出相关的信息传送到座席的终端上。座席工作人员在接到电话的同时就得到了很多与这个客户相关的信息，简化了电话处理的程序。

这在呼叫中心用于客户支持服务中心时效果尤为明显，在用户进入客户支持服务中心时，只需输入客户号码或者甚至连客户号码也不需输入，呼叫中心就可根据它的主叫号码到数据库中提取与之相关的信息。这些信息既包括用户的基本信息，诸如公司名称、电话、地址等，也可以按照以往的电话记录，以及已经解决的问题与尚未解决的问题，双方很快就可进入问题的核心。

呼叫中心还可根据这些信息智能地处理呼叫，把它转移到相关专业人员的座席上，客户就可以马上得到专业人员的帮助，从而使问题尽快解决。

同时客户服务中心提供多种与客户沟通的渠道，使客户拥有更多的选择权，由他们决定以何种方式在何时进行交流，这样便可更好地增加客户的便利性。

（6）留住客户

一般地，客户的发展阶梯是：潜在客户→新客户→满意的客户→留住的客户→老客户，往往失去一个老客户，所受到的损失往往需要有8～9个新客户来弥补，而20%的重要客户可能为您带来 80%的收益，所以留住客户比替换他们更为经济有效。呼叫中心集中公司的所有客户信息资料，并提供客户分析、业务分析等工具，帮助公司判断最有价值的客户，并奖励老客户，找出客户的需要并满足他们的需要，从而提高客户服务水平，达到留住客户的目的。

（7）带来新的商业机遇

理解每一个呼叫的真正价值，提高效率，增加收益，提升客户价值，利用技术上的投资，可更好地了解客户，密切与客户的联系，使产品和服务更有价值。尤其是从每一次呼叫中也许可以捕捉到新的商业机遇。

3. Call Center 的运用

（1）明确建设目标

为什么要建立呼叫中心？是为客户提供综合服务，还是销售产品；目标客户的分布情况如何；计划投资多少等，都要事先有一个完整的方案。呼叫中心的建设规模，应根据企业发展战略确定呼叫中心的目标，使呼叫中心成为企业战略的一个组成部分。此外，还应成立一个专门的小组，负责项目的具体实施。

（2）确定业务需求及流程

企业应用呼叫中心，不能简单地在现有业务流程上增加一个技术层。成功的呼叫中心，应该将技术改造和业务流程的重新设计紧密结合，根据目标来改造业务流程，或者是建立新的业务流程。

最好先建立起呼叫中心的系统模型，分析基于 CTI 的应用应如何转变现有商业模式以及这种转变对公司的影响。模型应包括相关的资源，如人员、系统、供应商和商业需求及应用等。

（3）设备选型

设备选型需要平衡多种因素，如系统的先进性和满足现有需要的矛盾（平衡长期和短期需求）；平衡价格和系统性能/品牌；平衡系统的可用性和复杂性；如何集成已有的产品以保护过去的投资（建立新系统还是改造老系统）等。

（4）建设实施

呼叫中心的建设阶段主要包括：综合布线、系统安装、业务系统开发、调试、试运行和验收。由于呼叫中心要和企业的业务紧密结合，集成商需要根据需求调整系统的操作流程和界面，也要建立与企业的其他数据库和应用服务器的连接。在建设过程中，可能要根据具体情况调整目标（更改需求）。用户有可能提出新的要求，集成商可能会遇到难以解决的问题，系统建设时间越长，出现的问题就越多。这就需要厂商和用户双方合作，控制系统的建设时间。

（5）招募和培训人员

呼叫中心需要的人员一般包括：维护人员、业务代表、班组管理人员、质检人员和主管人员。

招聘员工时，可以采用专用的呼叫中心招聘软件，帮助挑选出合格的人员，由招聘负责人对员工的声音、接听电话的技巧、个人素质、语言能力（如果是回复 E-mail，还应该了解写作能力）和与他人交往的能力等多方面进行评估。

为了使招聘的人员能尽快地胜任工作，还需要参加相关的专业呼叫中心培训。通过培训和培训后的考核，掌握各种职业技能。一般的培训时间是 15～20 天。

（6）运营管理

国内外大量的实例表明，完善的呼叫中心培训、绩效考核、管理运作有助于充分拓展和发挥其技术优势，有效提高客户满意度和对产品的忠诚度。例如，在日常的运营中，通过呼叫中心的呼叫监视和评估系统，评估呼叫效果，发现业务代表存在的问题，帮助他们改进技能，提高服务水平。

通过培训可以不断提高个人能力和职业技能，学习新的知识，以便能在工作中更高效、更容易地处理客户问题，减轻工作压力，这对留住员工，提高员工的工作积极性非常重要。

（7）媒体宣传

通过媒体宣传，可以引导客户如何使用客户服务中心系统，提高客户服务中心的使用效率和知名度。

7.2.3　新闻组

1. 新闻组概述

简单地说，新闻组（Newsgroup）是个人向新闻服务器所张贴邮件的集合。众多有共同兴趣与话题的参与者彼此通过电子邮件进行讨论与交流，就构成了一个新闻组。一台计算机可建立数千个新闻组。每一个新闻组的参与者都可以看到其他所有参与者发布的信件。同样，每一参与者发布的信件也有可能被该组其他所有的参与者看到。Usenet 是由一个个具体的新闻组组织而成的一个庞大的用户网络，是新闻组的集合。图 7.12 是 MSN 上一个关于计算机技术的的新闻组。

新闻组已经成为互联网上一个重要的组成部分，每天都吸引了全球众多的访问者。其中包含的各种不同类别的主题已经涵盖了人类社会所能涉及到的所有内容，如科学技术、人文社会、地理历史、休闲娱乐等。这些都给企业的网络营销提供了非常多的便利。

图 7.12　MSN 上的技术新闻组

2. 新闻组对公司的作用

公司可以利用新闻组发布与新闻组主题相符合的通知、短评、介绍性质的信息；可以在专门的广告新闻组中发布广告；可以在专门用于发布新网址的新闻组里发布公司的网址，这对公司网址的宣传可以起到相当大的作用。

下面这些是常用的专门用于发布新网址的新闻组：

cern.www.talk、bionet.softwar.www、comp.infosystems.www.announce、fj.net.infosystems.www、hannet.ml.www.netscape、imsi.mail.entrepreneurs、tnn.internet.www、demoon.ip.www、talk.mosc.entrepreneurs、alt.internet.services（仅限于服务提供商）

在新闻组发布信息的方法和步骤为：根据待发布信息的主题选择相应的讨论组；阅读组中的文章，看看已有哪些话题，哪些话题参与的人数较多；查看是否有与要发布的信息类似的文章存在，如果有，看看这些文章是如何写的，参与讨论的人数如何；起草自己的待发布信息；发布；定期跟踪，查看文章的响应程度，是否引起某些人的敌意或反感；根据反馈和效果，及时修改文字、调整方式。

3. 新闻组中的禁则

由于使用新闻组的人主要是为了从中获得免费的信息，或相互交换免费的信息，使用新闻组的人对新闻组中的内容非常敏感。新闻组的使用者以及新闻组的管理者一般都不欢迎那些单纯的商业宣传。因此，新闻组可以精确地对使用者按兴趣爱好、行为方式等进行分类，的确是网络营销一种非常有效的手段。但是，必须尽可能地了解它的使用规则，避免一切可能引起别人反感的行为，才有可能从中受益。

最易引起反感的就是垃圾信息（Spamming），所谓垃圾信息是指那些在很多讨论组中不厌其烦地、一遍又一遍地粘贴的、内容相同或相近的信息。无论信息的内容是什么，这种缺乏新意的重复总是非常令人反感的，如果是广告信息，就更加让人唾弃。在新闻组中，最不能让人忍受的就是这种垃圾信息，其次是毫无礼貌的、与主题无关的、纯粹的广告信息。

另外，新闻组中很多志愿者或组织的管理者，会使用自编程序时时监控新闻组，一旦发现垃圾信息，程序会自动去删除这些信息。

7.2.4　即时信息

1. 即时信息介绍

即时信息（Instant Message，IM），最初以好友间聊天服务开始，经过发展壮大，现已成为上千万互联网用户的必备工具。现在比较受欢迎的系统，如美国在线（American-on-Line）的即时信息系统、Microsoft 的 MSN Messenger、ICQ、IRC 和国内的 QQ 等都已经改变了我们与朋友、熟人及同事间的在线交流方式。对于即时信息的应用前景，根据 IDC 的业界分析表明，企业在线即时信息用户正处于增长趋势，到 2005 年将达到 3 亿人。

2. 即时信息在网络营销中的运用

（1）顾客服务

无论在家中还是工作中，有如此众多的用户使用即时信息服务，除了朋友和同事之间的一般联系作用之外，还可以发挥更多的实用价值，对网络营销的作用，首先表现在顾客服务方面。

调查公司表明，顾客对服务的及时性要求越来越高，期望的回复时间从两年前的 24 小时减少到去年的 12 小时，现在，大多数顾客希望在 6 个小时内获得关于顾客服务的询问，甚至为数不少的顾客在寻求获得即时满意的服务，于是，各种即时信息正好作为理想的在线顾客服务工具迅速发展起来。

美国的研究公司 Modalis Research（http://www.modalis.com）的研究结果表明，目前已经有 6%的美国网站使用 IM 作为顾客服务工具，有 45%的消费者对此感到满意，不过由于这种方式对顾客服务人员要求很高，占用人工也比较多，顾客服务成本会增高，因此还没有被广泛采用，但这种即时服务已经成为一种不可忽视而且是最受欢迎的在线顾客服务手段之一，应该引起重视，尤其是在网上零售、网上保险等对顾客服务要求较高的领域。

（2）产品导购

即时信息的具体应用方法很多，一些网站已经利用即时信息开展深层次的顾客服务，并充分发挥起营销功能，例如，使得浏览同一商品的用户可以互相交流，共同分享对该产品的知识，并就一些问题互相讨论，既可以实现远程“相约购物”，增加网上购物的乐趣，也有助于顾客对商品的快速了解；如果顾客反复查看对某种商品，显得有些犹豫不决时，虚拟导购小姐或者虚拟产品专家可以及时弹出一个对话窗口，利用即时信息给顾客必要的介绍，这样一定会有助于用户的购买决策，提高订单成功率。图 7.13 是易趣网竞拍过程中的即时问答。

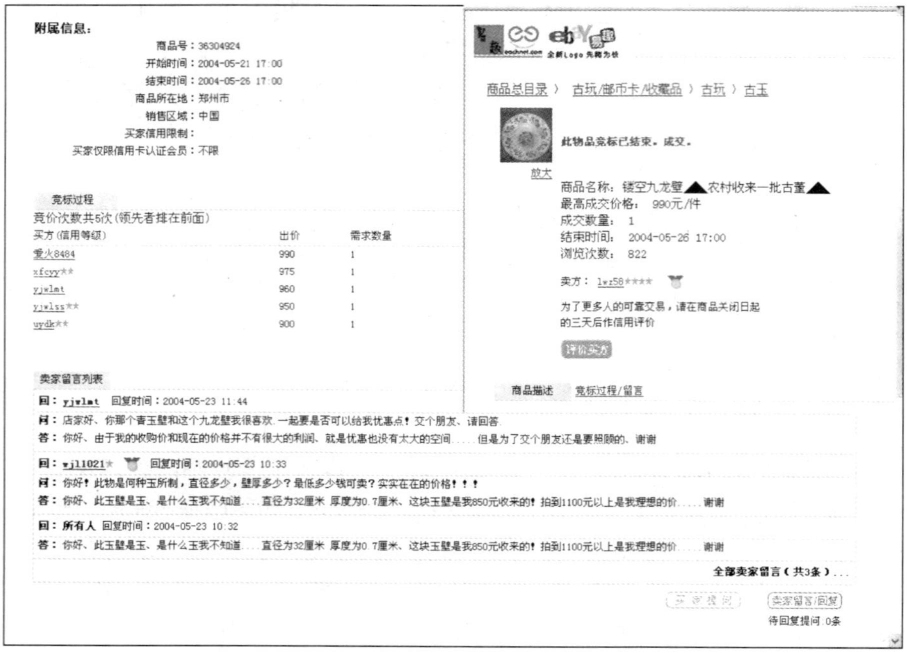

图 7.13　商品竞拍过程中的即时问答

除了在线顾客服务和产品导购等功能之外，在不久的将来，即时信息在网络营销中将发挥更大的作用。

北美最大的外汇保证金网上交易商 FXCM 日前宣布，他们的实时客户支持系统已使用 LivePerson 服务技术进行了标准化处理。该公司拥有 12000 个客户，每月平均交易额超过 220 亿美元，需要建立庞大的客户服务支持系统。通过使用 LivePerson，不仅有效地节约了成本，还提高了客户服务效率。该公司在实施 LivePerson 的头 6 个月时间里，客户交流比从前增加了 3 倍。目前，FXCM 公司每天通过 LiverPerson 的在线交流处理 1000 个客户咨询，涵盖各种不同的主题。

LivePerson 是最早推出网络客户服务概念和产品的公司。LivePerson 的意思是真人即时服务，相当于呼叫中心的座席代表，所不同的是 LivePerson 提供的交流方式主要是在线文字交谈。通过使用 LivePerson 顾客服务，用户的询问可以立即获得网站顾客服务人员的回复响应，以一对一的个性化在线交流形式，解疑答惑。

目前，LivePerson 系统在国内的运用中，比较常见的领域是远程教育方面，解答在线学员的各种学习问题。商务运用方面，典型的例子是易趣网的“实时答疑”，注册用户在线提出问题之后最多十几秒内就可以得到答复，询问的主题已经预设，问答结束后设有专门针对此次解答情况的用户满意度调查，服务非常到位。但目前国内电子商务领域使用 LivePerson 的还很少，用户对该项服务功能也缺乏认识。在越来越重视客户关系管理的今天，相信逐渐会有更多的网上服务提供商、服务领域使用 LivePerson 这一强大的客户支持系统，LivePerson 也将很快被广大用户了解并运用。

7.3　引导工具

引导工具是网络营销中用于引导用户寻找需要的信息的工具，主要有搜索引擎和链接，用户可以利用它们很快地在浩瀚的信息海洋中找到重要的信息，这对用户来说是个很好的工具，对企业来说，也是需要掌握的工具，只有很好地利用这些工具，才能保证顾客找到企业的营销信息。否则企业的营销信息将被淹没在信息海洋之中，而失去其价值。

7.3.1　搜索引擎

1. 概述

很多网站都有搜索引擎以帮助用户寻找相关主题的内容。搜索引擎是一种特殊的页面软件，可找到与用户输入的单词或短语匹配的页面。输入的单词或短语叫做搜索关键词，它实际上就是给搜索引擎下达搜索指令。

搜索引擎按其工作方式主要可分为三种，即全文搜索引擎（Full Text Search Engine）、目录/索引类搜索引擎（Search Index/Directory）和元搜索引擎（Meta Search Engine）。由于元搜索引擎实践较少，这里主要介绍前两种搜索引擎。

（1）全文搜索引擎

全文搜索引擎是名副其实的搜索引擎，国外具代表性的有 Google、Fast/AllTheWeb、AltaVista、Inktomi、Teoma、WiseNut 等，国内著名的有百度（Baidu）。它们都是在通过从互联网上提取的各个网站的信息（以网页文字为主）而建立的数据库中，检索与用户查询条件匹配的相关记录，然后按一定的排列顺序将结果返回给用户。

从搜索结果来源的角度看，全文搜索引擎又可细分为两种，一种是拥有自己的检索程序（Indexer），俗称“蜘蛛”（Spider）程序或“机器人”（Robot）程序，并自建网页数据库，搜索结果直接从自身的数据库中调用，如上面提到的 7 家引擎；另一种则是租用其他引擎的数据库，并按自定的格式排列搜索结果，如 Lycos 引擎。

全文搜索引擎从网站提取信息建立网页数据库，它的自动信息搜集的功能分两种。一种是定期搜索，即每隔一段时间（比如 Google 一般是 28 天），搜索引擎主动派出“蜘蛛”程序，对一定 IP 地址范围内的互联网站进行检索，一旦发现新的网站，它会自动提取网站的信息和网址加入自己的数据库。

另一种是提交网站搜索，即网站拥有者主动向搜索引擎提交网址，搜索引擎将在一定时间内（两天到数月不等）定向向网站拥有者派出“蜘蛛”程序，扫描其网站并将有关信息存入数据库，以备用户查询。由于近年来搜索引擎索引规则发生了很大变化，主动提交网址并不能保证你的网站能进入搜索引擎数据库，因此目前最好的办法是多获得一些外部链接，让搜索引擎有更多机会找到你并自动将你的网站收录。

当用户以关键词查找信息时，搜索引擎会在数据库中进行搜寻，如果找到与用户要求内容相符的网站，便采用特殊的算法（通常根据网页中关键词的匹配程度，出现的位置／

频次，链接质量等）计算出各网页的相关度及排名等级，然后根据关联度高低，按顺序将这些网页链接返回给用户。

（2）目录/索引搜索引擎

与全文搜索引擎相比，目录/索引搜索引擎有许多不同之处，主要有以下几方面。

首先，全文搜索引擎属于自动网站检索，而目录/索引则完全依赖手工操作。用户提交网站后，目录编辑人员会亲自浏览你的网站，然后根据一套自定的评判标准甚至编辑人员的主观印象，决定是否接纳你的网站。

其次，全文搜索引擎收录网站时，只要网站本身没有违反有关的规则，一般都能加载成功。而目录/索引搜索引擎对网站的要求高得多，有时即使加载多次也不一定成功。尤其像雅虎这样的超级索引，想要被加载进去更是困难。

此外，在加载进全文搜索引擎时，我们一般不用考虑网站的分类问题，而加载进目录/索引搜索引擎时，则必须将网站放在一个最合适的目录（Directory）中。

最后，全文搜索引擎中各网站的有关信息都是从各个网页中自动提取的，所以从网站所有者的角度看，拥有更多的自主权；而目录/索引搜索引擎则要求必须手工另外填写网站信息，而且还有各种各样的限制。更有甚者，如果工作人员认为你提交网站的目录、网站信息不合适，他可以随时对其进行调整，当然事先是不会和你商量的。

目录/索引搜索引擎，顾名思义就是将网站分门别类地存放在相应的目录中，因此用户在查询信息时，可选择关键词搜索，也可按分类目录逐层查找。如以关键词搜索，返回的结果跟全文搜索引擎一样，也是根据信息关联程度排列网站，只不过其中人为因素要多一些。如果按分层目录查找，某一目录中网站的排名则是由标题字母的先后顺序决定（也有例外）。

目前，全文搜索引擎与目录/索引搜索引擎有相互融合渗透的趋势。原来一些纯粹的全文搜索引擎现在也提供目录搜索，如 Google 就借用 Open Directory 目录提供分类查询。而像雅虎这些老牌目录/索引搜索引擎则通过与 Google 等搜索引擎合作扩大搜索范围。在默认搜索模式下，一些目录/索引搜索引擎首先返回的是自己目录中匹配的网站，如国内搜狐、新浪、网易等；而另外一些则默认的是网页搜索，如雅虎。

图 7.14 是全文搜索引擎百度的主页，图 7.15 是目录/索引搜索引擎搜狐的主页，从两者的主页上我们也可以发现这两种搜索引擎的区别，在百度的主页上，最醒目的就是要求填写搜索主题的文本框，其他内容则很少，而在搜狐中可以看到大量的分类目录，当然也有填写搜索主题的文本框，只是其地位明显要低得多了。

2. 搜索引擎的组成

搜索引擎一般包括三个部分。第一部分称为网络蜘蛛（Spider）、网络爬虫（Crawler）或网络机器人（Robot）的程序，它们可以自动地频繁搜索网站以找到相应的页面，还可以更新已存于据库中的网站的信息。网络蜘蛛的一项重要的任务是，删除那些已不存在的网站的旧信息。

图 7.14　全文搜索引擎百度网站主页

图 7.15　目录/索引搜索引擎搜狐主页

网络蜘蛛发现的所有内容都进入搜索引擎的第二部分——索引。索引就像一本大书，包含网络蜘蛛发现的所有页面。当一个页面改变了，网络蜘蛛注意到这种变化并更新这本“书”，即索引。由于网络变化速度太快，网络蜘蛛并不能保证所有页面改变都能及时反映到索引中，因此经常会发现搜索引擎给出的搜索结果中有的链接不正确或过时了。

搜索引擎的实用程序就是搜索引擎的第三部分。当请求搜索时，搜索引擎就浏览数百万个页面来寻找匹配的页面，并根据每个链接的相关性把它们排成一定的顺序。所有的搜索引擎都包括这三个部分，搜索引擎之间的差别在于每种引擎执行任务的方式不同。

3. 搜索引擎在网络营销的作用

搜索引擎在网络营销中的作用是显而易见的。以登录搜索引擎为主要手段的网络营销并非仅仅是个概念而已，实践证明它的确能为企业的发展带来极大的效益。

将网站登录到搜索引擎是企业网络营销中的重要一步，但仅此是不够的。任何一个搜索关键字的搜索结果都可能是几十条、几百条甚至是几千条记录，只有那些排在前面的记录才有可能被搜索者点击。为此，企业为保证自己的产品和服务信息早于竞争对手一步到达目标群体，就是要争取自己的网站在搜索引擎的搜索结果中排位尽量靠前。图 7.16 是在网易提供的搜索引擎上以“笔记本”为关键词的搜索结果，共44页，近千条记录，可见排名在后的网站基本上是没有价值的。

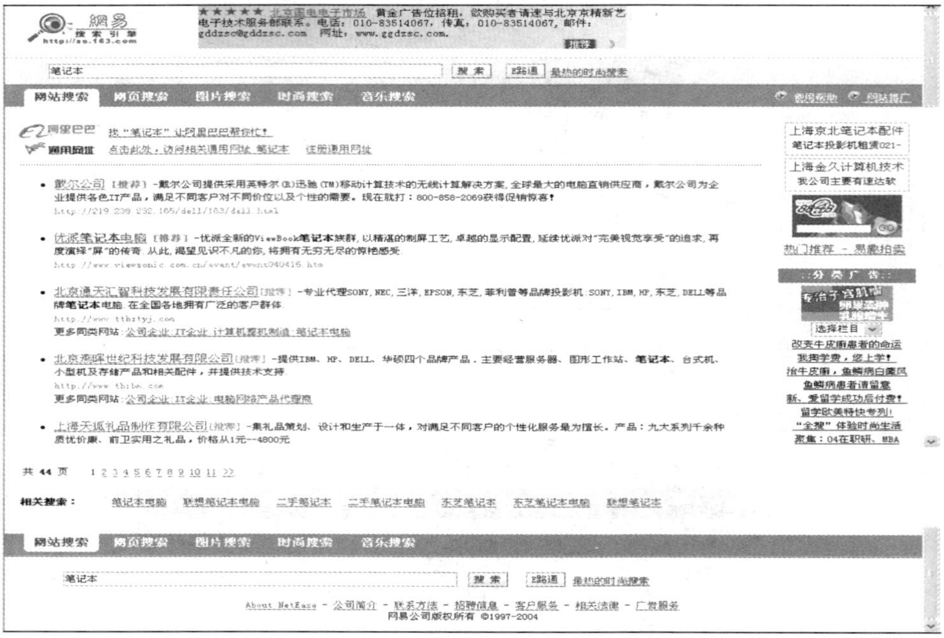

图 7.16　以笔记本为关键词的搜索结果

国外目录/索引搜索引擎

Yahoo——最著名的目录索引，搜索引擎开山鼻祖之一。

Dmoz.com/ODP——由义务编辑维护的目录/索引。

Ask Jeeves——著名的自然语言搜索引擎，2002年初收购Teoma全文搜索引擎。

LookSmart——点击付费目录索引，2002年收购WiseNut全文搜索引擎。

About.com——有其自身特色的目录索引。

国外全文搜索引擎

Google——以搜索精度高、速度快成为最受欢迎的搜索引擎，是目前搜索界的领军人物。

Fast/AllTheWeb——总部位于挪威的搜索引擎后起之秀，风头直逼Google。

AltaVista——曾经的搜索引擎巨人，目前仍被认为是最好的搜索引擎之一。

Overture——最著名的搜索引擎广告商，竞价排名的始作俑者，也是全文搜索引擎。

Lycos——发源于西班牙的搜索引擎，网络遍布世界各地。

HotBot——隶属于Lycos Networks，搜索结果来自其他搜索引擎及目录/索引。

国内目录/索引搜索引擎

搜狐（Sohu）——国内三大门户之一，最早在国内推出搜索引擎收费登录服务。

新浪（Sina）——最大的中文门户网站，同样也推出了搜索引擎收费索引项目。

网易（Netease）——网易搜索是ODP的国内翻版，其目录由志愿管理员维护，是

Google 的网页搜索用户。

国内全文搜索引擎

百度（Baidu）——国内惟一商业化的全文搜索引擎，提供搜狐、新浪、263、Tom 等站点的网页搜索服务。

7.3.2 链接

1. 站内链接

站内链接是指在网站内的各个网页之间的链接，事实上，网页就是依靠站内链接而结合组成一个完整网站的。几乎每个网页上都有和网站内其他网页相联的站内链接点。

站内链接最大的问题就是错误链接，网页上的错误链接常常是人们对网站抱怨的主要因素之一。我们时常可以看到“该网页已被删除或不能显示”、“File not found”等由于无效链接而产生的反馈信息，这种情况往往让人觉得难以忍受，同时也严重影响了用户对网站的信心。

造成这种现象原因很多，比如说网络负载过重，对方的服务器关闭，被链接网址内容已经撤消等情况都可能导致链接错误。但是这种情况如果发生在自己网站内部的网页，则就需要认真检讨了。即使是由于被链接网站的原因产生失效的链接，也应该尽量避免，因为用户并不能区分这种情况是什么原因造成的。

减少错误链接需要网站管理员高度的责任心，首先在将每个链接放到网上之前，应该对其有效性进行验证，但由于 Web 经常会发生变化，因此 Web 管理员在将链接放到 Web 上之后，还必须定期对其进行检查，以确定它们目前是否有效。要想完全避免这样的情况可能会有一些困难，但如果每一个 Web 都很注意这一点，整个情况可能就会大为改观。

2. 交互链接的概念

交互链接或称互惠链接，是具有一定互补优势的网站之间的简单合作的形式，即分别在自己的网站上放置对方网站的 LOGO 或网站名称并设置对方网站的超级链接，使得用户可以从合作网站中发现自己的网站，达到互相引导的目的。

相对于搜索引擎来说，交互链接也是一项常用的推广方法和引导工具，被其他网站链接的机会越多，越有利于推广自己的网站，越利于被用户找到自己。尤其对于大多数中小网站来说，这种免费的推广手段是一种常用的、而且是有一定效果的方法。

3. 交互链接在网络营销中的作用

获得其他网站的链接是网站引导的重要内容，伙伴性网站链接的作用主要表现在几个方面：获得访问量、增加用户浏览时的印象、在搜索引擎排名中增加优势，另外，一个高质量的链接相当于获得了一个网站的推荐引导，可以增加访问者的可信度。更重要的是，交互链接的意义已经超出了是否可以增加访问量，比直接效果更重要的在于，它表明了业内的认知和认可。图 7.17 是长虹企业网站提供的合作伙伴及其链接。

图 7.17 长虹的合作伙伴及链接

4. 使用交互链接需要注意的问题

（1）链接数量

太少的链接显得合作伙伴不多，太多的链接既占据太多的页面空间，还会显得杂乱无章。多少个链接才是合理的是一些网络营销人员比较关心的问题，不过，这个标准很难确定，主要与网站所在领域的状况有关。一个专业性特别强的网站，内容相关或者有互补性的网站可能非常少，那么有可能做到的交互链接的数量自然也比较少。反之，大众型的网站可以选择的链接对象就要广泛得多。

一般来说，可以参考和自己内容和规模都差不多的网站，看看别人的情况，如果那些网站中你认为有必要做链接的网站都已经出现在自己的友情链接名单中，而且还有一些别人所没有的，但又是有价值的合作网站，那么就应该认为是工作很有成效了。不过，新的网站在不断出现，交互链接的工作也就没有结束的时候，你的合作者名单也会越来越长，这是好的现象。总之，没有绝对的数量标准，合作者的质量（访问量、相关度等）也是评价互换链接的重要参数。

（2）不同网站 Logo 的风格及下载速度

交互链接有图片和文字链接两种主要方式，如果采用图片链接（通常为网站的 Logo），由于各网站的标志千差万别，即使规格可以统一（多为 88×31 像素），但是图片的格式、色彩等与自己网站风格很难协调，影响网站的整体视觉效果。例如，有些图标是动画格式，有些是静态图片，有些画面跳动速度很快。将大量的图片放置在一起，往往给人眼花缭乱的感觉，而且并不是每个网站的 Logo 都可以让访问者明白它所要表达的意思，不仅不能为被链接方带来预期的访问量，对自己的网站也产生了不良影响。

另外，首页放置过多的图片会影响下载速度，尤其这些图片分别来自于不同的网站服务器时。因此，一般来说，网站首页的图片链接应在 5 幅以上 10 幅以下，图片越多，越不能保证风格的一致，太多的不同风格的图片摆在一起，一定会让浏览者感到眼花缭乱。

（3）回访友情链接伙伴的网站

同搜索引擎注册一样，交互链接一旦完成，也具有一定的相对稳定性，不过，还是要做不定期检查，也就是回访友情链接伙伴的网站，看对方的网站是否正常运行，自己的网站是否被取消或出现错误链接，或者，因为对方网页改版、URL 指向转移等原因，是否会将自己的网址链接错误。因为由于交换链接通常出现在网站的首页上，错误的或者无效的链接对自己网站的质量有较大的负面影响。

如果发现对方遗漏链接或其他情况，应该及时与对方联系，如果某些网站因为关闭等原因无法打开，在一段时间内仍然不能恢复的时候，应考虑暂时取消那些失效的链接。待对方问题解决后恢复友情链接。

同样的道理，为了合作伙伴的利益着想，当自己的网站有什么重大改变，或者认为不再合适作为交换链接时，也应该及时通知对方。

（4）不要链接无关网站

总体上看，无关链接不会给自己带来多少好处，事实上，大量无关的或者低水平网站的链接反而会降低那些高质量网站对你的信任，同时，访问者也会将你的网站视为素质低下或者不够专业，严重影响网站的声誉。

（5）无效的链接

谁也不喜欢自己的网站存在很多无效的链接，但是，实际上很多网站都不同程度地存在这种问题。即使网站内部链接都没有问题，但很难保证链接到外部的也同样没有问题，因为链接的网站也许经过改版、关闭等原因，原来的路径已经不再有效，而对于访问者来说，所有的问题都是网站的问题，他们并不去分析是否对方的网站已经关闭或者发生了其他问题。

此外，新网站每天都在不断诞生，交换链接的任务也就没有终了的时候，当然，在很多情况下，都是新网站主动提出合作的请求，对这些网站进行严格的考察，从中选择适合自己的网站，将合作伙伴的队伍不断壮大和丰富，对绝大多数网站来说，都是一笔巨大的财富。

因此，每隔一定周期对网站链接进行系统性的检查是很必要的。检查链接的方法很多，对于主要页面，逐条检查每个链接是必要的，不过要对成千上万的链接进行检查，就需要借助于一些软件，或者采用在线测试的方式。

思考题

1. 网络社区沟通工具的作用有哪些？
2. 什么是常见问题解答？
3. 即时信息在网络营销中的运用有哪些？

第 8 章　渠 道 策 略

传统营销体系的成功在很大程度上依赖于分销渠道建设，功能强大的互联网不仅是一种拥有巨大优势的传播媒体，也是一种产品或服务的通道，它由此改变了产品和服务的分销渠道。本章通过网络渠道与传统营销渠道的比较，阐述网络渠道的特征、网络分销商的特点及经营策略、网络渠道的设计管理和物流协调等问题。

8.1　网络分销渠道

大多数情况下，公司不可能把产品直接销售给用户，尤其是对于消费品。这就需要建立一个合理的、有效的分销系统来帮助公司销售其产品。分销渠道一直随着环境的变化而日益演进发展着，特别是当今互联网技术、电子商务的迅速发展，更给分销系统带来很多的变化。为此首先要明确什么是网络分销渠道，才能更好地重塑分销体系，构建基于电子商务的网络分销系统。

8.1.1　网络分销渠道的功能

分销渠道也可称为销售渠道、分配渠道或配销通道等，它是指以最具成本效益的方式将产品从生产者传递至最终用户所经过的、由各种中间机构连接所组成的渠道系统，即公司内部营销部门和外部的各种中间商所构成的销售网络，是使产品或服务能被使用或消费而配合起来的一系列独立组织的集合。

网络分销渠道是指在电子商务环境下，企业利用互联网技术和方法将产品从生产者传递至最终用户所经过的各种网络分销商的结合。

不论是传统的还是网络的分销渠道，其主要功能都是把产品从生产者转移到使用者，克服产品及服务的生产与使用在时间、地点和所有权方面的不一致。为了完成这一使命，渠道所承担的并不仅仅是交易职能，它还承担着许多其他重要的功能。

1. 分销渠道的一般功能

分销渠道以转移产品为主要职能，同时关系着产品或服务所有权的转移、信息沟通、谈判、融资、分担风险、付款、实体服务等功能，如图 8.1 所示的分销渠道功能组合。这些功能简单介绍如下。

- 信息沟通。分销系统最接近顾客，因此它们可以获得并传递有关潜在的和现实的顾客、竞争者和其他参与者的信息，同时把有说服力的产品沟通信息传递给顾客。因此，分销渠道传递的不仅仅是产品或服务，还包括各种有用的营销信息。
- 融资。生产商和各层次中间商互相提供资金方面的支持，以及有业务往来的各公司之间相互提供资金支持，有助于降低资金使用成本，提高资金的使用效率，形成双赢的局面。

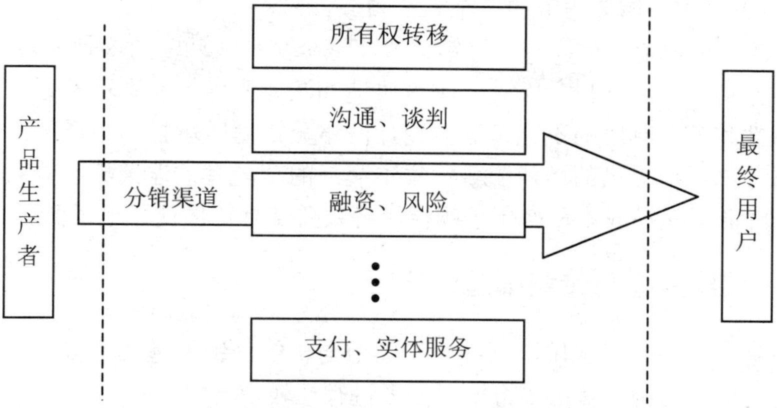

图 8.1 分销渠道的一般功能组合

- 谈判。就产品的价格和其他条件与顾客进行谈判，以达成一致，实现所有权的转移。
- 风险分担。分销渠道承担其经营内的风险，可以分担一部分生产商的风险，当然也会分享一定的收益。
- 实体服务。产品从生产者到使用者的转移，需要一系列的运输、储存，甚至加工服务，这些服务往往由分销渠道承担，并且会比生产商亲自处理更有效。

2. 网络分销渠道的功能

由于基础设施和消费者购买行为的变化，传统分销渠道对环境变化做出了积极反应，新的基于互联网的网络分销渠道不同于传统分销渠道，在功能上也出现了一些新的变化，这主要体现信息中介、交易中介、直接交易、交易服务组织、技术支持等方面。

- 信息中介服务，即收集、发布各类交易信息，评估网站和不同品牌的同种产品等。虽然生产商和消费者可以通过网络工具获得大量信息，但这些大量信息必须经过分析、归类才能变成有价值的信息，否则反而会增加交易双方的负担。在信息海量的互联网中，信息中介服务能很好地满足买卖双方对有效信息的市场需求。
- 交易中介功能，即通过构建专业化网络平台，形成一个虚拟市场，给生产商和消费者提供交易的场所。受安全、经济、交易习惯等影响，生产商和消费者希望网络空间中也能有一个被大家认同的类似于传统交易场所的虚拟市场，网络分销商独立于生产商和消费者之外提供这种服务。
- 直接交易功能，是传统模式下分销交易功能在网络交易中的延伸，分销商作为交易活动的直接参与者进行商品交易的功能。尽管电子商务方便地实现了直销模式，但通过网络分销渠道进行的间接交易在很多行业仍占据着一定的份额。
- 交易服务组织功能，即在电子商务过程中为买卖双方提供一系列配套的金融、保险、物流及法律等服务。由专业化的分销商提供配套服务可以很好地实现服务的规模效应和经济效益，从而提高企业的整体竞争优势，交易服务已经成为整个交易活动的重要竞争领域。
- 技术支持功能，互联网的快捷、方便和互动等特性加强了网络分销渠道与消费者、供应商的交流沟通，提高了其技术支持的能力。通过网络提供在线技术支持将成为网络渠道未来增值服务的一个重要领域。

与传统的分销渠道相比，网络分销渠道在整个交易活动中的谈判、融资功能逐渐弱化，而信息化服务功能（如支付、保险、物流协调和法律服务等）则不断强化，同时由于电子市场的虚拟性和信用制度的不完善等问题，网络分销商所承担的市场风险也更大。但总的来说，网络分销渠道提供的增值服务和集中交易的功能有效地聚集了分散在世界各地的商品供求方，降低了交易成本，产生了规模经济效益，真正体现了电子商务的竞争优势。

8.1.2 网络渠道与传统渠道的比较

由于网络技术的广泛应用，网络分销渠道与传统分销渠道在许多方面都有所不同，下面从渠道的作用、结构和费用等方面对两者进行比较。

1. 作用比较

菲利普·科特勒认为分销渠道是指使产品或服务能被使用或消费而配合起来的一系列独立组织的集合。在传统营销渠道中除了生产者和消费者，通常还有许多独立的中间商存在。在许多情况下，商品或服务都不能直接由生产者销售给消费者，而是必须通过中间商才能实现所有权的转移。传统营销渠道在实现商品所有权转移的同时也实现了商品实体的转移，并完成了结算和配送的功能，解决了商品产需时间、地点不一致的矛盾。

在网络化的情况下，产品的生产者可以更多地直接面对最终用户，与传统渠道相比，网络渠道的作用有了很大变化。

第一，网络渠道提供了双向的信息传播模式，使生产者和消费者的沟通更加方便畅通。对产品的生产者而言，网络渠道是信息发布的渠道。生产者可以利用网络向用户发布企业的概况、产品的信息（产品的种类、规格、型号、价格等），以及优惠促销活动等信息。借助网络的视频、音频、文字的传播功能及其不受时间、地域限制的特点，生产者可以为理性的网络用户提供针对性更强的信息和相关的产品资料，帮助消费者进行购买决策。同时还能及时统计产品和客户资料，使其在较短的时间内根据消费者个性化需求进行生产、进货，有效地控制库存。对消费者来说，网络渠道使最终用户直接向生产者订货成为可能，加强了生产者和消费者之间的沟通交流。因此，网络渠道使商务活动和信息流动获得了更为紧密的结合，使两者变得更有效率。

第二，网络渠道是企业销售产品、提供服务的快捷途径，它使商品所有权转移的作用进一步加强。消费者可以在网上直接挑选和购买自己需要的商品，再通过互联网直接进行结算，就能取得商品的所有权，这比传统渠道更加快捷方便。网络渠道的在线支付功能也加快了资金流通的速度，使渠道的效率有了明显提高。

第三，企业既可以通过网络渠道开展商务活动，也可以对用户进行技术培训和售后服务。基于互联网的在线服务是企业向客户提供咨询、技术培训和进行消费者教育的平台，对树立企业的网络形象起到很大的作用。

商品流通的过程包含了信息流、商流、资金流和物流四个方面的传递，在网络比较发达的情况下，信息流、商流和资金流可直接通过网络渠道来完成，但物流即商品的实体运动则仍然必须借助传统渠道通过储存和运输来完成。但是，并不是每个企业都可能或需要在自己的营销区域内建立完善的物流配送系统，它可以通过不同区域、不同环节的物流来完成商品的实体配送。因此，关键在于谁能够更有效地和物流系统协调，从这个角度看，网络分销商如果能和物流提供商通过互联网建立有效的协调机制，则仍然可以比传统分销商更有效率。

另外，网络渠道虽然为企业进行业务洽谈提供了场所，但由于虚拟网络自身存在的不安全因素和网络技术等原因，通过网络的业务谈判在其可操作性、可信度、成功的机率等方面都不如传统的面对面的谈判，尤其是在复杂购买的情况下，网络渠道明显地处于劣势。

2. 结构比较

在传统营销渠道中除去处于渠道起点的生产者和处于渠道终点的最终用户，商品在流通中经过的每一个直接或间接转移商品所有权的中间机构就称为一个流通环节或中间层次（如代理商、批发商、零售商等）。传统营销渠道按照有无中间环节可分为直接分销渠道和间接分销渠道。生产者把其产品直接销售给最终用户，属于直接分销渠道，即直销。其他凡是包括一个以上中间商的营销渠道则称作间接分销渠道。另外，根据中间商数量的多少，又可以把营销渠道分为若干个级别。直接分销渠道没有中间商，可称为零级渠道。间接分销渠道则根据其包含的中间环节的个数分为一级、二级、三级，甚至多级渠道。在传统营销中直接分销渠道更多地适用于产业市场分销，如大批量的原材料和零部件都通过直接分销渠道抵达用户。间接分销渠道在消费者市场分销中占主导地位，这主要是由消费者购买的特点决定的。传统分销渠道的结构分类见图 8.2。

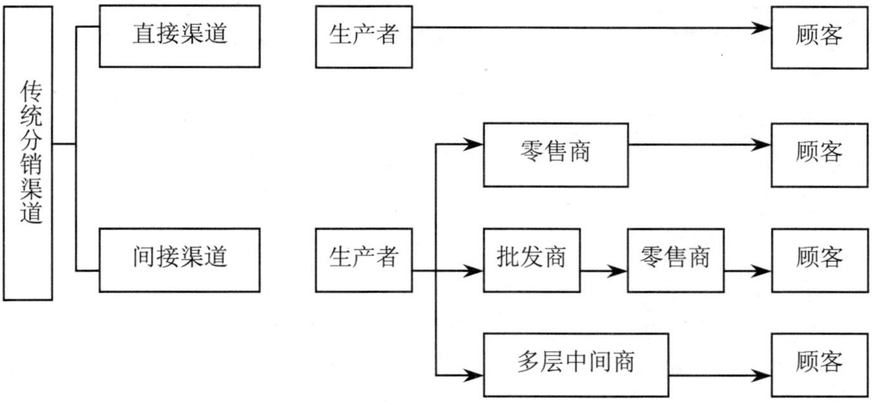

图 8.2　传统分销渠道结构分类

网络营销渠道根据是否利用中间商也可分为直接分销渠道和间接分销渠道。但互联网高效率的信息交换，改变了过去传统营销渠道的错综复杂的关系，简化了渠道的结构。网络营销渠道的结构见图 8.3。对于直接营销渠道，无论是在网络营销还是传统营销中都没有中间商存在，同属零级渠道，在这点上两者不存在太大的区别；而对于间接分销渠道而言，基于互联网的网络营销渠道与传统营销渠道有着很大的不同。传统间接渠道可能有多个中间环节（代理商、批发商、零售商），而网络间接渠道通常只需要一个中间环节，即只有一个产品交易中心（商务中心）来沟通买卖双方的信息。也就是说，网络间接分销渠道只有一级分销渠道，不存在多级渠道。而且随着网络营销的发展，网络间接渠道将会减少，直接渠道的比重会逐渐增大。

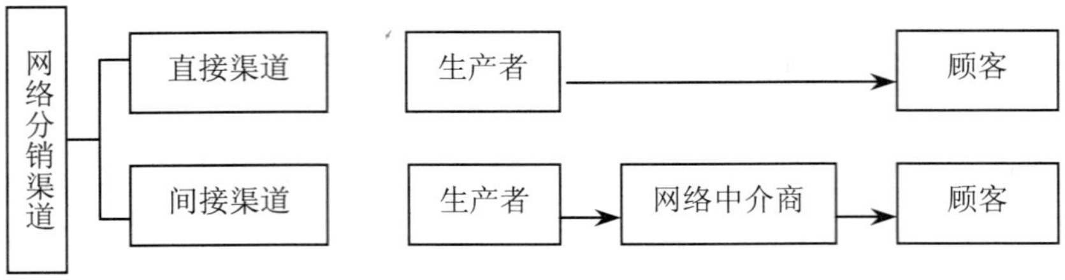

图 8.3 网络分销渠道结构分类

3. 费用比较

无论是直接分销渠道还是间接分销渠道，网络分销渠道的结构都相对比较简单，从而大大减少了流通环节，降低了交易费用，缩短了销售周期，提高了营销活动的效率。

企业在利用传统的直接分销渠道即直销方式销售商品时，通常会采用无店铺直销和有店铺直销两种方法。

无店铺直销是指企业不设立任何店铺，通过向各用户派出推销员直接销售产品。推销员在售出产品后，把接到的订单寄回企业，由企业把产品送达给用户。采用这种方法，企业需要支付推销员的工资，日常的推销费用和相关的商品流通成本。

有店铺直销是指企业通过店面或专柜直接面对消费者。采用这种方法，企业除了要支付员工工资外，还要支付店面租赁费、装潢费用，以及相应的库存成本费用等。

通过传统的间接分销渠道销售产品，肯定有中间商的介入，而且中间机构往往不是一个。而这样的中间机构越多，流通费用就越高，从而使产品在价格上不具备竞争优势，降低了产品的竞争力。

此外，企业还要通过电视、电台、报刊等中介媒体做大量的广告宣传，每年的广告投入也相当可观；企业还要在社区、销售现场等处举办各种促销活动、宣传、公共关系活动，而这些都是在不同的时间、场合进行的。

与传统渠道相比，网络渠道由于运用了功能强大的互联网，首先可以有效地减少人员、场地等费用。通过网络的直接分销渠道销售产品，网络管理员可以代替大量的推销人员，直接从互联网上接受来自世界各地的订单，然后直接把产品发送给购买者。在这个过程中，企业只需支付网络管理员的工资和便宜的上网费，可以省去大量的场地费和推销人员的差旅费等。而网络间接分销渠道由于只包含一级分销商，则完全克服了传统间接渠道过长的缺点。网络商品交易中心通过互联网强大的信息传递功能，完全承担了信息中介机构的作用，并将中介机构的数目减少了一个，同时利用各地的分支机构或其他物流配送系统完成了批发商和零售商的作用，从而降低了商品的交易流通成本。

其次，互联网的双向信息传播功能，也为企业发布信息，开展促销活动提供了更加方便的渠道，从而减少了广告宣传费用。有研究表明，如果使用互联网作为广告媒体进行网上促销活动，其结果是在增加十倍销售量的同时，只花费传统广告预算的 1/10。该项研究还表明，一般来说，采用网上促销的成本只相当于直接邮寄广告花费的 1/10。另一项研究结果显示，利用互联网发布广告的平均费用只是传统媒体的 3%。因此融入了互联网的销售模式是对传统模式的一次根本性的变革。

8.1.3 网络分销渠道类型

在传统营销渠道中，中间商占有非常重要的地位。因为利用中间商能够在广泛提供产品和进入目标市场方面获得最高的效率。中间商凭借其业务往来关系、经验、专业化和规模经营，提供给公司的利润通常高于企业自营商店的利润。但互联网的发展和应用，使得传统中间商凭借地域因素获得的优势被互联网的虚拟性所取代，从而出现了网络环境下新的分销渠道。按照不同的标准，可进行不同的网络分销渠道分类，具体的分类标准及类型如下所述。

1. 直接分销渠道和间接分销渠道

从是否将产品直接销售给顾客看，网络分销渠道可以分为以下两大类：网络直接销售和网络间接销售。

（1）网络直接销售

网络直接销售是指生产者通过互联网直接把产品销售给顾客的分销渠道，一般适用于大宗商品交易和产业市场的 B2B 的交易模式。在网络直销渠道中生产企业可以通过建立企业电子商务网站，让顾客直接从网站订货。再通过与一些电子商务服务机构如网上银行合作，直接在网上实现支付结算，简化了过去资金流转的问题。在配送方面，对数字产品可以选择利用互联网技术直接向用户传输产品，对非数字产品，一般可以通过与一些专业的第三方物流公司进行合作，建立有效的物流系统。

目前有许多企业都建有自己的网站，进行网络直销。因为网络直销不仅为企业打开了一个面向全球市场的窗口，给中小型企业提供了和大型企业平等竞争的机会，而且它还有许多突出的优点。第一，生产者能够直接接触消费者，获得第一手的资料，开展有效的营销活动。第二，网络直销减少了流通环节，给买卖双方都节约了费用，产生了经济效益。网络直销大大降低了企业的营销成本，使企业获得价格优势。同时，消费者在节约了决策购买的时间的同时又买到了低于现货市场价格的产品。第三，网络直销使企业能够利用网络工具（如电子邮件、公告牌等）直接联系消费者，及时了解用户对产品的需求和意见，从而针对这些要求向顾客提供技术服务，解决难题，提高产品的质量，改善企业的经营管理。

当然网络直销也有其不足的方面。随着互联网的发展，越来越多的企业建立了自己的网站。面对大量参差不齐的域名，消费者很难有耐心一一访问，大部分的网络访问者都是走马观花似的扫一眼。对于那些不知名的中小企业，网站的访问者更是寥寥无几，网站并没有产生预期的效果。因此，互联网确实使企业有可能直接面对所有顾客，但这又仅仅只是一种可能，面对数以亿计的网站，只有那些真正有特色的网站才会有访问者，直接销售可以多一些，但决不是全部。互联网给企业带来的更为现实的问题是“赢者通吃”。要解决这个问题，一是尽快建立高水准的专门服务于商务活动的网络信息服务中心。但这对于一般的企业来说难度较大，在国外绝大多数的企业还都是委托专门的网络信息服务机构，如美国的邓白氏、日本的帝国数据库等发布信息，企业利用有关信息与客户联系，直接销售产品。二是借助网络的间接销售渠道。

网络直销的最大特点是提供直接见面的机会、环节少、速度快、费用低。

在通过网络渠道进行交易的过程中，交易双方首先会进行交易前的准备活动（如信息发布和信息收集工作），然后通过互联网达成协议，进行在线交易，最后卖方通过物流配送系统将商品转移到买方手中并提供售后服务，完成最终的商品交易。

网络商品直接销售的交易流程见图8.4。从图中可以看出，网络直销过程可以分为6个步骤。

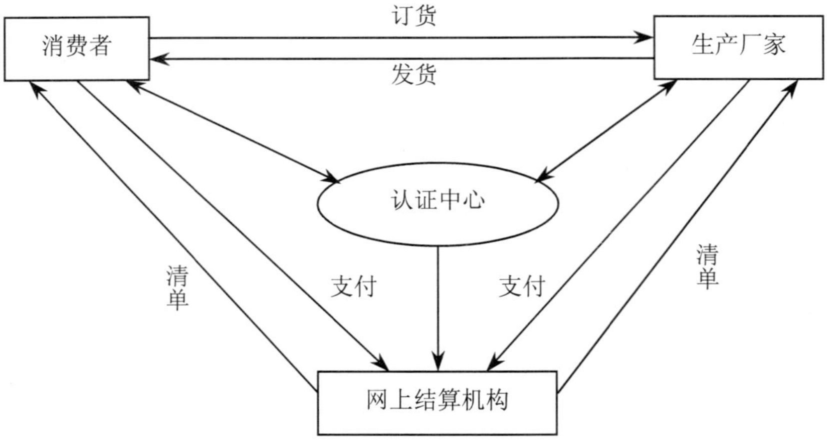

图8.4　网络直销流程

- 消费者进入互联网，查看企业和商家的网页；
- 消费者通过购物对话框填写购物信息，包括：姓名、地址、所购商品名称、数量、规格、价格；
- 消费者支付，如信用卡、电子货币、网上划款等；
- 企业或商家的客户服务器确认支付是否认可；
- 在确认消费者付款后，客户服务器通知有关部门送货上门；
- 网上结算机构如银行负责把收费单传递给消费者。

（2）网络间接销售

网络间接销售是指生产者通过融入了互联网技术后的中间商把产品销售给最终用户，一般适合小批量商品和生活资料的销售。网络间接销售克服了网络直销的缺点，使网络商品交易中介机构成为网络时代连接买卖双方的枢纽。首先是因为这些专业的网络中介机构知名度高、信誉好，并且可以解决“拿钱不给货”或者“拿货不给钱”的问题，从而降低买卖双方的风险，确保了双方的利益。其次，由于网络中介机构汇集了大量的产品信息，消费者进入一个网站（中介机构）就可以获得不同厂家的同类产品的信息，生产者也只要通过同一个中间环节就可以和消费者发生交易关系，这大大简化了交易过程，加快了交易速度，使生产者和消费者都感到方便。如中国商品交易中心（www.ccec.com/newhome/index.html，见图8.5）等都属于此类中介机构。虽然这类机构在发展过程中还有很多问题需要解决，但其在未来虚拟网络市场中的作用是其他机构难以替代的。所以有人认为随着网络营销的发展，网络直销将会完全替代间接销售的看法是片面的。尽管未来网络的进步会使网络直销得到充分的发展，但网络间接销售仍有其生存的空间，大量的中小经销商仍有生存空间。

图 8.5　互联网上的中国商品交易中心网页

网络间接销售主要是指通过网络商品交易中介机构销售商品。在这种交易过程中，网络商品交易中心利用先进的通信技术和计算机软件技术，把商品供应方、购买方和银行紧密联系起来，为客户提供市场信息、商品交易、货款结算、物流配送等全方位的服务。其交易流程见图 8.6，从图中可以看出，网络商品间接交易的流程可分为 4 个步骤。

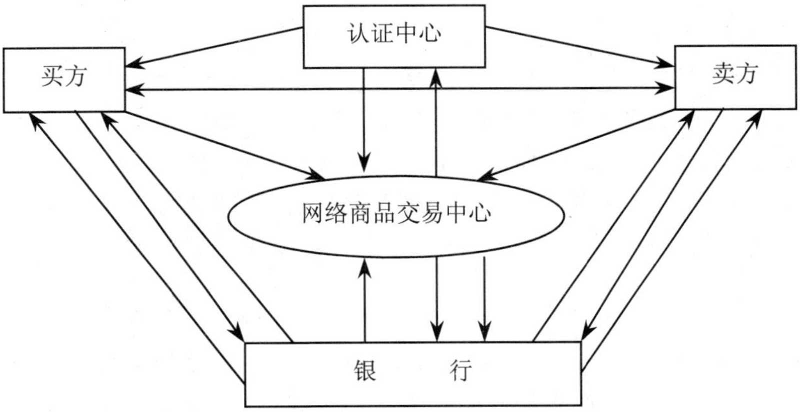

图 8.6　网络间接销售交易流程图

- 买卖双方在网络商品交易中心发布各自的供求信息，网络商品交易中心为参与者提供大量的交易数据和市场信息；
- 买卖双方选择合适的贸易伙伴，并在网络交易中心的撮合下签订合同；
- 买方在网络交易中心指定的银行办理付款结算手续；
- 网络商品交易中心通过配送中心负责将卖方的商品送交买方。

当然，目前我国的网络营销还处在一个初级阶段，进行网上交易还有很多问题需要解决，如支付问题，网络安全问题等。

2. 典型的网络分销模式

随着网络技术的发展，互联网已经不同程度地被应用到许多行业，就分销领域而言，由于行业特性等因素的作用，各行业互联网的利用水平也不尽一致。除了上述的将网络分销渠道划分为直接分销渠道和间接分销渠道外，还可根据产品网络分销的适应性和网络分销渠道承担分销功能的多少，将网络分销渠道划分为如图 8.7 所示的四种模式：

产品网络分销适应性	少	多
高	简单销售型 生产商将产品通过网络直接销售给最终用户。如简单数字产品，网络只起信息沟通和产品传递作用	战略分销型 生产商将产品通过网络直接销售给最终用户，同时还通过网络提供一系列用户需要的服务。如对复杂数字产品，生产商还通过网络提供技术支持
低	辅助促销型 网络只起辅助分销作用，如信息沟通作用，链接之类，如大型、成套机电产品	服务分销型 生产商通过传统渠道销售产品，但还要通过网络提供某些技术支持。如电脑

网络分销渠道承担的分销功能

图 8.7 典型的网络分销模式

（1）简单销售型

简单销售型分销指企业将产品通过网络直接销售给最终用户，网络只承担信息沟通和产品传递功能的一种分销模式。该分销模式的特点在于网络分销渠道承担的分销功能较少，而产品的网络分销适应性较高，如简单数字产品（音像及信息产品、小型应用软件等）的网上销售模式。由于简单数字产品便于网络下载，相应的售后服务较少，加上网络销售可以有力打击数字产品的盗版，使得简单销售型分销模式在简单数字产品领域发展得比较成熟。

RealNetworks 公司（www.realnetworks.com）是通过互联网进行媒体传输的领先者。该公司开发并销售的软件产品和服务能使用户通过互联网和企业内联网发送和接受音频、视频及其他媒体内容。RealNetworks 的 RealPlayer 产品发布于 1995 年，到 2004 年 2 月已经拥有超过 3.5 亿的单一注册用户，而且每天都有 20 万以上的新用户。浏览 RealNetworks 网页的用户会看到一个在线的产品目录。只要用户选择了所选定产品的“现在购买并下载”的链接，他们就会被要求给出一个操作系统的名称，并被提示通过输入电子邮件地址、姓名、密码、信用卡的详细资料和账单地址来创建账户，这样选定的产品就被下载到用户的硬盘上，在安装过程中自动地进行配置，并可以使用。

英国大百科全书公司是首家于 1994 年上网的百科全书公司。英国大百科全书公司在互联网发布其产品，通过提供一项网络服务：大不列颠在线，即一项电子百科服务实现网络销售。大不列颠在线向学校、图书馆、大学等机构销售年度网站许可证，并向享受服务的学生和个人收取费用。

我国也有许多销售简单数字产品的网络渠道，如中国电子图书网、网上连邦、卓越网等。

（2）辅助促销型

辅助促销型分销提供许多产品信息和链接转售服务，顾客并不能从这些网站上购买产品或服务，而是由网站为顾客指点转售这些产品或服务的一种分销模式。该分销模式的特点在于网络渠道承担的分销功能相对较少，同时产品的网络分销适应性较低。这种分销模式的成功很大程度上取决于提供客户渠道的合作伙伴的可信度，以及合作伙伴是否能充分履行公司的品牌承诺。只要这些合作伙伴在交易时能履行承诺，那么这种模式对许多公司都是有效的。

在服装行业中，辅助促销型分销模式较常见，如生产 Lee 牛仔和 Wrangler 牛仔的制衣商 VF（www.vfc.com）公司就采取了将顾客推向指定销售点的分销模式。VF 将自己的网站设计成目的网站，用以提供信息和娱乐，当顾客需要购买时，网站会将他们推荐到出售网站或传统销售点完成购买过程。

（3）战略分销型

战略分销型分销指企业通过发展网络战略，以加大其直销力度，尤其针对那些有战略意义的大客户的一种分销模式。该分销模式的特点在于网络分销渠道承担的分销功能相对较多（如信息收集、技术服务、物流配送等），同时产品的网络分销适应性也较高，适用于复杂、高投入的数字化产品及大宗产品交易等领域。对于一些数字化产品，由于其自身的复杂性和高投入，常常要求销售人员拥有一定的技巧，特别是在与客户建立关系方面，因此互联网并没有完全替代传统的分销渠道。但互联网在各种分销渠道之间创立了一种新的协同效应和平衡，这对维持顾客满意程度和提高利润是非常重要的，对用户和销售商来说，在售后服务及配件服务中也起着关键的作用。

1998 年英特尔面向公司客户开通了第一个商务网站，在头半个月里就有超过 10 亿美元的交易转移到网站上。

思科公司成功地运用互联网作为售后服务和提供配套产品的销售工具，通过互联网管理客户关系和再订购过程，使其网上销售占了全部产品的 70%。

1994 年 Dell 公司率先使用网络渠道，现在基于互联网的销售收入占到 Dell 公司总收入的一半以上。Dell 公司的用户中有 90%是商业用户，10%是个人用户，他们都可以通过公司网站定制计算机系统，经过订购、支付程序，配置齐全的计算机将在几天内由专业部门递送到用户手中。对于有过交易的用户（大约 30%），Dell 公司提供了很好的价值建议，可以让用户以更低的价格获得相同的产品或服务。对于关系用户（大约 40%），Dell 公司提供了许多增值服务，为其定制主页。Dell 公司拥有 5 万多个为商业用户定制的主页，通过加强管理与控制、增加标准或技术、降低订购费用以及提供订单状态和其他信息来为用户提供增值服务。

想要像英特尔、思科、Dell 那样建立战略型分销模式不仅需要观念的转变，同时还必须了解如何使各种交易程序适合于网络交易环境。

（4）服务分销型

服务分销型分销指企业采用二元策略，既通过自己的网站销售，又利用其他合作渠道销售产品，同时还提供某些技术支持的一种分销模式。该分销模式的特点在于网络分销渠道承担的分销功能相对较多（如信息收集、技术服务、物流配送等），而产品的网络分销适应性较低。由于互联网的虚拟性和非数字化产品的物理属性，使得服务功能较强的服务型分销模式在许多非数字化产品领域运用得较为普遍。

SUN 公司（www.sun.com），是以 UNIX 操作系统为基础的工作站计算机、存储装置，以及网络服务器等的主要制造商之一。该公司的 B2B 网站可以使客户了解所购买产品的硬件、软件的信息，并获得教育、培训及咨询方面服务。网上客户可以在网上订购，也可以打电话到最近的零售店，或通过政府项目和特别租赁项目来订购。

REI 公司主要销售户外娱乐和运动用品，其网站（www.rei.com）突破了零售店的力量，使公司的营销活动打破地理限制到达新的潜在客户群。REI 网站实现了用户 24 小时网上订购和产品的跟踪服务，在有效改善客户关系的同时提高了销售量。

8.2 网络分销商及经营策略

在传统分销渠道中，商品通过分销商（批发商、代理商和零售商）层层批转以实现商品所有权和实体的转移。在网络分销渠道中也存在使商品从生产者传递到消费者手中的中间商机构，即网络分销商。

8.2.1 网络分销商的一般特征

与传统的分销商相比，这些互联网上的商品交易中介机构大大提高了中间商的交易效率、专业化程度和规模经济效益，并具有以下五个明显的特点。

1. 低成本

基于互联网的网络分销商不需要传统意义上的店面、装潢、产品展示、存货及货架、营业服务人员等，其成本主要涉及网站建立的成本、软硬件费用、网络使用费用和定期的维持费用，这比传统分销商的经常性支出，如昂贵的店面租金、装潢费用、水电费、人员费用相比，要低廉得多。如果网络分销商直接向网络服务供应商（ISP）租赁“店面”，其成本将更低。而且互联网的双向信息沟通功能，使商品的广告宣传、促销和销售都统一到网上进行，节省了大量的宣传、促销和交易费用。

2. 无存货

对于企业来说，设置分销渠道成功的关键之一在于是否能尽可能地消除库存而同时又要尽可能地充分展示，减少库存和充分展示本身就是一对矛盾。网络分销商一方面与生产厂家进行网络链接，同时通过网络直接面对用户，和买卖双方都保持着快捷方便的信息传递。在交易过程中，它可以在接到用户的订单后，再向生产厂家订货，而且不需要把商品一一地实际陈列出来，只要在站点上列出出售商品的目录和一些商品图样以方便顾客选择。因此网络分销商就不需要提前进货，也不会出现库存积压的情况，从而可以最大限度地控制库存，实现了无库存经营。可以说，网络分销完全解决了减少库存（甚至是零库存）和充分展示这一对矛盾。

3. 全天候

网络分销商的交易场所是构建在虚拟的网络平台上的，且无须雇佣经营服务人员，可不受《劳动法》的限制实现全天 24 小时营业。网络消费者可以在任何时候点击想要浏览的网站，寻找要购买的商品，下订单购买。全天候营业消除了时间的限制，使消费者在购物时间上拥有更大的主动权，满足了不同的消费者不同的工作生活节奏，提高了销售量。尤其在零售领域，我们再也不用为假日的人流如潮和工作日的冷冷清清而烦恼，不再为零售需求的波动性造成零售供应能力的巨大浪费而一筹莫展。

4. 无国界

网上销售随着互联网的延伸在全球范围内展开，不存在任何地理障碍。对于网络分销商而言，它面对的是全球市场，在无须花费昂贵的国际营销费用的条件下，就可能打造一个国际品牌，以最少的成本把商品或服务推向全世界。网络分销商凭借其较高的知名度、信誉度和信息量可以使商品更好地参与国际竞争，这对于处在积极成长中的生产企业具有很大的吸引力。

5. 经营规模限制少

网络空间的无限性使网络分销商的经营规模不再受到场地大小、位置，以及随之而来的与政府的关系、与公众的关系等因素的限制，只要分销商有足够的资金能力和技术开发能力，网络分销的规模就可以做得很大，只要网络营销做得好，就能实现产品的销售。而且在网络分销中连接生产者和消费者的中间环节只有一个，网络分销商可以同时具备传统批发商和零售商的功能，其经营规模将逐渐扩大。

8.2.2 网络分销商的类型

网络分销商一般来源于两个途径：一是融入互联网技术的传统中间商；二是随着互联网的发展而滋生出的新型网络中间商。在网络分销中，中间环节一般只有一个，缩短了分销层次，每个分销商具体承担的批发、代理或零售的职能划分变得模糊，他们既可以把自己看成批发商，也可以看成零售商，其经营方式更加灵活。从表 8.1 中 B2B 网站分布的调查可以看出网络分销商还是很多的。下面简单介绍几种网络分销商。

表 8.1 2000 年 B2B 网站分布

网站类型	网站数	比 例
网上批发（信息、交易）	147	40%
网上交易市场	104	28%
解决方案提供	45	12%
其 他	74	20%

资料来源：2002 年《电子商务年鉴》

1. 网络交易平台提供商

网络交易平台提供商，也可称为电子交易市场或市场中介，他们可以增加公司交易的机会，提高交易效率。

（1）专业电子交易市场

这类网络中间商通过搭建最高效的电子商务平台，运用最先进的通讯设备和互联网技术，在某一行业领域为进行网上交易的厂商提供权威的网上交易电子商务平台和信息管理系统。它本身并不花交易平台提供商提供的平台开辟专用的交易通道，随时进行信息交换和网上谈判，在双方达成协议后，通过交易平台提供商提供的相关接口获得支付结算和物流等服务。交易平台提供商的收入主要来源于交易双方对使用系统平台的租金或系统管理费用等。

e-STEEL（www.esteel.com）是一个中立的、安全的钢材交易电子市场。供应商可以通过 e-STEEL 来扩大市场范围，发展客户及减少交易费用。购买者可利用 e-STEEL 找到较好的价格，降低采购费用。e-STEEL 不拥有在其系统上进行交易的任何商品，并且不与任何钢铁行业的参与者交往。e-STEEL 不向购买者收取任何费用，但销售者每次要支付交易额的 0.875%。

中国联合钢铁网（www.custeel.com）是国家经贸委和钢铁工业协会认定的钢铁电子商务惟一行业网站，在其钢材交易平台上，钢铁企业、经销商可以发布钢材供销资源信息，买卖双方可以进行网上交易洽谈并签单，2002 年通过中国联合钢铁网实现的交易额达 22 亿元。

（2）电子拍卖市场

电子拍卖市场是 1998 年出现的一种网络中间商，它通过提供交易场所并组织拍卖活动而获得销售佣金和广告收入。

eBay（www.ebay.com）是全球最成功的电子拍卖市场，在商品销售过程中，eBay 对购买者是免费的，而由销售者承担记账、物流支持和收款的义务，同时按出售商品价格的一定比例向 eBay 支付费用。在这一过程中，eBay 既不拥有所销售的商品，也不经手买方的付款。

2. 信息中介商

随着市场信息的膨胀，互联网上最受欢迎的一些网站是存在于买方和卖方之间的信息中介网站。这些信息中介商同时为消费者和商业用户服务，侧重于提供详细的信息、内容、知识及经验，能为某一特定电子商务领域增加价值。信息中介不拥有任何有形资产，它们只能依赖与其合作的伙伴而生存。在实际运营中，信息中介商的主要活动包括：广泛收集各种信息内容，并向用户宣传其网站，提供链接服务，与若干伙伴形成合作关系等。其收入来源主要有：销售代理佣金、广告（点击）收入等。信息中介商包括：智能代理、卖方代理、搜索引擎和门户网站、虚拟社区等。

（1）智能代理

智能代理，即买方代理这是最新的、最不容易被接受的，但从技术上讲却是最有趣的一种中介形式，它通过在互联网上搜索销售商、产品信息及相关评价为客户寻找他们所需商品的最佳交易方式，其返回给客户的信息采取统一的格式，便于客户比较，同时也允许客户直接从所选择的供应商那里订购货物。

Winerobot（www.winerobot.com.au）可根据指定葡萄酒的种类、产地、商标、生产日期或价格等信息来搜索澳大利亚在线葡萄酒销售商的网站。一旦客户做出选择，就会被链接到在线销售商的网站上。Winerobot 向其搜索范围内的葡萄酒销售商收取费用。

（2）卖方代理

卖方代理是为销售商收集和提供客户及潜在客户的信息，减少其交易与查找费用的中介形式。

Autobytel（www.autobytel.com）是最明显的卖方代理中介。Autobytel 收集了大量汽车购买者的信息并且作为汽车交易商的代理，提供了覆盖整个交易过程的一系列服务。

目前市场上有不少像 Autobytel 这样的信息中介，为客户提供各种关于汽车交易的简便服务，如 CarsDirect 是专门从事网上汽车销售的公司，它先通过互联网发布信息并接受消费者的购买信息，然后与经销商讨价还价，价格谈妥后，就直接为客户提供保险、金融，以及运输等服务。

（3）搜索引擎和门户网站

门户网站一般被定义为“综合信息的访问点”，是一般用户通向互联网的入口，拥有大量的网站链接。大多数用户仍使用搜索引擎来查找链接需要登入的网站，因此门户网站拥有大量的潜在客户和销售者，但它常常只提供到某一地方获得商品和服务的链接功能，本身并不销售商品和服务。但随着竞争的加剧，门户网站也在不断拓宽其业务范围。

雅虎、Excite、新浪等都是能为客户提供不同类型的搜索服务和分类目录的门户信息中介。在新浪上搜索“鲜花”，可以找到所有在新浪搜索引擎上注册的鲜花在线销售商，在线浏览者可直接点击自己所需要的网址即可链接到该网站上（见图 8.8）。

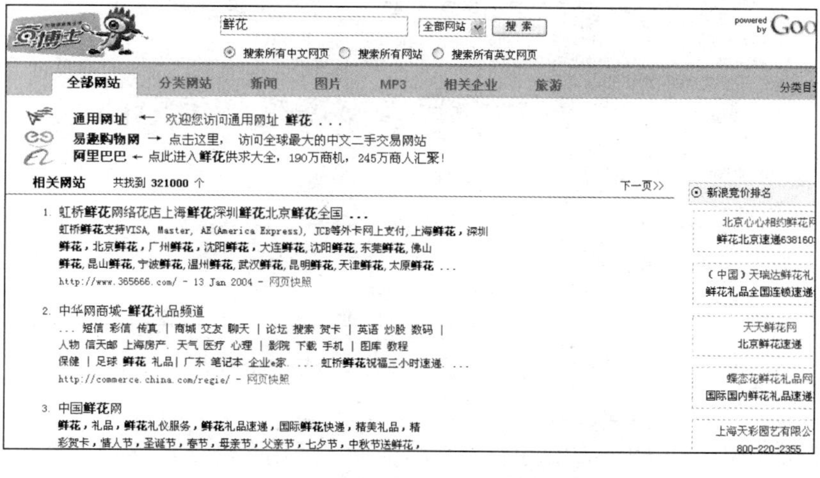

图 8.8 新浪关于鲜花的搜索结果

（4）虚拟社区

虚拟社区是通过收集某一领域的信息及其相应的社区建设与商业行为，以降低买卖双方的交易成本。由于虚拟社区拥有大量的目标顾客，且忠诚度较高，因此针对特定群体的虚拟社区的信息服务是一个能够在互联网上发布具备高附加值并能获得相当利润的领域。

SeniorNet 网站以学历较高的访问者为服务对象，其虚拟社区为金融服务、保健产品和教育服务，它提供了一个理想的市场平台。VerticalNet 公司组织了近 30 个虚拟社区，其水资源在线（www.waterline.com）每月大约能吸引 10 万访问者。在该站点上，供应商通过能够购买一个虚拟广告环节，使得 VerticalNet 的访问者能够访问供应商的在线目录以获得其所需的信息。

此外，互联网上还有许多信息中介商，如仅提供链接服务（友情链接、广告链接等），侧重于把点击者转给销售者等。

3. 网上商店

网上商店，即电子商务中交易发生的场所，当用户需要在互联网上购买商品时，可以选择去网上商店。网上商店以特定的市场与顾客为目标客户群，向其提供产品或服务，以提供产品或服务的利润及广告收入为主要收入来源。

（1）电子批发商

慧聪 IT 商务网就是专注于 IT 业的行业商务网站，它依靠其自身良好的行业背景，让 IT 厂商在网上开展分销业务，通过集体竞价的方式，直接降低经销商的成本（见图 8.9）。

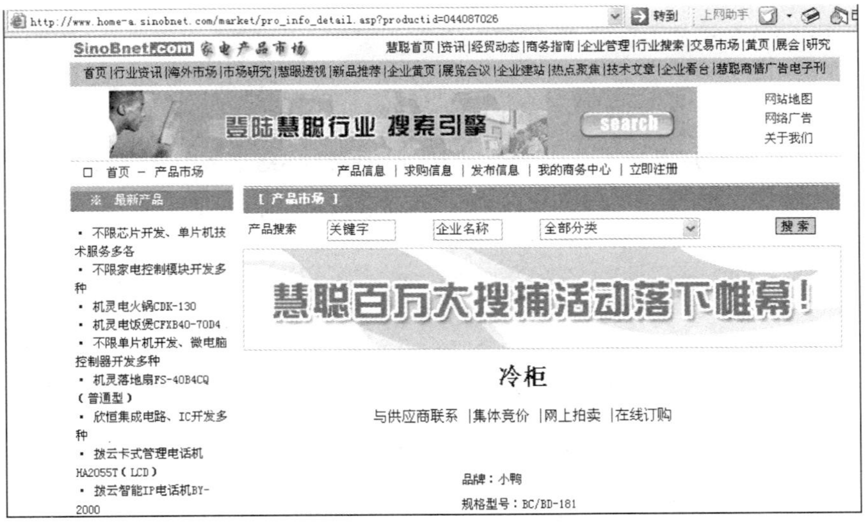

图 8.9　慧聪 IT 商务网有关冷柜竞价页面

电子批发商作为交易的一方实际参与交易活动，适用于一定区域内产业市场中大批量、标准化零部件的批发分销。电子批发商先以较低价格大批量地从生产商手中获得产品，再以一定的价格折扣批发给零售商或用户。在分销过程中电子批发商通常将服务（如物流配送）包给区域内的服务组织商，因此与其他类型的分销商关系密切，在其业务覆盖的区域表现出了很强的市场力量。

电子批发商通常是面对产业市场的，是一种 B2B 模式，也可能是未来最主要的一种批发、代理机构。随着互联网的发展和市场规范的完善，今后没有什么批发、代理机构可以离开互联网生存。而且由于互联网在商务活动方面超越时空的特性及强大的信息检索功能，企业间协调能力和效率的提高，在数以亿计的商品中找出自己需要的产品不再是一件困难的事，从事几十种、几百种、几万种产品经营的区别仅仅在于计算机的存储和处理能力，其经营成本和顾客选择成本的增加都不大，但方便性却大大提高了，中小批发代理机构将逐渐扩大其生存空间。

（2）电子零售商

在电子商务中，以电子零售商性质出现的公司占主导地位，其中包括纯虚拟的虚拟购物中心、网上零售商（如亚马逊网站）及由传统企业基于互联网的零售业务，如美国的零售业巨头 Wal-mart 及海尔网上商城（见图 8.10）。

图 8.10　海尔网上商城首页

电子零售商是一种 B2C 模式，这种模式在现阶段的发展所受到的制约因素太多，如物流问题、购物乐趣问题等，而且都不是短时期内可能解决的。没有一个完善高效的物流系统，网上零售的成本将大大高于传统零售方式。成本优势是任何一种零售业态成为主流业态的必要条件，百货业取代传统专业店是如此，超级市场的兴起也是如此，电子零售要想成为主流业态也必须如此。当然这种成本并不仅仅是经济上的，也包括时间、精力等生活要素。

一些提倡网络直销的建议者认为，应该通过建立一个无中介的市场来实现电子商务中买卖双方之间无约束的联系，但这种设想在很多领域是无法真正实现的。本章所介绍的几种网络分销网站在推进网上销售方面起到了重要的增值作用。尽管由于它们不同的功能带来了其在客户资产所有权结构上的差异（见表 8.2），但随着网络环境的成熟发展，这些网站的类别将不断进化，其差异也将逐渐模糊。例如，搜狐是一个门户网站，也是一个拍卖网站，还是一个购物中心。

表 8.2　不同类型网站的客户资产所有权结构比较

网络分销网站类别	客户关系	客户数据	客户交易
网络交易平台	是	是	否
信息中介商	是	是	否
网上商店	是	是	是

8.2.3　网络分销商的经营策略

对于从事网络分销的中间商来说，必须对在传统模式下形成的某些经营理念进行变革，从而产生新的经营思路。在新的经营思路中，应注意以下经营策略的运用。

1. 营销策略

目前在互联网上至少有 3.5 亿个网页，150 万个网址，在如此广阔的空间里，一条信息或一个网页好比沧海一粟，因此进行网址宣传，让消费者知道并能找到该网站是网络分销商开展网上营销并取得效益的前提。宣传网址既可以利用传统媒介，也可以利用互联网本身来进行。对于网络消费者来说，通过互联网宣传效果更直接。网络分销商可以利用导航台、新闻组、电子邮件群组、图标广告、分类广告等工具来宣传网址。在方式上，也可以同各种促销手段相结合，以激励购买者或潜在购买者上网查询，继而产生购买行动。

在互联网的虚拟环境下，建立良好的信誉和口碑对于开展网上业务的企业至关重要，尤其是对网络分销商。因为分销商不具有产品技术上的优势，要在众多互联网商家中脱颖而出，就必须依赖其信誉。建立商家信誉可从多方面着手。在网页的制作上要清晰明了，引人入胜，且风格要统一，能够反映企业的文化。在整个营销过程中加强与消费者的沟通。通过一些电子问卷和消费者每次消费的记录，了解消费者的购物习惯，建立客户档案。例如某一顾客对经济类的书比较感兴趣，在有这方面的新书上市时，可将该信息通过电子邮件发给客户，刺激购买。另外，还可通过多种方式吸引消费者，如采用免费送货、使用优惠卡、建立会员制、无条件更换保证等方式，加强消费者对网站的印象，刺激购买。

网络分销商还要注意营销组合的运用。前面已经对网络营销的特点和网络消费者的特点进行了分析，在网络营销中，消费者的购买行为更加理性化、个性化。因此网络分销商在选择网络产品时，要充分考虑到消费者的个性化需求以及在网上销售的实际可操作性，如可选择音乐、电影、电脑产品等。由于网络缩短了分销渠道并提供了更多的同类商品的信息，网络商品的价格比较透明。反映在价格策略上，网络分销商需要制定有足够竞争力的价格，才能达到消费者的心理标准。在广告策略方面，网络营销偏重于咨询性信息的提供，但全部是资讯式的广告会使消费者厌烦，过早地跳出该网站。因此在向消费者介绍产品特性的同时，可辅以娱乐措施，提高广告的娱乐性，以增加吸引力。

2. 购物流程

一个明快流畅的购物流程是网络分销商在经营过程中应注意的重点。在设计订货系统时，要简单明了，不要让消费者填写太多信息。要有比较明了的导购图，帮助消费者进入购买程序。在选购商品时，可采用现在流行的“购物车”方式模拟超市，让消费者边看货品边选购。在发现选购有误时，可立即从“购物车”中取消该货品。在购物结束时，一次性进行结算。另外，订货流程还要有搜索和分类查找功能，同时向消费者提供商品的有关信息，如性能、价格、品牌、规格等。在结算时，尽量提供多种方便消费者的选择，如信用、支票、数字现金等。如 8848 网站考虑到网上直接结算的安全性，将其信用卡号和账号公开，消费者可以自己通过信用卡终端自行转账，避免了消费者在网上输入账号和密码带来的风险。

3. 配送方法

在配送服务时，可提供灵活的送货方案。美国的 Amazon 公司就提供了多种送货方式和送货期限供消费者选择，对应的送货费用也不同。Amazon 的送货方式有两种：一是以陆运和海运为基本运输工具的标准运输；二是空运。如果选择基本送货方式，并且商品有库存，在美国国内需要 3～7 个工作日才能送货上门，在国外，加上通关时间，需要 2～12 个星期才能到货。如果选择空运，美国国内用户可在 1～2 个工作日拿到订购货品，国外消费者则要等待 1～4 个工作日。Amazon 的送货方式给消费者更多的选择空间，受到了消费者的欢迎。

4. 后台处理

后台处理是协调网上交易的各个环节的中心。一个完善的后台处理应包括：接到订单后，对订单跟踪处理；进行付款确认；向销售部门下达送货通知；更新数据库；客户档案管理等。

8.3 网络渠道设计和管理

8.3.1 确定产品要求的服务水平

美国 Dell 公司通过网上直销，每天能够获得 400 万美元以上的销售额。这一成绩使 IT 行业的三大巨头 IBM、HP、Compaq 都感到很尴尬。其中最明显的一点就是他们的股票市值远不如小字辈的 Dell 公司。DELL 能够迅速走上网络直销的良性循环是因为：一是电脑产品本身价格较高，因此它的配送费用在成本中占的比例就比较低；二是 Dell 虽然实施部件订制，但它本身也是产品制造者，并且已经形成了著名的品牌，因此能够获得忠诚的客户，形成巨大的销售规模。

虽然有 Dell 成功的案例，但由于各种产品的自然属性、用途等不同，因此不是所有的产品都适合进行网上销售。如果供应者一味地打破原有的经营体系，越过所有的分销商，直接和经销商和最终用户打交道，会给自己增加额外的负担，到头来不仅没有节约成本，还可能在售后服务、培训体系等方面也做不好。所以在设计网络分销渠道时首先要分析产品的特性，确定该产品是否适合在网上进行销售以及需要什么样的网络分销体系。

在分析产品因素时主要考虑以下六点：产品的性质、产品的时尚性、产品的标准化程度和服务、产品价值大小、产品的流通特点、产品市场生命周期。

如信息、软件产品可以实现在线配送、在线培训和服务，减少了营销成本，是最适合网上销售的。另外有些产品虽然目前不适合网上销售，但随着网络技术的发展，消费观念和消费水平的变化，在今后也可能实现网上销售。在我国，大多数消费者还仅仅只是把货币支出看作成本，而所花的时间和精力不作为成本，除了一些日常用品，购物的方便性还不是消费者购买时所非常关注的。

8.3.2 选择网络分销商

在从事网络营销活动的企业中，大多数企业除建立自己的网站外，还同时利用网络间接渠道（如信息服务商或商品交易中介机构发布信息）销售产品，扩大企业的影响力。因此，对于开展网络营销的企业来说，要根据自身产品的特性、目标市场的定位和企业整体的战略目标正确选择网络分销商，一旦选择不当就可能给企业带来很大的负面影响，造成巨大的损失。在筛选网络分销商时，应该从它的服务水平、成本、信用，以及特色等方面进行综合考虑。

1. 服务水平

网络分销商的服务水平包括独立开展促销活动的能力、与消费者沟通的能力、收集信息的能力、物流配送能力，以及售后服务能力等。比如对于一个正处于成长期的中小企业来说，它的主要精力都放在了产品的研制开发上，在网络销售中就需要一个服务水平较高的分销商，协助它与消费者进行交流、收集市场信息、提供良好的物流系统和售后服务。而一个实力较强、发展成熟的企业往往只是通过网络信息服务商获得需求信息，并不需要网络中间商开展具体的营销活动。

2. 成本

这里的成本主要指企业享受网络分销商服务时的费用。这种费用包括：生产企业给商品交易中间商的价格折扣、促销支持费用等；在中介商服务网站建立主页的费用；维持正常运行时的费用；获取信息的费用。对这些费用，不同的分销商之间的差别很大。

3. 信用

这里的信用指网络分销商所具有的信用程度的大小。由于网络的虚拟性和交易的远程性，买卖双方对于网上交易的安全性都不确定。在目前还无法对各种网站进行有效认证的情况下，网络中间商的信用程度就至关重要。在虚拟的网络市场里，信誉就是质量和服务的保证。生产企业在进行网络分销时只有通过信用比较好的中间商，才能在消费者中建立品牌信誉和服务信誉。缺乏信用的网络分销商会给企业形象的树立带来负面影响，增添不安全因素。因此在选择网络分销商时要注意其信用程度。

4. 特色

网络营销本身就体现了一种个性化服务，更多地满足网络消费者的个性化需求。每个服务于网络营销的网站在其设计、更新过程中由于受到经营者的文化素质、经营理念、经济实力的影响会表现出各自不同的特色。生产企业在选择分销商时，就必须选择与自己的目标顾客群的消费特点相吻合的特色网络分销商，才能真正发挥网络销售的优势，取得经济效益。

5. 网站流量

网站流量的大小反映了网站客流量的大小，是实现网上销售的重要前提。选择网络分销商时，应尽量选择网站流量大的网络分销商，以促进网上销售，并扩大公司在网上的知名度。

8.3.3　确定渠道方案

企业在进行产品定位，明确目标市场后，在对影响网络分销渠道决策的因素进行分析的基础上，就需要进行渠道设计，确定具体的渠道方案。

1. 选择渠道模式

选择渠道模式即是对直接分销渠道和间接分销渠道的选择。企业可根据前述的产品的特点、企业战略目标的要求，以及各种影响因素，决定采用哪种类型的分销渠道：网络直销还是网络间接销售。它们的区别在于是否借助网络中间商，具体细节见 8.1 节。企业也可以在采用网络直销的同时开辟网络间接销售渠道。这种混合销售模式被西方的许多企业采用。因为在目前买方市场条件下，通过多种渠道销售产品比通过一条渠道更容易实现“市场渗透”，增加销售量。另外可根据企业产品网络分销的适应性和网络分销渠道承担分销功能的多少，选择辅助促销型、简单销售型、服务分销型或战略分销型渠道模式。

2. 确定中间商数量

确定中间商数量，即确定分销渠道的中间商的数目。在网络分销中，分销渠道大大缩短，企业可以通过选择多个中间商如信息服务商或商品交易中间商来弥补短渠道在信息覆盖上的不足，即增加渠道的宽度。在确定网络中间商的个数时，有以下三种策略可供选择。

（1）密集型分销渠道策略，即选择尽可能多的分销商来销售自己产品，这种策略使顾客随时随地都能购买到产品，它提供的是一种方便，一般适合于低值易耗的日用品；

（2）选择型分销策略，在一个地区只选择有限的几家经过仔细挑选的分销商来销售自己的产品，分销商之间存在有限竞争，它提供给顾客的主要是一种安全、保障和信心，它一般适合于大件耐用消费品。

（3）独家型分销策略，在一个地区只选择一家经过仔细挑选的分销商来销售自己的产品，它提供的是一种独一无二的产品或服务，而且价值昂贵，顾客稀少。

3. 明确渠道成员的责任和权利

在渠道的设计过程中，还必须明确规定每个渠道成员的责任和权利，以约束各成员在交易过程中的行为。如生产企业向网络中间商提供及时供货保证、产品质量保证、退换货保证、价格折扣、广告促销协助、服务支持等；分销商要向生产者提供市场信息、各种统计资料，落实价格政策、保证服务水平、保证渠道信息传递的畅通等。

在制定渠道成员的责任和权利时要仔细谨慎，要考虑多方面的因素，并取得有关方面的积极配合。

8.3.4 渠道管理

在选择好渠道的分销模式和确定了具体的渠道方案后，渠道就进入了一个相对成熟的阶段。这时生产厂商还有一项十分重要的工作要做，那就是对渠道进行管理，必要时还要对渠道进行调整。在渠道管理过程中，渠道冲突一直是困扰各厂商的一大难题。在网络营销中，由于互联网的运用，大大缩短了渠道的长度，减少了中间环节，同时互联网的开放性和自由性，也加强了渠道成员之间的沟通。因此，互联网条件下的渠道冲突与传统渠道的情况相比有了明显的缓和，但渠道冲突是不可避免的。

1. 渠道冲突的主要表现

一般来说，网络渠道冲突可分为4种：水平冲突、交互冲突、垂直冲突和多渠道冲突。水平冲突发生在渠道中同类型中间商之间；交互冲突发生在不同类型中间商之间；垂直冲突发生在不同层次的渠道成员之间如生产厂商和中间商之间的冲突；多渠道冲突则发生在不同渠道之间。网络渠道冲突主要表现为以下几种形式。

- 在生产厂商选择多个网络分销商销售产品时，由于没有了时间和地理区域上的限制，各分销商可能同时面对所有的网上用户，从而引发冲突，为了扩大销售，分销商会削价销售，使大家的利润都降低。
- 不同的中间商对价格政策、折扣结构和奖励政策的满意度不同。
- 厂商要求中间商执行某些特定的服务、促销活动及信息收集和反馈工作时，中间商没有真正执行。
- 生产厂商同时开展网络直销和间接销售时，它的直销活动可能会对中间商造成影响，造成生产者与中间层次之间的冲突。

2. 产生冲突的原因

分析渠道冲突产生的原因，可以概括为以下几点。

（1）角色不一致

渠道成员的角色是指每个渠道成员都可接受的行为范围。每个成员都应该在渠道中扮演好自己的行为角色。当某个渠道成员的行为超出了其他成员可接受的范围时，就出现了角色不一致的情况，这将导致渠道冲突。例如，生产厂商交货延误，分销商就会很不满。

（2）观点差异

观点差异指渠道成员对某件事的不同理解和不同的反应。例如，不同的中间商对与生产厂商的合作广告计划的看法会不一样。一些分销商认为这样能够刺激该产品的销量，从而能得到更大的进货折扣；而一些信息服务商则会综合考虑利用它的网页做广告的机会成本，可能对这个计划的兴趣就不大。

（3）决策权分歧

这里主要指生产厂商或分销商是否对商品的最终价格有决定权，分销商是否有权倒卖商品等。

（4）目标错位

不同渠道成员的目标可能不一致。例如，分销商希望更高的价格折扣、更快的交货速度、更少的支出和更多的佣金，以获得最大的利润。而对于生产者，则希望分销商要求更少的折扣和佣金，投入更多的促销费用等。

（5）资源稀缺

指由于稀缺资源分配而引起的冲突。例如，厂商在采用间接销售方式时，仍保留了较大的客户作为自己的直销客户。

（6）渠道成员的信用

虽然互联网加强了沟通，但渠道成员的信用在目前还得不到有效的认证，所以网络条件下渠道成员的信用问题也可能造成渠道冲突。

目前对于渠道冲突的利弊，大家争论得很多。一方面，有些渠道冲突能刺激竞争，使渠道成员产生危机意识。比如说，尽管通过多渠道销售同一种产品会产生渠道冲突，但这样可以提高销售额，扩大产品的覆盖率，并且迫使渠道成员不断创新。另一方面，过度的渠道冲突会降低渠道效率。

3. 管理和解决

从生产商角度看，有必要对渠道进行管理，协调渠道成员之间的关系，从而使每个渠道成员都满意。生产商管理和解决渠道冲突的方法一般有四种：说服、解决问题、谈判和法律。

（1）说服

生产商通过改变其他渠道成员对于焦点问题的观点或决策标准来管理冲突，其目的在于促使整个渠道向同一个目标努力。

（2）解决问题

生产商努力找出一个能够使每个成员都能接受的解决方案。采用这种方法要以各方的高度信任及合作为前提。

（3）谈判

谈判是一种对已存在的利益进行重新分配的调整方法，一个渠道成员得到某方面的利益是建立在另一个成员失去这方面利益的基础上的。厂商就通过与各渠道成员的讨价还价来平衡各成员之间的利益，从而达到解决渠道冲突的目的。

（4）法律

当采用这种方法时就表明在各渠道成员间达成一种可接受方案的努力已经失败。要通过争端仲裁或中间调解等方法才能解决冲突。

除了上述方法外，管理和解决渠道冲突的方法还有很多，如敏感性训练。敏感性训练指渠道成员能够意识到存在潜在冲突的领域，通过训练在冲突升级之前找到消除冲突的方法。敏感性训练要求渠道成员互相信任和合作，从而达到清除渠道成员之间障碍的目的。厂商在管理和解决渠道冲突时可以根据具体的情况选择一种或几种方法，有效地管理渠道。

8.4　物流配合

1986 年美国物流管理协会对物流的定义：把消费品从生产线的终点有效地移动到有关消费者的广泛活动，也包括将原材料从供给源有效地移动到生产线起点的活动。物流的作用是管理供应链，即从供应商到最终用户的价值增加的流程。物流往往是产品和服务价值的最终体现，是产品流通的关键环节。以生产企业为例，有关调查研究的数字显示，物流对企业的影响是公认的，有90%的人认为物流比较重要，其中42%的人认为很重要；仅9.2%的人认为不重要。

在网络销售中，各参与方是以电子方式而不是直接物理接触方式完成交易过程的，除信息、软件产品外的绝大多数产品的实体分销是无法通过互联网直接实现的，还必须通过传统物流才能实现产品实体的转移。因此，网络营销与物流的关系是一种互为条件、互为动力的关系，物流对网上销售的限制作用日益突出，物流方面的服务已经成为网上销售竞争的“瓶颈”。物流对网络营销的重要性也可见一斑。

1999年9月，海尔集团成立了物流推进本部，海尔集团将原来分散在23个产品事业部的采购、原材料仓储配送、成品仓储配送的职能整合，成立独立运作的专业物流公司，2002年海尔物流实现营业额已超过200亿元。海尔全国可支配资源为：42个物流配送中心，300多万平方米仓储资源，300多家运输公司，可调配16000多辆车辆，承诺物流中心城市8小时配送到位，区域配送24小时到位，全国主干线分拨配送平均为两天。

海尔最初是为了降低公司成本成立了物流分公司，现在，海尔物流希望凭借自己高品质的服务为其他公司建立起高效的供应链体系，成为第三方物流增值服务提供商。海尔物流能力定位为集团的核心竞争力，从而达到以最低的物流总成本向客户提供最大附加值服务的战略目标。海尔的LES物流系统示意图如图8.11所示。

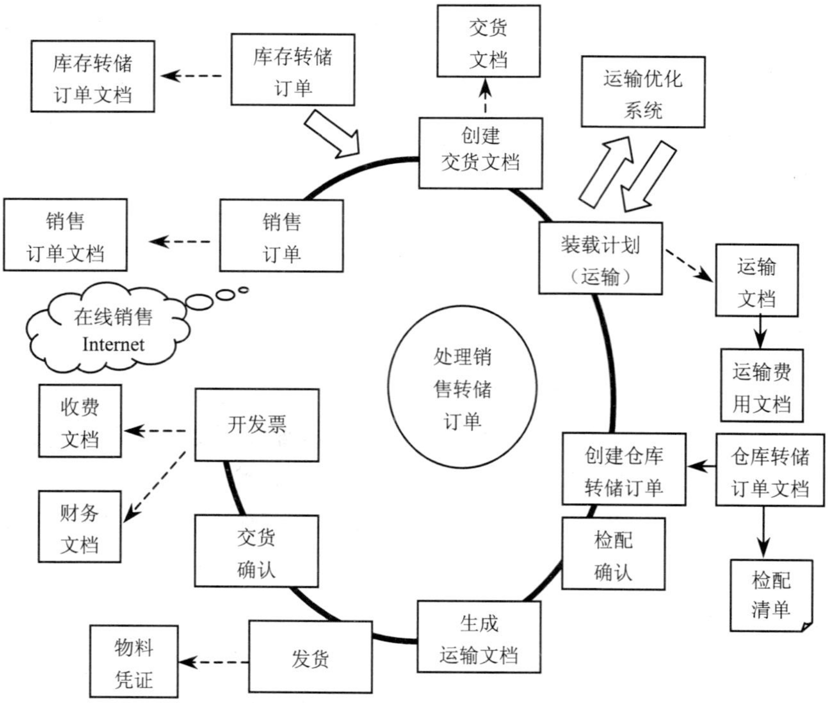

图8.11 海尔LES物流系统（资料来源：海尔网站）

8.4.1　物流解决方案

1．现代物流系统

对于开展网络营销的企业而言，可以有两种形式协调和控制物流：自营物流系统和第三方物流系统。

（1）自营物流系统

自营物流是指企业利用自己的力量筹建自己的物流渠道，完成物流活动。它包括自营运输、自营保管、自营包装，这样的物流适用于以下三种情况。第一种情况是企业生产的产品品种繁多、标准化程度低，实行样品销售困难，从而只能商流合一的情况。第二种情况是兼作销售、收款和配送的情况。第三种情况是企业的运输量适中，运输量波动量较小。否则，必然导致运输效率低下，物流的综合成本上升，增加了城市的交通拥挤，浪费了能源。

对于进行网络营销的厂商，建立自营物流系统的难度较大，投入也大，同时管理任务繁重。但好处在于：第一，自己负责配送能直接掌握消费者的第一手反馈资料，有利于改进服务；第二，避免了由第三方送货所带来的附加的管理协调费用，降低了产品成本；第三，简化了货物流通环节，便于提高送货效率。因此自营物流受到很多企业和消费者的欢迎。

世界 500 强之一的 IBM 公司的蓝色快车就拥有自己的“e 物流”。IBM 在自营物流方面获得成功，靠的是严密的管理和组织，包括新的运作方法、新的经营观念。从货物的管理、货物的分发、货物的跟踪，蓝色快车都有一套完整的信息系统，可以确定货物上的是第几列车，什么时候到达这个城市，谁可以签收，是否签收等。

在国内首开自营物流之先河，并取得明显效果的代表是 e 国百姓生活网（www.eguo.com，见图 8.12）。这家 1999 年底才开始崭露头角的网站成立了专门的部门，实行 1 小时免费送货服务，即“e 国 1 小时”服务。“e 国 1 小时”的含义是：e 国在客户从网上下订单或通过电话订货的 1 个小时之内，把货物免费送到客户手中。

图 8.12　e 国首页

在 e 国商城中销售的商品分为 9 个大类，分别为食品保键、日用家居、服饰休闲、文娱用品、书刊音像、电脑软件、家用电器、通讯器材和礼品票务。商品种类已达到上万种，大多数商品的价格都低于传统商城中的价格，与超市中的价格相比依然略低，或基本持平。

虽然目前e国的送货范围仅限于北京地区四环以内及中关村和亚运村地区，但e国在国内其他大城市的1小时配送服务体系正在积极的建设之中。在e国商城中订货，客户既可以选择货到付款，也可以进行网上支付。

e国网络为了保证送货的时间能控制在1小时之内，将配货环节量化管理，实行监督、检查、计时的制度。尽管有不少人反映在e国网络上经常发现缺货的现象，但是在时间上，e国从来没有含糊过，保证1小时送到。

e国在业内首先提出“自主物流”的概念，并在此基础上自建配送体系，为客户送货上门。e国在北京市四环以内设立了几十个密集的配送中心，一个设施先进、管理科学的中心库，以及一个高效的客户服务中心，真正确保所有商品能够在1小时内准时送达客户手中。与此同时，保证投诉渠道的顺畅和对投诉的高效处理。

（2）第三方物流系统

第三方物流是指由物流劳务的供方、需方之外的第三方去完成物流服务的物流运作形式。第三方指物流交易双方的部分或全部物流功能的外部服务提供者，在某种意义上，第三方物流是物流专业化的一种形式。目前我国第三方物流服务提供商包括：储运企业，如中国储运、华运通；运输企业，如中国运洋运输、中国外货运输；货代企业，如中国外轮代理、大通国际运输；口岸分拨与配送企业，如中海物流；邮政企业，如中国邮政；电子商务配送企业，如阳光网达、易速网、宅急送；民营企业，如宝供物流、南方物流；上市企业，如梅林正广和、大众交通；外资企业，如马士基物流、TNT物流等。

“中海物流网”是中海物流创立并运营的专业物流电子商务网站、大型跨境电子物料配送中心、仓储网络、货代网络，以及运输体系，可满足客户网上下单、网上查询、网上咨询、网上结算和网上数据交换等各方面的需求。通过中海的条码设备、GPS/GSM/GIS设备，客户可以24小时上网查询货物存储、移动的实时状态，获得统计数据，发出物流指令，索取价格和结算清单。中海物流网以B2B交易方式，采用会员制和战略伙伴等方式，实现了物流资源的整合与分配，与广东健力宝集团、青岛海信都签订了物流服务合作协议。

夏晖（HAVI）与麦当劳是战略伙伴关系，麦当劳进入中国的时候，其全球物流服务提供商夏晖食品服务公司（Havi food services）也同时跟进。

夏晖有不同温度和种类的冷藏车和冷藏库，其所有的设备都是为麦当劳不同保鲜和冷冻需求的食品、半成品和冷冻品准备的。夏晖的优质物流，也是麦当劳进入中国并能击败中国快餐的有力支撑。

麦当劳只要将采购清单交给夏晖，剩下的所有储藏、运输等工作就不用再考虑。夏晖的配送车队每天晚上在11点到凌晨1点之间必须完成送货，准点率在98%以上才算符合服务质量要求，因为麦当劳的员工是按小时付薪的，每天晚上11点之后安排几名员工接货，如果在这个时间内不能将货送到，员工的超时工资要由夏晖承担。不断货是麦当劳的另外一个要求。这听起来很简单，但具体运作却非常麻烦。麦当劳在全国有很多家连锁店，尽管通过 POS 机能够实时知道每一种商品的销售情况，但是如何运输、怎样在全国范围内建物流中心、如何协调社会性物流资源、如何在运输的过程中做到严格的质量控制（麦当劳的很多产品都需要严格的冷藏运输），这些非常复杂的工程，需要有极好的供应链管理能力。

一般来说，企业满足以下四个条件可以考虑使用第三方物流：第一，长距离干线运输；第二，需要专业技术的国际运输、笨重货物的运输；第三，企业产品季节性波动大且经营量小；第四，销售市场广阔，地区变动较大。因为第三方物流有现成的比客户企业自己做得好的物流解决方案，所以彼此之间就构成了一种不可分割的供应链关系。1996 年，全美有 57%的物流量是由第三方物流来完成的，日本能达到 80%左右，欧共体的比例约为 10%～35%。1999 年初，中国仓储协会对全国 450 家大中型工业企业的调查表明，有 60%的企业将把所有的综合物流业务外包给第三方物流企业。

开展网上业务的厂商采用第三方物流能够降低成本，提高顾客服务水平。如美国的 Dell 电脑就与美国的联邦快递公司合作，利用联邦快递的物流系统为 Dell 公司给客户配送电脑，Dell 公司只需要将要配送的电脑的客户的地址和电脑的装备厂址通过互联网传输给联邦快递，联邦快递直接根据送货单将货物从生产地送到客户家里。作为专业的物流服务公司，联邦快递拥有自己最先进的 InterNetShip 物流管理系统，客户可以通过互联网直接送货、查货、收货。客户足不出户就可以完成一切货物配送。

任何事物都具有两面性，采用第三方物流也存在许多实际问题。首先，采用第三方物流要以顾客不在意网上购买的时效性和高额的邮递费用为前提。试想有谁愿意为一张价值 28 元的游戏光盘支付 25 元的 EMS 费用，而且还要等上 48 小时或更长时间。其次，要处理可能出现的棘手的由运输纠纷而产生的责任归属问题。因此要从正反两方面考虑是否实施第三方物流，在多大程度上使用第三方物流。

为了配合网上销售的顺利进行，不管是依靠自己的物流体统，还是利用外部的专业物流服务公司，基于互联网的现代物流系统一般都具有下面的一些特点。

第一，顾客直接驱动。对于专业性公司，物流系统中的物流启动和运转都是围绕服务客户进行的。物流被启动是由于顾客的送货订单。满足顾客的需求就是要及时送货上门，因此，现在的物流系统，都采用现代化的信息系统技术来保证物流中的信息畅通，提高物流效率。

第二，全面服务性。由于产品构造的复杂性和使用的专业性，对物流服务的内涵需要进行扩展。以前货物送递只送到顾客门口，现在要延伸到桌面。特别是一些电子产品，需要为顾客进行安装。另外，还有代收款服务。

第三，可跟踪性。现在的物流系统都融入了互联网技术，顾客可以直接通过互联网了解产品的送货过程。如联邦快递公司允许顾客在互联网上输入货物编号就可以查询货物最近到达的地方，以及在什么时候可以到达收货人手中。

2. 物流决策

完整的网络交易过程应该完成商流、信息流、资金流和物流四个方面，在商流、信息流和资金流都可以在网上进行的情况下，制定和执行一套合理的物流方案应该被看成网络营销的核心业务之一。

在制定物流方案，进行物流决策时，首先应该考虑以下因素。

（1）消费者的地区分布

互联网是网络营销最大的信息载体。虽然互联网的地理分布范围正在不断扩展，但不是它所及的区域都是网上的销售区域，所以提供网上销售服务的公司需要对销售区域进行定位，对消费者人群集中的地区提供物流承诺。或者对不同的销售区域采取不同的物流服务政策，比如在大城市由于各方面的条件比较优越，订货量可能相对集中，就可以按照较高的标准组织送货，但对偏远地区的订单则要进行集货，送货期限肯定要比大城市长得多，各种服务也差一些。

（2）销售商品的品种

从理论上讲，没有什么商品特别不适合在网上进行销售。但在网络营销的初期，不是所有的商品都能在网上销售。而且从流通本身的规律来看，也需要对商品进行筛选、分类。在这里主要考虑不同商品的消费特点和流通特点是否符合网络销售的要求。如音乐、图书、计算机软件等可以通过网络完成物流过程的产品就很适合在网上销售。

（3）配送细节

一个好的配送方案应该考虑细节内容：库存的可供性、反应速度、送货频率、送货的可能性等。同时还要设计配套的投诉程序，提供技术支持和订货状况信息等。

（4）服务提供者

从物流角度看，传统的零售商、批发商的物流能力要优于纯粹的ISP（互联网服务提供商）、ICP（信息内容提供商），也优于一般的制造者，但从商流、信息流和资金流的角度看可能正好相反。因此，在设计物流方案时，要根据商务服务提供商的不同，实现供应链集成。

（5）物流成本

网络营销中的物流成本可能比传统销售中的物流成本高。因为在网络营销中物流的多品种、小批量、多批次、短周期的特点更加明显，所以很难单独考虑物流的经济规模，因而物流成本较高。因此，在制定物流方案时，要综合考虑物流费用。

此外，要对采用自营物流还是第三方物流做出决策。按照供应链理论，将不是企业自身核心业务外包给从事该业务的专业公司去做，这样从原材料供应到生产，再到产品的销售等各个环节的各种职能，都是由在某一领域具有专长或核心竞争力的专业公司互相协调和配合来完成的，由此所形成的供应链具有最大的竞争力。在进行第三方物流决策时，就应从物流在企业的战略地位出发，考虑物流子系统是否构成企业的核心能力，并进行成本评价。要决定物流子系统的战略重要性，可以从以下几个方面判断。

第一，物流系统是否高度影响企业的业务流程？

第二，物流系统是否需要相对先进的技术，采用此种技术能否使公司在行业中领先？

第三，物流系统在短期内是否不能被其他企业所模仿？

如果得到的答案都是肯定的，那么可以断定物流子系统在企业战略上处于重要地位。由于物流系统集合了运输、仓储、包装等多种功能，各功能的重要性和相对能力水平在系统中是不平衡的。因此，还要对各项功能进行分析。如果某项功能物流公司很难完成，几乎只有本企业才具备这项能力，企业就应该发展该项功能，使其保持旺盛的竞争力；反之，若物流企业也能完成该项功能或物流子系统对企业来说不是很重要，那就应该决定是自营还是外包。在外包服务时，是租赁公共物流服务还是组建物流联盟，需要根据物流子系统对企业成功的重要性来决定。如果物流子系统构成企业战略子系统，为保证物流的连续性，就应该与物流公司签订长期合同，实施第三方物流。如果物流子系统对企业的战略影响不大，采用哪种服务方式就要在顾客服务水平和成本之间进行权衡。

企业虽然具备了物流能力，但并不意味着一定要自营物流，还要与物流公司比较在满足一定顾客服务水平下，谁的成本更低。只有在企业相对成本较低的情况下，选择自营物流才有利。否则，就应该实行物流外包。在中国境内的跨国公司在开展网络营销时，物流业务一般都外包给中国当地的第三方物流服务商，因为这样的顾客服务水平和物流成本比最佳。

企业在进行物流决策时，可根据具体的情况选择是自营物流还是第三方物流，或者是两种物流形式的混合模式。当然，企业在制定了物流方案后，还要根据公司的发展状况对物流进行调整。如 Amazon 公司在创业初期没有自己的物流基础，因此在仓储、配送上一直借用第三方力量，随着业务的拓展和公司实力的增强，Amazon 开始建立自己的实体支持基础设施，如大型仓储中心。但在“门到门”的配送上，它还是坚持外包给第三方。因为“门到门”的配送是一项极其繁杂的工作，Amazon 认为在这上面自力更生是不划算的。

8.4.2　物流管理

在制订了物流方案后，还必须对物流全过程实施监控和管理。因为一旦出现已订购产品由于某种原因而未能发送的情况，将对公司的信誉造成严重影响。而出现这种情况可能是由于库存不足或尚未到货、订单被忽略或丢失、包裹在运送过程中丢失、供应商在发送过程中出现了问题等。为了保证订单能按时兑现，出现的问题能得到及时的处理以维护好企业与顾客的关系，必须对物流进行管理，主要是要做好以下两项工作：库存跟踪和订单跟踪。

1. 库存跟踪和控制

企业在销售过程中，可能会遇到接到了订单，但由于库存不足或供应商不能及时供货而导致订单无法兑现的情况。为了避免这种尴尬的情况，企业可以维持一个巨大的库存，但其成本太高，不经济。而通过销售记录表跟踪销售出去的产品，可以大致了解产品的需求动态，据此适时补充或减少库存。这样既可以使库存满足市场的需求水平，还节省了大笔的库存维持费用。利用互联网站点可以加强对库存的有效跟踪。它可以跟踪订单信息，通过站点与数据库的直接连接，不断更新数据库，并显示库存记录，使数据库信息同步显示市场状况。通过信息系统管理程序及时地检查库存水平、运行报表，并列出在进货后已满足需求或仍未满足需求的产品，以及需要补充或减少库存的产品。

另外，采用合适的库存控制模型也是降低库存的有效方法。结合 MRP（物料需求计划）和 EOQ（经济订购批量）方法，将有效促使库存的下降。通过研究国际上成功的物流和供应链管理战略，如 JIT（准时化）、QR（快速反应）、ECR（有效客户反应）、CR（连续补货）和 AR（自动化补货）等，将提高物流管理的效率。

2. 订单跟踪

尽管企业已经采取了种种措施，但仍会出现订单丢失或被遗忘等一些意外情况。而且效益越好的企业，每天的订单就越多，发生这种偶然事件的机率就越高。为了能使每笔订单都能尽快地处理和发货，最好的办法就是建立追踪订单信息的数据库，对每笔订单信息进行及时的记录，以便能快速获得有关订单及其状态的信息。创建的数据库报表可以设置以下内容：已收到的订单、延期的订单（库存不足或货款未付等）、已实现的订单。此外，还可以让客户查询与他们订单有关的信息。

思考题

1. 网络分销渠道的功能有哪些？
2. 简单对网络渠道与传统渠道做个比较。
3. 网络分销商的一般特征有哪些？
4. 在选择网络分销商时，要考虑的因素主要有哪些？

第 9 章　网络价格与成本

从顾客的角度看，价格本质上是一种成本。从价格策略到成本策略的转变，说明了企业确实开始站在顾客的立场上考虑问题，不是如何运用价格策略获取高额利润，而是如何节约顾客成本，使顾客以最少的代价获得最大的利益。

同时，任何一种新的经济模式取代旧的经济模式，不外乎两个基本原因：一是新模式比旧模式提供了更大的利益；二是新旧模式虽然利益相同，但新模式比旧模式运行的成本低。由于网络营销本身不是企业生产经营活动的目的，即使它能为企业带来更大的利益，也必须建立在有效的投入产出比例上。成本将既是电子商务能否持续发展的关键，也是网络营销能否成为一种有效的新的营销方式的关键。

9.1　网络价格与顾客利益

制定合适的价格对企业来说有双重的作用，一方面，大于成本的价格是企业获取利润的基础；另一方面，较低的价格是企业吸引顾客大量购买的促销因素。这两者看似矛盾，但实际上又是紧密相连的，这就给企业出了一条计算题，要求企业制定的价格必须介于成本与顾客能接受的付出成本之间。因此在考虑制定企业网络营销的价格时，必须同时考虑两个方面，即企业的成本和顾客利益。我们这里先讨论网络价格的影响因素、特征以及顾客利益，下一节讨论企业的成本，最后给出企业定价的策略。

9.1.1　影响价格的网络因素

当企业制定价格策略或者进行价格调整时，营销者必须仔细考虑所有可能影响价格决定的因素。除了在传统营销环境下价格的影响因素外，在网络环境下，还存在着一些新的影响价格的因素，而且那些传统营销环境下的影响因素在网络环境下也有不同的表现，这里总结出四个相对比较重要的方面。

1. 信息透明化

在传统的商业环境中，交易双方的信息是不对称的。相对顾客来说，提供产品或服务的企业拥有较多的信息，处于主动地位，它可以利用顾客对与产品相关的信息（如功能、品质、价格等）的缺乏，为产品制定较高的价格，获取超额利润，这就形成了所谓的生产者剩余。比如前些年风行全国的“蓝色妖姬”玫瑰花，最高时价格卖到一二百元一支，被花商们称为国外进口的新品种玫瑰，事实上是从云南等地采购的染色玫瑰，最高进价也就 10 元一支，便宜的只要一两元钱一支。由于信息的不对称，提供玫瑰花的花商们利用消费者的无知大赚其钱，获取超额的利润。

但到了网络营销时代，随着互联网上信息资源的日益丰富，要想在互联网上欺骗消费者，利用消费者对信息的缺乏来赚取额外的利润，恐怕是不容易了。现在的顾客只要坐在计算机前，便可以到世界各地的相关网站搜索信息，很容易全面掌握同类产品的不同价格和供求信息。比如顾客要买戴尔电脑，就可以很方便地到新浪或搜狐的网上商城中进行查询，了解各种款式的配置状况，并比较相关价格，然后再做出购买决策，图 9.1 是新浪网和搜狐网上的戴尔电脑报价页面，购买者可以方便地比较两者的价格。信息的透明化使得网络交易中的价格比较更加方便，从而带来了价格的透明化。在这个过程中，顾客的主动性获得了很大的提高，形成所谓的消费者剩余。

图 9.1　不同网站对戴尔笔记本电脑的报价

国外的许多商务网站都安装一种名为“购买指南器”的软件，顾客只需轻轻按几下鼠标，几秒钟内，就会为特定产品找到多个网络零售商，并列出这产品的售价范围。这些网站还提供产品评论、网络零售商的顾客满意度调查及运费等相关信息，让顾客对产品的合理价格心中有数。总之，这些网上寻价工具使得顾客免去了搜集信息的不便，前所未有地享受透明价格带来的消费者福利。如 NexTag 网，就提供了购买指南器的搜索方式，用户在搜索框中输入需要购买的产品，就可以查找到所有相关的产品信息。图 9.2 是 NexTag 的首页，图 9.3 是通过购买指南器搜索的关于 Dell 电脑的有关信息。

图 9.2 NexTag 首页

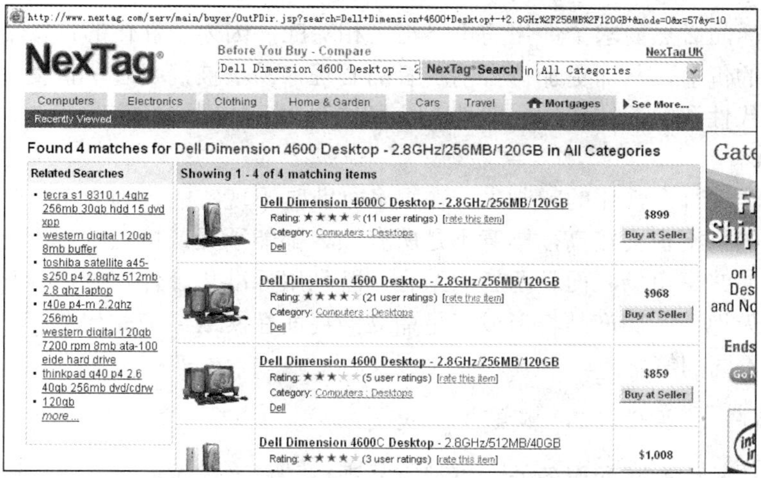

图 9.3 NexTag 搜索的结果

由于在相同品质产品或服务的比较下，谁的价格低顾客就会买谁的产品，价格的透明化使得这种价格的比较变得非常容易，这就迫使企业在制定价格时必须小心谨慎，同时也必须时刻关注市场上价格的变化，随时做好调整价格的准备。商务网站提供这样一种价格搜索服务，是一种自信和诚意的表现，对建立顾客信任从而达到顾客忠诚是极为有利的。

2. 产品个性化

在传统环境下，企业是在充分利用大批量生产规模的经济效益，生产标准化的部件和产品，以标准质量的新产品占领市场的基础上迅速发展起来的。它们一边进行大规模生产，一边投入巨额资金进行广告宣传，影响消费者的偏好，抢占市场份额，赚取巨额利润。

随着经济的发展和生活水平的提高，人们越来越不满足于标准化的产品，而着力实现自己的个性化需求，差异化营销占据主导地位。但在传统条件下，这种个性化的实现是不彻底的、范围是有限的、代价是高昂的。

在网络时代，顾客已不再是被动的接受者，他们善于自主地做出消费选择，只要利用搜索引擎就可以找到符合自己要求的个性化产品。因此，企业要赢得市场，就必须根据顾客的需求，设计特定的产品和提供特定的服务。比如海尔集团就在其企业网站上提供产品定制业务，为顾客定制洗衣机和电冰箱，如图9.4所示，消费者只要输入自己的需求偏好，就可以获得一台独一无二的冰箱或洗衣机。

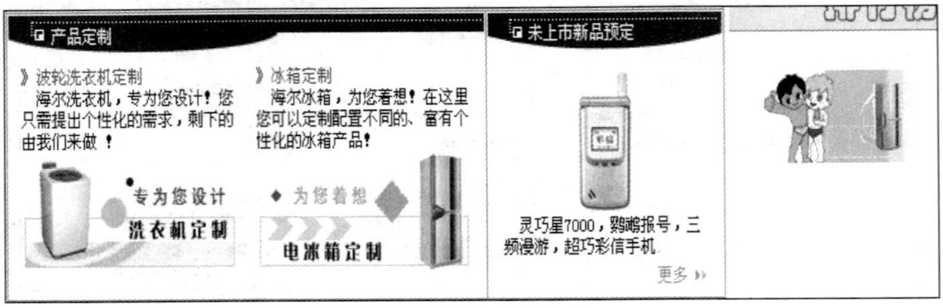

图9.4 海尔个性化产品定制页面

个性化的产品必然要求个性化的价格与之相对应，因为个性化的价格能够更准确地反映个性化产品的价值，从而更加符合消费者的心理，易于被消费者所接受。而由于个性化产品的不可替代性和缺乏比较性，即使在信息透明化下的网络经济时代，企业也会拥有较大的定价空间。

当然，完全进行个性化的定制生产在很多行业是不现实的，因为个性化产品的生产代价太高，相应的价格也会较高，毕竟不是所有顾客都能承受或接受的，因此标准化的产品将和个性化产品共享市场。而且两者的结合，既利用标准化部件定制个性化产品的形式，又会另有一片天地。三类产品将形成三足鼎立的局面在网络经济时代并存，网络价格的制定也会因此有不同的策略。

3. 交易风险（“柠檬产品”问题）

在网络中，某些产品和服务的特点很容易观察，卖方很难向消费者隐瞒，这些产品的信息是透明化的。然而，对于其他的一些比较复杂的产品，它们的信息具有不易察觉和评估的特点，使得在电脑上看到的关于产品质量的信息，其可靠性比起从实际中观察到的信息要低，有时甚至是虚假的。这时，网络中的“柠檬产品”问题就产生了。

这种“柠檬产品”问题主要是由于顾客对网络中一些较复杂的产品分辨不出哪些是劣质产品，哪些是优质产品，导致了顾客由于害怕上当而不愿支付较高的价格，从而使得网络中优质产品的价值不能得到体现而逐渐退出市场，造成了网络中劣质产品大量存在，产品的价格逐步下降。

“柠檬产品”问题导致产品价格降低的这个现象是许多顾客和企业所不愿意看到的，因为顾客获得的将是一些低质量的产品，销售高质量产品的企业却退出了市场。

劣质产品驱逐优质产品

想像一下，在C2C的拍卖网站上，二手望远镜的潜在买方相信市场上的二手望远镜有一半都是“柠檬产品”，他们对此的估价只有400美元。他们相信另一部分具有严谨的业余天文学家进行观察所需质量的望远镜的价值为 1200 美元。这意味着对市场上任意进行挑选而在 C2C 拍卖网上出售的二手望远镜的平均价值估算为：（1/2×400）+（1/2×1200）=200+600=800（美元）。因此，一个买主愿意多支付比估算的“柠檬”望远镜多 400 美元的价格来购买一个质量良好的望远镜，因为这个望远镜有 50％的可能性是一个质量好的望远镜。同时，他也会支付比好质量望远镜的价钱低 400 美元的价格来购买，因为这个望远镜同样有 50％的可能性是一个质量不好的望远镜。

现在假设所有的望远镜潜在买主都知道市场是这种状况的。一个拥有不错状况的二手望远镜的人会意识到，尽管其望远镜的固有成本是 1200 美元，但是通常的买主只愿意支付 800 美元来购买望远镜。因此，这个拥有高质量望远镜的人就非常不愿意在 C2C 的拍卖网站上销售望远镜。相反，如果一个人的望远镜功能不全，而具有的固定成本只有 400 美元，那么他会非常乐意将其卖到 800 美元的。这意味着将会有相对少得多的持有良好性能的望远镜的卖主在 C2C 拍卖网站上出售望远镜，而很多拥有低质量望远镜的卖主却愿意这样做。

最后，潜在的二手望远镜的买主开始意识到，要在 C2C 的拍卖网站上找到一个供出售的性能良好的望远镜的可能性与流星划过后院的可能性一样小。也就是说，他们认为供销售的良好性能望远镜可能接近为零。如果是这样，一个二手望远镜的市场价格将降到 400 美元，也就是一个劣质望远镜的评估价格，因为电子市场只进行“柠檬”望远镜交易。在这个例子中，劣质二手望远镜的出现可能就将高质量的二手望远镜从网络拍卖站点中驱逐出去了。

摘自：电子商务经济学 / (美)范胡斯(VanHoose，D.)著；刘悦欣，孙洪墨译

——北京：机械工业出版社，2003.5　P96 ~ 100

当然，随着电子商务越来越向规范的方向发展，政府通过担保、制定行业标准、进行产品认证等方式来提高企业的信誉，将一些低质量的产品从网络中驱逐出去，使高质量的产品重新回到网络中来，科学地反映产品的真实价值，促使优质产品价格的回升。

4. 信誉

由于网络的虚拟性，在带给人们极大便利的同时，也给另一些不讲信誉的人带来可利用的空间，如上所述的“柠檬产品”卖者。在网络数字认证没有得到广泛和可靠的应用之前，公司信誉将成为主导公司产品价格的一个重要因素，使得已经建立起一定信誉的企业有可能要求顾客支付更高的价格，使价格在信息透明化的条件下仍然存在差异化。见 9.3.4 节。

5. 外在因素

在网络环境下，许多产品是要互相配合才能使用的，单独的一个产品不具有使用价值。因此，这些产品的需求和价值是由网络外在因素（Network Externality，指一个顾客从使用某件产品中获得的收益取决于多少人使用它的一种情况）决定的，也就是说，顾客支付的产品价格直接随着顾客的数量而变化，以及顾客期待从一个商品或服务中获得的收益取决于使用该产品的顾客数量。

当网络外在因素存在时，一个人可以从某个商品或服务中获得的收益在另外一个人也消费该产品时有所提高。因此，随着该产品其他顾客的数量增加，每个顾客愿意为该产品付的价钱也相应提高。

以腾讯QQ为例，这是一个给用户提供在线聊天服务的网站，如果只有一两个人知道它并使用它，那么它的价值是有限的，这一两个人用一段时间后将会放弃它，因为它根本没有任何价值，说得更通俗一点，就是花钱让用户来用，用户也不会愿意浪费网费和时间来使用它。事实上，QQ现在最高的在线人数记录为600万人（QQ的系统广播信息如图9.5所示），用户利用它可以交友、聊天、交换信息，随着使用人数的扩大，用户从中获得的好处可以增加，因此现在很多用户愿意花费每月2元的月租费来使用QQ。可见，这种外在因素对企业产品的定价也是有着很大的影响。

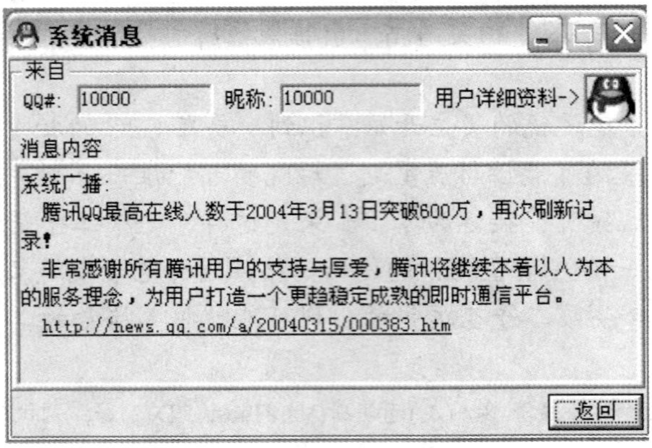

图9.5　QQ的系统广播信息

9.1.2　网络价格特征

由于网络本身的特点，网络价格与传统市场价格相比出现了许多新的特征。主要有以下几种。

1. 价格国际化

21世纪是一个“全球化”的信息时代，经济生活更是如此，无论生产、销售，还是宣传、服务，无不向世界范围推进。跨国的商业行为无疑将成为未来经营成功的途径。而网络恰恰为我们提供了这样一种便利的手段。

由于互联网营造的全球市场环境，全球的顾客都可以利用互联网很容易地全面掌握产品的不同价格信息，互联网上信息资源丰富，顾客只要坐在计算机前，便可以到世界各地的相关网站搜索信息。信息的透明化导致了价格的国际化。

企业在制定产品和服务的价格时，要考虑国际化因素，针对国际市场的需求状况和产品价格情况，企业产品在全球范围内保持统一性（并非均一价）。如果某种产品的价格标准不统一或经常改变，顾客很快会通过互联网认识到这种价格差异，并可能因此导致顾客的不满。

因此，相对于目前的各种媒体来说，互联网的先进网络浏览器和服务器会使变化不定的且存在差异的价格水平趋于一致。这对分销商来说，其分布海外并在各地采取不同价格的公司将受到巨大冲击，价格折扣的不同会被世界各地的互联网用户认识到，并会对那些分销商的本不需要折扣的业务受到影响。其他通过互联网搜索特定产品的代理商也会认识到价格差别，从而加剧了价格歧视的不利影响。

2. 价格趋低化

信息的透明化使得在网络环境下，价格将会向低处平衡，也就说网上销售的产品会出现价格趋低化。网络环境下的产品价格趋低化主要是由以下几个方面共同决定的。

（1）成本费用降低是价格趋低化的基础。互联网可以帮助企业有效地降低交易成本等成本费用，从而使企业有更大的降价空间来满足顾客的需求。从企业内部来说，企业产品的生产成本总的来说呈下降趋势，而互联网的运用使得成本下降的趋势越来越快，这是网络价格趋低的最重要的原因。

（2）网络顾客将变得对价格越来越敏感。当顾客开始知道网络的作用时，他们很容易发现，对价格进行全面比较变得非常容易，事实上，已经有许多软件可以使得顾客在网上寻找到他们想要购买的最佳产品。而且，随着网络技术的成熟，更多的对价格敏感的顾客将上网。并且网络上顾客定价主动性的提高也是迫使网络价格趋低的重要因素。

然而，价格国际化和价格趋低化只是在理想的网络条件下的结果。在诸如“柠檬产品”之类的问题还没有得到有效解决的情况下，事物的发展往往展现出另一面，人们对信誉及由其带来的保证将给公司赢得极大的利益。

3. 价格弹性化

价格弹性化是在价格差别化的基础上发展起来的。差别定价也称作细分定价，是在对目标顾客进行市场细分的前提下，在“不同子市场的顾客有自己能接受的市场价格范围”这一认识下，根据顾客所属的不同细分市场来加以定价。在网络营销环境下，差别定价进一步发展成为弹性定价，它不仅根据不同顾客确定价格，而且根据购买的时间、购买数量等多种因素即时确定价格。弹性定价可加强企业对目标顾客的定制化服务，并进一步增强传统的细分定价或差别定价。

传统的定价方法中，价格被认为是管理者决定的变量，而销售量是市场的变量。弹性定价法把这些颠倒了过来：管理者决定要销售的数量，价格由市场来决定。商家把产品价格看成自变量，根据各种企业外部因素变动价格，力求增加利润。而这种新的定价方法想要有效地实施，需要解决三项关键的技术：快速收集数据的技术、计算最优价格的技术、传送信息的技术，这一切只有在网络时代才能解决。

现在很多网络营销企业借助这三项技术建立了自动调价系统和智慧型议价系统，把互联网所带来的价格弹性化的功能发挥到了极至。自动调价系统是根据季节变动、市场供需状况、竞争产品价格及其他因素，在计算最大盈利的基础上，进行实际的价格调整。智慧型议价系统是与消费者直接在网上协商价格。这是两种（Cost 和 Price）立场的价格策略的直接对话，充分地体现了网络营销的整合特点。

4. 形成价格解释体系

企业通过互联网，向顾客提供有关产品定价的资料，如产品成本、个性化特征、服务特征等，建立价格解释体系，为产品定价提供理由，并答复消费者的询问，使消费者认同产品的价格。这样可以很好地解决企业成本与顾客利益之间的矛盾，只有当企业成本低于顾客愿意支付的价格时，企业才可以在这差价之间寻找出合适的定价点。而如果企业成本高于顾客愿意支付的价格，企业就无利润可言，产品要么卖不出去，要么就是亏本卖出。这两种现象都是企业所不愿看到的，因此为了将顾客愿意支付高于成本的价格，就需要有一套合理的价格解释体系，让顾客理解企业的定价目的，认同企业的定价，达到交易的目的。

9.1.3 顾客网络利益

顾客网络利益是个比较复杂的概念，是指顾客通过网络购买获得所有利益的总和，这些利益包括很多方面，不仅有物质上的利益，也有精神上利益，企业一定要时刻考虑如何在增加顾客网络利益的基础上，制定合适的网络价格，具体有以下三个方面。

1. 便利性

网络无处不在，顾客只要有一些基础的设备和能力，就可以进行网络查询和交易。这种网络的便利性我们已经多次提到，也不需要再详细说明原因了。

网络的这种便利性使得信息透明化，并导致了网络价格的国际化和趋低化，这些都给企业的网络定价带来很大的影响。企业在定价时不要做违背便利性的事情，一味地采用欺骗的方法，增加顾客比较价格的难度，如使用不同的计价单位，用不同的名称来命名同一种产品等，使网络的便利性到企业这里变得不便利了，这不仅不能欺骗顾客，反而会失去顾客的信赖。相反，企业应给顾客更多的便利，除了产品服务、物流配送、疑难问题解决等正常的便利外，还应当给顾客比价的便利，这样不仅不会失去顾客，反而能得到顾客的信赖，获得意外的收获。

2. 个性化满足

网络增加了顾客在任何时间、地点获得任何供应商、厂商信息的可能性，这种可能性意味着顾客进行产品选择的范围大大地扩大了。顾客在互联网上可以大范围地选择所需要的产品或服务，同时由于网络信息交换的互动性，使得主动参与产品或服务的设计也成为可能，因此顾客的个性化需要得到了空前的满足。

企业对于个性化的满足可以制定个性化的价格，或者说更高的价格，有两个方面的原因：一个是因为个性化的产品不仅带给顾客产品本身的效用，还带给顾客一种精神上的愉悦，顾客愿意为这份愉悦多付价格；另一个是因为个性化的产品也是一种稀缺产品，只此一家，别无分店的局部垄断也使得顾客不得不花较高的代价来获得它。

3. 利益最大化

上面所说的个性化产品的个性化定价，并不是可以无限高的，实际上，顾客更关心的是综合利益的最大化，即少花钱、多办事。因为信息的透明化、顾客定价定位的上升、选择范围的扩大等原因的存在，网络成为实现顾客利益最大化的最为理想的环境。这也是传统市场无法给顾客带来的利益，企业一定要认识到这一点，在制定价格的时候注意维护顾客的利益，因为企业的任何举动在网络环境下将十分透明，只有真正以顾客利益为重的企业才会得到顾客的信赖，才会在竞争中立于不败之地。

9.2　网络营销成本分析

企业进行网络营销无非是希望通过这种新的营销方式来提高工作和资源使用效率、降低生产成本和营销成本、降低消费者购买费用，最终从整体提升企业的竞争力。企业要生存，就必须能够获利，从这一点看，电子商务企业与传统企业不存在根本差异。而在企业经营过程中，成本与收益是两个具有决定作用的考评因素。根据美国会计学会对成本所下的定义：成本是为了实现一定的目的而付出（或可能要付出的）、用货币测定的价值牺牲。在这里，我们要特别指出，“成本”是双向的。电子商务交易需要买卖双方共同完成，在交易过程中，为了达到目的，买卖双方都要付出成本。

由于企业成本影响利润和产品竞争力，顾客成本影响交易进行，因此，对于交易过程中发生的各种成本，企业都应加以关注。

作为一种全新的商务运行形式，电子商务运营过程的各个环节、电子商务的成本构成都值得网络营销企业去作深入的理解。目前，许多企业选择进入电子商务领域的理由都是：电子商务可以大幅降低企业经营成本和生产成本。然而事实并没有这么简单，产品的成本构成分布在生产和流通的各个环节，电子商务成本包含哪些内容？它在哪个环节可以大幅度地降低成本？网络营销与传统的营销方式相比存在成本优势吗？电子商务如果能降低成本，能降低多少呢？经营者只有对这些问题进行一个科学的分析，才能有企业的良好运转。

营销要付出成本，企业也需要对成本进行控制和管理。电子商务的成本应该是商家和客户所有应用于其中的软硬件配置、学习和使用、信息获得、网上支付、信息安全、物流配送、售后服务，以及商品在生产和流通过程中所需的费用总和。这些成本是客观的，是可以测定的。

9.2.1　网络营销成本特点

网络营销成本的特点主要从商务交易过程中的各要素：信息、磋商、展示、支付、物流等过程来考察成本，这种考察是从买卖双方的角度来进行的。通过对网络环境下与传统环境下的交易总成本的各个组成部分进行比较，我们可以证明这样一个事实：与传统购买过程相比，网络环境下的商务交易是可以做到双赢的，它可以降低买卖双方的成本。

1. 信息成本

商务交易由供需双方共同完成，其前提是买卖双方都能够宣传或获取有效的信息，是供求信息把双方结合在一起了。因此，宣传或获取有效信息的成本就构成了网络营销成本的重要部分。在网络营销成本当中，信息成本大大下降了。

在传统环境和网络环境中，信息成本随着成本载体的变化体现出了不同的成本特征，如表 9.1 所示。

表9.1　不同环境下的信息成本比较

环境	信息成本载体	信息成本特征
传统环境	报纸、电视、杂志等	传统媒体使用费高
网络环境	互联网	信息发布、信息搜集和信息处理的费用低

在传统环境下，卖方企业主要通过在报纸、电视、杂志等媒体上做各种各样的广告来宣传自己的产品。这些大众媒体的使用费用是很高的，同时由于大众媒体的覆盖面太广、针对性不强，卖方企业很难找到自己的目标顾客群，会造成卖方企业的资源浪费以及收集市场反馈信息的成本高昂。并且卖方花费这些宣传和信息发布上的费用还会部分地转移到买方头上。

而买方由于缺乏专业性、针对性的媒体信息资源的支撑，不得不在海量信息中寻找对自己有用的信息，这种方式既浪费时间又会增加信息搜集的成本。

在互联网时代，卖方企业利用计算机和互联网使得企业的信息成本大量降低。这主要表现在以下方面。

（1）发布信息的成本降低。卖方企业可以在企业网站上开辟一个专栏，发布产品信息和企业信息。企业在自己的网站上发布信息成本低廉，不必依赖别的传统媒体，而且信息发布的耗时短，更新的速度快。

（2）搜集顾客信息的成本降低。在互联网上，顾客的每一笔交易都将留下电子记录，企业利用这些数据形成巨大的数据库，分析顾客的消费模式、产品偏好、购买力等。这种优势是传统媒体所不具备的，卖方企业对单个顾客的精确定位，免去了人工信息筛选的成本。

（3）搜集行业信息的成本降低。卖方企业也可以利用互联网查找其所处行业的宏观信息、同行竞争对手的发展信息和产品信息，以及收集用户的反馈信息，这样做针对性强，操作简单，避免盲目查找。这一切都是基于计算机网络来完成的，搜索和分析信息的成本低廉，而且迅速。

同时，买方利用许多门户网站所提供的许多搜寻引擎和信息分类功能，可以获得大量相关的信息，速度快而且费用低，只要交一些浏览费和会员费。同时顾客也可以上一些专业性网站，这些网站中信息的针对性更强，容量更大，可以直接获得顾客想要的信息，信息成本进一步降低，不过这些信息不全部是免费的，有时顾客要为某些重要信息付出一定的费用，但相对传统环境下而言，信息费用还是比较低的。

2. 磋商成本

在供需双方都了解到有关商品的供需信息后，具体商品交易的磋商过程就开始了。同时我们可以看到，这种磋商过程因顾客购买行为的不同而有很大的差异。

顾客的购买行为可以分为简单购买、重置购买和复杂购买三种形式，三种购买形式的磋商要求和复杂性不同。简单购买和重置购买的磋商过程相对简单，而复杂购买却伴随着复杂磋商，因此对成本的影响各不相同，如表9.2所示。

在传统的交易过程中，当顾客进行简单购买和重置购买时，电话磋商、文件传递磋商构成了供需双方进行商品交易磋商的主要形式。但是，不管是通过电话磋商还是文件传递磋商，其磋商结果都需要用传递纸面单证的方式来完成，所以在传统环境下，邮寄成了重要贸易文件传递的惟一途径。但是在这种方式下，如果需要传递的纸面单证的数量较多，耗费的纸张的成本和邮寄的成本就会变得很高，时效性也较差。

表 9.2 不同环境下的磋商成本比较

环境	磋商成本	
	简单购买、重置购买	复杂购买
传统环境	纸面单证传递使得纸张和邮寄成本很高，从而提高磋商成本	电话、文件传递、传真和互联网起辅助作用，但互联网技术能优化磋商过程，提高磋商效率，降低磋商成本
网络环境	无纸化传递使得磋商成本降低	

在网络环境下，顾客的简单购买和重置购买可以在网络系统的支持下完成。原来商贸磋商中的单证交换过程，在电子贸易中演变为记录、文件或数据报文在网络中传递。无纸化传递使得磋商成本大幅降低，同时也省去了邮寄的费用，时效性也获得了大大提高。

在顾客进行复杂购买时，电话、文件传递、传真和互联网只能起辅助作用，供需双方必须要进行面对面的直接磋商来解决一些这些辅助手段所不能解决的问题。同时我们也应该看到，辅助手段是可以影响到整个磋商过程的，辅助手段的不断改进能够为供需双方之间进行直接磋商创造非常有利的条件，其中就包括降低磋商的成本。直接磋商所需的信息收集，文件传递等都可以通过网络高效率地完成，影响到了直接磋商的具体安排。

因此当磋商手段从电话、文件传递、传真演变到互联网时，互联网所带来的高效率直接促使了整个复杂购买磋商过程效率的提高，为磋商成本的降低提供了很大的空间。

3. 展示成本

卖方企业在其发展过程中必须时时刻刻与外界保持紧密的联系，它必须通过各种途径向消费者和社会公众展示企业形象、产品及产品形象，而在传统环境和网络环境下，企业向外界展示形象的方式是不同的，导致了展示成本也存在着很大的差异，如表 9.3 所示。

表 9.3 不同环境下的展示成本比较

环境	展示成本载体	展示成本特征
传统环境	仓储设施、产品展示厅、销售店铺	店面租金、装潢费用、水电费，以及各种税收高
网络环境	虚拟商店、虚拟市场	减轻了对实物基础设施的依赖，降低了展示成本

在传统环境下，企业必须有相应的基础设施来支持企业和产品形象的展示，如仓储设施、产品展示厅、销售店铺等。而这些基础设施在运营中还会产生许多经常性的支出，如店面租金、装潢费用、水电费以及各种税收。因此，在传统环境下，企业的展示成本是非常高昂的。

在网络环境下，互联网给企业特别是虚拟企业提供了一个很好的向外展示的途径。现在，大量的虚拟商店、虚拟市场存在于互联网中，它们不需要店面、装潢、摆放的货物和服务人员，大大减轻了对实物基础设施的依赖，降低了展示成本。同时，它可以向顾客展示产品的种类、款式、价格，网上色彩斑斓的图像效果和听觉享受，这对买方顾客有极强的吸引力，卖方企业也会提供更多的优惠，从而起到了很好的促销效果，比传统环境下的促销成本要低很多。图 9.6 是联想阳光易购商城的展示厅。

图 9.6　网上展示厅

网上展示产品优势在于，可根据不同顾客的选择偏好提供不同的深度，对理性购买的顾客，产品展示可以始于图片终于详细的产品技术说明。网上产品展示的不足之处在于，有些实物产品顾客无法亲自接触到，影响了顾客的购买欲望。在直接感受方面，网上展示弱于商场的实物展示，在理性指标方面，网上展示优于商场的实物展示。

另外，从展示品种的齐全性来看，网上展示的优点更加明显。展示更可能多的样品和节省展示空间和成本一直是困扰零售业的一大难题，而这一切在互联网上却变得极其简单。数字存储技术的发展已经使得存储空间几乎无限，数字样品代替实物样品使得经商再也不必担心积压大量资金。

4. 支付成本

当交易双方达成默契，准备正式交易时，就必然会涉及到支付问题。在传统环境和网络环境下，支付方式的不同对支付成本也带来了很大的差异，如表 9.4 所示。

表 9.4　不同环境下的支付成本比较

环境	支付成本载体	支付成本特征
传统环境	现金、支票	现金支付简单，如果交易次数多，支付成本增加很快；支票支付复杂，花费很多人力和时间成本
网络环境	电子现金、电子钱包、信用卡、电子支票	银行收取的手续费多，使得支付成本提高

在传统环境下，企业商务交易中的支付过程有两种方式。

- 支票方式。这种方式多用于企业的商贸过程中，涉及的资金数目比较大，较为复杂，它涉及到双方单位和它们的开户银行等多家单位。因此，这种支付方式要花费大量的人力成本和时间成本，构成了传统环境下支付成本的主要部分。
- 现金方式。这种方式较简单，但是如果进行现金支付的次数比较多，则会给卖方企业和顾客带来很多麻烦，且携带较多的现金也很不方便，无形中会增加双方的支付成本。

在网络环境下，企业和顾客之间进行交易时主要有两种支付方式。

- 在线即时支付。从目前看，顾客用电子现金、电子钱包、信用卡、电子支票等方式进行交易时，大部分银行收取的手续费都很高，导致了在线即时支付成本比传统支付成本高。其原因主要与网上支付的安全保障，银行技术平台的统一问题有关。一旦这些问题被解决，在线即时支付的成本会大幅下降。
- 离线支付。离线支付是指顾客通过汇款、支票转账等方式完成网络购物过程。这种方式的优点是安全，缺点也很明显，网上客户多半是富有激情甚至冲动，离线后他们很可能平静下来。去邮局汇款，写支票以及去银行转账等操作方式和传统的支付方式一样，是很繁琐的，需要花费顾客的很多时间成本，很可能使得他们放弃购买企图，从而增加了卖方企业的损失，从另一个方面提高了卖方企业的销售成本。

5. 物流成本

德鲁克曾说“物流是一块经济界的黑色大陆”。如果能够降低物流成本，就可以大大降低产品价格，提高企业的竞争力。互联网是一种革命性的工具，可以全面改变商业交易的过程，但是通过网络完成的商业交易仍要直接面对物流这一根本问题。用“成也物流，败也物流”来形容电子商务与物流的关系是恰当的。没有物流，电子商务只能是一张空头支票。

大部分电子商务交易仍然依赖于实物物流系统。当然也存在例外的情况，对于一些可以用数字形式存储、处理、传送的产品，网络本身可以用于实现在线配送。这种情况下几乎不产生物流成本，实物物流系统的重要性被最小化了，但是这种策略只适用于数字化产品。

当在线交易的产品必须进行物理上的运输时，企业需要为广泛分布的消费者送货上门，成本比店铺直接销售要高。如果企业的顾客是那些距离遥远且订货量较大的客户时，网络技术与物流技术相结合，可以有效地降低企业的物流成本。

9.2.2 卖方成本分析

交易双方的成本可以从卖方和买方两方面进行分析，而卖方成本和买方成本又包括很多方面，具体内容如表 9.5 所示，这里我们先进行卖方成本分析。

表 9.5 买卖双方的成本分析

<table>
<tr><td>卖方成本</td><td>网络建设成本</td><td>调研成本</td><td>网站推广成本</td><td>顾客服务成本</td><td>物流成本</td><td>纠纷成本</td><td>结算成本</td><td>风险成本</td></tr>
<tr><td>买方成本</td><td>网络建设成本</td><td colspan="2">浏览成本</td><td colspan="2">价格</td><td>纠纷成本</td><td>结算成本</td><td>风险成本</td></tr>
</table>

1. 网络建设成本

现阶段，企业可以通过申请电子邮件地址、建立自己的网页、架设独立的网站这三种方式进入互联网，建立企业的网络贸易通道。这三种方式的网络建设成本是逐步提高的。但是对于想要开展网络营销的企业来说，拥有一个自己的网站是最好的选择。同时网站根据其功能的不同可以分为信息发布型网站、网上直销型网站和综合性电子商务网站，这三种网站中综合性电子商务网站功能最全面，但是网络建设的成本也最高。企业的网络建设成本主要包括以下几部分内容。

（1）市场策划、网站规划与系统分析成本

企业网站建设前期必须进行市场策划，包括业务流程分析、竞争对手分析、目标顾客分析、网站推广方案策划等几个方面，卖方企业在这些方面要花费一定的费用。从想法的提出，到最终落实为一个企业网站系统开发项目，其间要做许多高层次的艰苦工作，既要组织许多人力，又要投入一定的资金，所以网站规划与系统分析阶段需要计入相当大的策划方案实施成本。

（2）网络硬件及相关软件成本

网络营销离不开电脑及网络设备和相关软件的支持。因此，电脑和网络设备的购买和安装费用、网络服务软件的成本、独立域名的注册费、空间租用费、网页设计费等共同构成了网络建设成本的重要组成部分。

（3）网络维护成本

企业一旦建立并运行网络系统，与之配套的网络维护成本就随之而来。从互联网的发展趋势来看，网络设备在整个网络投资中的比例在迅速下降，同时保持网络正常运行的维护成本的投资比例逐渐占到主要地位。对于大型的企业网站，一般采用独立专线接入互联网，相应支付的费用也较高，并且要由自己的技术人员来维护，企业网站一般需要 6.5 个人来维护，仅次于商业网站，如图 9.7 所示。

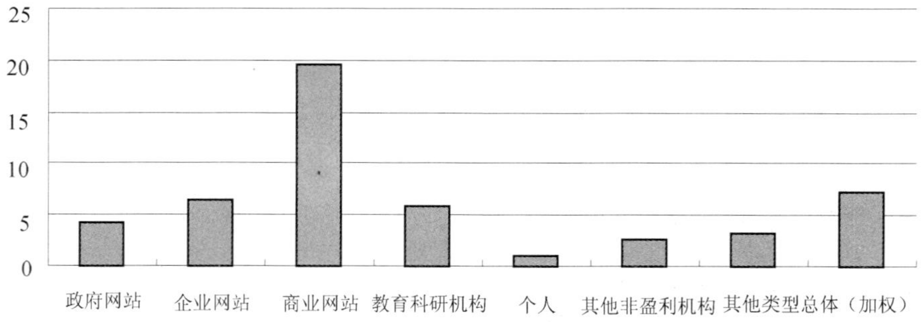

图 9.7　各类网站员工的平均人数（单位：人）

这些人员的收入以及对他们的培训，对企业来说也是一笔很大的开支。而对于中小企业来说，它们对网站的功能要求不是很全面，可以采用一些方式来规避一定的网络维护成本，比如租用虚拟主机就是一种较好的选择。

2. 调研成本

市场调研是营销链中的重要环节，没有市场调研就把握不了市场，因此在企业的经营过程中，往往需要进行广泛的市场调研。传统环境和网络环境下的调研成本有如下一些区别，如表 9.6 所示。

表 9.6　不同环境下调研成本比较

环境	调研成本载体	调研成本特征
传统环境	纸面问卷	印制、邮寄和回收问卷的费用高
网络环境	电子问卷	计算机网络技术使得调研过程简化，减少了企业人力和物力耗费

传统环境下的市场调研活动需要企业划拨相当的资金来设计、印制、邮寄和回收调查问卷，以及组织一定的人力来实施具体的市场调研，然后企业还要对返回的调查问卷进行漫长的分析，这些使得传统环境下的市场调研活动成本高，周期也比较长。

网络环境下的市场调研活动相对于传统环境下的市场调研活动就简化了很多。企业在网络上进行市场调研，只需拥有一台电脑、一个调制解调器、一根电话线就可以了，网络调研无疑是极为方便的。调查问卷的印制、邮寄和数据录入过程可以省略。如图 9.8 所示的搜狐上进行的第三代移动通信网上调研活动，就非常简便。企业只需在站点上发出电子调查问卷，提供相关的信息，然后利用电脑对访问者反馈回来的信息进行整理和分析，大大减少了企业的人力和物力耗费。

由于企业站点的访问者一般都对公司产品有一定的兴趣，所以这种基于顾客和潜在顾客的市场调研结果是客观和真实的，它在很大程度上反映了消费者的消费心态和市场发展的趋势，从而降低市场调研的次数，可以更加有效地利用企业资源。

目前，网络调研的普及还有一定的难度，消费者对这种新型市场调研方式还不适应，现在网络的软、硬件和专业网络调研人员的欠缺导致调研流程不畅，这些难度的存在无形中会增加调研成本，但增加的幅度是有限的。随着互联网的普及、应用和人们传统思想观念的转变，网络上的市场调研将成为一种趋势，网络市场调研成本会逐步降低。

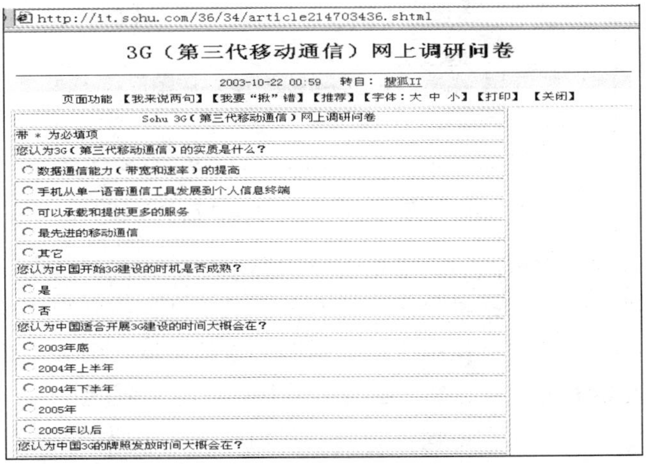

图 9.8　网上调研

3. 网站（品牌）推广成本

卖方企业都会寻求各种方式把企业和产品推广出去，而在传统环境和网络环境下，随着推广方式的不同，推广成本也存在较大的差异，如表 9.7 所示。

表 9.7　不同环境下网站推广成本比较

环境	推广成本载体	推广成本特征
传统环境	电视、报刊、户外广告等	传统媒体使用费高，且受众较广，效果不明显
网络环境	竞价排名、关键字排名保证、关键字广告、搜索引擎注册、交换链接	需要一定的预算，但不必投入大量资金

在传统环境下，企业要把产品和企业本身推广出去，主要通过一些传统媒体，如电视、报刊、户外广告等来提高知名度，企业必须为使用这些传统媒体支付一定的费用，电视广告费用和报刊的版面费都是很高的，而且这些推广手段由于受众太广，造成了企业资源的浪费，推广的投入产出效率不高。

在网络环境下，网站是最重要的网络营销工具，企业的产品和服务内容，以及企业的形象都可以通过网站表现出来，但是在这之前企业必须完成对网站的推广。网站推广的目的是建立并推广企业品牌和企业形象，提高网站访问量以达到网络营销的目标。中华企业网上就提供了很多网站推广方式，常用的网站推广方法有：竞价排名、关键字排名保证、关键字广告、搜索引擎注册、交换链接等。如图 9.9 所示的中华企业网的网站推广服务。

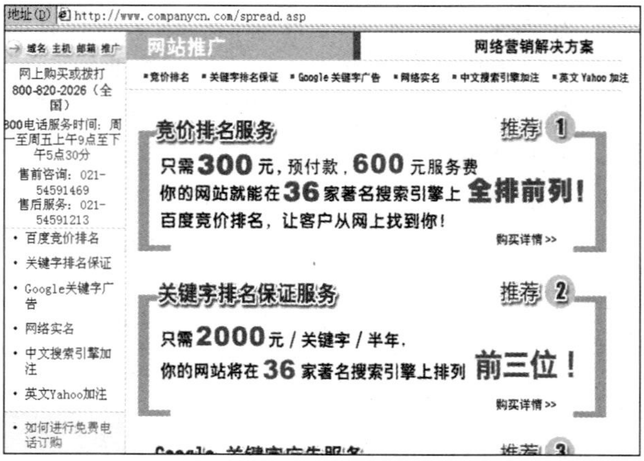

图 9.9　中华企业网的网站推广服务页面

卖方企业也可以利用虚拟商店、虚拟市场的展示功能加强对其产品和服务的推广。企业在自己的网站上进行这些网站推广活动拥有很大的主动性，受限制的程度要比传统环境下的推广活动要小得多。这些网站推广活动需要一定的预算，但并不意味着必须投入大量的资金。事实上，很多常规的网站推广手段不需要大量的资金投入。

另外，网站的推广手段通常不仅仅靠网络营销，往往还要采取许多传统的方式，如在传统媒体上做广告、召开新闻发布会、印发宣传册等，这些在传统媒体上的推广手段的费用是很高的，但可以在一定程度上提高网站推广的力度和广度。

4. 顾客服务成本

计算机网络技术的运用使得顾客服务的方式存在很大的差异，从而造成了不同的顾客服务成本特征，如表 9.8 所示。

表 9.8　不同环境下顾客服务成本比较

环境	顾客服务成本载体	顾客服务成本特征
传统环境	人员服务	大量人力和资源投入，服务成本较高
网络环境	“FAQ”、“操作流程”、客户支持服务	计算机和互联网的高效率以及成本的外化降低了服务成本

在传统环境下，企业必须投入相当多的人力和资源来解答顾客对于产品及服务的相关询问，加强对产品的售后服务。在网络环境下，企业依托互联网和自己的网站可以增加顾客服务的内容，顾客服务成本却降低了，具体体现在以下方面。

（1）企业提供 FAQ、操作流程等常规服务项目

企业可以在网页上精心设计 FAQ、操作流程等常规服务项目，供顾客全天候查询，几乎不需要多少费用就能把小问题解决，并可以省去大量常规服务所需的人力、物力。由于网络通信成本低廉的特点，企业可以较低的成本去了解顾客的需求，并且以较低的成本向消费者传递产品信息。

（2）企业提供更有效的客户支持服务（Customer Support）

企业通过客户支持服务可以大量减少电话咨询的次数，用户在购买后若发生了问题，可以随时与企业联系，得到来自企业及时的技术支持和服务。如美国联邦速递公司通过在网上设立客户支持服务系统，使顾客能够随时跟踪快递包裹的运输情况。

从以上这两个方面我们可以看出网络营销降低客户服务成本的原理主要有两点：网络营销的工具（即电脑）和互联网络的高效率。专业设计的电脑软件可以高效地、不间断地全自动处理顾客信息，几乎不需要人工干预；服务成本的转移，即“成本的外化”。网络营销把本应有企业支付的人工服务成本转嫁给顾客，通过顾客填写订单，寻找支付手段，进行商品的比较和选择，减少了企业的人力资源的需要和成本。

5. 物流成本

当在线交易的产品必须进行物理上的运输时，互联网的商业应用可以与实物配送操作相补充。在传统环境和网络环境下，B2C 交易和 B2B 交易的物流成本特点如表 9.9 所示。

表 9.9　不同环境下企业物流成本比较

环境	物流成本	
	B2C 交易	B2B 交易
传统环境	顾客自行取走的商品，企业物流成本低	直接运输或第三方运输，物流成本较高
网络环境	企业送货，且品种多、批量小、批次多、周期短，物流成本高	互联网络整合、优化物流过程、降低物流成本

对于进行 B2C 交易的企业，在传统环境下是由顾客自行取走的商品，在网络环境下则必须求助于实物物流系统，由于物流具有的特点，送货次数分散、送货批量低，其成本要比有店铺销售方式的成本高。此时，企业通常使用速递公司的专业服务来降低成本。同时，销售方可以给消费者提供一系列附加的在线服务。

对于进行B2B交易的企业，企业可以选择以下三种物流操作：直接运输、通过企业子公司来配送、使用中间商和代理商的网络。此时，互联网作为一种公共的技术平台，管理交易中产生的信息流，通过信息创造价值，并使得贸易伙伴之间有更好的协作、组织。

全程物流之星网站上提供的网上营销系统（见图9.10）可以与物流系统中的其他应用有内在的，灵活的关联，用网络指挥和调度物流、优化物流，加强对物流传递的控制，提高了物流运作的准确性，避免了物流中的不必要的摩擦，从而在整体上降低企业的物流成本。

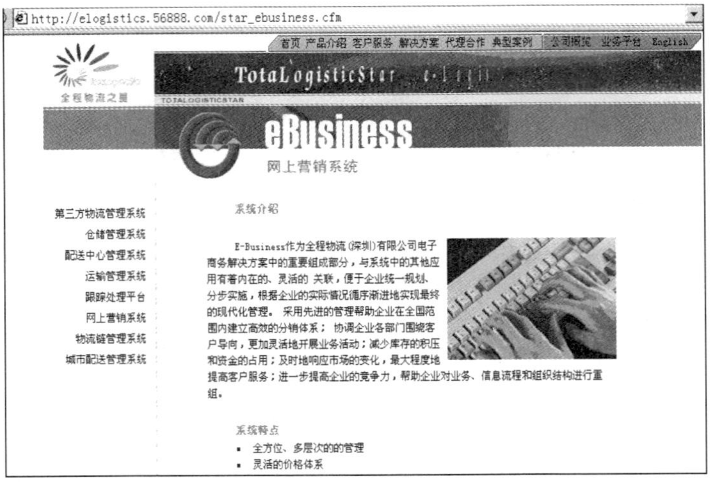

图9.10 全程物流之星的网上营销系统

目前的一个现实是：互联网的覆盖范围要远远大于物流配送的覆盖范围，导致了有效客户少，这在某种程度上增加了企业的物流成本。因此网络企业应该选择合理的、有盈利的配送体系，在满足一定的客户服务水平与配送成本之间寻求平衡。

6. 纠纷成本

企业要与外界进行交易活动就避免不了发生纠纷，而网上的纠纷有其独特性。互联网是一个缺乏“警察”的信息公路，它缺乏协作和管理，信息的跨地区和跨国界的传输又难以公证和仲裁，这导致了网络纠纷发生的频率高且复杂，而这些纠纷的解决需要花费一定的成本。主要表现在如下几个方面。

（1）有关知识产权的纠纷

随着互联网的覆盖范围越来越广，网络信息复制和传递的成本不断降低，效率却在不断升高，这虽然便利了网络交易，但企业网站上的一些原创作品的专利和商标就有可能被侵权，或者企业网站上使用了一些未授权的产品，导致了各种知识产权纠纷的发生。

知识产权纠纷的解决需要很大的投入。即使是一个普通的著作权纠纷官司，也需要不少的资金投入，如公证费、律师费、诉讼费、交通通信费等，往往还没有等到开庭，就已经花掉了万元以上，而一个官司从准备材料到判决，短则几个月，动辄一年甚至数年，当你拿判决书时，即使大获全胜，也早已身心疲惫，没有任何感觉了。诉讼过程中时间的损失加上更多的精神刺激，往往让人感觉自己受到的损失更多，何况即使判决胜诉，也并不一定能够顺利执行。

（2）有关商品交易的纠纷

在传统环境下，企业与顾客之间往往是直接接触的，顾客能够对实物进行体验，因此顾客对购买的商品的信任度比较高，发生纠纷的可能性要小一些，而且很多纠纷当场就可以解决。纠纷成本比较小。

在网络环境下，企业与顾客通过网络进行商品的交易，许多商品只能在网上为顾客提供一些视听感受，这对一些数字商品已经足够了，但对其他大多数商品来说，没有实物体验就可能存在一些误差，或已经付款却无法得到自己购买的商品，从而导致了纠纷的增加。

这些纠纷对卖方企业的影响是很大的，因为它会影响到企业在顾客心目中的信誉，顾客的口碑宣传会把这种坏影响逐步扩大。因此卖方企业首先要做到诚信经营，尽可能减少由于虚拟性而带来的信息不对称，而不是人为地利用这种虚拟性强化信息不对称。在发生纠纷时则一定要本着诚信的原则及时投入一定的资金和人力来调解和补偿，甚至要解决一些诉讼问题。这些情况比传统环境下出现得更多，且更严重，因而企业要支出的纠纷成本就更大。

而这只是显性的纠纷成本。在一些不大的纠纷中，许多顾客会因为怕麻烦而放弃索赔，这对企业来说是一种更为严重的纠纷成本，因为他将使企业在不知情的情况下失去顾客。

7. 结算成本

在传统环境下，交易双方之间的结算方式主要是现金结算和支票结算。卖方企业的结算成本主要是指开设银行账户费用、银行转账费用和一些人力费用。相对来说，在这两种结算方式中支票结算比较复杂，而现金结算的现金携带比较麻烦，不能适合大规模的商业交易操作，因为一旦交易的次数多，结算的成本上升得就比较快。

在网络环境下，互联网企业可以通过电子现金、电子钱包、信用卡、电子支票等方式与银行和顾客进行结算。这些网络支付结算技术的应用，可以使得支付结算过程在短短的几秒钟内完成，节省了卖方企业的时间成本。

在卖方企业利用网络进行交易的过程中，银行会为每一笔交易向企业收费，所收费用的数量随着银行的不同而不同。主要包括账户设置费用、贴现率补偿费用和由于客户信用而添加的特殊费用。但同时由于网络安全问题的存在，网上银行收取的费用都比较高，卖方企业的结算成本反而比传统环境下的结算成本高。

此外，卖方企业的网站上还需要安装信用卡处理软件，每一个信用卡处理软件公司都将收一些设置费和每一笔交易的费用。即使企业没有足够多的可以赚钱的交易，一些软件公司也要收每月一定数额的最少费用。这一切就构成了卖方企业比较高昂的结算成本，但随着网络安全问题的解决和网络技术的成熟，卖方企业的结算成本将逐步降低，网络营销的优势会体现得更加充分。

8. 风险（认证）成本

现阶段，互联网运用的环境不够成熟，技术支撑还不够，企业的经营管理能力还不强，必然会导致各种网络风险的产生。风险的存在可能使企业的网络营销活动不能顺利地进行，企业要规避风险或弥补由于风险发生而造成的损失，就必须依靠一定的费用来支撑。

网络营销的风险主要有以下两个部分。

（1）外部风险

我国现行的电子商务法律法规还不够成熟，法律法规的变动因素多，造成了企业经营的稳定性难以把握，给卖方企业带来了很高的决策成本和投入回收成本。

在互联网上，企业网站还很容易遭到病毒与黑客的袭击，造成重要信息被盗以及网站不能正常运行，甚至瘫痪。这些情况都会严重影响企业的正常交易，给企业带来很大的经济损失。现在，企业都在采用一系列的措施来降低风险，如防火墙技术、密钥系统、信息摘要、电子签名和认证等，但也很难杜绝被病毒与黑客侵犯的情况发生，风险成本依旧很高昂。

（2）内部风险

内部风险主要包括网络营销导入阶段的风险、网络营销系统运行的风险，以及系统维护的风险。网络营销是一种新的交易方式，这种方式的导入是否会与企业的价值链和组织结构产生冲突，是否会遭到顽固人员的反对，在企业中造成很多摩擦。这些都会使得企业网络营销不能顺利进行，企业必须采取很多方式进行协调、教育和变革，这些方面的支出也不会低。

网络营销系统在运行时由于老化、磨损，以及一些意外情况的发生也会出现一些故障，影响企业的交易过程。因此，企业必须投入一定的费用，安排专门的人员和设计良好的内部控制体系进行系统维护和应付突发的事件，保证整个网络营销系统的顺利运行。

9.2.3 买方成本分析

买方成本是顾客通过网络购买商品所付出的成本，不仅包括经济上的成本，也包括时间、精力等方面的无形成本。顾客不论通过什么形式去购买商品，除了要支付商品或服务的价格外，还要付出交通费用、支付费用、时间成本等。企业只有了解顾客通过网络购买所付出的成本构成，才可以有针对性地降低相应的成本，解释成本构成，赢得顾客的信赖与支持。

1. 网络建设成本

网络营销的对象既可以是消费者，也可以是企业。对于消费者来说，他们只要有一台电脑和一些网络链接设备和相应的软件，就可以上网查询信息，以及购买他们看中的商品，而且消费者在平时还要更换一些计算机和网络设备，以及进行软件升级，这些硬件和软件的购置费用就构成了消费者的网络建设成本。

对于企业来说，他们所需的信息是大量且复杂的，这就要求他们拥有性能更高的电脑、能力更强的网络设备，以及更高级别的软件，建立企业自己的数据库，提高信息处理的效率，当然花费也不会少。而有些买方企业本身就有可能在实施网络营销，因此企业硬件、软件的购置与维护、网络技术人员的培训，以及网站与网页的设计方面的开支就会很大，这些情况与卖方企业的网络建设成本相似。

2. 浏览成本

互联网的出现使得顾客获得信息以及进行交易的方式发生了很大的改变，从而导致了在传统环境和网络环境下，顾客的浏览成本存在很大的差异，如表 9.10 所示。

表 9.10　不同环境下浏览成本的比较

环境	浏览成本载体	浏览成本特征
传统环境	报纸、杂志、商店	报纸、杂志的购买和阅读成本高，在实物商店比较购物不方便
网络环境	互联网	支付网络使用费、通信费，以及注册成为某网站会员的费用，但费用都不会高

在传统环境下，顾客要想获得有关商品的信息，必须要阅读众多报纸、杂志，以及亲自到商店在繁多的商品中进行寻找。报纸和杂志的信息大多很繁杂，不够专业，顾客要想从中获取自己所需的信息要花费大量的时间和精力。而顾客到商店进行现场查看，则要在繁多的商品中进行比较和选择，是一件费时费力的事，而且，如果商店距离顾客的住处较远，则会极不方便。

在网络环境下，顾客可以通过网站提供的搜索引擎进行搜索，信息搜索方便了顾客在短时间内找到基本符合自己要求的选项，顾客可以对这些选项进行比较，可以比较快地确定自己的目标商品，而不必投入过多的时间和精力。一些网上商店会进行专业化的展示，商品情况十分清楚，非常便捷。

除了时间和精力外，顾客的浏览成本还包括网络使用费、通信费，以及注册成为某网站会员的费用和支付直到最后商品到达的费用，这是一种完全依赖网络的服务，只要顾客一开始享受这样的服务，就要承担每小时数元钱的最低成本。而且现在顾客的这些浏览费用已经逐步由公费支付向自费支付的方向转变（如表 9.11 所示），这在一定程度上也增加了顾客的浏览成本。

表 9.11　历年来互联网用户上网费用来源

时间	公费	自费	两者均有
1998.7	35%	44%	21%
1999.1	26%	45%	29%
1999.7	28%	46%	26%
2000.1	21%	59%	20%
2000.7	18%	56%	26%
2001.1	14%	63%	23%
2001.7	13%	70%	17%
2002.1	11%	73%	16%
2002.7	10%	77%	13%

资源来源：中国互联网信息中心 CNNIC 第二、三、四、五、六、七、八、九、十次调查报告

同时我们也应该看到，网络营销的特殊环境要求消费者具备一定的计算机及网络知识，消费者必须投入时间和精力来学习网络的使用方法、网站的交易规则和操作流程，这也构成了买方成本的一部分。

3. 价格成本

在网络环境下，网络技术的运用将使在网上进行销售的产品的价格呈现一种下降的趋势，特别是网上大量免费信息和价格低廉的数字化商品的出现，更加深了这一现象。但同时我们也可以看到，这些免费的信息或商品很多只是作为一种促销的手段，其用意是吸引

更多的顾客来登录网站，然后卖方企业可以通过限制免费、部分免费、捆绑式免费来进行收费，顾客所要支付的这些费用是卖方利益的来源之一。

另外，在网上销售的商品价格下降的大趋势下，还有很多商品的价格比在传统环境下的商品的价格还高。这主要是由于许多网上销售的商品的配送成本很高，而这些成本是要由顾客来承担的，直接导致了这些商品的价格上涨，因此顾客在享受到网上购物带来的轻松、便捷服务的同时，不得不承担这更高的价格。但随着网络技术与传统配送的结合日益完善，商品的价格必然将会逐步降低。

4. 纠纷成本

由于网络的间接性和虚拟性，使得网络环境下发生交易纠纷的可能性要比在传统环境下高得多，而且纠纷的复杂性更强，这就直接导致了顾客进行网络交易时所要承担的纠纷成本比较高。

在网络环境下，顾客所遇到的纠纷主要是商品交易的纠纷。顾客进行网络交易一个主要的目的就是想及时得到自己所需的商品，但很多时候事与愿违。这主要是由于网络的虚拟性和网络操作的专业性不强，顾客对企业的信用度没有很好地了解，使得企业交货的时间有时会很长，这对于那些易腐和讲究时效的产品来说，就会丧失其应有的价值，而且有时候顾客根本就得不到自己购买的商品。这对于顾客来说，他们要忍受物质上的损失，这种损失是直接的，影响也是长远的。

在上述的这些情况发生后，有些顾客不进行追究，但他们会永远放弃这个企业，而有些顾客为了维护自己的权益不受侵害，将会与卖方企业进行交涉，寻求补偿，甚至会运用法律手段，提起诉讼，这有可能是一个艰辛而漫长的过程。在这一过程中，顾客的时间、精力将会被大量占用，同时还可能要支付一定的诉讼费用，精神上还要承受被欺骗，被愚弄的折磨。

5. 结算成本

在传统环境中，对于消费者个体来说，他们的交易结算主要是通过现金和支票结算的方式来完成的。现金结算方式比较简单，但消费者有时必须携带大量现金，且交易的次数多，这会给他们带来种种不便，结算成本升高；支票结算方式的中间环节多，处理方式比较复杂，银行账户设置和转账工作所形成的结算成本较高。

在网络环境下，顾客可以通过电子现金、电子钱包、信用卡、电子支票等方式与银行和卖方企业进行结算。这些方式给顾客带来的直接好处是简便、快捷，但结算成本却并不低。主要是在网络环境下，顾客被要求在网络银行中设置账户，以便于交易，但是银行对开设一个账户所做的工作都会收取一定的费用，这构成了顾客结算成本的一个重要组成部分。

另外，由于网上的各种结算服务都需要网上银行的参与，但各种安全问题的存在以及网上银行的服务并不成熟，网上交易收的手续费会很高，而且一旦网上银行不在线或在线但不能提供服务，则要顾客进行网下支付，此时顾客心中失望的感觉将会出现，顾客很有可能放弃这笔交易，主要是基于支付方式的转变所带来的综合结算成本高昂的考虑。

6. 风险（认证）成本

互联网系统有分散性、开放性等特点，这些特点形成了一些不确定性因素，给顾客带来了风险。商家和顾客在用网络传递信息的过程中，交易信息可能被人截获和篡改，会直接导致交易的失败；顾客的信用卡密码可能泄露，从而资金被盗用；顾客使用计算机还会受到计算机病毒的袭击，使计算机中的信息丢失，甚至使计算机瘫痪。这些风险都会给顾客造成损失，形成很高的风险成本，降低他们进行网络交易的积极性。

针对这些网络风险，顾客可以利用防火墙、数字摘要、数字信封、数字签名、数字证书等方法来进行防范，这些措施能够有效地降低网络风险，但也意味着顾客将会增加许多额外的工作，一些网络风险的防范措施是非常繁琐的。

9.3 网络定价

随着网络经济的发展，一些新的适合网络环境的定价指导思想、定价策略也开始出现，企业采用这些新的定价策略，或者把传统的定价方法加以改造并应用于其中，或是利用网络特点制定了新的定价方法，从而使得企业可以用多种手段重新适应网络环境，下面介绍网络营销企业常用的几种定价方法。

9.3.1 个性化定价

个性化定价是网络企业对顾客实行个性化服务的一个内容。在知识经济时代，顾客主宰着买卖关系，他们选择的范围大大拓宽，进而对产品的期望值不断提高，他们追求产品的个性化，对产品外观、颜色、样式等方面有具体的内在个性化需求。在互联网这一营销工具出现以前，尽管人们也尝试过“为用户量身定制”，但企业无法以可接受的成本来收集到足够的顾客个性化需求信息，因此也就无法对产品进行个性化定价。

互联网出现以后，它的一对一个性化服务的能力，使得网络企业能即时获得顾客的需求，使个性化营销成为可能，个性化定价方法也成为网络营销的重要策略。戴尔公司的网上直销模式，就将个性化定价的优势发挥得很充分。戴尔网站（如图 9.11 所示）中的调价系统可以在顾客选择个性化配置的同时，给出个性化的价格，有助于顾客对不同配置电脑的性价比进行比较，获得自己满意的电脑。

亚马逊公司也实行个性化定价，从顾客登录亚马逊公司的那一时刻起，网站的服务器可以追踪到顾客进入的每一个网页，包括他们浏览过的网站，或是通过作者、标题、主题搜索到的内容来判断顾客的个性特点，实施个性化定价。

实行个性化定价要求企业保持与顾客的直接接触、理解顾客的需要。互联网提供了低成本的实现手段。对网上商业企业来说，建立顾客需求数据库是一件容易的事，对数据库中的信息进行分类提炼也变得简单，因此企业能够快速响应顾客的需求。

实行个性化定价还要求企业能够及时地根据市场需要组织原材料，以最快的速度生产客户所需要的产品。企业要对企业内部资源进行有效的、实时的组织和计划，能够利用互联网紧密连接经营管理过程各方面的外部力量，同时全面整合内部各方面的信息。通过正确的信息，及时提供个性化的产品和服务。

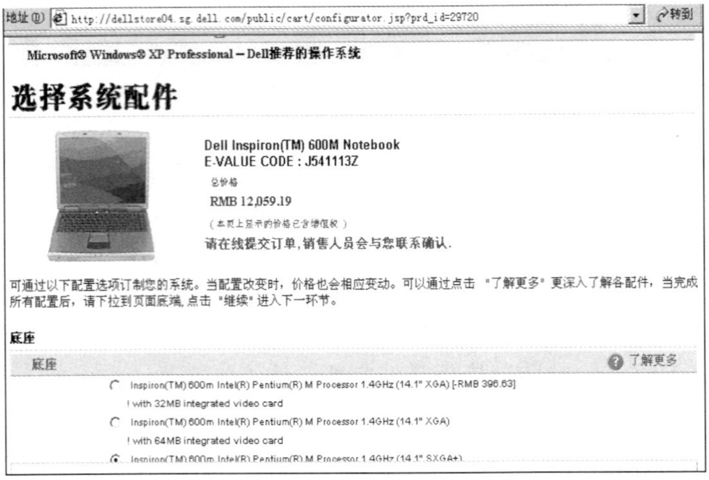

图 9.11　戴尔电脑定制页面

9.3.2　促销定价

促销定价是指在设定条件下的低价销售。在早期互联网开展商业应用时，许多网站采用收取高费用的方式想直接从互联网盈利，结果被证明是失败的，而雅虎公司却成功了，这主要是由于它成功地采用了促销定价的策略。雅虎公司通过为网上用户提供免费的检索站点起步，再逐步拓展为门户站点，到现在拓展到电子商务领域，一步一步获得成功。

现在很多网络企业认为促销定价已不仅是一种促销策略，而且还是广泛采用的产品和服务定价策略。比如，在圣诞节和新年到来之前，搜狐和网易的网上商城就进行了大量的打折和降价活动（见图 9.12）。而搜狐和网易促销定价策略不仅在圣诞节和年末的时候会采用，在平时某一特定的环境下也会运用起来。促销定价的运用吸引了大量顾客的眼球，提高了这些网上商城的商品销售量，同时顾客也可以通过登录这些网站迅速了解到这些促销定价的信息，使自己获得更多的利益。

图 9.12　年底促销页面

9.3.3　协商定价（拍卖）

协商定价主要包括招投标定价法和拍卖定价法。

招投标定价法是招标单位通过网络发布招标公告，由投标单位进行投标，而择优成交的一种定价方法。对于招标单位来说，网络招标定价法扩大了招标单位对投标单位的选择范围，从而使企业能在较大的范围内以较优的价格选择优秀的投标单位；对于投标单位来说，网络投标定价法不仅增加了投标的机会，而且使企业获得较为公平的竞争环境，为企业的发展创造良机。

中国招标投标网（见图 9.13）是专门从事招投标的工作网站，很好地运用了招投标定价法。它在网站上发布了中国招标投标网竞价公约（见图 9.14），规定了参与竞价的资格、竞价阶梯、竞价时间和供应商承诺，使招投标定价体系在互联网上得到了很好的体现。招投标定价法一般适用于大型工程承包、商品或劳务贸易等项目。

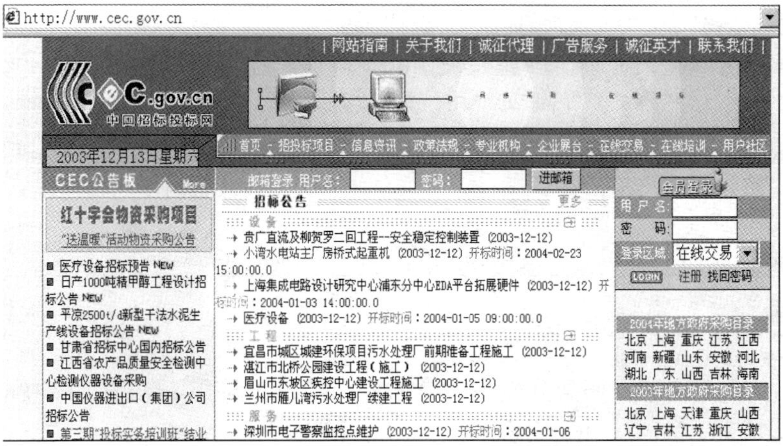

图 9.13　中国招标投标网主页

拍卖定价法是协商定价策略的另一种主要定价方法，也是目前网络上较为流行的商品交易定价方法。拍卖定价法是指拍卖行受出售者委托，在特定场所公开叫卖的，引导买方报价，利用买方竞争求购的心理，从中选择最高价格的一种定价方法。

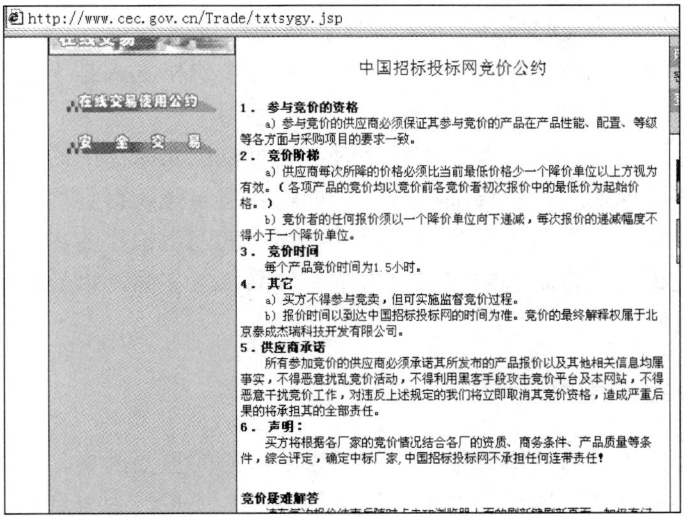

图 9.14　中国招标投标网竞价公约

在传统环境下，拍卖主要应用于一些难于形成有效市场竞争或产品价值主权性较强的领域，如艺术品、罚没品等。在消费者市场，由于购买零星、价值低等特点，因此很少运用拍卖定价策略。而互联网却提供了这样一种平台，并且成为比较成功的电子商务模式之一。

目前，拍卖定价法在网络营销中得到了较快的发展，我国的易趣拍卖网站就是一个比较成功的例子。在图 9.15 所示的两个网页中，一款爱国者 USB 移动存储王五天之内在顾客的竞拍之下从 490 元/件涨到了 700 元/件。

图 9.15　拍卖定价

易趣拍卖网站提供了竞价和一口价两种定价方法，当顾客进行竞价购买时，顾客先在出价框里填一个他们能接受的最高价格，系统会代他们自动出价，当有买家出价超过他们，易趣的系统会自动代他们出价超过它。顾客所出的这个价格别人是无法看到的，直至有人出的价超过这一最高价格。

当顾客在竞标注明有“一口价”的商品时，也可以按卖家标出的一口价当场购买得到该商品，这是顾客快速购买竞价商品的方法。如顾客想早些购得竞标商品，不愿再等竞拍时间结束的话，“一口价”购买是非常适合的。现在的网上拍卖的物品主要还是一些时尚用品，不过我们应该相信在不远的将来，古董、珍品、工艺品，以及大宗商品的拍卖也将会在网上得到迅速的发展。

9.3.4　声誉定价策略

企业的形象和声誉成为网络营销发展初期影响价格的重要因素。顾客对网上购物和订货往往会存在着许多疑虑，比如在网上所订购的商品，质量能否得到保证、货物能否及时送到等。如果网上商店的店号在顾客心中享有声望，则它出售的网络商品价格可比一般商店高些。反之，价格则低一些。

亚马逊网上书店（见图 9.16）就是声誉定价策略运用得比较成功的例子。亚马逊是世界上最大的网上图书销售企业，它占据了 80%的国际互联网图书销售份额，较大的规模应当说使亚马逊有可能以更低的价格向顾客提供同样的图书，但事实上它的每本书的平均价格却高于其竞争对手 ebooks.com 1.60 美元（见图 9.17）。

图 9.16　亚马逊网上书店

图 9.17　eBooks 网上书店

虽然 ebooks.com 的价格低于亚马逊，但却不能将它 2%的市场份额有所提高。这是因为消费者不愿意去 ebooks.com 或其他网站购书而省掉这 1.60 美元？如果各个国际互联网书商之间除了价格以外的所有因素都是相同的，那么消费者肯定是会省掉这个钱的。但是，它们的各个生产要素显然是不可能完全相同的，如不同的送达速度、准确性、支付办法等。

研究结果显示，除了亚马逊的网站操作模式和方法已经被消费者所熟悉，以及亚马逊投入了可观的广告宣传外，亚马逊这个企业的声誉更多地被消费者所看重。人们认为从亚马逊购买的商品应该比从其他网站购买的商品更能让人放心。那么，这个 1.60 美元的差价就可能成为了消费者的“信誉保险”。这也符合了亚马逊作为主导企业的含义，即亚马逊如果能比其竞争对手更能给消费者提供善意的服务的话，它就能获得相当大的市场份额。

思考题

1. 影响价格的网络因素主要有哪些？

2. 简述网络价格的特征。
3. 分别对网络卖方成本以及买方成本进行分析。
4. 常用的网络定价的策略有哪些？分别进行简要的说明。

第 10 章　网 络 沟 通

网络强大的通信能力和电子商务系统便利的交易环境，对企业的信息传播产生了深远的影响，由于时间和空间上的概念、消费者需求、大众传播媒体的影响力等发生了深刻的变化，基于信息技术的网络也正面临着沟通方式上的变革。在网络环境下，如何在积极面对传统媒介挑战的同时，更好地发挥网络这一新的传播媒介的巨大优势是网络营销者必须直面的一个重大问题。本章在分析网络沟通模式特点的基础上，给出了网络公共关系、网络广告和网络促销的运作策略。

10.1　网络沟通模式及特点

10.1.1　传统沟通模式及特点

沟通是指人与人之间通过语言、文字、符号或类似的表现形式，进行信息、知识和情报等的交流过程。具体沟通模式如图 10.1 所示。

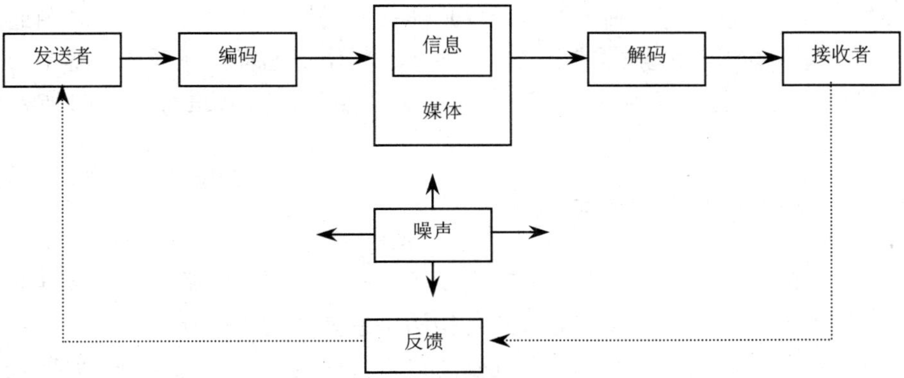

图 10.1　传统沟通模式

无论是传统沟通还是网络沟通都要通过这一沟通过程。网络沟通与传统沟通最根本的区别在于沟通的媒介不同，而不在于沟通模式的不同。所谓网络沟通是指凭借信息技术，特别是计算机网络技术，进行企业内部沟通和企业与外部的沟通，利用传统媒介进行的沟通称之为传统沟通。

传统沟通对内一般采用书面或口头的指示与汇报、召开会议或进行个别交流等方式，它更强调遵循正式组织结构，依据规章制度进行组织内的信息交流，存在沟通层次较多、信息容易失真、速度较慢、信息量有限等缺点；对外沟通主要是指组织与利益相关者间的谈判、游说、公关及广告宣传。针对营销而言，沟通主要是指对目标受众开展的以企业形象、产品介绍和推广为主的外部沟通，如公共关系和广告。

传统沟通主要利用传播媒体（如电视、广播、报纸、杂志、户外广告等）的形式进行，其主要特点有以下几条。

1. 信息量少，内容较为固定

企业无论是开展公共关系还是广告宣传活动，除了面对面的交流，沟通内容可以适时调整外，其他如媒体广告、户外广告、新闻报道等，受时间、形式的限制，不管受众反应如何，在既定期限内，内容一旦确定，一般不易改变，而且传递的信息量有限。

2. 发布时间固定，不易调整

通过电视、电台、报刊、杂志等媒体进行的传统沟通，信息发布内容一旦确定，只能在固定的时间、固定的媒介推出，企业和受众可选择的余地很小，很难在效果和费用之间进行灵活的调整。爱多 VCD、孔府家酒等都曾经以上亿元代价成为央视标王，最终却由于不堪重负而走向衰落。

3. 针对大众

传统沟通模式下的报纸、杂志、电视、电台等媒介，是一种以大众为对象的沟通模式，受众广泛而具有不确定性，缺乏针对性，不能实现信息发布者和信息接收者之间的即时互动，即不能实现信息发布者和信息接收者之间的一对一沟通，沟通效果也难以统计和评定。

4. 单向的“推”式沟通

传统沟通由于受众具有不确定性，所以只能采取诱导式的说服方式，试图通过具有诱惑力的生活片段、音乐、形象，甚至名人、明星、科学证据等，在受众头脑中形成某种印象，潜移默化地诱导受众成为购买者，是一种以“推”的方式进行的单向强势信息灌输方式。

10.1.2 网络沟通模式及特点

如果说传统的沟通是以“推”为主的大众沟通模式，那么网络沟通则兼具大众沟通模式和个体沟通模式的特点。个体沟通模式是指两个或更多的人相互之间直接进行沟通的形式，它具有使传受双方双向交流、针对性强、直接反应的特点。传统的沟通模式多少也采用了如电话查询、售后服务、跟踪调查等方法进行个体沟通，但是，一方面需要沟通的双方必须在通道的两端同时出现，传统沟通媒介难以实现；另一方面，它们影响受众采取行动的机制仍然是“劝诱”，信息交流过程中发送者作为主动方、受众是被动方的地位仍未改变。网络的出现使信息沟通的模式发生了质的变化，其广泛的特点，特别是它的及时互动性使得网络沟通得以形成“推”、“拉”双向互动的模式，如图 10.2 所示。它具有以下特点。

1. 内容深化

网络为浏览者提供了几乎无限的信息空间，信息的传播不再受空间和时间的限制，企业可以为受众提供全方位详尽的信息和简便、灵活的信息获取方法。如商品信息会以多角度的商品主题词分类为主，辅之以同类商品和相关商品的联想式调用方式、智能化的信息服务手段。

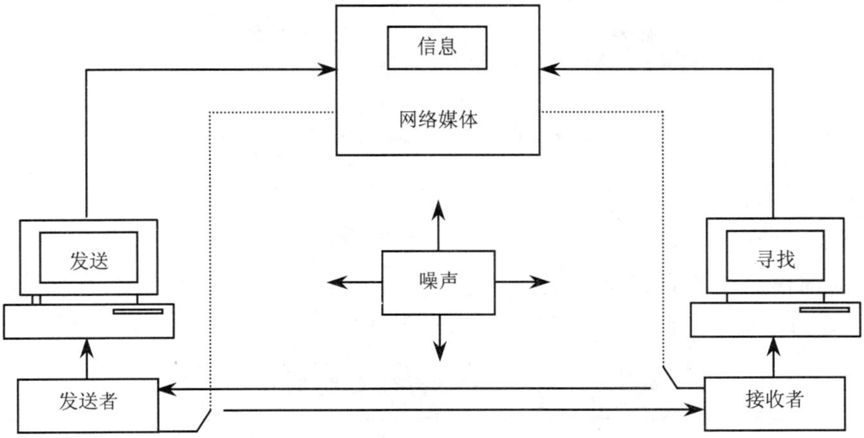

图 10.2　网络沟通模式

2. 随时调阅

网络对信息沟通的另一个深远的影响是期限的消失。电子时空下的信息服务是全天候、多方位的网络服务形式。没有气候的影响，没有距离的阻隔，内容显示的控制权掌握在浏览者的手中，足不出户就可以在任意时间内获得他们所需的信息和服务，甚至包括年代久远的信息。

3. 客户群体明确

在信息社会中，消费者一旦有了需求，就会主动上网搜寻有关商品信息。对企业而言，只有上网主动搜寻商品信息的人，才是真正意义上的消费者。网络营销者可以针对明确的客户群体提供科学合理的商品分类框架，方便快捷的上网查询方式以及详细的商品特点、性能、价格等信息，而不是传统方式下的泛泛宣传和一般性的商品信息。

4. 消费行为趋于理性

网络巨大的信息处理能力为消费者在挑选商品时，提供了空前的选择余地，商品选择的范围也不限于几家商店或厂家，消费者会相对理性地规范自己的消费行为，进行大范围地挑选和比较，做出理智的价格选择。

5. “推”、“拉”互动的双向沟通

网络沟通可以实现“推”和“拉”的有机结合。接收者可以根据自己的需要主动与发送者连接，提出个性化的要求；发送者也可以根据接收者传递的信息及时发现受众的需求变化，调整发送的信息，使之更好地满足受众的需求，并通过客户数据库建立与他们的长期关系，将最新信息直接用 E-mail 传送给老客户。

6. 多种沟通媒介的有机统一

传统的沟通媒介之间是相对分离的，即电视台主要传播视频信息，电台主要传播的是音频信息，而报纸、杂志、出版社主要传播的是文字信息，而这三者在网络上可实现有机的结合。而且这种融合和多媒体技术的发展使得客户可以对企业及其产品进行全方位的了解，甚至可以通过对虚拟产品进行动态的观察和试用，产生直接的感受和体验。

10.1.3 网络与传统媒体的比较及优势

相对于传统媒介，网络在信息发布能力、交互能力、信息查询与管理上具有明显的优势。

1. 信息发布能力

传统的沟通信息发布普遍是以报刊、电视、广播、户外广告等为发布媒介，与这些传统媒介相比，互联网发布方式有明显优势，如表 10.1 所示。

表 10.1 网络发布与传统媒体发布的比较

信息发布方式	覆盖面	及时性	信息量	储存保管	可获取性	转发
网络	广，无地域限制	即发即收	不受限制	可随时储存查询	上网后可随时获取	转发灵活、成本低
报刊	受发行范围限制	有时间传递差	固定格式和数量	保管归档工作量大	需订阅和等待送达	转发不便、成本较高
电视	受覆盖范围限制	有时间传递差	固定格式和数量	不能保管归档	只是偶尔获取	不能转发
广播	受覆盖范围限制	有时间传递差	固定格式和数量	不能保管归档	只是偶尔获取	不能转发
户外广告	限制于一点	时效性很差	固定格式和数量	不能保管归档	只是偶尔获取	不能转发

从表 10.1 的比较中可见，通过网络发布信息，不管是发布方，还是使用方，均比传统媒体发布来得方便、高效、使用成本低、归档保管查询简便快捷。虽然目前在网络的使用上仍有一些死角，少量用户不在网络覆盖范围内，仍需使用传统的报刊发布形式。但从发展趋势上看，互联网的覆盖面是任何其他传统媒体所无法比拟的。

2. 交互能力

营销沟通要求大量的信息通信联络，量大、频繁，需要不断反馈和沟通，而沟通的有效性恰恰在于双向和交互，这只能由通信联络来完成。通信联络手段有邮寄、电话、传真、互联网等方式。互联网通信联络的优势在营销沟通活动中更加明显，如表 10.2 所示。

表 10.2 通信联络方式的优缺点比较

通信联络方式	地域性	及时性	安全性	管理性	通信量	反馈成本
网络	广，有少量死角	时间差极小	很高	保管查询很方便	几乎不受数量限制	及时方便，成本最低
邮递	广，无死角	时间差大	很高	一般	有一定限制	及时性较差，成本较高
电传	广，几乎无死角	时间差较小	较高	一般	有较大限制	较及时，成本最高

3. 信息管理和查询

在传统沟通方式下，顾客由于记忆力非常有限，很难在大脑中储存企业发布的各种信息，经常会在需要时找不到所需要的信息，企业只好花费大量的费用保持经常的、重复性的信息发布，以增强消费者对它的消费偏好。利用互联网进行沟通任何顾客都可以下载并组织、管理他所需要的信息，也可以随时登录企业网站调阅他所需要的信息。互联网所提供的信息管理和查询的可能性、方便性和低成本是传统媒体所远远不及的。

10.2　网络广告

广告是企业市场营销的重要沟通模式，同样，网络广告是网络营销的重要沟通模式，企业可以利用广告来宣传推广自己的网站、建立和维护公司的形象、介绍商品的特色，来引起消费者的注意，促使其产生使用、购买等直接反应，还可以出售网站的广告空间，以获取收益。广告是一门科学，更是一门艺术。很多企业用自己的经历演绎着“成也广告，败也广告”的感叹。而网络广告作为广告的一种新兴的方式，更是让人们既兴奋，又难以把握。因此，有必要充分认识网络广告的特性，利用各种可能的网络广告方式，科学有效地进行网络广告运作，在提高网络广告科学性的基础上，加强其艺术性的把握。

10.2.1　网络广告概述

网络广告就是确定的广告主以付费方式，运用互联网络这样一种媒体劝说公众的一种信息传播活动。它是广告的一种，与传统广告形式的最大区别在于所用的媒体不同。

1. 网络广告的基本要素

与传统广告一样，网络广告也包括五个基本要素。

（1）广告主。指发布网络广告的企业、单位和个人。也就是说任何企业、单位或个人都可以自行上网，或通过他人在网上发布各类广告。

（2）广告费用。指上网发布所需的资金投入。像所有的广告一样，网络广告也需要投入。在我国目前的状况下，一方面，国内网站广告收费相对较高，而另一方面，与美国等发达国家比较，我国网民人数较少，这就限制了网络广告的被点击率。

（3）广告媒体。网络广告的媒体就是互联网。随着世界范围内上网人数的持续激增，互联网凭借其独特的实时性和交互性，逐渐压倒了报刊、广播、电视等传统媒体，确立了其作为主要媒体的地位。

（4）广告受众。是指广告信息的接收者，或是网络广告指向的广告对象，也就是网民，即所有经常在网上活动的人。据统计，世界网民人数已达近 4 亿人，而据中国互联网络信息中心 2004 年 1 月的第 13 次调查统计，我国上网用户人数约 7950 万，网络广告拥有不断扩大的受众群体，发展潜力巨大。

（5）广告信息。是指网络广告所发布的具体内容，即网络广告所要传达的具体的产品或劳务信息。它的表现形式是多种多样的，可以是大段的文字，也可以是一个词、一句话，或一个图标等。网络广告图文声像并茂，远优于电视广告，而其超大的信息容量是传统广告根本无法比拟的，这就使网络媒体具有了无限利用价值。

2. 网络广告的相关概念

随着网络广告的发展，一些与网络广告有关的新概念也相继产生。无论是作为广告主还是目标受众，都需要对一些常用的网络广告术语有所了解。现将一些相关的新概念介绍如下。

- 广告收看（AD views）。又叫广告浏览，网络广告所在的页面被用户浏览的次数。
- 点击（Hit）、点击次数（Click throughs）、点击率（Click-through Rate）。点击是从一个网页提取信息点的数量；点击次数就是网络广告被用户打开、浏览的次数；点击率指网络广告被点击次数与被下载次数之比。
- 印象（Impression）和千人印象成本（Cost Per Thousand Click Impression）。一个浏览者看了你的广告我们就说创建了一个印象，印象对创建品牌意识和品牌辨识具有很大的价值；千人印象成本就是广告图形被播映1000次的网络广告费用。
- 千人点击成本（Cost Per Thousand Click-Through）。就是广告图像被点击并链接到相关网址或载有详细内容的页面1000次的网络广告费用。
- 单位行动成本（Cost Per Action）。广告主为规避广告费用风险，只有在广告产生销售后，才按销售笔数付给广告站点比一般广告价格更高的费用。
- 访客量（User Sessions）。一个单独用户访问一个站点的全过程，即称为一个，在一定时间内所有访问量的总和称为访客量。
- 访问（Visit）。用户点击进入一个网站，然后所进行的一系列的点击，为一次访问。它是衡量站点受欢迎程度的一个很好的统计量。由于网络数据以“数据包”的方式传送，而不是持续连接。当用户在超过规定的时间内没有再次点击要求数据，那么下一次点击将被认为另一次访问。

3. 网络广告的现状与发展

在互联网和电子商务的带动下，网络广告得到了迅猛的发展，已经成为继电视、广播、报刊杂志、户外广告后的第五大媒体。

目前国内网络广告的主要客户集中在IT、通信、教育、快速消费品、图书等行业，以及一些知名的跨国公司及国内优秀企业，如英特尔、IBM、摩托罗拉、诺基亚、联想、长虹、TCL等。国内三大门户网站——新浪、搜狐、网易的广告收入平均占到其全部收入的50%左右，全年总收入占国内网络广告全部收入的60%左右，如2003年第三季度，搜狐广告收入达到870万美元，同比增长138%，2003年第三季度广告收入占全部收入的40%，广告收入的毛利率从2002年第三季度的60%激增到77%，足见中国网络广告市场发展的巨大空间和高速增长趋势。

就全球在线广告市场而言，1999年市值已达到43亿美元，预计到2004年将会增至200亿美元，而到2005年，用于互联网的广告营业额在全球广告业务总量中所占的比重也将上升到6%。在与传统媒介的市场竞争中，网络在线广告正在一步步展现其巨大的市场潜力。

10.2.2 网络广告特点

网络广告首先也是一种广告，它具有一般传统广告的特点：是一种有目的，有计划地通过媒体进行的有偿的信息传播活动，但另一方面，由于网络媒体具有不同于传统媒体的独特性，因而网络广告还具有异于传统广告的一些特点。

1. 互动沟通能力强

交互性是网络广告区别于传统媒体广告的一个最明显的特点，同时也是网络媒体与传统媒体相比所具有的强大优势。在互联网的开放空间下，信息能够实时更新，而且信息发送者和接收者之间可以进行即时双向沟通。受众可以在访问广告所在站点时，即时通过反应，广告主则根据受众的要求及时更新广告信息，灵活调整，形成一对一的营销关系。

2. 覆盖范围广泛

网络广告覆盖范围广泛体现在两个方面：一是传播覆盖的范围广泛。通过互联网发布的广告信息范围广，不受时空和地域的限制，没有传统媒介发行范围的限制，可以迅速传播至互联网所覆盖的国家或地区的所有受众；二是信息受众的覆盖范围广泛。网络用户可以是世界各地的不同的年龄、不同职业和不同种族的任何浏览者。

3. 信息容量大

网上广告主提供的信息容量几乎是不受限制的。广告主或广告代理商可以提供相当于数千页计的广告信息和说明，而不必顾虑传统媒体上每分每秒或每页增加的昂贵的广告费用。一个小小的广告条后面，广告主可以把自己的公司及所在产品和服务，包括产品的性能，价格、外观、型号等一切凡是有必要向受众说明的详细信息制成网页放在既定网站中等待受众来查询。在互联网上，广告主可以奢求用不加限制的空间而无需支付实际上更多的成本，这是其他传统媒体所无法做到的。

4. 视听效果的综合性

网络广告由于借助于互联网和计算机的多媒体信息传递功能，具有了传统媒体在文字、声音、画面、音乐、动画、三维空间、虚拟视觉等方面的一切功能，并实现了它们之间的完美统一。与传统媒体相比，网络广告在传播信息时，可以在视觉、听觉等方面给广告受众以全面的震撼。

5. 灵活性

除了上述的综合视听效果的灵活组合外，网络广告的灵活性还体现在其表现形式多种多样，从电子邮件到互联游戏无所不可，而且新的广告形式还会层出不穷。

6. 易统计性

利用传统媒体做广告，很难准确地知道有多少人接收到了广告信息，只能通过估计、推测而不能精确统计。而网络广告突破了传统广告的这一大障碍，它可以利用网络的即时检测功能为用户提供广告促销活动效益的最新报告，可以准确地掌握广告的浏览量和点击率等指标，清楚地了解有多少人看到了广告，其中有多少人对广告感兴趣，并进一步了解这些人的来源和特点等。从而加深对顾客和潜在顾客的了解，并据以调节广告投放的时间地点和内容。

7. 实时性与持久性的统一

网络媒体具有随时、方便地更改信息的功能。广告主可以根据需要随时进行广告信息的改动，可以24小时调整产品价格、商品信息，可以即时将最新的产品信息传播给消费者。并且网络媒体也可以长久保存广告信息。广告主建立起有关产品的网站，可以一直保留，随时等待消费者查询。从而实现了实时性与持久性的统一。

8. 广告投放准确性

网络广告的准确性表现在两个方面：一方面是广告主可以有针对性地准确选择投放广告的目标市场。在互联网世界中，有着共同兴趣、爱好和议题的人们往往聚合成一个个分众团体，网络媒体就顺应了这种“分众化”趋势，企业可以针对这些明确的目标市场，将特定的商品广告投放到有相应消费人群的地方，从而做到有的放矢，使广告信息和受众的相关程度大大提高。而信息受众也会因为广告信息与自己的专业相关而更加关注这类广告信息。另一方面，由于不同网络或同一网站的不同频道提供的内容或服务一般都有较大差别，加上上网是要双重收费（ISP和电信局），网民不会随便浪费自己的金钱，他们只有在真的感兴趣时，才会有选择性地浏览广告，所以网络广告信息到达受众方的准确性高。

9. 经济性

网络广告的经济性也有两个方面。一是网络广告的发布费用远较传统广告形式要低。获得相同的广告效应，网络广告的有效成本远远低于传统广告媒体。而且，网络广告还能以较低的成本进行修改和更新，这一点也可给广告主节约可观的成本。另一方面是指广告主花钱通过网络媒体发布广告的同时，也可以通过互换广告的形式，在自己的网页上，通过Banner链接等方式为其他站点或企业做广告而获得收益。网络广告的这种以收拆支，降低广告主负担的特点，是其他任何传统媒体广告所不具备的。

以上特点决定了网络广告具有传统媒体无法比拟的优势，其所孕育的无限商机吸引越来越多的企业加入到网络广告的行列，并进一步激发了网络广告的发展与成熟。网络广告正是凭借其得天独厚的优势，形成了与传统媒体相依共存、优势互补的关系。

在看到网络广告互动性优点的同时，也应注意到网络广告的另一面，即受众对网络广告可以视而不见，或不予以点击，使隐藏在网络广告背后的大量实质性内容失去意义。虽然有许多方法可以使访客不得不注意到你的广告，如闪烁、游动等，但这很可能导致访客的反感，而得不偿失。

10.2.3 网络广告形式

网络广告的形式非常多，创新很快，发展也很迅速，目前常用的有横幅式广告、按纽式广告、游动式广告等，今后还将会发展出更多的广告形式，这也是网络广告的魅力所在。不同形式的广告作用是不同的，从CNNIC在2004年初的第13次中国互联网发展状况统计报告可以看出，用户最能接受的网络广告形式如图10.3所示。因此我们选择8种效果较好的广告形式进行介绍，其他广告形式就省略了。

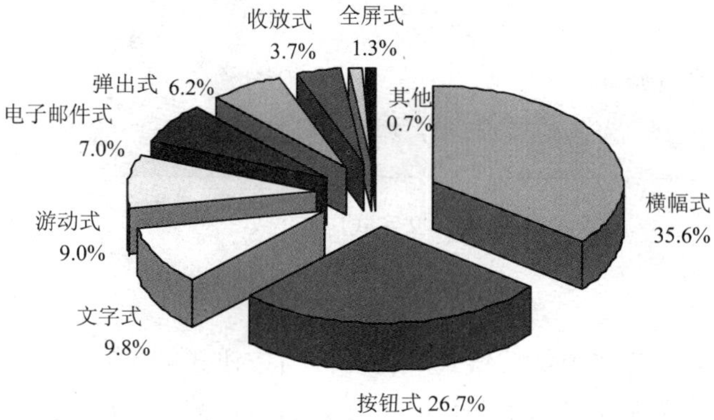

图 10.3　用户最能接受的网络广告形式

1. 横幅式广告

横幅式广告（Banner，旗帜广告），最常用的广告尺寸是 486×60（或 80）像素（pixels），以 Gif、Jpg 等格式建立的图像文件，多用于横向发布较多的广告信息，由于横向符合视觉阅读习惯，最能被用户接受，因此使用非常广泛。图 10.4 就是一个横幅式广告。

图 10.4　横幅式广告（旗帜广告）

2. 按钮式广告

最常用的按钮式广告（Buttons）尺寸有 4 种，它们分别是：125×125（方形按钮），120×90，120×60，88×31，单位是像素（pixels）。按钮式广告通常是不动的，尺寸偏小，表现手法较简单，多置于网页的左右两端，通过点击可以链接到客户的广告内容上去。图 10.5 是两个按钮式广告。

图 10.5　按钮式广告

3. 文字式广告

文字式广告是以一行甚至几个字作为一个超级链接的入口，这也是一种广告，由于其占的空间较小，常常是几个甚至十几个同类的广告放在一起，组成一组广告信息。使用文字式广告可以增加网页页面广告信息的含量。图 10.6 是几个文字式广告，如其中的“经典日剧全部 30 元”。

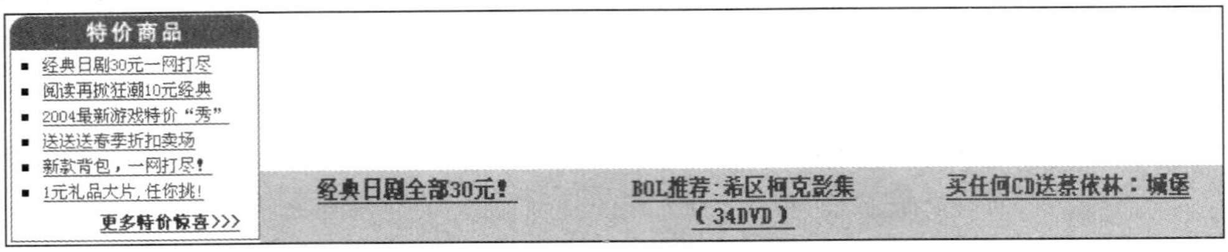

图 10.6　文字式广告

4. 游动式广告

游动式广告从外观上看有些类似铵钮式广告，但与按钮式广告有着本质的区别，那就是它会在屏幕上移动，像漂浮在水面上的树叶一样。当网页被上下滚动翻看时，它也会跟着移动，总之它会一直出现在屏幕上，只有当前网页被关闭时才同时关闭。图 10.7 表现了一个游动式广告在不同时间所在的位置不同。

图 10.7　游动式广告（新客特惠）

5. 电子邮件式广告（E-mail）

以电子邮件的方式免费发送给用户，一般在拥有免费电子邮件服务的网站上常用。电子邮件式广告类似于传统邮寄广告，只是比传统邮寄广告的信息含量要大得多，如果用户对广告内容感兴趣，可以通过点击广告的方式进入相应的公司网站，获得更多的信息。邮件式广告中往往还会包括其他形式的广告，如旗帜广告、按钮式广告等。图 10.8 就是邮件式广告，可以看到其中还包含了旗帜广告和按钮式广告。

图 10.8　电子邮件式广告

6. 弹出式广告

弹出式广告是指广告主选择在目标受众经常访问的网站投放的广告，当目标受众打开某一个网页时，会自动弹出尺寸固定的一个小网页。如图 10.9 所示网页中较小的标题栏名为“未标题-3——搜狐商城独家 7 折销售”的窗口，这是当打开http://store.sohu.com网页时自动弹出的广告窗口。

图 10.9　弹出式广告

7. 收放式广告

收放式广告从表面上看也与按钮广告类似，不同之处在于，当用户的鼠标移动到该广告上时，该广告会放大，增加显示的内容。这种广告和按钮式广告一样，在网页中占很少的空间，但又比按钮广告显示更多的内容，因此应用也比较广泛。图 10.10 中的“三层胆，终生包换”图标就是一个收放式广告，当鼠标不在其上时，只是一个小图标，但当鼠标移动到其上时，会出现一个大的广告图案。

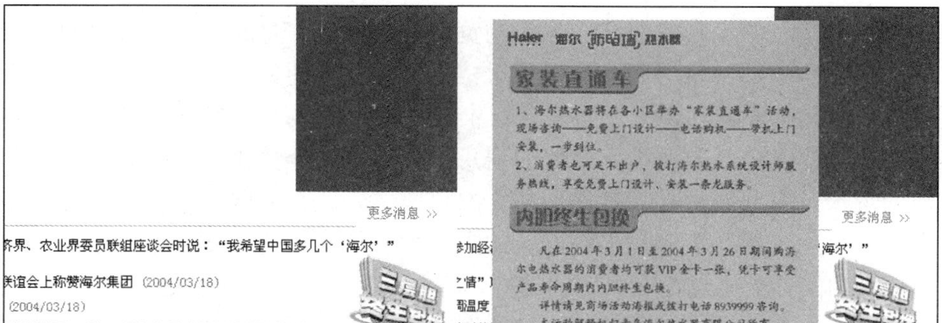

图 10.10　收放式广告

8. 全屏式广告

全屏广告是指占据整个屏幕的广告。此时，网站浏览者无从回避，不可能不注意到，也不可能一眼不看。因此，从正面看，全屏广告具有强烈的视觉冲击力和提醒力，从负面看，也正由于此，全屏广告显得过于霸道，容易引起浏览者的反感，相对并不多见。

10.2.4 网络广告运作

网络广告运作指贯穿于广告策划及实施全过程的一系列活动。网络广告运作与传统广告运作有许多相似之处，但作为一种新的媒介，又有自身的特点。网络广告运作过程一般可分为网络广告目标受众分析、网络广告信息设计、选择网络广告中介、制定网络广告预算、网络广告发布及网络广告评估六个部分。有效整合六个部分内容，是网络广告运作成功的关键。

1. 网络广告目标受众分析

产品和服务都有各自的目标市场，广告宣传就是将与产品或服务的有关信息传递到目标市场的目标受众。网络广告也必须围绕企业的目标顾客群进行设计和编排，必须时刻与目标受众保持协调一致，因此，分析和了解目标受众是成功进行网络广告宣传的前提。

与传统营销的广泛受众相比，互联网受众具有鲜明的特殊性，中国互联网络信息中心每年1月和7月公布一次的互联网用户特征的调查结果显示，目前国内上网用户多集中在18～30岁之间的中青年阶段，多具有特定的文化背景和教育层次。企业在进行网络广告运作时，必须首先要进行定位，分析所提供的产品或服务的目标是否符合互联网用户的需求，其次还要分析网络的既有受众与企业目标市场的重合度有多大。一般来说，电脑软硬件产品、知识含量高的产品、创意独特的产品、有特殊收藏价值的产品、服务类无形产品等利用网络广告更容易取得成功，一般性产品也可以利用网络广告增强品牌的认知度。

此外，在开展网上广告活动的过程中，不可避免地要遇到竞争对手，对竞争对手的分析是研究和了解竞争对手，取其所长，补己之短，争取目标受众，获得竞争优势的好方法。

2. 网络广告信息设计

网络广告是信息型广告，网络广告的浏览者都是各类信息的寻求者。他们不会单凭某种印象做出网上购买的决定，而是习惯于对信息进行理性的分析。所以网络广告应向他们提供足够详尽的具有逻辑和说服力的信息，才能促成消费者的最终购买决策。

网络广告信息设计既要传送大众化的信息，又要传送个性化的信息，实现大众沟通和个体沟通的统一。企业网页是大众沟通的主要手段之一，企业网页设计首先要设计信息内容，力求做到全面、层次清晰、提高网页的吸引力和信息表达程度。其次要设计合理的信息结构，即企业的各类信息在网页上的结构，相互关系及链接，再次还要设计信息的格式，即信息的标题、文本、图像、菜单等，使得企业网页界面友好，易于导航。在网络上进行个体沟通最常用的工具是E-mail，由于E-mail是一种个人化的沟通工具，因此，在信息内容和语言表达方面要注意受众的心理特点和感情需求。

最后，网络广告的信息设计应当便于浏览者保存和查阅。保存和查阅的方便性是计算机和互联网优于传统媒体的重要方面，同时又是顾客非常需要的。现在大多数互联网广告都忽略了这一点，而只是强调了多媒体的特性，这是一种认识上的偏差。多媒体使广告变得更为生动，但从信息量、保存性和查询等角度看是不理想的，应当把这些方面有机结合起来。

3. 选择网络广告中介

在网络上进行广告宣传和推广是一种全新的概念，无论是企业的链接、建立网站、网页主持、网页链接、广告设计制作还是网上销售，都需要专门知识、技能和设备。大多数企业不具备独立完成网络广告推广的条件，需要各类专门人员和机构的帮助，因此出现了许多网上广告中介服务商。从提供网络广告中介服务的角度来看，有以下几种网络广告中介服务商。

（1）网络服务供应商

它是向广大用户提供互联网接口和相关服务的机构，又可分为两大类：一类是只向用户提供接入服务的因特网服务提供商（Internet Service Provider，ISP），ISP 提供的是互联网的接入服务，类似于道路建设和运输公司，其经营的规模性和垄断性相当强；另一类则是因特网内容提供商（Internet Content Provider，ICP），它能为用户提供主线、拨号上网、各类信息服务和用户培训等服务，拥有自己的特色信息源，是互联网上的活动主体。但从互联网的发展来看，今后无论是个人还是社会组织，都将是 ICP，而且都会既是信息提供者，同时也是信息接收者。网络服务供应商的选择将决定企业信息传播的速度和传播范围，从而直接影响到企业网站能否有效运行。

因此在选择网络服务供应商时应注意考虑以下因素：能够提供的服务、设备及性能、公司业务背景和费用等。例如与网络用户生活密切相关的消费品或服务，如通信、电子、食品、图书、教育等，应选择目前网络用户访问集中度较高而具有很高影响力的门户网站；而对于专业服务或工业产品，应选择专门的行业网站、行业协会等进行发布。图 10.11 是地产行业专业网站搜房网（www.sofang.com）。

图 10.11　专业网站

（2）在线服务商

在线服务商提供各类网上服务。与网络广告相关的服务包括：

- 搜索服务。为客户的网站提供登录，为用户提供搜索引擎，网上用户可利用搜索引擎找到已登录的网站；

- 网站主持服务。帮助企业建立网络，提供网络空间，并负责网站的维护和管理；
- 信息服务。把公司广告及其他各类信息刊载到自己的网站上。

在选择在线服务商时，主要考虑广告的到达率与暴露频次，具体考虑因素包括：主要访客类型特征、不同特点信息服务网站的最佳组合等。

（3）网络广告公司

网络广告公司提供网上市场调查、广告策划、广告设计和制作的服务，还可为企业提供广告代理服务。能否选择一个好的网上广告公司，决定着企业网络广告活动及网络营销的成败。在选择时应考虑以下因素：经营健全性及服务种类、业务水平、内部管理情况、资信情况，以及本企业的广告预算等。目前国内专业的网络广告公司并不多，大多有传统的广告公司兼营网络广告。

4. 制定网络广告预算

和传统广告一样，做网络广告前也要有个预算。正确编制网络广告预算是网络广告活动得以顺利进行的保证。网络广告的收费方式与传统广告相比有很大的不同，它不是按媒体的传播能力、广告长度、所占版面或时段等来确定，而是直接取决于广告效果。目前国际上通用的网络广告收费模式有以下几种。

（1）CPM（Cost Per One Thousand Impression）

就是按照载有广告图形的页面在计算机上显示1000次为基准，进行收费，目前市价约为CPM 30美元，若广告主购买了10个CPM，则他所投放的广告可以被播映10000次，需付费 300 美元。这种模式的好处是可以保证广告主付出的广告费直接和浏览人数挂钩，由此也会鼓励网站尽量提高自己的访问量。这种收费方式是媒体提供商比较偏爱的。但有人认为CPM不能准确反映广告的效益，广告主同时也在为无效浏览付费，因而渐渐受到质疑。

（2）CPC（Cost Per Thousand Click-through）

它是以广告图形被点击并连接到相关网址或载有详细内容的页面1000次为基准进行收费。尽管CPC收费模式比CPM高得多，但广告主更喜欢选择CPC的收费方式，因为这种方式能更好地反映受众是否真正对广告内容感兴趣，更能反映广告的效益。

（3）CPA（Cost Per Action）

这是广告主为规避广告风险，按投放广告引起最终购买行为的笔数所进行的付费模式。由于这种模式更注重广告效果，所以它的单位费用比一般广告价格要高得多。一般来说，这种收费方式是不合理的。因为，除了广告，决定顾客是否购买还受许多其他因素。

（4）Click-Through（点击次数）

就是按点击广告的次数为基准进行收费。由于决定网络用户是否产生点击行为的因素很多，因此国际上已很少采用这种计费方式。

实际上，在目前国内网络广告的费用上，各大网站均按照网站访问人数、访问页面数来确定一般栏目的具体广告费用报价。应当说，这种和传统媒介广告收费标准类似的方法有其科学的一面，因为广告是否会被注意、点击链接，网页是否有足够的流量，这只是广告是否会被打开的一个重要因素或前提，而是否会被点击，则更多地取决于广告本身的吸引力。

由于目前我国网络广告发展还很不成熟，国内站点收费标准也很不统一，故尚无明确的预算方法可以推荐。企业可根据广告活动的目标，借鉴传统广告预算方法，参照以上网络广告收费模式和具体站点的收费水平，综合比较各目标发布网站的性价比，同时考虑结合企业产品和服务的特点和网站的访问群体的匹配性的问题，配合公司广告总预算来决定网络广告的支出水平。一般来说，广告预算可以由企业自身的广告部门确定，也可由企业网络代理公司确定。

5. 网络广告发布

传统广告的发布大多采取代理制，广告客户并不直接通过媒体发布广告，而是委托有相应经营资格的广告代理公司代理广告发布业务。网络技术的飞速发展给传统的广告代理制带来了一定的冲击。网络给广告主提供了自己发布广告的机会和条件，这使得登上网络发布广告的已不仅局限于广告代理商，广告主自己也开始在网络媒体上发布广告。他们都以同样的方式和方法宣传自己，以求有更多的发展机会。一般来说，专业的网络广告公司对于在各大相关网站发布广告比较熟悉，可以加快企业广告的早日上网发布。

可用于网络上发布广告的方式和方法很多，如电子邮件、新闻组、BBS 等，企业在发布网络广告时，应根据自己的人力、财力、物力，先易后难，循序渐进，合理选择网络广告发布的组合方式。

网络广告的发布一般采取先与拟定发布网站联系（电话或 E-mail），在签定合同、预付相关款项后即可将广告发布到选定的、产品目标消费者访问较多的相关栏目或频道。

下面以在门户网站搜狐（www.sohu.com）上发布广告为例，简要介绍网络广告发布的具体运作过程。

（1）点击搜狐主页的“广告服务”链接，系统即可自动链接到广告服务页面。一般来说，网络服务商均在主页上设置了“广告服务”、“广告发布”等相关链接。如图 10.12 所示，搜狐主页的最下方即含“广告服务”链接。

图 10.12　搜狐首面“广告服务”

（2）在弹出的广告服务新窗口可以查找相关广告服务信息。一般从此处可以了解广告服务商的专业水准、影响力、服务能力等情况。如搜狐链接有“栏目地图”、“频道与栏目介绍”、“互动营销 e 解决方案”、“互动营销服务联系方式”等，同时各链接均展开提供大量的频道定位、媒体内容、受众调查数据等信息，如图 10.13 所示。

（3）在了解相关栏目及频道的基础上，决定是否发布广告，一般此时签定广告合作意向书，可以通过离线的电话或 E-mail 联系，或者在线发送广告合作意向书。如图 10.14 所示。

（4）在确定合作关系之后，一般服务商与客户进行沟通，以及进行售前访问群体相关数据分析，进而正式签约以确定广告发布方式、发布栏目或频道、发布时间、频率，以及具体的广告费用。图 10.15 是搜狐的广告客户服务程序流程。

图 10.13　搜狐网络营销网页

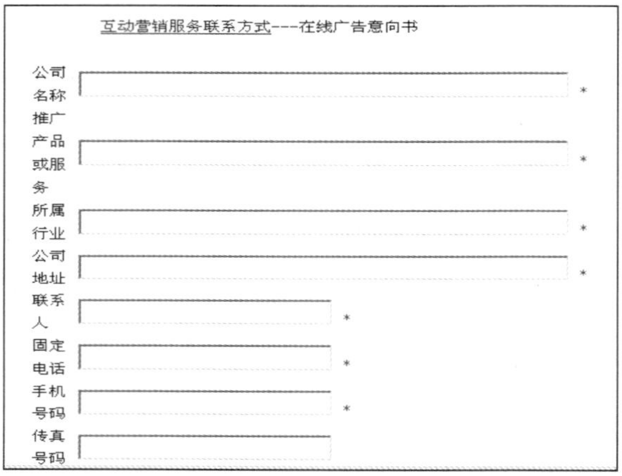

图 10.14　在线广告合作意向书

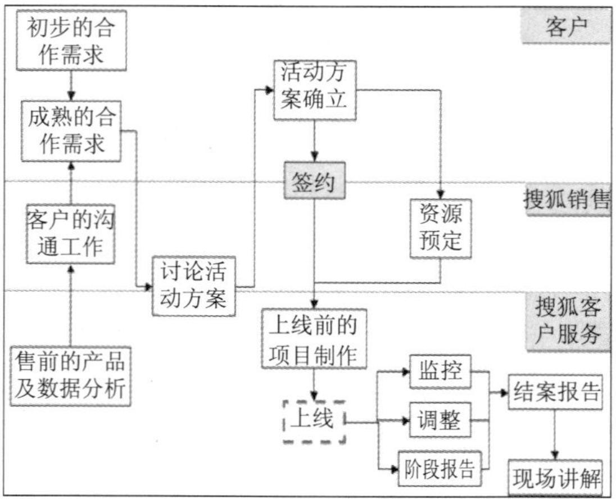

图 10.15　搜狐广告客户服务程序流程

6. 网络广告效果评估

广告投放以后，有没有产生效果，这是广告主非常关心的一个问题。因此必须对广告的效果加以检测，以衡量是否达到了预期效果，以及确定未来的改进方向。互联网的互动性改变了传统广告效果的无法确定性，使得网上广告促销效果的测试变得更加即时方便。网络广告效果评估可通过以下几种方式进行。

- 通过第三方评估机构。即通过广告评估机构充当权威监测人。搜狐 IT 频道主要利用国外独立第三方监测机构 Alexa.com 提供的数据，互联网实验室经过加工整理，对国内网站流量进行监测，并将分类实时跟踪，定期公布结果，供客户参考。
- 通过客户反馈情况来进行。即通过统计 HTML 表单的提高量以及 E-mail 的数量在广告投放后是否大量增加，来判断广告投放的效果。
- 通过访问统计软件进行。使用专门用于广告分析的软件，广告主可以随时了解在什么时间内，有多少人访问过载有广告的页面，有多少人通过广告直接进入到广告主的网址等。这种方式是目前进行网络广告效果评估的最主要方式。

目前网络广告效果评估主要还是基于网站自己提供的数据，故可信度受到怀疑这一欠缺，的确在很大程度上影响了网络广告的应用与推广，应尽快建立一套完整的评估体系和制度，以促进网络广告快速健康地发展。

10.2.5　网络广告运作技巧与策略

网络广告由于对网络用户不施加传统广告式的被动灌输，因此在“注意力”资源异常稀缺的网络环境下，如何吸引更多的网络用户点击、阅读、观看企业广告，以达到传输相关产品和服务的信息目的，就显得非常重要。

根据企业产品和服务的不同特点，可以考虑采取以下策略。

1. 在门户网站上发布广告

这是目前最重要、最有效的网络广告运作方式。媒体提供者多为访问率较高的搜索引擎或信息内容提供商。如国内的三大门户网站，具体的运作方法有：合办或协办站点（如新浪与乐百氏推出纯净水专门网站进行市场推广，二者品牌资源共享）、对网站的某些栏目提供赞助（如搜狐和 NBA 官方网站合作建立 NBA 中国专栏，负责 NBA 在国内的媒介推广活动）、设置企业 CI 图标广告链接等。

一般来说，在门户网站发布广告，应根据企业产品和服务的推广时间（新品上市、节假日、淡旺季）、推广目的（短期促销、新品推介、品牌提升、企业形象广告）、目标消费群体等选择合适的发布方式、发布地点和发布时间，以及发布内容，可以在很大程度上借助于门户网站的巨大影响力提高广告的传播力度，达到企业预期的目的。

（1）针对产品和服务的推广时间发布广告

根据产品和服务的推广时间，可以采取不同的方式，如恒信钻石利用情人节，潮宏基系列保健品利用母亲节，根据不同的时间主题在搜狐女人频道开展节假日专题促销广告，见图 10.16。

（2）针对特定的推广目的发布广告

根据特定的推广目的，可以采取互动灵活的广告发布方式。如品牌形象广告、新品推介等推广活动，可以采取互动直播、开办联合专栏等形式。各大通信企业都纷纷出现在搜狐网站IT频道举办的2004年国际通信展的总裁在线视频专访中，借此来宣传自己企业的品牌形象，如图10.17所示。

图10.16　专题促销广告

图10.17　特定推广目的的广告

（3）针对目标消费群体发布布广告

一般来说，有效地针对目标消费群体发布广告，可以采取专栏广告、专业频道、IP定向广告投放（收集用户IP地址并根据IP地区分布进行比对，向特定地区投放定向广告）等方式，图10.18是新浪网上针对体育爱好者发布的耐克公司的广告。

图10.18　针对目标消费群体

2. 提高自有网站的访问率

企业建立自有网站也是一种常见的网络广告形式，不仅可建成自身经营的形象网页，提供非广告信息，能给访问者带来其他利益。在信息繁杂的互联网上，要想展现自有产品或服务的特点，就必须提高自有网站的访问率，否则自有网站就会如同一潭死水，失去了与外界的联系，同时也失去了其为企业提高知名度、展现企业形象的可能性。一般来说，提高访问率有如下几种方式：

- 加入大型搜索引擎网站的分类目录；
- 注册企业品牌或商标的关键字或相关字符，如通过注册 3721 的网络实名，在网上搜索联想集团公司，在地址栏键入“联想”、“联想集团”、“联想电脑”均会自动链接到联想集团的相关网站和网页上；
- 建立多重链接，提高被浏览的概率，如与其他提供相同或类似产品与服务的企业网站交换链接，达到相互访问的目的，或在企业产品或服务的原材料供应商主页或下游分销商的页面上建立链接，或在政府行业网站上建立相关链接等。此外，互联网上还有很多提供免费链接的网站，可以在其上发布按纽式广告，以建立链接。

3. 在新闻组上发布广告

在新闻组上发布广告，一般应采取与公共关系推广结合的方式发布，从而可以提供更多关于企业产品和服务，以及企业形象方面的信息。

4. 发送电子邮件广告

发送电子邮件广告主要有三种方式，第一种形式有点像直邮广告，广告主选择拥有免费电子邮件服务的网站，直接将他们的广告发给顾客或潜在顾客，但这样直接闯入私人邮箱，会在一定程度上引起邮箱主人的反感。第二种使用电子邮件的网络广告形式叫电子邮件列表，这也是一种非常有针对性的传播方式，拥有邮件列表的网站会将广告附加在读者订阅的刊物中，发送给相应的邮箱所属人。第三种是电子刊物的广告形式，它以固定的发送频率和分期的固定篇幅，以及相对固定的内容特点和涵盖范围，并带有一定的可读性，长期向订户发送。由于电子刊物是吸纳自愿订阅用户，以有偿或无偿的形式用电子邮件载体向订户发送经过编辑的内容，这些内容里当然就包括了广告。这种广告形式较前面两种广告形式更易让用户接受。

10.3　网络公共关系策略

10.3.1　网络公共关系的优势和渠道

公共关系是利用各种手段唤起人们的好感、兴趣、信心和信赖，目的是争取理解，树立形象。公共关系既要收集信息、传递信息，还要反馈信息，是一种双向的交流，其作为营销沟通的手段，在提升企业形象、赢得顾客信任，为企业发展创造良好的外部环境方面发挥着越来越重要的作用。利用网络公共关系优势和其不同于传统公共关系的运作方式，网络给公共关系活动提供了一片新天地。

1. 网络公共关系的优势

网络公共关系和网络广告都是利用网络实现与受众的信息沟通，为企业服务。网络广告虽然在一定程度上对传统广告模式进行了革命，但无法克服需要受众主动连接的被动性，因此有必要依靠网络公共关系发挥其独特的职能，树立企业产品形象。网络公共关系的目标与基本任务与传统的公共关系并无太大差异，但由于网络的开放性和互动性特征，使得网络公共关系又具有一些新的特点。

（1）主体主动性增强

传统公共关系往往通过报纸、杂志、电视、广播等媒介把信息传播给大众，公司无法完全掌握公关信息的传递，编辑、制片、导播、记者才是拥有信息播放决定权的人，公司在很大程度是被动的。由于网络的互动性，企业获得了公共关系的主动权，即企业可以直接面向消费者发布新闻而不需要媒体的中介，避免消息被媒体干预。

（2）客体参与性增强

网络公共关系的客体是指与企业有实际或潜在利害关系或相互影响的个人或群体，即网上公众。网上公众本身较传统公众有更多的主动性，他们不是消极的、被影响、被作用的对象，而是积极主动地参与者，因而对网上企业的影响会更直接、更迅速。他们的意见、态度、观点和行为会迅速在网上扩散，对企业产生重大影响，甚至会决定企业的成败。

（3）一对一的公关活动

网络公共关系可针对个别消费者进行一对一的公关活动，受众在阅读信息的同时，可发表意见，并就其关心的问题展开讨论；企业可根据受众的不同需要做出不同反应，利用电子邮件等工具，提供个人化的信息服务。

（4）效能提高

传统公共关系是一对多的双向沟通模式，由于媒介的限制，传播的效能大大降低。网络公共关系可以利用网络的及时互动性，进行一对一的个体沟通，其传播目标更具体，传播内容更深入，同时网络公共关系克服了传统公关的时间和篇幅的限制，效果明显提高。

2. 网络公共关系传播渠道

传统的公共关系传播渠道主要通过报纸、杂志、电台、新闻发布会等媒介进行，网络公共关系的传播渠道除了通过传统渠道的网络版之外，还提供了一些新的传播渠道，主要有以下几种。

（1）企业自有网站

目前通过自有网站开展公共宣传的企业较多。图10.19是远大空调（www.broad.com）的自有网站进行公司宣传。

（2）传统媒介电子版

传统媒介电子版主要来源于国内外发行的报纸、杂志、商业刊物、电台、电视台等。图10.20是禾嘉集团在中国经营报电子版（www.cb.com.cn）做的公共关系宣传。

（3）新型媒体电子版

新型媒体电子版是指邮件列表网站、门户网站等发行的电子刊物，一般这种电子刊物主要针对特定的议题展开，面向特定的阅读群体免费发行。如 Chinaren.com 发行面向在校大学生的青春校园电子刊物。

图 10.19　远大空调的自有网站

图 10.20　传统媒介电子版的公共关系宣传

（4）网站专题频道或专业网站

网站专题频道主要指大型的综合型门户网站的专题频道，如搜狐的财经频道、IT 频道、汽车频道等。目前知名品牌较多在综合型门户网站如搜狐、新浪、163、Tom 等开展网络公共关系，或者根据具体产品和服务的特点选择行业专业网站进行公共关系推广，如 IT 产品类的硅谷动力 eNET、赛迪网 ccid 等专业网站。图 10.21 是搜狐频道下的 DELL 在线专栏。

图 10.21　专业网站的公共关系

（5）新闻论坛

新闻论坛，即 Usenet 或网络论坛，是一个多人参加，多方位的网络论坛，它把世界上具有相同兴趣的人们组织起来交流各自的看法。Usenet 是各方面专家主持的专题讨论会，给企业的公共关系提供了机会，企业可以通过出席网络会议、引发讨论、做主持人等方法，提高企业形象和知名度。目前国内的新闻论坛不多，所以采用新闻论坛进行公共关系的不多。

10.3.2 网络公共关系的形式

在目前的公共关系传播渠道上，采取的网络公共关系主要有如下几种方式。

1. 站点宣传

站点宣传是指在有影响力的新闻媒体上，宣传站点的建立，以使公众知晓并访问企业站点；其次不断更新站点内容，并通过新闻媒介的宣传吸引更多的公众访问企业的网站；同时鼓励其他站点发布企业站点内容，或创建到企业站点的链接或利用网络论坛、邮件列表等宣传企业站点。

2. 网上新闻发布

网上发布新闻的表现形式有以下几种：通过访问量较大的门户网站（搜狐）、传统媒体电子版（人民日报、南方周末、扬子晚报）发布；通过企业自己的站点发布；通过相应的新闻组或邮件列表来发布。

3. 专业栏目推广

专业栏目推广涉及的方式很多，可以采取栏目赞助（如会议、公众信息、政府或非盈利性活动赞助）、合作推广活动、栏目论坛、网络聊天及互动等方式。如搜狐 IT 频道包括互联网（通信、硬件、软件、科学），专题（市场、网站联盟、IT 黄页、人物、会展、IT 博客、BBS 导购、评测、手机、数码、笔记本、DIY、Flash、教程、商情），企业解读（总裁在线、狐闹闹、学术打假）等特色频道，其中如人物、IT 博客、评测、教程、总裁在线等特色频道都是企业开展公共关系活动的良好平台。如图 10.22 所示。

4. 发送电子推销信

网络公共关系最常用的一种形式就是给新闻记者或编辑发送电子推销信，在信中简述企业新闻的内容及对他人的请求（请求对方写文章、参观等）。这就要求企业公共关系人员要与新闻记者或编辑建立起稳固的关系，通过多种途径搜集新闻记者和编辑的 E-mail 地址。企业一有新闻题材即给记者或编辑发送电子推销信，请求他们采取行动。

5. 在网络论坛或新闻组发送信息

网络论坛为网上企业提供了就专门主题进行交流的场所。企业可加入相关讨论组，吸引更多的用户访问自己的站点。除了加入公众论坛外，企业为了鼓励公众就本企业公众关心的专题进行更广泛深入的讨论，可以在本企业网站上适应论坛，引导公众对自己的企业或产品展开讨论，拥有自己的讨论组，为企业大规模分发信息提供机会。

加入新闻组也是吸引用户访问本企业站点的有效方法。

图 10.22　专业栏目推广

6. 网络路演

网络路演是目前新出现的网络公共关系推广方式，它通过视频直播、在线交流、网上调查、图像合成等综合方式达到企业与客户和广告受众的直接沟通。如搜狐与可口可乐举办的 2002 年“可口可乐—方正电脑，动感互联你我他”路演活动，不仅网上图文直播了活动的启动仪式，还进行了形式新颖的现场网络调查，可口可乐最新形象代言人张柏芝也与搜狐网友在线交谈。据统计，为时 40 分钟的在线推介起到了良好的效果，参加网上调查的网友达 7000 多人，当天在线提问数 3000 多个，将可口可乐公共关系活动推向了高潮。如图 10.23 所示。

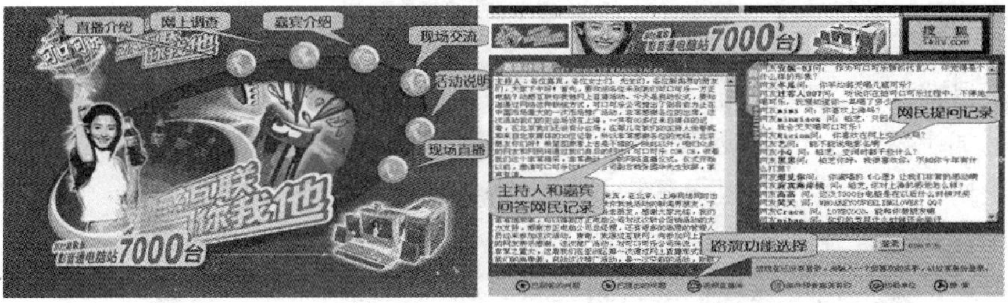

图 10.23　网络路演

10.4 网络促销

10.4.1 网络促销特点

网络促销是指利用现代化的网络技术向虚拟市场传递有关产品和服务的短期利益，以启发需求，引起消费者的购买欲望和购买行为的各种活动。与传统促销相比，传统的促销和网络促销的基本手段都是提供各种短期利益，以引起消费者的注意和兴趣，促使消费者认识产品，激发他们的购买欲望，并最终导致购买行为。但由于互联网强大的通信能力和覆盖面积，网络促销在时间和空间上、顾客参与程度上和具体的促销手段上都与传统的促销有一些差别。

1. 时间和空间上

传统的促销活动通常都是针对某个特定的地理市场设计和实施的，甲地的促销活动既可能和乙地的促销活动是类似的，也可以是完全不同的。如在上海采取派发试用品，而在南京则可能是打折，两地顾客不会发生互相攀比的现象。但是网络促销活动则要求在时空上保持相对一致性，否则很可能引发顾客的相互攀比，甚至有意模糊自己的居住所在地。

2. 消费群体和消费行为的变化

在网络环境下，消费者的概念和客户的消费行为都发生了很大的变化。上网购物者是一个特殊的消费群体，具有不同于消费大众的消费需求。这些消费者直接参与生产和商业流通的循环，他们普遍大范围地选择和理性地购买。这要求促销活动的设计者和实施者必须考虑促销所提供的短期利益的连续性。

3. 具体促销手段的变化

传统环境下的许多促销手段是建立在实物流动的基础上的，显然，这些促销手段对网络促销是不适用的。相反，互联网也提供了诸如免费信箱、免费下载、免费参与、积分、抽奖等一系列新的促销手段。

10.4.2 网络促销形式

网络促销是指在互联网市场上开展的促销活动，如价格折扣、有奖销售、拍卖销售等方式来宣传和推广产品，目前主要的形式有以下几种。

1. 网上折扣促销

打折是目前网上最常用的一种促销方式。由于目前国内网民网上购物的理念还没有完全形成，再加上网络支付手段和物流配送的整体落后，导致目前网民网上购物的消费额偏低，购物热情不高。为促使消费者进行网上购物的尝试并做出购买决定，采用幅度比较大的折扣可以在一定程度上减少网上购物的负面不足之处，吸引消费者眼球，此外网络营销由于销售渠道的减少，可以较低的价格销售产品，因此采用网上商品的价格一般都要比传统方式销售时要低。从图10.24中可以看到当当书店（www.dangdang.com）的打折促销。

图 10.24　网上打折促销

2. 网上抽奖促销

抽奖促销是网上应用较广泛的促销形式之一。抽奖促销是以一个人或数人获得超出参加活动成本的奖品为手段进行商品或服务的促销，网上抽奖活动主要附加于调查、产品销售、扩大用户群、庆典、推广某项活动等。消费者或访问者通过填写问卷、注册、购买产品或参加网上活动等方式获得抽奖机会。如图 10.25 是 3721 推出的网络实名注册网上抽奖活动页面。

图 10.25　网上抽奖促销

3. 积分促销

积分促销在网络上的应用比起传统营销方式要简单和易操作。网上积分活动很容易通过编程和数据库等来实现，并且结果可信度很高，操作起来相对较为简便。积分促销一般设置价值较高的奖品，消费者通过多次购买或多次参加某项活动来增加积分以获得奖品。图 10.26 是当当书店的网上积分活动页面。

4. 网上联合促销

由不同商家联合进行的促销活动称为联合促销，联合促销的产品或服务可以起到一定的优势互补、互相提升自身价值等效应。如百事可乐与雅虎、搜狐与可口可乐、新浪与乐百氏都是比较成功的网上联合促销活动，提升了彼此的品牌价值。图 10.27 显示的是新浪与乐百氏联合促销活动。

图 10.26　网上积分促销

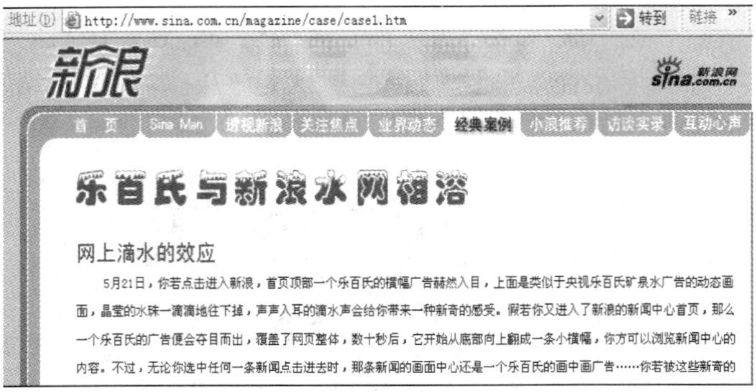

图 10.27　网上联合促销

5. 免费下载

免费下载可以有很多种形式，一般来说是书、软件、图片等可以支持数字传输的内容。如华军软件园里可免费下载软件，图 10.28 显示的是华军软件园的财务管理软件下载页面。

图 10.28　网上免费下载

6. 赞助

赞助促销一般可分为栏目赞助、活动赞助等形式。在赞助期间与网站举行促销活动。如安踏运动系列赞助搜狐体育频道（见图 10.29）。

图 10.29　赞助促销

7. 竞赛和推广

竞赛与推广是广告主和网站一起举办双方均感兴趣的促销推广活动。如《商务周刊》和《网易商业报道》联合进行的首届中国市场最具领导力 EMBA 评选活动，如图 10.30 所示。

图 10.30　竞赛和推广

8. 游戏

游戏促销是指广告主和网站通过游戏的形式来宣传产品或服务的特点与功能，在与消费者的互动游戏过程中达到教育消费者、传达产品和服务特点的目的。

10.4.3　网络促销运作

根据国内外网络促销的大量实践。网络促销战略的实施程序由四个方面组成，即确定网络促销对象，设计网络促销组合，选择网络促销预算方案，衡量网络促销效果。

1. 确定网络促销对象

网络促销对象是针对可能在网络虚拟市场上产生购买行为的消费群体提出来的。随着网络的迅速普及，这一群体也在不断膨胀。这一群体主要包括三部分。

（1）产品的使用者

这里指实际使用或消费产品的人。实际的需求构成了这些顾客购买的直接动因。抓住了这一部分消费者，网络销售就有了稳定的市场。

（2）产品购买的决策者

在许多情况下，产品的使用者和购买决策者是一体的，特别是在虚拟市场上更是如此。因为大部分的上网人员都有独立的决策能力，也有一定的经济收入。但在另外一些情况下，产品的购买决策者和使用者则是分离的。倒如，中小学生在网络光盘市场上看到富有挑战性的游戏，非常希望购买，但实际的购买决策往往由学生的父母作出。因此，网络促销同样应当把购买决策者放在重要的位置上。

（3）产品购买的影响者

这里指在看法或建议上对最终购买决策可以产生一定影响的人。在低价、易耗日用品的购买决策中，产品购买的影响者的影响力较小，但在高价耐用消费品的购买决策上，影响者的影响力较大。这是因为对高价耐用品的购买、购买者往往比较谨慎，希望广泛征求意见后再作决定。这部分人群也不能忽视。

2. 设计网络促销组合

促销组合是一个非常复杂的问题。网络促销活动可以通过采用上述常见的促销方式进行。

但由于企业的产品种类不同，销售对象不同，促销方法与产品种类和销售对象之间将会产生多种网络促销的组合方式。企业应当根据网络促销折扣、记分促销、网上联合促销、免费下载、赞助、竞赛和推广等方法各自的特点和优势，根据自己产品的市场情况、顾客情况，扬长避短，合理组合，以达到最佳促销效果。

一般来说，网络广告促销主要实施“推”战略，其主要功能是将企业的产品推向市场，获得广大消费者的认可。网络站点促销主要实施“拉”战略，其主要功能是将顾客牢牢地吸引过来。保持稳定的市场份额。对日用消费品，如化妆品、食品、饮料、图书、消费型电子产品、软件产品等，采用网络促销的效果比较好。

3. 选择网络促销渠道

在网络促销实施过程中，使企业感到最困难的是预算方案的制定。在互联网上促销，对于任何人来说都是一个新问题。所有的价格、条件都需要在实践中不断学习、比较和体会，不断地总结经验。只有这样，才可能做到事半功倍。

首先，必须明确网上促销的方法及组合的办法。选择不同的信息服务商，宣传的价格可能悬殊极大。因此，企业应当认真比较各站点的服务质量和服务价格，从中筛选适合于本企业的、质量与价格匹配的信息服务站点。

其次，需要确定网络促销的目标。是树立企业形象、宣传产品，还是宣传售后服务？围绕这些目标再来策划投入内容的多少：包括文案的数量、图形的多少、色彩的复杂程度，投放时间的长短、频率和密度，促销广告宣传的位置、内容更换的时间间隔以及效果检测的方法等。这些细节确定好了，对整体的资金数额就有了预算的依据，与信息服务商谈判时也有了一定的把握。

再次，需要明确希望影响的是哪个群体、哪个阶层，是国外的还是国内的？因为在服务对象上，各个站点有较大的差别。有的站点侧重于中青年，有的站点侧重于学术界，有的站点侧重于产品消费者。一般来讲，侧重于学术交流站点的服务费用较低，专门从事新产品推销站点的服务费用较高，而某些综合性的网络站点费用最高。在宣传范围上，单纯是用中文促销的费用较低，使用中英文促销的费用较高。企业促销人员应当熟知自己产品的销售对象和销售范围，根据自己的产品选择适当的促销形式。

4. 衡量网络促销效果

网络促销的实施过程到了这一阶段，必须对已经执行的促销内容进行评价，衡量一下促销的实际效果是否达到了预期的促销目标。对促销效果的评价主要依赖于两个方面的数据。一方面，要充分利用互联网上的统计软件，及时对促销活动的好坏作出统计。这些数据包括主页访问人次、点击次数等。另一方面，销售量的增加情况、利润的变化情况、促销成本的降低情况，有助于判断促销决策是否正确。同时，还应注意促销对象、促销内容、促销组合等方面与促销目标的因果关系的分析，从中对整个促销工作作出正确的判断。

思考题

1. 网络沟通的模式和特点有哪些？
2. 试分析网络与传统媒体的区别及其所表现出的优势。
3. 网络广告的形式有哪些？
4. 什么是网络公共关系策略？其主要形式有哪些？
5. 对网络促销的形式进行简要的总结。

第 11 章　网络营销管理

市场营销的过程，也就是企业对市场营销活动进行管理的过程，具体的管理活动指的是包括计划、组织、领导、控制等职能的执行过程。通常认为，市场营销管理的实质是需求管理，即综合运用各种可控的市场营销因素，即产品、价格、促销、分销，以创造并满足顾客需求。具体包括以下内容：发掘和评价市场机会（需求）、细分市场、选择目标市场、进行产品定位、设计市场营销组合策略、执行和控制市场营销组合策略。

在管理职能层面上，企业对网络营销的管理与传统营销管理并无二致，但由于互联网的力量实在太过强大，使得经典营销理论所界定的企业可控营销要素与不可控要素之间的边界趋于模糊，从而引发网络营销活动中许多新的问题。例如，传统经济并不支持消费者的主动地位，消费者只是作为企业的“营销对象”而存在，并被视为不可控的外部要素。但借助网络，消费者可与企业进行“一对一”的交互式信息沟通，消费者强势地位真正得以确立，此时，企业便面临着如何处理与消费者之间的这种新型关系的问题。另外，网络营销管理还包括以下一些内容：企业如何协调网络营销与传统营销的关系？网络营销对企业现有组织结构有何影响？企业如何管理网上营销的风险？互联网会对传统的品牌经营活动产生冲击吗？网络营销绩效如何评价？这些都是执行营销管理职能时必须考虑的问题。

11.1　网络营销与传统营销

11.1.1　网络营销与传统营销的整合

对于多数从传统业务向网上业务转型的企业而言，所要考虑的第一个问题便是：该如何处理网络营销与传统营销的关系？这并不仅是一个观念问题，它还涉及到企业管理者对传统营销资源的使用态度和对网上营销活动的整体把握。毋庸置疑，网络在营销中的应用对传统市场营销活动冲击巨大，但是，网络特性对传统经营方式的冲击，并不意味着网络营销能够完全取代传统营销，营销过程中的基本理论（包括消费者需求研究、市场调研、产品开发、定价、分销、广告、公关、销售等）仍然适用，两者之间也并不存在着“传统–现代”的对立。随着人们对网络营销活动的进一步了解，答案其实已经有了，这就是“整合”。按照这一理解，传统营销与网络营销实质上是企业整体营销战略的两个有机组成部分。

1. 整合营销理论与整合互联网营销

整合营销（IMC）理论由美国西北大学的舒尔茨教授提出，它摒弃了传统的 4P 理论，而以 4C 理论为基础和前提。整合营销理论主张将消费者整合进其中，企业不必急于制定产品策略，而是首先要研究消费者的需求和欲望（Consumer Wants and Needs）。在定价策略方面，研究消费者为满足其需求所愿意付出的成本（Cost）。在渠道方面，企业全面转向以消费者为中心，摒弃传统渠道策略，着重考虑怎样给消费者方便（Convenience）以购买到商品。而沟通（Communications）代替促销成为营销策略组合的要素之一。

整合营销尤其重视对消费者的传播，这一理论的关键之处在于“使用各种促销形式使传播的影响力最大化”。舒尔茨教授甚至提出，在 90 年代，营销即传播，传播即营销，从而将传播提高到极高的地位。对于营销传播工作，整合营销的思想要求企业利用一切可利用的传播工具，保证所有渠道传达“持续一致的声音、统一完整的形象”，也就是所谓“用同一种声音说话（Speak with one voice）”。在营销实践中，企业的传播工具包括广告、公关、直接营销、促销活动，以及视觉管理（商品包装、品牌识别系统等），此外，商品展示、POP 广告等也是进行传播的有效手段。而随着互联网的日趋普及，如何更好地将互联网整合到企业营销活动中，如何利用互联网强大的沟通能力以达到整合营销传播的最佳效果，便成为企业关注的重要方面。

在此基础上，有学者提出了整合互联网营销（Integrated Internet Marketing）的概念，认为：整合互联网营销策略是把营销策略与互联网技术结合起来的一种结构性方法。通过综合运用一系列互联网技术来销售产品和服务，以影响利益相关者（特别是消费者）的态度，实现营销目标。整合互联网营销把产品和服务、公共关系、流行文化、广告、个人体验等元素整合在一起，提供了多种与利益相关群体沟通的方法。当然，它本质上还是整合营销理论在互联网上的延伸。

著名战略大师迈克尔·波特认为：所谓“整合”，即是“策略”，不仅只是一连串的活动；而且是“一连串互动式的活动”。实践整合概念要求企业所设计的一连串活动能够相互支援。为何整合如此重要？第一、整合会带来竞争优势；第二、整合也会增加模仿的困难度。

资料来源：迈克尔·波特在台湾的演讲

2. 基于互联网的整合营销策略的特点

（1）各种传统营销要素与网络的结合

在网络营销里，人员推销、市场调查、广告促销、经营代理等各种传统营销手法将与网络相结合，并充分利用网上的各种资源，形成以最低成本投入、获得最大市场销售量的新型营销模式。它是各种传统手段在新技术环境下的革新。

（2）真正以顾客为中心的营销策略

互联网为企业加强与消费者的沟通与交流提供了强有力的工具，借助互联网和商业在线服务的强大力量，企业将能够真正以消费者为中心展开企业的营销活动，从而实现营销效果的更好控制和营销活动的更佳管理。

（3）各类传播手段的真正整合

借助互联网，企业能够根据不同细分后的市场，并通过电视广告、互联网广告、报刊广告等做具体的针对性宣传，形成立体交叉的广告网络，对产品进行有效宣传。而消费者所获得的信息将是统一和一致的，利用互联网来协调各种不同的传播手段，能使其发挥最佳作用，并有助于实现企业与消费者长期的、双向的良好关系。

3. 整合互联网营销的基本策略

（1）通过传统媒体传播企业网站信息

为了吸引消费者进入企业网站，企业可以利用一切传统媒体宣传其网站信息。如把网站信息发布到所有说明书、传单、商品目录和各种广告载体、促销商品的上面。事实上，网址已经成为企业所有产品说明书、包装、平面广告等一切可能场合中的不可或缺的要素。

以亚洲地区为主要业务重心的国泰航空公司，为了扩展美国飞往亚洲的市场，拟举办一个大型抽奖活动，并在各大报纸上刊登了一个赠送百万里行抽奖的广告。与众不同的是，这个广告除了几个斗大的“奖100万里”及公司网址外，没有任何关于抽奖办法的说明，要了解抽奖办法的消费者只有登录公司网站。

网易为了短时期内增强网站知名度，曾经在全国的公共汽车车身上发布广告，“网易，网聚人的力量”成为大众熟悉的广告词，而www.163.com借此也知名度大增。

（2）在顾客支持媒体上提供公司网站情况

企业可以把与网络应用有关的信息印制到所有手册和技术报告上面，这些信息包括公司主页、部门或分公司主页、自动回复电子邮件、相关技术信息的页面、技术支持热线的电子邮件、顾客关系部门的电子邮件等信息。企业将互联网战略和传统的支持战略集成起来，将会极大地提高其访问量，并且有助于降低支持成本，同时提高支持水平。

（3）在网站提供有形证明，建立用户信任感

在网络上，消费者面对的是与实体世界中全然不同的虚拟对象，他们无法区分这是一个在世界各地都有分公司的大公司，还是一个开在某个荒岛上的短命的、没有职业道德的小公司，因为它们的网站上可能同样有着高质量的内容和漂亮的外观。顾客担心会受到欺骗，担心能否收到公司承诺的商品？退款保证能否兑现？商品是否能如期送到？在顾客心中存在着对于不可预测和信息缺失所引起的高度不信任感，要消除和减少这种不信任感，企业必须在网站上提供与现实世界中紧密联系的信息，以减少网络造成的虚幻感。

例如，在网站中提供公司总部、分公司或工厂建筑的照片；提供公司重要人物的简历，包括工作经历、所获学位；提供与大公司的联系或其他任何能增加个人和公司信誉的事实，如工商登记、税务登记；提供公司近期的财务状况，提供顾客名单或者顾客的推荐信等。

（4）在网站提供传统媒体宣传材料

传统媒体的宣传有助于公司扩大知名度，网站应该随时跟踪传统媒体对公司的正面宣传，并及时反映在网站中。如在网站上引用文章摘要（附上刊名及报道日期）；获取文章重印版权并在网站上发表；如果文章是在其他的网站上发表，那么可在公司的网站上选登摘要，并建立同原网站的直接链接，在原网站上阅读这篇文章要比在公司网站上阅读给读者留下的印象更深。

11.1.2 实施网络营销的组织准备

在传统管理模式下，企业组织是以劳动分工和职能专业化为基础而建立的，组织内的

部门划分非常细，各部门的专业化程度较高。这种组织形式及与其相伴的业务流程适合于市场相对稳定的环境，而在网络介入企业经营活动以后，这种企业组织已显现出不适应性。因而企业必须建立适合网络营销运作的企业组织结构并对业务流程进行重构。

1. 现行企业组织结构的缺陷

现行企业的组织结构大都是基于职能部门的专业化模式。为了能保持对专业化分工后的职能部门进行有效管理、协调和控制，企业的组织是按等级制构成的，特点是决策权集中、管理层次较多，职能部门独立，有较明显和严格的等级。这种组织体系也被称为“金字塔”型结构（见图 11.1）。

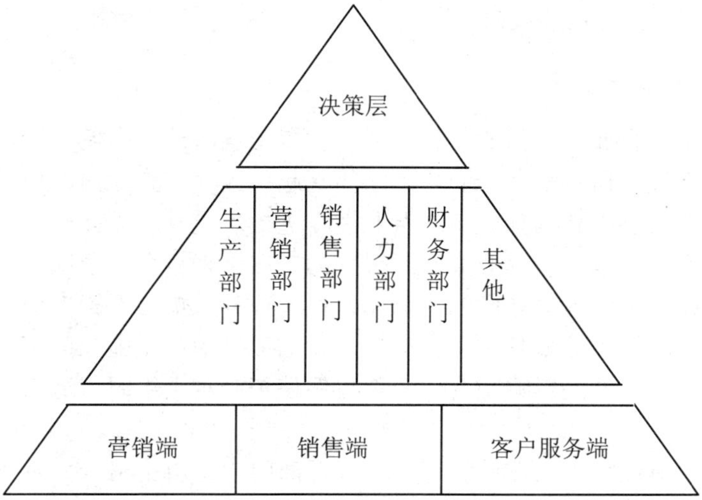

图 11.1　“金字塔”型企业结构

上述特点的组织适合于稳定的环境、大规模的生产、以产品为导向的时代，它以各部门的简单重复劳动来赢得整个部门的效率。这种方式无疑是企业管理所需要的，但也无疑降低了效率，特别是在现代信息社会中，在有大量的信息需要处理的情况下，一项工作花在检查、核对、协调上的时间大大增加，从而降低了由原来分工所带来的效率。

2. 重建网络时代的营销组织体系

20 世纪八九十年代之交，美、日等发达国家的企业在提高竞争力的呼声中开始重新认识组织再造问题，这场热潮到 20 世纪 90 年代中期达到了顶点。一系列新的管理思想，与突破性发展的信息技术相结合，创造出了组织再造理论。1993 年，哈默和詹姆斯·钱皮合作出版的《再造企业——工商管理革命宣言》一书中正式提出企业“再造”的定义：为了在衡量绩效的关键指标上取得显著改善，从根本上重新思考、彻底改造业务流程，其中衡量绩效的关键指标包括产品和服务质量、顾客满意度、成本、员工工作效率等。人们逐渐认识到，信息时代或经济网络化的趋势下，传统的管理层将由具有信息权威的管理层所替代，由此产生的组织设计将以信息的传输、处理和转化为决策的效率为核心。

企业引入网络营销活动后，其相应的业务流程发生了很大改变，此时的营销活动和营销管理也与传统时代大不相同。如果企业因袭传统的组织体系，难免出现无法适应新形势的状况。例如，一般来说，网络营销部门对整个公司的状况、产品、市场等都比较了解，也比较明确公司的发展方向和目标，考虑问题多从营销角度出发；而企业的技术部门却是用“技术”说话，他们可能更注重于技术细节，而忽略营销的整体效果，结果反而达不到预期目标。比如，将主页的图像做得非常形象、复杂、漂亮，但由于下载时间过长，给浏览者造成困难。因此，营销部门应和IT部门通力合作，对新的技术工具的优点、缺点及用途有一个概括的了解，IT部门也应积极参与网络营销计划已开发的过程，保证能用最新的技术手段更好实现营销目标。

此外，由于网络营销的众多支持活动（如客户服务、客户支持、现场销售等）都与信息技术（IT）部门密切相关，因此，企业必须重新规划营销组织体系，甚至建立新的营销部门。新的营销职能部门必须妥善解决好与信息技术部门的关系问题，必要时必须加强营销部门的技术力量，以适应网络时代的需求。

3. 网络营销组织的设计

互联网相继带动企业内部网的蓬勃发展，使得企业内外部沟通与经营管理均需要依赖网络作为主要的渠道与信息源。企业内部网的兴起，改变了企业内部作业方式以及员工学习成长的方式，个人工作者的独立性与专业性将进一步提升。因此，个人工作室、在家上班、弹性上班、委托外包、分享业务资源等行为，在未来将会十分地普遍，也使企业组织重整成为必要。在营销的其他方面的影响还包括：业务人员与直销人员减少、组织层次减少、经销代理与分店门市数量减少、渠道缩短、虚拟经销商、虚拟门市、虚拟部门等企业内外部虚拟组织盛行。这些影响与变化，都将促使企业对于组织再造工程的需要变得更加迫切。

在企业组织再造过程中，在销售部门和管理部门中将衍生出一个负责网络营销和公司其他部门协调的网络营销管理部门。它区别于传统的营销管理，主要负责解决网上疑问，解答新产品开发，以及网上顾客服务等事宜。无论如何，随着网络营销实践的日益丰富，企业一定会形成与之相适应的企业组织形态。

11.2 网络营销管理

11.2.1 制定网络营销计划

1. 确定网络营销计划的必要性

企业向网络营销发展的形式大致可以分成两种，一种是在企业市场营销已经形成一定特色的情况下，为了不引起太大的副作用而逐步加大引入网络营销进行的模式，可以称为“循序渐进”；另一种则是对于那些新成立的公司来说，由于本身并不存在陈旧的桎梏，使得企业营销从一开始就完全按照网络营销的要求来构建，这种模式可以称为“一步到位”。网络营销的弹性很大，可以由浅入深，由简到全，可以是一个网页，也可以是一个站点，可以做简单的广告，也可以成为具备维护客户关系的管理系统（CRM）。

另外，开展网络营销还有一个很现实的问题就是成本，网络的建立与应用需要投资，投资可大可小，取决于企业的网络营销目标。如果只是单纯地建立网络，其投资或许并不大，但是只有网络是不能发挥任何作用的，为了将网络应用于管理，企业必须为之配备相应的信息处理及决策系统，以及相应的人力资源，如此一来，企业花在网络营销上的信息技术投入便十分可观了。对此，作为以盈利为天职的企业，首要考虑的问题便是：本企业是否应该进入网络营销领域呢？如果进入的话，它给企业带来的成本和效益如何？应该如何进行组织及人力资源上的规划，才能适应网络所带来的变化并充分发挥其作用呢？这些问题，都必须在制定网络营销计划时加以解决。

与传统营销管理一样，网络营销管理同样需要制定营销计划，网络营销计划是在网络营销观念的指导下，对网络销售活动做一个较为全面与有序地安排，目的是使网络营销活动能责任明确、有条不紊地展开。

2. 网络营销计划构成要素

（1）确立网络营销的目标，明确界定网络营销的任务

企业上网应该选好一个目标，而不是泛泛地去做。这里面可以有很多的选择，包括树立企业形象，拓展市场空间，调查用户的反映，提供售后服务。只有确立了明确的营销目标，才能有计划、有组织地实施并对营销活动做出正确的评价。企业应该根据产品特点、企业特点、行业特点及自身的实力等多种因素，选择相应的战略模式，避免在目标不明确的情况下，盲目进入网络而陷入困境。

（2）广泛听取各部门的意见

网络营销活动的开展离不开多部门的协同工作。因此要多听取各个部门（如财务、生产、人力等部门）关于营销工作的意见。

（3）确定营销预算

（4）分配营销任务

（5）依据营销任务规划营销活动的内容

（6）选择好的网络服务商

目前，专门提供 Web 相关服务的网络服务商（ISP）的业务范围不断拓展，网络服务商可以为用户提供存储空间，用户可自行组织准备发布的信息，也可以为用户提供全套的 Web 服务，企业可以选择自建站点或是外包的方式来开展网络营销活动。

（7）建立网页或网站，试运行并进行调试

（8）使网上营销和企业的管理融为一体，从而纳入企业正常的运营体系当中

2003 年底发生了一件对于联想公司来说具有讽刺意味的事，他们把 FM365.COM 的域名搞丢了，而且据说是因为所注册的域名到期，未能及时续费，导致域名被删除，然后被其他公司注册，最后由一个几乎没有人听说过的网站以 10 万美元代价购得。于是一夜间，全中国都知道，肯烧上亿元做一个网站的联想，几十块钱的域名费都没人管。想当年，在 1999～2000 年间，FM365 页面访问量达到 3400 万～3700 万人次/天，当时，联想是按照接入（ISP）—FM365—垂直网站来布局的：接入部门借助于中国电信的 163 平台，把联想每年几百万的电脑用户通过捆绑销售的方式，引入互联网；FM365 网站负责吸引、留住人流；然后将其倒给垂直网站，而赢时通（财经）、新东方（教育）、国

旅（旅游）则是垂直网站的三大块内容。联想的构想是用接入服务和垂直网站获取利润来补贴门户网站的亏损，以 FM365 为中间支点，迅速带起前后两个环节，构建自己在互联网领域的话语权。图 11.2 是新的 FM365 首页。

图 11.2　“改头换面”的 FM365 网站

在过去的 4 年时间里，联想为其互联网战略前后投入 5 个亿，从 FM365，到赢时通，到新东方网校，到联想翱龙的成立，再到如今从新东方撤资、放弃 FM365 网站，从互联网业务的全面退出。对于其原因，有业内人士如此分析：“联想是从 PC 一斧子一斧子做起来的，知道这个东西不可能马上见效。但他心里又非常急，攥着一大把融资，急着马上要赚钱，所以千方百计要投资，于是想去找别的产业、别的项目投资，然后一看势头不对，又马上撤退。但这一撤，往往又是马上看着别人开始盈利，屡屡如此。其实，投资一个产业一定要给它一定的成长时间，培育它。”

其实，企业对进入互联网业务缺乏长期性的规划，未能找到与本企业、本行业特点相适应的经营模式，才是联想互联网战略未能取得预期效果的根本原因。

3．其他需要考虑的问题

由于网络营销与传统营销有着巨大差异性，企业在制定网络营销计划时，还应该从以下方面加以考察。

（1）网络营销对公司整体的影响

在网络环境中，企业面对的是国际市场，不论处于哪个国家和地区，网上企业都可以和它们建立商务关系，但互联网较低地进入壁垒也意味着企业参与的是国际化竞争；网络上的潜在顾客与传统的顾客存在差异性，收入相对高，受教育程度也高，但是顾客可以对网上商品进行广泛的比较，企业须以彻底的“消费者为导向”为指导。对于有些企业来说，在利用网络销售渠道的同时，必须判断网络营销对其他渠道的影响。

（2）企业在在网上有何竞争优势

对于小企业来说，他们与大企业站在同一起跑线上，因为人们很难判断网上企业的规模和历史，但是大企业的优势应该如何发挥呢？毕竟消费者关心的主要是产品和价格信息。

（3）对网络空间中的竞争规则和手段是否了解

在网络世界中，企业能够通过直接访问竞争者网页了解它的新产品、价格、服务、信息；也可通过阅读与竞争者有关的新闻组、BBS 上的内容了解消费者对竞争者产品、服务的评价；同时还能及时了解到消费者对本企业的评价以及与竞争者的对比情况。

在网络世界中，传统的公关手段依然有效，但企业还要注意在网上消除误导消息，面对网络空间中的公关危机必须学会正确应对。企业还可以在网上举行新闻发布会，向消费者及时发布公司的政策变化。

2000 年年底，备受业界关注的“王洪 VS 恒升笔记本案”终于水落石出，二审判决结果显示：王洪依然败诉，但是赔款金额由一审的 50 万元降到了 9 万元。此案的起因非常简单：消费者王洪从一商家购买了一台恒升笔记本电脑。在使用过程中，王洪发现该电脑的屏幕存在问题，于是他要求保修。商家以各种理由拒绝免费保修，这惹恼了王洪。身为 IT 人士的他在互联网上设立了一个个人主页，名为“IT315”。以这个主页为阵地，王洪发表了一些文章，对恒升笔记本表示了不满。其言论被两家业界著名媒体发表，在圈里圈外产生了不小的影响。于是，恒升方面认为自己企业的名誉权受到了侵害，把王洪和两家媒体告上了法庭。

本案的发生经历了两个阶段，第一阶段是“产品质量纠纷阶段”，这时王洪占据主动地位，完全可以把恒升告上法庭，要求后者承担产品质量责任。但是王洪并没有通过合法的方式来维护自己的权利，而是采用了一些过激的行为。在其文章中，一些过激言词被恒升抓住把柄，使本案过渡到了第二个阶段。本案的第二阶段是“企业名誉权纠纷阶段”，恒升取得了主动地位，反而把王洪告上了法庭。

对于此案的结果，可以说没有胜利者。王洪的代理律师陈志华认为是虽败犹荣，许多消费者则认为，恒升公司赢了官司却输了顾客的心。现在来看，将消费者推上法庭恐怕是一个败笔，由于在发生问题之后，恒升公司并没有采取合适的方式来解决问题，而是起诉到了法院，这使恒升从一开始就走错了路。最终恒升赢了官司，但却可能输掉了整个市场，而对于商家来说，市场就是他的全部世界。

此案发生的原因在于，企业低估互联网上消费者的影响力，以传统思维看待互联网上的经营规则，从而致使企业在信誉出现危机时无法正确应对。

（4）有没有制定网络品牌推广计划

企业应该考虑利用网络拓展品牌形象，产品具有一定知名度的企业更应该引入网络营销，以免让网上新兴的虚拟企业抢占有利地位。

11.2.2 信息管理

网络营销的运作平台是网络，而网络上传递的就是信息。任何一种商业行为，买方和卖方交换的是他们的需求，每一次商品交换过程中都必然包含信息流。因此，网络营销管理的关键也就是对信息运动本质的把握。在电子商务时代，企业大量的实体活动将转向虚拟世界，虚拟世界中最活跃的细胞就是信息。像企业与顾客、与合作伙伴的物理接触几乎都将通过数字信息的交流来实现，此时，对信息资源配置、信息资源的利用都将变得十分重要。

企业信息管理的内容包括以下几个方面。

1. 信息平台的完善

完善的信息平台是企业信息管理工作的基础，企业的信息平台应该具备以下特点。

（1）提供高质量的全面服务

企业信息平台要提供交易、信息、联通、商务管理，以及相应配套的其他服务功能，在规划、设计、实施、推广和运营各个环节，均以客户为中心，为流通型企业、生产型企业、最终用户，以及消费者提供富有特色的个性化服务；提供多种服务手段，如页面访问、呼叫中心等。

（2）多管道互联

网络信息平台不是一个孤立的网站，而是应该将其置于全社会的电子商务环境中，作为社会经济生活的一个环节来看待，并力争成为企业各个信息系统数据交换的枢纽。因此，企业网络信息平台应具有广泛的互联性，提供多种信息交换的渠道，支持多种信息交换的协议和标准，只有这样，才能与企业 ERP 系统及其他（国内、国外）交易平台进行通信和数据共享，并可以开发与外贸、海关、商检、税务、银行、保险的服务平台接口，真正地实现全过程的电子商务。

（3）可管理性

企业网络营销信息平台的服务对象众多，服务地域具有全球性的特点，服务时间要求全天 24 小时不间断的服务，服务品种会随着系统的推广和运营不断地完善和增加。因此，对于系统内用户、权限、功能、接口、信息、系统平台等方面，在可管理性方面均提出了更高的要求，其目的在于减少系统运营管理方面的工作量，提高管理的效率。

（4）高度的安全可靠性

在网络营销活动中，安全问题是最大的障碍之一，它不但影响到商务活动的正常进行，而且直接影响着企业的效益。因此，必须设计全面的安全解决方案，对系统的各个环节提供安全保证的技术手段，包括客户端、网络通信、主机平台、应用平台、数据库等系统环节安全控制，还包括用户、信息等在平台上承载的对象进行安全认证。在技术手段保证的同时，应制定相应的信息安全管理制度，实施规范化管理。

2. 顾客信息管理

此处的顾客信息管理指企业在网络营销活动中对涉及顾客的一切领域，尤其是对顾客进行管理及与其交流过程中所产生的数据、文件和各类信息进行收集、整理、储存、利用与维护的过程。它的具体内容包括对企业顾客信息资源开发战略规划、方案制定，以及后期的实施进行决策与组织。

对顾客信息的管理尤其要强调反馈信息的管理，网络双向互动的特性决定了网上企业会收到大量的反馈信息，公司要专门安排人手和设计部门对这些信息进行管理。反馈信息一般都是通过发给企业的 E-mail 而获得的，对大型的企业需要设立一个专门负责 E-mail 分类的管理员，根据反馈信息的内容类分发给相应的部门。

此外，企业还应注意对网上与企业相关的信息进行监管，采取积极措施维护企业网上形象。网络作为一种十分自由的媒体，给予了参与者充分自由的空间，能促进信息的交流和利用，但是也可能由于某种原因出现许多对企业不利的或是错误的信息。企业应该考虑设立专门的网上信息监督人员，分配一定资源，他们的主要职责包括：及时消除与企业宗旨、目标相违背的有害信息；确保不出现过时的信息；经常访问与企业相关的重要的网上论坛、新闻组等场所中的言论，必要时做出解答，消除顾客疑问。但事实上，企业很少主动解决顾客疑难，如图 11.3 所示。

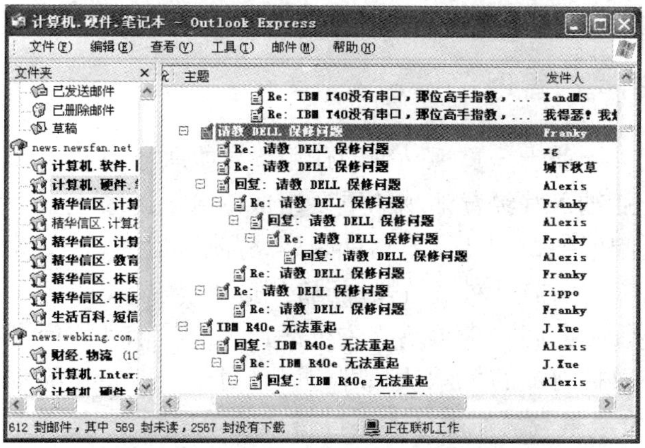

图 11.3　企业很少主动解决网络媒体中的顾客疑难

3. 信息采集与隐私权保护

顾客越来越关心企业对其个人隐私的侵犯，企业迫于压力必须更好地使用顾客数据，同时却不得不在越来越严格的条件下来使用这些数据。事实上，隐私问题是在方便性与客户对机密性的安全性所要求的权利两者之间的一种取舍，企业必须确保所收集的顾客信息没有被误用或错误地管理。可以采用的措施有以下几种。

- 提供一个易于理解、易于接受的保护隐私条款的声明。企业在做市场调查或是在线收集顾客信息时，应当旗帜鲜明地表示，企业会对顾客的隐私负责。
- 向顾客保证企业的保护隐私条款是有约束力的，即使企业被合并和收购也是一样。使顾客确信他们的购物信息不会出卖给第三方，因为这种行为可能会使顾客收到非情愿的电子邮件、促销电话或是顾客身份被窃。
- 允许顾客表明对个人隐私的关心。企业可以向用户提供联系方式以及提供关于顾客隐私问题的个人反馈。
- 教育顾客树立隐私意识。明晰原本含糊的隐私问题，告诉顾客他们应该在哪些地方注意在线隐私问题，帮助他们树立他们的隐私意识。

- 加强企业在保护隐私方面的工作。让顾客知道企业是如何保护他们隐私的，这会有助于彼此间建立起信任和忠诚。

在收集顾客数据和信息时，必须明确以下几个问题。

- 明确收集顾客数据的目的。企业如何告知顾客将会收集哪些数据和不收集哪些数据？
- 获得顾客同意。企业如何使顾客留下个人信息？
- 设置收集个人信息的限制。收集顾客数据不是一种“摸底”，尽量使企业的问题简单化。
- 保持个人信息的准确性。企业应该如何给予顾客更新他们个人信息的机会？
- 保证个人信息的安全性。企业需要哪种安全保障？
- 法律问题。是否有新的法律要求企业必须向政府部门提供顾客数据？
- 如何给予顾客宣布放弃的机会？换句话说，如何让顾客决定是否允许企业收集个人信息？

11.2.3 网络品牌的管理

在传统商业领域，企业十分重视品牌的作用，各类关于品牌设计、品牌推广或相关的品牌管理活动都被企业纳入其经营活动的重要组成部分。随着企业网络商业活动的展开，一个新的领域同样引起了他们的注意，这就是网络品牌的出现。与此相对应的是，企业必须在其经营管理活动中增添关于网络品牌管理的相关内容。

互联网的出现不仅给品牌带来了新的生机活力，而且推动和促进了品牌的拓展。实践证明，互联网世界不仅拥有品牌、承认品牌，而且对于企业重塑品牌形象，提升品牌的核心竞争力，扩展品牌资产具有其他媒体所不可替代的效果和作用。根据2004年1月CNNIC发布的第13次中国互联网络发展状况调查报告显示：8.8%的网民在漫游时经常点击、45.5%的网民有时点击网络品牌广告；12.4%的网民经常浏览、46.9%的网民有时浏览网络品牌广告。

《电脑世界》杂志主编P.吉林说：“对传统零售业，成功的条件是地段、地段、地段，而对网络零售业而言则是品牌、品牌、品牌”。在未来，要吸引一位访问者注意一个具体的网站会越来越难，可识别的品牌名称将成为更加重要的竞争武器。消费者无法评价他们在网站上碰到的不断增加的大量的不知名的品牌利益或质量，他们为了保证质量，会更加愿意坚持熟悉的或可识别的品牌。因此，越来越多的公司正在努力在网上消费者心目中构建网络品牌。

1. 网络品牌创建

品牌特征是词语、形象、思想和相关事物组成的框架，这个框架的具体表现，就构成了品牌的整体。在互联网领域，品牌同样可以由品牌名称、品牌图案和品牌附属内容构成。这些品牌名称就是域名或者是域名的主要部分，如yahoo.com，ibm.com，msn.com等。网络品牌名称可以和传统品牌名称一致，但是很多企业的传统品牌比较复杂，不利于在网上表现。因此网络品牌就使用了新的形式，如AT&T在网上就变成了att.com，还有的纯粹是网上企业或者是企业开设的独立的网上公司，他们的网络品牌就比较独特了，如 Compaq 开发的 AltaVista，以及 eBay、CDNow 等。在互联网上创建品牌主要有以下几个要素。

（1）网络品牌命名

品牌命名是创立品牌的第一步。在传统领域声名显赫的企业往往可以直接借用原有的品牌，原有品牌由于各种原因不便直接使用的话，可以考虑使用简捷的缩写。例如，Anderson Consulting（安达信顾问公司）的域名是 www.ac.com，America Online（美国在线）的网上品牌 AOL 直观而响亮。企业为了有一个响亮的名头，无不绞尽脑汁。雅虎是互联网上最富传奇色彩的品牌，据说取自一句短语：Yet Another Hierarchial Officious Oracle（又一个颇有影响的，乐于助人的圣贤/另一个层次化的、非正式的预言）。Amazon.com 被看成电子商务的代表，其品牌以世界上最大河流之一的亚马逊命名，以其流域宽广来寓意公司的业务前景，气势宏大。

（2）品牌视觉形象设计

一个品牌不仅仅要有一个响亮的品牌名称，还要有亮丽的视觉形象。以视觉冲击为特征的美国式 CI 从 20 世纪 50 年代以来成为世界上大小企业效仿的对象。企业注重自身视觉形象，从而使得品牌形象进一步突出，使品牌竞争提高了一个层次。网络品牌的视觉形象包括了传统品牌的标志设计和专用造型，还有独特的主页设计风格。网络品牌的标志设计不但使用了强烈的色彩对双，还广泛应用了多媒体技术。如三维技术、动画技术，在表现空间上更加广阔，品牌形象传播手段更为有力。主页的设计风格也是网络品牌的一种体现，有些网站的标志设计比较简单，但是其网页设计有独特风格，访问者印象十分深刻，也起到了品牌的效果。另外，在设计技巧上，网络品牌带有强烈的数字时代特征。体现数字时代精神的快节奏，使网络品牌标志的风格简练、视觉冲击强烈，使信息传递效率成倍提高。图 11.4 给出了 9 个为大家所熟悉的网站的 CI 设计。

图 11.4　各种网站 LOGO 日益为大众所熟悉

（3）网络品牌传播

网络品牌传播可以在网上进行，也可以离线宣传，企业应该使用一切手段来保证自己的品牌最大可能地扩大影响，建立品牌知名度。现在，一流的大公司在离线广告时已经习惯在画面上标上自己的网址，以 www.xxx.com 形式出现的的网络品牌已经称成为当今商业社会身份的象征。

进行品牌网上传播可以有很多方法，在搜索引擎上登录是最基本的，也可以在各个论坛及 BBS 上发布自己网站的消息。广告交换也是目前普遍采用的一种方法，如果网站的访问人数达到一定水平，可能会被一些排行榜收录，这样网络品牌的传播范围就更加广泛了。

另外，传统媒介也不可忽视，已经有越来越多的企业开始使用电视、杂志、报纸、户外等广告形式树立品牌形象，以使那些还没有接入互联网络的用户在上网前就接受他们宣传的品牌，同时也增强那些上网的用户在离线（offline）状态下对起品牌的认知程度。

借鉴传统品牌营销方式向传统媒体投放广告——Lycos以电视广告的形式创建品牌。传统的广告方式也是树立网络品牌的手段之一。Lycos为其搜索引擎进行品牌宣传，为了达到最佳的宣传效果，“Get Lycos or get lost”的广告语曾在4个不同频道的黄金时间播出，并且持续了12周。

2000年前后，网站广告战在北京地铁站台、通道里“激情上演”，约有近30家网站在北京地铁各站发布了广告。而在广州、深圳等地，候车亭、车身广告成为网站广告竞相抢占的地盘。

2. 网络品牌决策

（1）网络品牌兼并策略

为了抢占市场份额，企业最直接的方法就是兼并其他公司，把对方的市场份额直接纳入自己范围，同时又消除了竞争对手。通过同行业之间的并购，网络公司可以迅速获得自己发展需要的技术、产品，或是某一个新的市场领域，拥有一个新的业务范围。互联网公司的兼并实质是一场品牌的兼并，通过兼并，品牌进行了重新组合。它也是一场市场争夺战，在未来的互联网领域，谁拥有强有力的品牌，谁就将获得市场份额，并保持长久的竞争优势，立于不败之地。

（2）网络品牌变更策略

在市场中，由于各种原因，品牌经常会发生变更。造成变更的原因大致包括：品牌经营不善，无法继续生存，不得不放弃原有品牌；拓展新的经营领域后选择新的品牌；为了适应消费者不断变化的需求而改变品牌。互联网上竞争使得网络服务商改变网站内容非常频繁，有的是改变形象的“改版”，有是则是连网址也一并更换。我国第一家自主的搜索引擎“搜狐”，最初的域名品牌为爱特信www.itc.com，接着改名www.sohoo.com.cn，不久以一个更加简洁的域名www.sohu.com沿用至今。

（3）品牌合作策略

在互联网领域，为了取得竞争的优势，和其他网站进行战略性合作的做法相当流行。几家合作网站可以共享品牌，原先的客户可以自然地进入合作网站进行访问，品牌知名度可以快速扩张。战略合作使竞争对手明显减少，合作各方可以共享市场，有利于业务的发展。美国在线和eBay曾在1999年12月推出了4个使用共同品牌的互联网网站，全都基于两家企业在早先成功发布的那个共同品牌的拍卖网站。AOL.com、CompuServe、ICQ和DigitalCity的用户将可以访问eBay网站，并直接参与因特网上最活跃交易社区的拍卖活动。

3. 品牌的双向扩展

随着网络应用的日益广泛，传统品牌最终会消失吗？至少现在看来还不会，但传统品牌将在今后逐步发生转变，从而具有更加强烈的网络特征，以适应网络表现和使用。目前，网络品牌和传统品牌已经呈现出一种双向扩展的倾向，这并不奇怪，因为他们所要影响的都是实实在在的人。在一些年轻人心中，带有 QQ 标志的玩具让他们觉得亲切，这是网络品牌向传统商业进军的一个例子。

传统品牌向网络进军已经是司空见惯的现象了，我们在现实生活中熟悉的品牌几乎都能在互联网上看到，因为网络已经实实在在成为我们生活中的重要部分，任何企业都不会无视这一事实。

2003 年底，“木子美”成为中国第一个利用网络传媒公开个人隐私的另类代表，这三个字的知名度在网络上直线上升，成为各大中文搜索引擎的搜索热点。暂且不去评论这件事的是非，但这个纯粹从网络虚拟世界中得到知名度的标志，也开始在现实世界中产生影响。据报道，北京某公司提前抢注“木子美”商标，“木子美”已被申请注册成包括束腹紧身胸衣、矫形带、拘束衣等十种商品。另外一家公司将其注册成避孕套品牌，但后来被河南商丘一家鼠药厂花 3 万元的代价买下，围绕这三个字上演了一出品牌争夺战。

11.2.4　网络营销风险管理

当企业开展网络营销活动后，就会产生新的商业风险，这些全新的商业风险也是网络营销管理的重点之一。IT 技术给企业提供了诸多重大的商业机遇，同时也给企业发展带来了不可预期的风险，网络营销的各种竞争规则和管理制度尚不健全，还没有一套规范的、严谨的、公认的交易原则和交易规范，因此在投资网络营销或企业向电子化转型时要注重风险的预测和管理。

1. 防范信息技术风险

网络营销过程中，需要从电子数据交换（EDI）、销售点（POS）等系统中获取各种商业数据，从中分析出市场、产品、资金等信息，用于企业战略制定和业务管理。如果系统硬件出现障碍，即使是 POS 系统或超市的条码扫描系统出现故障，也会给企业商务带来不良的后果。这就是一种网络经济中出现的新的风险——信息技术风险。信息技术风险是网络营销平台本身的风险，包括网络的安全，IT 设备的安全等，网络是一个相当自由的媒体，它的开放性使得网络营销平台面临威胁。信息技术风险主要包括以下几个方面。

（1）计算机病毒等引起的风险

所谓计算机病毒，就是利用计算机软、硬件固有的的弱点所编制的、具有自身复制能力的、不断感染的或具有恶意目的的计算机程序。病毒与计算机相伴而生，最早的病毒发现于 1983 年 11 月 3 日，到今天，全球已经出现数十万种病毒，2003 年下半年出现的攻击微软操作系统漏洞的“冲击波”病毒更是让很多企业网络陷于瘫痪。在互联网时代，计算机机病毒已经成为网络的巨大威胁，也因此严重影响着企业网络营销活动的开展。

（2）网络黑客所引起的风险

黑客源于英语单词 hacker，本意为劈、砍之意，今天黑客的普遍含义是指电脑的非法入侵者。网络黑客利用网络系统的一些漏洞，侵入企业系统的计算机，会破坏客户服务系统或导致信息失真。有些黑客对企业网络设备进行攻击，可能造成一定破坏，甚至引起企业机密数据的丢失，从而对企业网络营销活动形成威胁。

（3）知识产品受到侵犯带来的风险

对于一些生产知识产品的企业，如软件等智力产品，客观上还面临着知识产品容易受到侵犯所带来的风险。知识产品的生产耗资巨大，但复制起来却相当方便，特别是现代技术已经提供了无限复制的可能性，这就严重损害了企业的利益。一些花费巨额经费开发出来的产品被解密，被盗版从而引起损失，这也构成对企业的风险。

（4）可采用的风险控制手段

可用来控制风险的手段主要包括，加强IT设备的规范化、制度化管理；采用技术手段防止黑客入侵；采用技术手段防止盗版，同时依靠法律打击侵犯版权的行为。

2. 防范商业风险

在企业商业经营活动中存在的商业风险包括以下几个方面。

（1）产品识别风险

网络提供了一个快捷、便利的信息传递手段。交易双方都可以经由网络快速查找到所需信息，但是值得注意的是，由于信息传递过程中的失真，可能造成潜在的产品识别风险。这种失真可能包括客观性失真，即由于网络媒介的局限性而无法传递准确的信息，也可能是主观隐含失真，即企业在介绍产品性质、特点等问题时，有意隐去一些该产品与其他产品相比较不利的信息和因素，突出地宣传和介绍其有利方面，从而使顾客不能完全地获取对该产品全面的、真实的信息。但无论如何，这种产品识别风险有可能在企业经营过程中积淀和放大，对企业经营造成不利影响。

（2）虚假信息风险

网络营销中的产品宣传尚处在一种随意性阶段，上网的产品宣传资料是随意的，如果企业不进行审查和把关，有关部门不进行监管，就可能在网上出现虚假的宣传信息。这种虚假信息可能造成顾客与企业之间的尖锐冲突，转化为企业的经营风险。企业作为需求者的一方也可能遭遇虚拟信息，从而给企业带来经营风险。

（3）信息外泄风险

现实的商机在信息中，往往一条信息就会带来一个客户或一批订单，因而人们说信息即财富。但是在现实中，由于交易的某方不注意保守商业机密，轻易地把客户信息和商情资料透露给别人，造成信息外泄，就有可能丢掉商机。信息外泄包括有意泄露和无意泄露两种，无意识外泄通常是出于对信息的含金量认识不足，公开地、主动地把相关的信息外泄出去。信息有意外泄是指，企业或组织内部有意地将已获得的客户资源等商业信息告知竞争对手或相关单位。

3. 违背企业营销伦理的风险

就企业而言，在运用其设计的各种营销策略组合向消费者呈现其整体产品时，一方面可能提高其生活水准或工作绩效，为其带来各种利益；另一方面，也要看到，目标市场对整体产品的反应，也会导致一种公司或产品形象的形成。从个人角度看，购买过程会导致某种程度的需要满足；但从社会角度看，企业所主导的市场营销活动也会产生一种累积效应，从多方面影响经济增长、环境变化，在提供社会利益的同时也可能带来社会问题。由于企业的营销活动对个人和社会的影响并不总是正面的，网络营销活动也不例外，因此，企业必须重视其活动所带来的商业伦理方面的问题。

与传统营销一样，营销伦理也是网络社会里构建营销信誉的保证。网络空间虽然虚拟但不虚无。顾客仍然需要确认制造商和供应商的可靠性和交易的安全性，为了赢得顾客的信任，只有优质的产品和服务，而无视社会的道德约束，还不能牢固地立足于新世纪。因此，营销伦理再次成为互联网营销的重要规则。

1996 年 3 月，美国媒体教育中心（Center for Media）发表了一则报告，标题是“欺骗的网络：在线营销对儿童的威胁”。这一报告随即激起对万维网上的营销活动予以限制的阵阵呼声。全国父母联合会（National PTA）在一项新闻发布会上声明，它将声援媒体教育中心和其他社团，对公众拉响警笛：“麦迪逊大街再度将孩子们卷入商业圈中，而这一次是在互联网和万维网上。家长们当心！！！新一代的通信网络对孩子们笑里藏刀。”类似的正告来自于美国消费者联盟（Consumer Federation of America）：“这一崭新的问题要求政府强化管制，父母增加警觉。坐在计算机前的孩子们无所忧虑，然则他们十分‘脆嫩’。他们远非现代意义上的成熟的消费者……他们对营销人员的营销伎俩知之甚少。”

美国青少年与儿童心理研究会郑重指出：“我们深知，孩子们极易受骗，针对儿童的广告极具威力。在独自游弋的电子空间，孩子们与电脑交流，他们被五颜六色的促销信息所吸引、所操纵，毫无抵御力……类似于面对游戏节目时的不能自抑，在网上世界各种促销活动的引诱下，孩子们无暇也无力评价其选择行为的真正后果。一言以蔽之，独自在线的孩子们极易被精心策划的网上广告所蒙骗和操纵。”

当 IT 策略与商务策略整合的时候，计算机、互联网、内联网、数据库等信息技术使企业商务日益发展，这样必然形成了企业全新的商业风险，在企业没有 IT 策略介入的时候，就不会有这些风险。例如，侵犯知识产权和版权，侵犯信息隐私权，违反软件或信息特许协议的规定，未经授权进入系统获取数据等。因此，企业在追求电子化带来的效益同时，也面对全新的商业风险。企业网营销管理风险管理就是跟踪、评估、监测和管理商务整合过程中所形成的新商业风险，尽力避免新商业风险给企业造成的经济损失、商业干扰，以及商业信誉丧失等，以确保企业网络营销工作的顺利开展。

11.3　网络营销效果评价

从事任何一项工作，都要通过对该活动所产生的效果进行度量和评价，以此判断这项工作的绩效及其存在的价值。同样地，在网络营销管理中，科学、全面地分析和评价网络营销的运营绩效，就成为一个非常重要的问题。进行评价的目的是为了更好地对网络营销活动进行控制，保证网络营销目标得以实现。对企业网络营销活动进行评价主要包括以下几方面的内容。

11.3.1　网站价值评估

网站的价值可以通过以下几个方面进行评估。

1. 网站设计的评估

网站是网络营销的基本工具和根据地，因此，营销功能是企业网站的第一要素，一个企业网站的功能和基本内容是否完善，是评价网站设计的最重要指标。除了功能、风格和视觉设计等取决于网站本身的特定要求之外，在网站的设计方面，有一些通用的指标，主要有：主页下载时间（在不同接入情形下）、有无死链接、拼写错误、不同浏览器的适应性、对搜索引擎的友好程度等。关于这些指标的评价，除了自己进行测试外，还可以参照第三方提供的测试结果。

2. 网站推广力度评估

网站推广的力度在一定程度上说明了网络营销人员为之付出劳动的多少，而且可以进行量化，可采用的指标主要有以下几种。

（1）登记搜索引擎的数量和排名

一般来说，登记的搜索引擎越多，对增加访问量越有效果，同时，搜索引擎的排名也很重要，一些虽然在搜索引擎注册了，但排名在第三名之后，或者在几百名之后，同样起不到多大作用。

（2）被其他网站链接的数量

在其他网站链接的数量越多，对搜索结果排名越有利，而且访问者还可以直接从链接的网页进入你的网站。实践证明，在其他网站进行链接，对网站推广起到重要作用。

（3）用户数量

用户数量是一个网站价值的重要体现，在一定程度上反映了网站的内容为用户提供的价值，而且用户也就是潜在的顾客，因此，用户数量直接反映了一个网站的潜在价值。

3. 网站流量评估

（1）独立访问者数量

指在一定时期内访问网站的人数，每一个固定的访问者只代表一个惟一的用户。访问者越多，说明网站推广越有成效，也意味着网络营销的效果卓有成效，虽然访问量与最终收益之间并没有固定的比例关系。

（2）页面浏览数

即在一定时期内所有访问者浏览的页面数量，页面浏览数量说明了网站受到关注的程度，是评价一个网站欢迎程度的主要指标之一。

（3）每个访问者的页面浏览数

即在一定时间内全部页面浏览数与所有访问者相除的平均数。这一指标表明了访问者对网站内容或者产品信息感兴趣的程度，如果大多数访问者的页面浏览数仅为一个网页，表明用户对网站内容或者产品没有多大兴趣。

（4）用户在每个页面停留的平均时间

即访问者在网站停留总时间与网站页面总数之比。这一指标能够说明网站内容对访问者的有效性。

4. 网络品牌价值评估

如前所述，域名也可以被视为网络品牌的一部分。域名作为企业在网络环境下商业活动的重要标识，具有独占性。域名在本质上也是一种商标，它不仅具有商标的一般功能，还提供在网上进行信息交换和交易的虚拟地址，因此，域名的知名度和访问率就是公司形象在互联网商业环境中的具体体现，可以说，公司品牌的知名度和域名知名度在互联网上是一致的，它与企业商标一样具有重要的商业价值。

对企业而言，网络营销开展一段时间后，效果之一便是品牌在网上得以延伸，品牌的价值增加了。我们把这部分由网络营销带来的增加的品牌价值称为品牌增加值（Trademark Value Added）。因此在一定程度上，品牌增加值的大小也就成了评价网络营销效果的一个标准，品牌增加值大，说明网络营销效果好；品牌增加值小，甚至为负值，则说明网络营销做得不成功。

对企业的网络品牌进行评估并不容易，并不存在一个明确的纯技术指标，需要专业的无形资产评估机构采用一定的手段才能得出结论。对网络品牌价值进行评估的真正意义在于以此让企业认可品牌价值的增加，从而不再盲目要求网络营销直接带来销售，这样便能够将企业从“网络营销就是网上销售”的误区中引导出来，并形成对网络营销的更加全面的理解。

11.3.2　网络广告效果评估

目前网络广告效果评估的方式主要有以下三种。

1. 安装在广告提供商服务器端的访问统计软件

使用一些专门的软件对广告进行分析并生成详细的报表，通过这些报表，广告主可以知道在什么时间、多少人访问过载有广告的页面并进入广告主的站点。不同的程序有大量不同的显示数据的选项和图表。

2. 查看客户反馈量

一般而言，如果网络广告投放后受众的反映比较强烈，反馈大量增加，这说明广告比较成功。比如，我们可以通过表单的提交量或发送 E-mail 的数量是否大量增加来判断广告投放的效果。

3. 通过专业的广告评估机构

通过权威的第三方广告评估机构得到数据，如国外的 IAB 和一些 Web 评级公司，国内的 CNNIC 等机构，其数据的可信程度比较高。

对于那些只想大致了解网络广告效果的企业，可以参照以下指标进行评测。

- 顾客对信息的满意度。以“十分满意、满意、一般和不满意”来表示，其中包括各类满意程度的百分比情况。
- 由网络广告所引起的购买产品或服务的顾客百分比。其中包括再次访问公司网站购买商品的顾客百分比。
- 每次咨询的成本。进入公司网站并要求咨询的人次与咨询成本之比。

- 千人网络广告成本。即为在公司网站获得信息的每千名顾客的广告成本，得到所需信息满足的每千名顾客的成本，购买或重复购买本公司产品或服务的每千名顾客的成本。

11.3.3 网络营销的整体效果评价

正确评价一个项目应该采用合理的评价指标体系。但是，由于网络营销还处于初级阶段，理论和方法体系都处于发展之中，要想找到可以量化并且能反映网络营销效果的指标并不容易，例如，网络营销对销售额的贡献率是多少？对于品牌形象的提升是否产生了效果？这些都是难以量化的。因此，直到今天还没有一种公认的比较完善的评价机制。目前比较普遍的看法是，实施网络营销对企业能够带来多方面的好处，网络营销的效果不适合用纯粹的利润指标进行评价。但通过设计相应的指标体系来得出网络营销整体效果的努力，依然值得肯定，因为通过指标体系的核算与综合评价，有利于找出与竞争对手的差距，适合企业进行自我诊断、自我完善。

1. 建立网络营销整体效果评价指标体系的原则

在选择指标时，如果指标选取不全面，可能会遗漏某些重要的效益指标，有损综合评价的客观全面性；如果指标选取过多，范围太大，就会造成评价工作的不经济。因而建立企业网络营销效益综合评价指标体系，必须遵循以下原则。

（1）目的性原则

建立评价指标体系的目的就是要能客观、准确地反映营销的综合效果，为企业提供可用的决策信息。指标要少而精，应选择具有代表性的指标反映企业网络营销的全过程。

（2）系统性原则

指标体系应能全面反映评价对象真实的整体水平。要做好定量指标与定性指标、绝对指标与相对指标、现实指标与潜在指标的结合使用。

（3）科学性原则

所建立的指标体系应能客观准确地反映实际情况，客观性指标要能够测量；主观性指标要能够估计。为使综合评价工作更经济，应尽量选择代表性强的少数指标。

（4）全面性原则

指标体系应能够完整地多角度、多层次反映企业网络营销的效果，不但要有进行纵向比较的指标，也要有进行横向比较的指标。指标的核算应以现有统计数据为基础，且指标设计要突出重点，尽量简化，从而使指标体系在实际中易于操作，切实可行。

2. 网络营销整体效果评价指标体系

网络营销整体效果评价指标体系包括以下四大类指标。

- 营销成本类指标。具体指标可选取网站建设费、设备费、营销人员成本等。
- 营销费用类指标。包括各种广告费用、营销管理费用（包括网站服务费、网站维护费等）、商标维护费用、售后服务费用等。
- 营销效率指标。包括销售收入、销售利润、销售额增长率、市场占有率增加比率、网络广告费边际效率、信息利用率、访客中有消费倾向的比例、开拓新市场的单位费用等。

- 营销影响力类指标。包括页面浏览数、点击率、品牌知名度、顾客忠诚度　顾客保留度等。

3. 网络营销整体效果的综合评价程序

（1）建立总体目标

由企业有关部门和人员确定网络营销要达到的总体目标。例如，目标可以是提高品牌知名度，也可以是增加销售额或是建立顾客忠诚等。

（2）组织评价小组

评价小组的组织结构可以采用矩阵式组织结构，根据需要临时组织。但是人员结构要相对固定，包括的专家学者、行业内的成功企业家，以及本行业相关人员。评价小组负责评价过程中的各项活动的组织，如收集整理资料、计算评价指标值、评价指标的数据处理、评价指标权重确定、计算企业网络营销综合评价值、对该值进行分析找出相应的制约因素、提出对策等。

（3）收集评价指标相关数据资料

根据企业网络营销效益评价指标体系的要求。一方面企业要按评价指标项目上报指标，并附指标依据资料，以备核实认定；另一方面评价小组随着评价过程的需要，及时向企业索取补充数据资料。

（4）指标值核实认定

此项工作是由评价小组召集有一定网络营销经验的专家进行。包括指标项目、指标计算依据，以及计算结果的核实、认可和确定。值得指出的是，评价指标的选择应该随企业营销目标的不同而不同，例如，如果企业网络营销目标是提高知名度，可以评估以下指标：目标顾客中访问者的比例、访问者中有消费倾向者的比例、开拓新市场的单位费用、获取单位市场份额的费用、印刷、邮寄等费用的节省。但如果目标是是增进企业内部的信息流通，可以评估：成本节省状况、使用站点的人员比例、对生产率和忠诚度，以及营业额所起的作用等。

（5）结果比较与评价

评价小组依据一定评价模型对指标进行计算，并将其结果和设定的营销目标相比较，判断网络营销成功与否。从而达到优化营销资源配置，节约企业成本，提高效率的目的。

只有对网络营销效果进行综合评价，才有可能清楚地揭示出网络营销为企业所带来的利益。

思考题

1. 基于互联网的整合营销策略的特点有哪些？
2. 网络品牌的管理主要有哪些方面？
3. 网络的信息技术风险主要有哪些？
4. 建立网络营销整体效果评价指标体系的原则有哪些？

PEKING UNIVERSITY PRESS · 1902 ·